教育部人文社会科学重点研究基地成果
中国语言文学国家"双一流"建设学科成果

汉语方言语法研究丛书

顾问　邢福义　张振兴

主编　汪国胜

苏皖方言处置式比较研究

王莹莹◎著

中国社会科学出版社

图书在版编目（CIP）数据

苏皖方言处置式比较研究/王莹莹著 . —北京：中国社会科学出版社，2023.6
（汉语方言语法研究丛书）
ISBN 978－7－5227－2239－9

Ⅰ.①苏⋯　Ⅱ.①王⋯　Ⅲ.①江淮方言—语法—方言研究　Ⅳ.①H172.4

中国国家版本馆 CIP 数据核字（2023）第 129103 号

出 版 人	赵剑英
责任编辑	张　林
特约编辑	肖春华
责任校对	周　昊
责任印制	戴　宽

出　　版	中国社会科学出版社
社　　址	北京鼓楼西大街甲 158 号
邮　　编	100720
网　　址	http://www.csspw.cn
发 行 部	010－84083685
门 市 部	010－84029450
经　　销	新华书店及其他书店

印刷装订	北京君升印刷有限公司
版　　次	2023 年 6 月第 1 版
印　　次	2023 年 6 月第 1 次印刷

开　　本	710×1000　1/16
印　　张	23.25
字　　数	374 千字
定　　价	129.00 元

凡购买中国社会科学出版社图书，如有质量问题请与本社营销中心联系调换
电话:010－84083683
版权所有　侵权必究

总　　序

　　20世纪80年代以来，随着汉语方言研究的拓展和深化，方言语法的研究越来越受到学界的关注和重视。这一方面是方言语法客观上存在着不同程度的不容小视的差异，另一方面是共同语（普通话）语法和历史语法的深入研究需要方言语法研究的支持。

　　过去人们一般认为，跟方言语音和词汇比较而言，方言语法的差异很小。这是一种误解，它让人忽略了对方言语法事实的细致观察。实际上，在南方方言，语法上的差异还是不小的，至少不像过去人们想象的那么小。当然，这些差异大多是表现在一些细节上，但就是这样一些细节，从一个侧面鲜明地映射出方言的特点和个性。比如，湖北大冶方言的情意变调，[1] 青海西宁方言的左向否定，[2] 南方方言的是非型正反问句，[3] 等等，这些方言语法的特异表现，既显示出汉语方言语法的丰富性和复杂性，也可以提升我们对整体汉语语法的全面认识。

　　共同语语法和方言语法都是对历史语法的继承和发展，它们密切联系，又相互区别。作为整体汉语语法的一个方面，无论是共同语语法还是历史语法，有的问题光从本身来看，可能看不清楚，如果能将视线投向方言，则可从方言中获得启发，找到问题解决的线索和证据。朱德熙和邢福义等先生关于汉语方言语法的许多研究就是明证。[4] 由此可见方言语法对于共同语语法和历史语法研究的重要价值。

---

[1] 汪国胜：《大冶话的情意变调》，《中国语文》1996年第5期。
[2] 汪国胜：《从语法角度看〈现代汉语方言大词典〉》，《方言》2003年第4期。
[3] 汪国胜、李曌：《汉语方言的是非型正反问句》，《方言》2019年第1期。
[4] 朱德熙：《从历史和方言看状态形容词的名词化》，《方言》1993年第2期；邢福义：《"起去"的普方古检视》，《方言》2002年第2期。

本《丛书》由教育部人文社会科学重点研究基地华中师范大学"语言与语言教育研究中心"筹划实施并组织编纂，主要收录两方面的成果：一是单点方言语法的专题研究（甲类），如《武汉方言语法研究》；二是方言语法的专题比较研究（乙类），如《汉语方言疑问范畴比较研究》。其中有的是国家或教育部社科基金项目的结项成果，有的是作者多年潜心研究的学术结晶，有的是博士学位论文。就两类成果而言，应该说，当前更需要的是甲类成果。只有把单点方言语法研究的工作做扎实了，调查的方言点足够多了，考察足够深了，有了更多的甲类成果的积累，才能更好地开展广泛的方言语法的比较研究，才能逐步揭示汉语方言语法及整体汉语语法的基本面貌。

出版本《丛书》，一方面是想较为集中地反映汉语方言语法的研究成果，助推方言语法研究；另一方面是想为将来汉语方言语法的系统描写做点基础性的工作。《丛书》能够顺利面世，得力于中国社会科学出版社张林编辑的全心支持，在此表示衷心的感谢。《丛书》难免存在这样或那样的问题，盼能得到读者朋友的批评指正。

汪国胜

2021 年 5 月 1 日

目　　录

第一章　绪论 ·· (1)
　第一节　苏皖地理、历史及方言 ·· (1)
　　　一　江苏地理、历史及方言 ·· (1)
　　　二　安徽地理、历史及方言 ·· (5)
　第二节　研究综述 ·· (9)
　　　一　区域语言学 ··· (9)
　　　二　处置式 ·· (14)
　第三节　研究意义 ·· (24)
　第四节　研究方法 ·· (25)
　第五节　语料来源及体例说明 ·· (27)
　　　一　语料来源 ·· (27)
　　　二　体例说明 ·· (29)

第二章　苏皖方言处置标记的类型、分布与层次 ···················· (30)
　第一节　处置标记的语义类型 ·· (31)
　　　一　"持拿"义 ·· (31)
　　　二　"给予"义 ·· (38)
　　　三　"使役"义 ·· (40)
　　　四　"帮助"义 ·· (41)
　　　五　"伴随"义 ·· (43)
　第二节　处置标记的方言分布 ·· (46)
　　　一　官话型 ··· (46)
　　　二　吴语型 ··· (53)

三　徽语型 ……………………………………………… (54)
　第三节　处置标记的历史层次 ………………………………… (58)
　　　　一　通泰方言"把""拿"的共存竞争与历史层次 … (58)
　　　　二　"吴语型＞江淮型"的演化趋势 ………………… (65)

第三章　苏皖方言处置式的句法与语义 ……………………………… (70)
　第一节　处置式的句法格式与句类分布 ……………………… (70)
　　　　一　句法格式 ……………………………………………… (70)
　　　　二　句类分布 ……………………………………………… (87)
　第二节　处置式的结构成分及语义限制 ……………………… (92)
　　　　一　标前成分 ……………………………………………… (93)
　　　　二　介词宾语 ……………………………………………… (96)
　　　　三　谓语动词 ……………………………………………… (105)
　第三节　处置式的语义内涵及同义句式 ……………………… (116)
　　　　一　语义内涵 ……………………………………………… (116)
　　　　二　同义句式 ……………………………………………… (124)

第四章　苏皖方言处置标记的多能性 ……………………………… (135)
　第一节　"把"的多能性 ……………………………………… (135)
　　　　一　"把"的动介功能 …………………………………… (136)
　　　　二　"把"的语义地图 …………………………………… (141)
　　　　三　"把"的历时流变 …………………………………… (147)
　第二节　"给"的多能性 ……………………………………… (163)
　　　　一　"给"的多能用法 …………………………………… (163)
　　　　二　"给"的虚化历程 …………………………………… (165)
　第三节　"拿"的多能性 ……………………………………… (185)
　　　　一　"拿"的多能用法 …………………………………… (185)
　　　　二　"拿"的演化路径 …………………………………… (186)
　第四节　"叫"的多能性 ……………………………………… (190)
　　　　一　"叫"的多能用法 …………………………………… (190)
　　　　二　"叫"的发展轨迹 …………………………………… (192)

第五节　其他多能性处置标记 ……………………（201）
　　一　"跟"的多能性 ………………………………（201）
　　二　"帮"的多能性 ………………………………（208）
　　三　"代"的多能性 ………………………………（211）
　　四　"捉"的多能性 ………………………………（214）
　　五　"掌"的多能性 ………………………………（217）
　　六　"担"的多能性 ………………………………（218）
　　七　"畀""分""提"的多能性 ……………………（219）

第五章　苏皖方言的特殊处置式 …………………………（224）
第一节　代词复指处置式 …………………………（224）
　　一　结构形式 ……………………………………（226）
　　二　句法、语义特征及表达功能 ………………（228）
　　三　历时发展 ……………………………………（229）
第二节　偏称宾语处置式 …………………………（231）
　　一　语义类型 ……………………………………（232）
　　二　历时演变 ……………………………………（234）
第三节　否定后置处置式 …………………………（237）
　　一　否定后置处置式的共时分布与生成机制 …（237）
　　二　否定前置和后置的不对称性及其成因 ……（243）
第四节　无宾处置式、无定处置式 ………………（246）
　　一　无宾处置式 …………………………………（246）
　　二　无定处置式 …………………………………（249）
第五节　"把""被"同现处置式 …………………（255）
　　一　处置式和被动式的比较 ……………………（256）
　　二　"把""被"同现句的分布及演变 …………（260）
　　三　"把""被"同现句的构句机制及语义语用
　　　　分析 …………………………………………（269）
第六节　成分隐省处置式 …………………………（273）
　　一　体词隐省处置式 ……………………………（273）
　　二　谓词隐省处置式 ……………………………（276）

第六章　专题考察 ……(284)
第一节　苏皖方言处置式的一致性与差异性 ……(284)
一　一致性 ……(284)
二　差异性 ……(289)
第二节　汉语处置式的形成与发展 ……(295)
一　处置式的形成 ……(296)
二　处置式的功能扩展与认知解释 ……(305)
第三节　处置和被动的共标及动因 ……(315)
一　同形标记的类型 ……(316)
二　处置和被动标记同形的成因解释 ……(323)

第七章　结语 ……(328)
一　基本认识 ……(328)
二　不足之处 ……(335)

参考文献 ……(337)

后　记 ……(361)

第一章 绪论

第一节 苏皖地理、历史及方言

苏皖两省渊源颇深，自古联系紧密，历史上长期处于同一政区，风俗相近，语言相通。元代的江浙行省包括今天的苏南、皖南、浙江、福建等地。明初朱元璋设立直隶制度，直接隶属于京师（今南京）的地区被称为"直隶"。靖难之役后，明成祖朱棣迁都北京，将北京及周边地区称为"北直隶"，原直隶地区改称"南直隶"，辖今江苏、安徽和上海。清顺治二年（1645年），废除南直隶，设江南承宣布政使司，后又改为江南省，辖域囊括了今天的江苏省、安徽省和上海市一带。

清顺治十八年（1661年），为了维护清政府的统治，顺治皇帝将江南省拆分为"江南左"和"江南右"，其布政使司分别驻江宁（今南京）和苏州。后康熙帝取安庆府和徽州府首字，将"江南左"改称为"安徽省"；取江宁府和苏州府首字，将"江南右"改称为"江苏省（含今上海）"。至此江苏和安徽的格局乃定。

一 江苏地理、历史及方言

（一）自然地理及历史沿革

江苏简称"苏"，位于我国东部，江淮下游，地理坐标为：东经116°18′—121°57′、北纬30°45′—35°20′。地处长江三角洲，东临黄海，南连浙沪，北毗齐鲁，西接安徽。南北兼长，水陆兼具，具有独特的区位优势，是长江下游的黄金地带。江苏跨江濒海，既有长江横穿东西，又有京杭大运河纵贯南北，地理位置极其优越，自古就是繁华富庶之地。

　　江苏境内地势平坦，平原多、山地少是其主要地形特征。平原辽阔，多由长江、淮河冲击而成，其面积"占全省总面积的68%"①，比例之高居全国各省首位。境内水网密布，河湖交错，水域面积"占全省面积的十分之一以上"②，是全国水网最稠密、水面积比例最大、航运最发达的省份之一。我国五大淡水湖中，江苏独占两个（洪泽湖、太湖）。众多的河流、湖泊分布为水运事业的发展提供了便利条件。优良的地理条件使得江苏物产丰富，肥沃的土地上盛产水稻、小麦、棉花、蚕丝等作物，广阔的水域内出产各种水产，历来有"鱼米之乡""水乡江苏"之美誉。

　　上古时代江苏境域属九州中的徐、扬两州，春秋分属吴、楚、宋、鲁等国，战国时期属齐、楚、越等国，而后归楚国。秦统一全国后实行郡县制，江苏分属泗水、会稽、琅琊等郡。汉代实行郡国并行制，分属楚、荆、吴等国，会稽、丹阳、东海等郡。三国时期，分属吴、魏两国，江南属吴，江北属魏。西晋时，分属徐、扬二州。东晋及南北朝时期，淮河以北属北朝，淮河以南属南朝。隋文帝统一全国后，分属徐州和扬州。唐代，分属河南、江南、淮南三道。五代时，先后属吴、南唐、吴越等南方小王朝。北宋，先设道，后改路，分属江南路、淮南路、两浙路等，南宋分属江南东、淮南东等路。元代，设立中书省和行中书省，以长江为界，江苏分别划归江浙行省（长江以南）和河南行省（长江以北）。明朝定都应天府（今南京），江苏地区称为直隶。明成祖迁都后，将直隶改为南直隶。清顺治二年，改南直隶为江南省。康熙六年，江南省分为江苏、安徽两省，江苏正式建省，辖域相当于今江苏省和上海市。

　　清后期，江苏行政区划未有大的调整。民国初年，设省县二级制，江苏下分61个县，省会为江宁县。民国16年，国民政府定都南京，析置江宁县设南京特别市，析置上海县、宝山县设上海特别市，分出江苏省，直属国民党行政院管辖。1928年，镇江成为江苏省会。抗日战争

---

①　张同铸：《江苏省经济地理》，新华出版社1993年版，第14—15页。
②　汪永泽：《水乡江苏》，中国青年出版社1963年版，第3—4页。

期间，中共在江苏设立 5 个抗日根据地。抗战胜利后，建苏皖边区政府，统辖江苏 32 个县。1949 年江苏全境解放后，设苏北行政公署（驻泰州）、苏南行政公署（驻无锡）以及南京人民政府，行政公署下面设专区。1952 年，撤销行政公署，复置江苏省，南京改为省辖市。1953 年，江苏省人民政府成立，省会设于南京。此后历经多次行政区划调整，形成如今的格局①。

（二）方言概况②

江苏是方言大省，吴语、中原官话、江淮官话三足鼎立，语言资源丰富，方言间接触频繁，方言情况歧异复杂，极具研究价值。地理上大致以长江、淮河为界，长江以南为吴语，长江以北至淮河两岸为江淮官话，淮河以北为中原官话。江淮官话下分通泰片和洪巢片，吴语下分太湖片和宣州片，中原官话属徐淮片。

1. 江苏境内吴语概况

分布在江苏境内的吴语主要属太湖片，即北部吴语，包括苏州、常熟、张家港、太仓、吴江、昆山、无锡、宜兴、江阴、启东、通州、海门、常州、金坛、溧阳、高淳、靖江、丹阳等。此外还有宣州片的个别点，如高淳和溧水的部分地区③。

词汇、语法特点主要有：①否定词有"弗""弗要""勿""覅""朆""无不"等。②结果补语"脱"的使用频率较高，相当于普通话的"掉"，如"帽子拨风吹脱则""伊拿橘子个皮剥脱特"。③代词系统复杂。首先是人称代词，第一人称写作"吾""奴"等字，第二人称写作"耐""倷""㑚""伲"等字，第三人称多用"伊""渠""俚"等表示；第一人称复数无排除式、包括式的对立；人称代词的复数标记有"笃""家""勒""拉"等。其次是指示代词，"该""哀"和"归"

---

① 江苏历史沿革部分主要参照江苏省地方志编纂委员会《江苏省志》（1998）。
② 本书的题目是以行政区划为标准来研究处置式，但在正文中会使用"吴语""官话"这样的方言区划概念，这是因为处置标记的类型分布经常突破方言区划的限制，有时分布范围与行政区划一致，有时与自然地理等其他因素有关，这也是以区域语言学为研究视角和方法的原因之一。
③ 苏皖两省方言分区及归属部分主要参照中国社会科学院语言研究所、中国社会科学院民族学与人类学研究所、香港城市大学语言资讯科学研究中心《中国语言地图集（第 2 版）》（2012）。

"弯"分别表近指和远指,"爯"表特指或定指。最后是疑问代词,"哪"用"何""何哩"等表示,"谁"用"啥人""哪家"等表示,"什么"用"啥个""啥物""点个"等表示。④有较发达的后置词系统,如"浪""搭""里""勒""特"等。⑤语序上偏离典型的SVO语言,话题主语句发达,如"衣裳收特进来""电影我看过咧"。

2. 江苏境内江淮官话概况

江淮官话下分洪巢、通泰和黄孝三片,分布在江苏境内的主要为洪巢片和通泰片。南京、扬州、镇江、淮安、淮阴、盐城、射阳、连云港、灌南、东海①、涟水等方言属洪巢片,与安徽江淮官话连成一片。泰州、泰兴、姜堰、兴化、南通、如皋、海安、如东、大丰、东台等方言属通泰片。此外武进、江阴、张家港等地还有少量江淮官话方言岛。

词汇、语法特点主要有:①后缀"子"使用范围广泛,使用频率极高,动植物、身体部位、日常用具、时间方位词等均可加"子"尾,如"萝卜缨子""蚕蛹子""翅膀子""土堆子""香胰子""今年子""初一子"等。②反复问句以"可VP"问句为主,同时"个VP""VP不VP""阿VP""还VP"等多种形式并存。③给予动词以"把"为主,较少使用"给",如"把我一张纸"。④部分地区如南京、盐城存在"连V是V"结构,如"连跑是跑"(南京)、"连奔是奔"(盐城)。

3. 江苏境内中原官话概况

江苏境内中原官话为徐淮片,主要分布于徐州、沛县、贾汪、丰县、邳州、睢宁、新沂、宿迁、赣榆等地。

词汇、语法特点主要有:①词缀丰富,前缀、后缀、中缀齐全,存在大量的特殊词缀,如"洋""毛""似""乎""娄""登"等。②第一人称单数形式用"俺",复数形式用"俺几个"。③有一些特色程度副词如"窝""剔""死""过"等。④有一些特色介词如"搁""末""起""压"等。⑤"管"用作助动词和应答语,表应允、确认、许可等义。

总的来说,江苏境内方言差异性较大,不同性质的次方言交错分

---

① 东海位于中原官话与江淮官话交界地带,境内有两种官话次方言。东南片保留入声,说江淮官话;西北片基本无入声,说中原官话。我们调查的发音人位于东南片,所说方言为江淮官话洪巢片。

布，始终在与其他方言的接触中实现发展。一些交界地带方言呈现过渡性特征，性质及归属仍有待进一步考察（如金坛、丹阳、溧水、南通、靖江等）。

二　安徽地理、历史及方言

（一）自然地理及历史沿革

安徽简称"皖"，地处华东腹地，位于长江、淮河中下游，地理位置为东经114°54′—119°37′，北纬29°41′—34°38′。北与山东相邻，南与江西、浙江接壤，东面紧邻江苏，西部连接湖北、河南，承东启西，地腴物丰。

安徽地形地貌复杂多样，广袤的平原、起伏的丘陵、高耸的山地相间排列，以山地、丘陵为主，平原散布其中，平均海拔较低。全省平原区主要有两大块：淮河以北的淮北平原和长江沿岸的冲积平原。皖中跌宕起伏的江淮丘陵横亘于江淮之间，皖南、皖西、皖西南山区群峰雄峻，层峦叠嶂，巍然耸立着黄山、大别山、天柱山、九华山等山脉，形成西高东低、南高北低的地势特点。境内河渠纵横，湖泊交错，丰富的水力资源为农、林、牧、渔、工业提供了极大便利。由于地处中低维度交界处，在"气候、土壤和植被诸方面具有明显的南北过渡性和南北兼具的特征"[①]。

安徽历史悠久，文化底蕴浑厚，"距今四十万年以前，我们的祖先已在江淮大地上生活、繁衍"[②]。先秦时期主要分属吴、楚两国，有"吴头楚尾"之称。秦朝，长江以南为会稽郡、九江郡，长江以北为砀郡、陈郡、泗水郡。西汉时期先后属淮南、庐江等国。东汉时期，长江以南属扬州，以北属豫州和徐州。三国时期，分属吴、魏两国。五胡十六国时期，安徽北部成为中国北方游牧民族和南方汉王朝激战的前线，战火不断，行政区划也处于频繁变动之中。隋灭前陈，归于统一，隋文帝废郡为州，安徽设有颍、亳、陈、徐等17个州，辖55个县。唐贞观时期中国共分10道，安徽分属其中的江南、淮南、河南三道。到了北

[①] 闵煜铭等：《安徽省地理》，安徽人民出版社1991年版，第1页。

[②] 张德生主编：《安徽省经济地理》，新华出版社1987年版，第58页。

宋时期，实行路、府、县三级管理体制，安徽分属5路，下置2府、15州、3军，辖62县。宋金对峙时期，安徽江淮地区经常成为战场，北方先后被金、蒙古汗国、元占领。元朝开始实行行省制度，安徽全境分属中书、江浙、河南三大行省，辖县60个。明朝，属南直隶西部地区，其中凤阳为明中都，是"明三都"之一。清顺治二年，南直隶改为江南省。顺治十八年，分江南省为"江南左"和"江南右"。康熙六年（1667年），撤销江南省，析为江苏（含上海）和安徽两省，"安徽省"名称始现，从此雄踞东南。因历史上曾被封为"皖国"，境内又有皖山（天柱山）、皖水（皖河），故简称"皖"，省会定在安庆。清同治四年，辖2府、2直隶州，共19县，建制得以确定。抗日战争时期，安徽省会迁往立煌（今金寨），抗战取得胜利后迁往合肥。解放初期，分设皖南和皖北两大行政公署，后于1952年撤销，安徽人民政府正式成立，省会合肥①。

（二）方言概况

安徽省的汉语方言种类复杂，官话、吴语、赣语、徽语四大方言交汇。淮河以北主要为中原官话，淮河以南、长江以北以江淮官话为主，长江以南分布有吴语、徽语，皖西南分布有赣语。

1. 安徽境内中原官话概况

官话是安徽的主要方言，包括中原官话和江淮官话。中原官话主要分布于淮河以北以及淮河南岸，分为三个方言片：①商阜片：阜阳、太和、临泉、阜南、界首、亳州、蒙城、涡阳、利辛、宿州、灵璧、濉溪；②信蚌片：蚌埠、五河、固镇、怀远县部分乡镇、金寨、霍邱、寿县、凤台、凤阳、泗县、颍上；③徐淮片：淮北、砀山、萧县。

词汇、语法特点主要有：①"子"尾词丰富，食物、动植物、身体部位、日常用具、时间方位词等都可以加"子"，例如"面条子""小鸡子""牙刷子""前年子""西边子""胳拜子""眼皮子""耳机子"。②形容词后缀有"乎的""不乎的""不拉唧""不唧歪"等，如"稀乎的""憨不乎的""酸不拉唧""洋不唧歪"。③尝试标记有"看""看看""瞧""瞧瞧"等，如"试试看""尝尝瞧"。④拥有特殊句式，

---

① 安徽历史沿革部分主要参照安徽省地方志编纂委员会《安徽省志》（1998）。

如"非VP""V啥V""可管VP"等。

2. 安徽境内江淮官话概况

皖中地区有一条绵延不绝的江淮方言带，主要分布于安徽省的淮河以南、长江以北，与江苏江淮官话连成一片，以洪巢片为主，少数为黄孝片。洪巢片的方言点有合肥、巢湖、庐江、芜湖、无为、六安、舒城、霍山、淮南、怀远县_{南部部分乡镇}、滁州、定远、铜陵、全椒、明光、天长、来安、马鞍山、和县、含山、当涂县_{西部城关镇、新桥乡、黄山乡、银塘乡、江心乡、西河乡}、宣城、郎溪、广德县_{县城、东亭}、宁国市_{西部宁墩、狮桥、中溪、中田、大龙、万家等东南部山区及城西竹峰、青龙等地}、旌德县_{县城、蔡家桥等地}、池州市_{西北部}、青阳、东至县_{北部大渡口、姜坝等地}、石台县_{部分乡镇}、泾县_{童疃乡}等。黄孝片包括桐城、枞阳、安庆等。

词汇、语法特点主要有：①持续体标记"在"用于句尾表动作或状态的持续，如"小毛伢困觉在"。②结果补语"掉"类词的对应成分有"得""特"等，如"他家一家伙死得三个猪""小偷跑特仔了"。③疑问词"谁"用"哪个"表示，如"哪个在背后议论我老师哦？"；"为什么"用"怎搞"表示，如"你怎搞不作声啊？"。④正反问句有"可VP""还VP""个VP""阿VP"等多种形式，如"你可回家来？""箇鞋子还贵啊？""这鞋个贵？""你阿去啊？"。

3. 安徽境内吴语概况

安徽境内吴语基本属吴语宣州片，又称宣州吴语、皖南吴语，指土著宣州话。因分布范围处于吴语区西部，又被称为"西部吴语"。下分三个小片：①铜泾小片：黄山市_{黄山区西部杨家岭一带,北部龙门以北}、宣城市_{宣州区北部、西部及南部溪口乡金牌(东风)}、宁国市_{青龙、济川、东岸等乡}、泾县、湾沚、繁昌、南陵县_{北部 西部及东南角奚摊乡一带}、当涂县_{除城关镇、新桥乡、黄山乡、银塘乡、江心乡、西河乡、湖阳乡、博望镇、新博乡}、池州市_{城区东部}、石台县_{东部六都、七都、七井}、青阳县_{童埠、杜村二乡及酉华乡杨柳地}、铜陵市_{义安区}等；②太高小片：黄山市_{黄山区东部、南部}、宁国市_{南部南极等乡}、当涂县_{湖阳乡、博望镇、新博乡}等；③石陵小片：石台县_{中部七里、贡溪、横渡}、青阳县_{东南陵阳等乡,含城关旧派}、泾县_{西南厚岸、包合、水东三乡}、黄山市_{黄山区西北三丰地区}

部分乡村、池州市_{南部灌口一带}等①。

词汇、语法特点主要有：①有特殊的代词，"做什么"是"做么"，"什么东西"是"么物事"，"这里"是"箇里"，"那里"是"贵里"。②特殊的动词，"藏起来"说"囥起来"，"捣鬼"说"促狭"，"玩耍"说"猎/嬉"。③形容词的程度表达一般不采用前加程度副词的方式，而是通过前加或后加描写性语素的形式，如"硬——铁硬""瘦——肌瘦"。④形容词常见前缀有"滴滴""点点"，后缀有"西西""不拉唧"等。

4. 安徽境内徽语概况

安徽境内徽语主要分布于安徽省旧徽州府所辖区域，位于皖南地区的南部，分布于黄山、黟县、绩溪、旌德、休宁、祁门、歙县、宁国、东至等地，分为绩歙片（绩溪、歙县_{桂林乡多江北、浙南移民除外}、旌德县_{南部仕川村、版书乡模范村和联合村、西南洪川一带}、宁国市_{南部洪门乡}）、休黟片（屯溪、休宁、黟县、祁门县_{东南凫峰一带}、黄山市_{徽州区原歙县西乡等地、黄山区西南郭村等乡、屯溪区}）、祁婺片（祁门、东至县_{东南木塔一带}）、旌占片（旌德、祁门县_{安凌镇、雪湖乡、赤岭乡}、石台县_{占大镇、大演乡、珂田乡}、黟县_{美溪、柯村、宏潭三乡}、宁国市_{胡乐乡一部分}）4个片，其中绩歙片和休黟片是中心地区。汉语方言中，徽语是内部差异最大、分歧最严重、通话程度最低的方言，未形成通行的强势土话（侯精一，2002）。

词汇、语法特点主要有：①第二人称代词用"尔"，第三人称代词用"渠"表示。②有表示重复义的动词后置成分"添"，如"再嬉一日添""尔再吃碗添"。③宾语和补语的位置较为灵活，宾语可以放在补语之前，如"我打得渠过"。④有特殊的后缀，如"佬""鬼""的""仂"等。⑤正反问句形式有"VP 不曾""VP 不"等。⑥小称音变方式有四种：加自成音节的［n］、加［n］韵尾、元音鼻化、变调。

5. 安徽境内赣语概况

安徽境内赣语主要是怀岳片，分布于皖西南大别山南麓以及沿江的部分县市：怀宁、望江、太湖、潜山、岳西、青阳、宿松、东至县_{部分}、

---

① 据《中国语言地图集》（第2版），郎溪县北部定埠、梅渚等乡，西北部建平、东夏、幸福等乡以及广德县北部下寺乡的庙西，南部芦村乡的甘溪及东亭乡部分村庄属吴语太湖片。

池州市_{部分}、石台县_{部分}。怀岳片赣语如同"楔子"一般钉进江淮官话黄孝片，使得原本可能横跨皖、鄂、赣三省的黄孝片在皖西南被赣语冲断，地理分布上不再连贯。明代初年江西移民大量涌入是怀岳片赣语形成的主要原因。元末农民战争曾使这一地区人口锐减，明初有大批江西饶州路贫民北迁至此，带来的赣语强有力地冲断了皖西南方言与黄孝片的联系。如今在官话南进的猛烈攻势下，怀岳方言的赣语特征也正自北向南逐渐被江淮官话黄孝片方言渗透、蚕食。

词汇、语法特点主要有：①存在特殊的"X人子"结构，如"爱人子""清人子""香人子"。②时体标记有"哆""着""底着""在底"等。③有些方言如宿松、望江、太湖的"把"可同时充当处置和被动标记，如"把碗洗下子""帽子把风吹跑脱着"。④第二人称代词是"尔"，第三人称代词为"渠"或"佢"。⑤三身代词的复数形式有"几""侬""人""大家""两个""几个"等。

总的来看，安徽境内尤其是皖南方言相当复杂，多种不同性质的方言相间分布，内部差异显著。很多方言的归属问题屡引争议。

第二节　研究综述

一　区域语言学

语言的区域现象是接触语言学、语言类型学、历史语言学重点关注的研究领域之一。区域语言学（areal linguistics）[1] 以地理上相邻的某一语言区域为研究对象，聚焦于特定区域内语言现象的共性特征和内在规律，揭示其历史成因及形成过程，所关心的是"某区域之中超越语言差别的所谓语言特征的'扩散'"[2]。区域语言学认为，若某个区域的语言由于地缘上的联系彼此长期接触，相互融合，那么这些语言在音系、语义、句法、形态等方面会有众多共同的结构特征。

桥本万太郎《语言地理类型学》（1985）将汉语分为南北两大区域，

---

[1]　现代意义上的区域语言学公认为肇始于美国语言学家鲍阿斯对印第安语的研究，他发现北美印第安语具有诸多共享结构特征，通过与邻近语言的比较来确定该特征源自扩散还是遗传（吴福祥，2017）。

[2]　桥本万太郎：《语言地理类型学》，北京大学出版社1985年版，第29页。

讨论了南、北方汉语在语序、时体、基本词汇、音节结构等方面的区域性推移。桥本万太郎之后，我国一些学者投入到语言接触与区域现象关系的研究。陈保亚《论语言接触与语言联盟》（1996）论证了语言接触对语言同源关系的影响，追踪了云南境内傣语和汉语的接触过程和关系，提出"无界有阶性"理论。吴安其《语言接触对语言演变的影响》（2004）探讨了语言接触对语音、形态演变、词汇的影响，指出区域性特征往往是古代某一语言或方言底层的表现，先喉塞音的分布是侗台语语音底层的表现。黄行《语言接触与语言区域性特征》（2005）认为中国语言的结构类型有明显的区域趋同现象，该趋同现象可以用语言接触进行解释。覃东生《对广西三个区域性语法现象的考察》（2012）调查了广西境内"持拿"义动词、"给予"义动词以及"去"义动词的多功能语法模式以及相关的语法现象，认为这三项语法特征是语言接触和区域扩散的产物，主张将广西中南部看作一个语言区域。徐丹、贝罗贝《中国境内甘肃青海一带的语言区域》（2018）介绍了甘肃青海一带语言区域的共享语法特征及历史层次，认为甘青一带的语言区域业已形成且对语言类型学意义重大。王双成《藏语"坐、住"义动词的语法化及区域类型特征》（2022）讨论了藏语"坐、住"义动词的语法化路径，认为"'坐、住'义动词＞持续体标记"是甘青地区的一个区域性特征。

以上成果提供了丰富的汉语与其他语言相互影响、渗透的个案，令我们对语言接触导致的共享特征形成的动因、过程及机制有了更全面、深刻的认识，推动了我国的接触语言学、区域语言学研究向纵深发展。

区域方言学作为区域语言学的分支和下位概念，旨在突破方言区的限制，研究在地理区域内邻近的诸多方言相互接触和借用的结果。丁邦新《汉语方言史和汉语区域史的研究》（1998）提出，汉语方言史和方言区域史是历史语言学的重要课题，方言区域史旨在研究某一区域方言接触影响的情况。Chappell（2019）根据双及物构式、被动句、致使句等若干语言特征，将汉语方言划分为六大区域[①]。

汉语各方言具有密不可分的关系和诸多相似之处，存在对应规律。一方面，汉语方言是同一种语言在地域上的分支且存在演化关系，有共

[①] 这六大区域分别是：北部、西北、西南、中部、东南、远南。

同的历史来源和相似的语音、词汇和语法特点（邓思颖，2003；翟时雨，2003；游汝杰，2004）；另一方面，从同一语言分化而来的不同方言有一种强大的向心力，历代权威、强势方言不断同化、渗透、影响各个非权威方言，造成汉语方言不断趋同，相似性越来越多，分歧越来越小。游汝杰《汉语方言学教程》（2004）认为，汉语方言的分化和融合是同时进行、并行不悖的，并非先分化再融合，亦不是分化到一定阶段再开始融合。汉语方言虽种类繁多、差异显著、面貌多样，但由于历史移民、地缘接触、权威方言同化等原因，各方言又有很多一致性特征，从而产生跨方言的区域性语言特征。纵向的同源或亲属关系加上横向的渗透关系导致方言间具有共同的区域特征（李如龙，2001）。因此区域方言学的方法很适合汉语方言的研究，突破方言区的限制，跨方言研究特定区域内若干方言的聚合特征无疑是一项很有意义的工作。

传统的方言研究大多为单点的方言描写或是跨方言的比较研究，不太强调方言在地域上的联系，缺乏区域方言学的意识，故区域语言学的方法在汉语方言中没有得到广泛、系统的应用。后来一些学者开始注意到跨方言的区域特征和区域方言间的横向比较，探讨方言之间的源流关系。桥本万太郎《语言地理类型学》（1985）提出"吴湘一体"说，认为吴、湘语曾经构成一个方言区，后来可能由于客家南下才分割开来。许心传《绩溪方言词和吴语方言词的初步比较》（1988）、伍巍《徽州方言和现代"吴语成分"》（1988）比较了吴语和徽语的异同，指出两者在语音、词汇、语法方面有很多明显共性，徽语渗透着较多吴语的语言成分。罗福腾《山东方言里的反复问句》（1996）分析了山东方言反复问句的类型、分布区域及历史来源。张光宇《东南方言关系综论》（1999）对东南地区诸方言之间的关系作了论述，提出东南方言有盘根错节、交织成片的特点，问题极度复杂。

近年来跨方言区域研究愈发受到重视，一系列成果相继涌现，具体包括以下几个方面的研究视角和范围。

第一，以方言交界地带为研究范围来考察区域内方言的接触演变。例如：鲍明炜、王均《南通地区方言研究》（2002）调查了南通地区的若干方言点并与北京、南京、扬州等方言进行比较，论证了南通地区方言的过渡性特征。汪如东《通泰方言的吴语底层及历史层次》（2003）

强调了通泰方言和吴语之间的密切关系，揭示了通泰方言蕴含着吴语的语音底层。顾黔《交界地带方言不同来源及层次语音成分的竞争与叠置》（2006）对长江两岸400多个方言点展开调查，考察了不同来源及层次语音成分的竞争与叠置情况，归纳出南部江淮官话的通语音系。王芸华《湘语——西南官话交界地带"在X"虚化的渐变及相关问题》（2018）讨论了湖南境内湘语和西南官话交界地带"在X"的用法、演化等相关问题，认为该区域内处所成分的虚化表现出由湘语型向西南官话型逐渐过渡的复杂面貌。侯超、吴生毅《苏皖交界地区方言古泥来母读音的分混与演变》（2019）考察了苏皖两省南部邻接区域33个镇（村）的古泥、来母的读音类型、地理分布及音变过程。徐建《鄂皖交界地带方言［ʅ］类韵的形成及演变机制考察》（2019）论证了鄂皖交界地带方言普遍存在的［ʅ］类韵源自知系合口以及见系合口三等韵，二者的产生机制不同，知系［ʅ］类韵源自于［u-］的高化、摩擦化，见系［ʅ］类韵是知系［ʅ］类韵类推的产物。

第二，以河湖、山川等自然地理现象为观察视角来研究区域方言现象。例如：彭泽润《衡山南岳方言的地理研究》（2003）运用地理语言学方法，考察了衡山南岳汉语方言语音上的特点以及与周边方言的接触演变关系。王临惠《汾河流域方言的语音特点及其流变》（2003）将汾河流域方言作为研究对象，讨论了这一区域晋语和中原官话之间的语音异同。辛世彪《东南方言声调比较研究》（2004）将长江以南的东南方言看作一个区域，从声调入手探讨东南诸方言之间错综复杂的关系，力图弄清声调演变的基本特点、规律及条件。柯西钢《汉江上游沿江地区方言语音研究》（2018）选择汉江上游沿江地区作为研究对象，讨论汉江在本地区方言接触演变过程中起到的作用。

第三，以行政区划或省市划分来观察区域内部的语言特征。例如：胡松柏《赣东北汉语方言接触研究》（2003）考察语言接触对赣东北汉语方言演变的影响。张维佳《演化与竞争：关中方言音韵结构的变迁》（2005）讨论关中地区方言的音韵结构特征及历时变迁，尝试从演变规律和历史行政地理方面解释音变原因。丁崇明、荣晶《云南方言"K-VP"问句来源及其相关问题探讨》（2009）通过调查"K-VP"问句的地域分布，考证云南方言的"K-VP"问句是由历史上的移民带来，纳西语的"K – VP"问句是方言接触的结果。吕延、杨军《皖西南方言的反复问句》（2014）描写、比较皖西南各县市方言反复问句的类型和特点，揭示了过渡性的地理类型特征。郑婷《皖、鄂、赣交界区域三片方言的音韵比较研究》（2015）从跨方言比较的视角，归纳出赣语怀岳片、江淮官话黄孝片、赣语大通片这三个方言片的音韵特征和接触演变情况。刘彦哲《江苏境内方言"可 VP"句式比较研究》（2016）通过比较江苏境内"可 VP"句式的表现形式、句法结构等，发现一些共同的区域特征。丁沿沿《豫鄂陕交界区域汉语方言的调值分韵现象》（2019）梳理了豫鄂陕交界区域出现的调值分韵现象的规律及成因。王志勇《河北中南部方言变音研究》（2019）描写河北中南部方言丰富的变音现象，勾画出清晰的历时演变链条。唐正大《关中方言论元配置模式中的状语和谐与把字句显赫》（2019）论证关中方言是典型的状语显赫型方言，导致"把 OV"句式显赫，其状语和谐策略具有区域共性和类型学特征。

第四，通过方言间的源流关系来探讨跨方言的区域特征。例如：鲁国尧《客赣通泰方言源于南朝通语说》（2003）对吴语、江淮官话、赣语、客家话的关系进行研究，提出客赣通泰方言源于南朝通语说。陈立中《湘语与吴语音韵比较研究》（2004）通过比较吴语和湘语的音韵特征，指出两者共同音韵特征的形成是因为有相同古老的历史，有相似的受其他方言影响的经历。刘泽民《客赣方言历史层次研究》（2005）运用历史层次分析法，对客赣方言进行了层次分析和历史比较。

纵观前人研究不难发现，在区域语言学研究方面虽做出了有益探索，但不足的是：详于语音略于语法，语法的区域特征研究相对处于弱势。20 世纪 90 年代以后，区域方言语法的研究也开始稳步推进并取得长足进步。李如龙、张双庆主编的汉语东南方言比较研究丛书《动词谓语句》（1997）和《介词》（2000）汇集了有关东南方言相关语法现象研究的数篇论文，对东南方言进行了综合性的比较研究。邢向东、张永胜《内蒙古西部方言语法研究》（1997）考察了分布在内蒙古西部晋语的相关的语法现象。陈淑梅《鄂东方言语法研究》（2001）对鄂东地区的量词、代词等语法现象进行了描写与比较。汪化云《鄂东方言研究》（2004）讨论了鄂东地区方言的重要语法现象，如量词单用等。莫超

《白龙江流域汉语方言语法研究》（2004）在对白龙江流域方言语法细致描写的基础上，与邻近方言进行了详细比较。王健《苏皖区域方言语法共同特征研究》（2005）比较研究了苏皖地区方言的若干语法现象，如动态范畴、量词独用等。邢向东《陕北晋语语法比较研究》（2006）探讨了分布在黄河沿岸陕北晋语的语法特点及历史来源。覃东生、覃凤余《广西汉语"去"和壮语方言［pai¹］的两种特殊用法——区域语言学视角下的考察》（2015）提出，广西汉语中"去"的"使成"和"程度"用法是一项区域特征，源自接触引发的语法化。

以上研究成果是我国区域语言学蓬勃发展的缩影，为区域语言研究提供了丰富的材料和例证，为语言相似性和区域语言共同特征的研究提供了重要的视角和研究框架，进一步发展了区域语言学的理论与方法。

尽管区域语言学研究取得了诸多成就和进展，但还有不足：第一，学界对区域现象的关注度仍有待提高，许多重要的区域现象如介词的多功能模式、特殊句式等鲜受学者关注，处于"备受冷落"的状态。苏皖区域作为语言接触广泛且深入的区域，研究成果更为有限。第二，研究内容偏重于语音，对语音现象的观察和描写大大多于语法，区域语法的研究稍显薄弱，尤其是区域方言句式研究尚存空白亟须填补，加强区域语法现象的探讨应成为今后研究的重要课题。第三，汉语方言及少数民族语言的研究成果相对缺乏。鉴于此，区域语言现象的研究还有待进一步开展，研究空间相当广阔。

二 处置式

处置式作为汉语富有特色的句法结构之一，无论在古代汉语还是现代汉语中，都极具研究价值。因其句法类型多样，语义关系复杂，近百年来一直是汉语语法研究的热点和中心课题，研究文献汗牛充栋。

处置式的研究肇始于黎锦熙《新著国语文法》（1924），他首创的"提宾说"是关于处置式的最早论述。他认为，"把"的作用在于提前宾语，将本位于动词之后的宾语提到前面，因而处置式和动宾结构有转换关系。"处置式"这一名称源于王力《中国现代语法》（1943），他指出，普通的句法格式中，目的位通常置于叙述词之后，即谓语动词在前，宾语在后，如"我烧了那一封信"。有时候，为了强调宾语受到的处置或影响，也可把目的位提到叙述词之前，同时加一个"把"或"将"，如"我把那一封信烧了"。这两种格式在意义上并不等同，前者只是普通的叙述，后者在叙述的同时强调动作对事物的处置和支配。他把这种具有处置或支配义的结构命名为"处置式"。王力进一步指出，如果行为动作不带有处置性质，那么就不能加"把"或"将"等词构成处置式，例如"我爱他"不能变换为"我把他爱"。

王力提出的"处置"说具有首创之功，开创了处置式系统研究的先河，处置句式的研究序幕从此拉开，成为汉语语法学界研究的热点问题，但同时也是争论不休、引发热议的话题。学者们依托不同的研究理念、视角和方法，围绕定义、句法格式、语义特征、语用功能、教学、分类、来源、演变，以及与相关句式的转换关系等问题，对该句式展开了详尽研究。

关于处置式的研究成果，可分为共同语和方言两个层面。

（一）共同语处置式研究

共同语处置式的研究可分为共时和历时两个方面。

1. 共时研究

处置式作为汉语的特殊句式和经久不衰的研究课题之一，对它的研究由来已久。在共时层面上前贤已做过多方面、多角度的深入探讨，研究成果涵盖名称、语法意义、分类等诸方面。

（1）名称

"处置式"这一名称历来备受争议，该名称的存废始终是人们关注的焦点。王力（1943）将"把"字句概括为处置式，但在人们看来，"处置"一般都是积极的、主动的、有意识的，事实上却不是所有的"把"字句都具有这种语义。有些"把"字句中宾语的变化不是由主语有意识地造成的，动词也不具备处置性质，难以用"处置"来解释，因此后来不断有学者对该命名提出质疑，主要理由是"处置"无法概括所有类型的"把"字句，一些"把"字句事实上并无处置义，与"处置式"名称不相符。

王力（1944）意识到"处置"说的局限，提出"继事式"的名称，当作处置式的活用，以弥补"处置"说的局限。吕叔湘《"把"字用法的研究》（1948）提出，"处置式"的名称尚有争议，无须另立"继事式"的名目。两位的争议引发了关于"处置式"名称的大讨论。胡附、文炼《现代汉语语法探索》(1956)认为"处置式"这一说法比较勉强,不认同将"把"字句命名为"处置式",因为许多"把"字句如"墙上那枚钉子把我的衣服撕破了""好孩子,你把我的心都哭乱了"等丝毫没有处置的意味。向熹《〈水浒〉中的"把"字句、"将"字句和"被"字句》(1959)在分析"把""将"的处置用法时作了特别说明:并不是所有的处置式都对宾语有所处置,有些处置式的动词仅表一种精神或语言行为,很难说出有什么处置的作用,但我们仍然可以把这种结构称为"处置式"。宋玉柱《关于"把"字句的两个问题》(1981)认为胡附、文炼对"处置"概念的理解是不准确的,他们没有从语法角度看问题,如"钉子把衣服撕破了"一例中,"钉子"怎么对"衣服"没有处置呢?

之所以"处置"说有争议,是因为学界对"处置"的界定不够清楚,处置应理解为"句中谓语动词所代表的动作对'把'字引介的受动成分施加某种积极的影响,以致往往使得该受动成分发生某种变化,产生某种结果,或处于某种状态,并不一定是主语所代表的人或事物的一种有目的的行为"[①]。

由于"处置"难以概括所有"把"字句的语义,存在解释上的困难,后来有学者提出"致使"说。郭锐《"把"字句的语义构造和论元结构》(2003)、叶向阳《"把"字句的致使性解释》(2004)用致使来说明各类"把"字句的基本语法意义,认为"把"字句应分析为致使情景,处置是一种主动的、有意志力参与的特殊致使。胡文泽《也谈"把"字句的语法意义》(2005)也赞同"致使"说,认为"把"字句的语法意义为:致使源 A 使宾语 B 处于 VP 所描写的致使状态。

"致使"说有值得肯定的地方,有效解决了"处置"说面临的一些困境,在"把"字句的语义概括及命名方面做出了新的有益尝试。然而,"致使"说的范围较大,能够表达致使义的句式有很多,如"使"字句、"令"字句、"让"字句等,而且很多"把"字句并不表达致使语义,"把"无法替换为"使",所以"致使"说也比较勉强。

[①] 宋玉柱:《关于"把"字句的两个问题》,《语文研究》1981 年第 2 期。

不管是"处置"还是"致使"，都有其合理性的一面，也有一定的局限性，不能完全与句式的特殊性相匹配。之所以产生以上颇多争议，原因在于学者们对"处置"概念的界定和理解存在差异，所以在判断"把"字句是否表处置时就存在矛盾。有些学者如马真（1981）、宋玉柱（1981）等主张放宽"处置"的含义，从更宽泛的意义来理解，着重于强调动作对介词宾语的影响以致宾语发生某种变化。而有些学者如胡附、文炼（1956）等主张缩小"处置"的含义，对"处置"作狭义的理解，将其理解为人有意识、有目的地对某物做出某种处理。本书对"处置"一词予以宽泛的理解，只要甲的某种动作行为影响到乙并已经或将要产生某种结果或处于某种状态，都可视为一种处置。

尽管"处置"一词争议较大，也屡被修正，但直到现在也未被废除，依然为学界广泛使用，究其原因是我们很难找到比"处置"更恰当的名称。纵然该名称有局限性，但处置义是"把"字句产生之初的意义，是处置介词的典型语义特征，后来的致使义、控制义等都是由处置义扩展而来，是处置义泛化的结果和后起的新兴用法。至今为止处置义依然是处置式的基础意义，所覆盖的范围比其他名称更广。鉴于上述原因，同时也为了讨论方便，本书采用王力先生提出的"处置式"这一名称。

（2）语法意义

处置式的语法意义，历来为人们广泛讨论和探索，但迄今为止仍各执一端，尚存歧见，缺少明确、统一的界定。学者们的观点可概括为"处置"说、"致使"说、"位移"说、"控制"说、"结果"说等。

最具影响力的说法是"处置、支配"说。王力《中国现代语法》（1943）认为"处置式是把人怎样安排、怎样支使、怎样对付；或把物怎样处理，或把事情怎样进行"[①]。张志公《汉语语法常识》（1953）等也持该观点。"处置"说一直以来被广泛接受，因为处置介词的宾语多数情况是动词的受事，大多数处置式都表达处置语义。但"处置"经常被认为是一种有目的、有意识的行动，与有些处置式的语法意义不合，于是一些学者对"处置"说的内涵进行了修正和改进，提出了一

---

① 王力：《中国现代语法》，商务印书馆 1985 年版，第 83 页。

些新的看法与阐释。宋玉柱《关于"把"字句的两个问题》（1981）接受"处置"说，但他强调处置并非一定是人对客体做出的有目的的行为，而应理解为句中谓语动词对介词宾语施加的影响，使该成分发生某种变化。张济卿《有关"把"字句的若干验证与探索》（2000）认为应分为"直接处置"和"间接处置"，后者带有致使的语义成分。沈家煊《如何处置"处置式"？——论把字句的主观性》（2002）指出，虽然很多人想取消"处置"这个名称，但一直没能取消，这说明处置式的名称还是符合人们的基本直觉的，关键问题在于应区分主观和客观两种不同性质的处置。通过与主动宾句的比较，沈文提出"把"字句的语法意义是主观处置，即言者认为主语对宾语施行了某种处置。刘培玉《关于"把"字句的语法意义》（2009）着眼于各个成分之间的语义关系提出"语法处置"说，与"逻辑处置"形成对立，同时包括了以往学者提出的"致使"。

鉴于"处置"说在语义解释上的不足，后来有学者提出"致使"说。范晓（2000）认为"把"字句有两种：一种表处置义，一种表致使义，表处置义的那部分有的也包含致使关系，如"武松把老虎打死了"。郭锐《"把"字句的语义构造和论元结构》（2003）、叶向阳《"把"字句的致使性解释》（2004）将"把"字句的语法意义统一为表达致使情景，包括致使事件和被使事件。胡文泽《也谈"把"字句的语法意义》（2005）指出"把"字句作为一种"致使"格式，表达的是完整的致使事件，他将其语法意义总结为：因为主语 A 的关系，宾语 B 处于谓语 C 描写的致使结果状态中。

除了影响较大的"处置"说和"致使"说，还有学者提出"位移"说（张伯江，2000；张旺熹，2001）、"控制"说（王红旗，2003；郭浩瑜、杨荣祥，2012）、"结果"说（薛凤生，1987；施春宏，2010）等。

正如词语具有多义性一样，句式也存在多义性。处置式作为一个多义范畴，语义复杂，内部不具有匀质性，人们很难找到一个术语能涵盖其所有的意义和用法，无论将其概括为"处置"或"致使"还是其他，都有失妥当。综合以上几种说法，本书对"处置"采用较为宽泛的理解，将处置式的语法意义界定为：由"把"等介词引进谓语动词支配、关涉的对象，突出对宾语所代表的人或物的处置、致使等意义，导致宾语产生或即将产生位置移动、状态变化等方面的结果。

原型理论认为，一些相似的成员构成某一个范畴，原型是指能反映该范畴特征的最好、最典型的成员，其他成员具有不同程度的典型特征。对于处置式的语义来说，"处置"是最典型、最主要、最基本的核心义项，是原型或主要成员，后来派生出的一些义项如位移、致使等是处置义类化或泛化的结果，是边缘或非典型成员。

（3）分类

处置式作为一种多元句式，如何对其进行分类历来是现代汉语处置式研究的核心问题之一。诸多学者展开了充分讨论，但由于研究目的、研究方法、研究理论、观察角度、分类标准等因素的差异，分类体系和结果不尽相同。太田辰夫《中国语历史文法》（1987）分为以下六个小类：有两个宾语（直接宾语、间接宾语）的；表认定、充当义的；表比较、比喻的；改变义的；命名义的；普通的处置句。梅祖麟《唐宋处置式的来源》（1990）将唐宋时期的处置式分为以下三种类型：双宾结构；动词前后有状语、补语、"了/着"等成分；单纯动词居末位。崔希亮《"把"字句的若干句法语义问题》（1995）分成结果类和矢量类，结果类的和动作的结果有关，语义焦点在 VP 的补语上；矢量类强调动词情态和矢量，语义重心在"宾语 + VP"上。吴福祥《敦煌变文语法研究》（1996）在对《敦煌变文集》中的处置式进行穷尽性考察的基础上，将处置式分为广义、狭义以及致使处置三类。邵敬敏、赵春利《"致使把字句"和"省隐被字句"及其语用解释》（2005）分为"有意识"和"无意识"两类，认为有意识的表处置义，无意识的表致使义。刘培玉《现代汉语把字句的多角度研究》（2009）将处置式分为"语法处置"和"逻辑处置"。郭浩瑜《近代汉语中的一种特殊"把"字句——遭受义"把"字句》（2010）分为处置义、致使义、遭受义三种。田春来《汉语处置介词的来源和替换》（2011）分为积极致使和消极致使两类，认为传统意义上的处置式为积极致使，表示致使者对被使者发出的自主性行为，消极致使具有非自主性、非目的性。张则顺《和谐律管制下的"把"字句》（2017）分为处置型、致使型、意外型三种。

以上各家的分类标准不一,有的根据语义,有的根据句法,有的根据语用,还有的依据多重标准,故所得结果不同且有交叉。本书认为,根据句法结构形式,可分为动补型、动宾型、状动型、单动型等若干类型;根据语义功能,可分为典型处置型、无意致使型、心理认同型、对待型、命名型等类型。

(4) 处置标记

处置标记是指在处置式中介引处置对象的介词或表达"处置——被处置"关系的标记成分。通过某语法手段使句子有了"处置"义而区别于其他句式,这种语法手段称为处置标记。

王力(1943)从意义出发,将"把"字句命名为"处置式"。现代汉语共同语中,"把"是最常见的处置标记,"把"字句也是处置式的初始形式和代表句式,因此处置式的研究多集中于"把"字句研究,甚至有观点认为处置式就等同于"把"字句,"把"字句就是处置式的代名词。然而,"把"字句和处置式是不具有同一性的。首先,并不是所有的"把"字句都是处置式,亦不是所有的处置式都用"把"字句来表达。其次,在处置标记的历时发展中,"把"只是其中一种形式,此外还包括"将""取""持"等标记,而且在现代汉语方言中,除"把"之外,还有其他丰富多样的标记词,如"拿""跟""分""提""帮"等,它们都和"把"具有相同的功能和用法。根据李蓝、曹茜蕾《汉语方言中的处置式和"把"字句(上)》(2013),汉语方言中的在用的处置标记有113个。因此"把"字句只是处置式的一种表现形式或其中的一类情况,不能概括所有类型的处置式。

关于现代汉语处置标记,研究重点多集中于"把"。如吕叔湘(1948)、宋玉柱(1981)、王还(1985)、贝罗贝(1989)、崔希亮(1995)、金立鑫(1997)、蒋绍愚(1997)、沈家煊(2002)等,他们所著的有关文献多聚焦于讨论"把"字句的结构成分、句式语义、语用特点等。近年来,在研究理论、视角和方法上有了新进展,如陈瑶《"给予"义动词兼做处置标记和被动标记的动因》(2011)从词汇来源角度对施受同标记现象做出了解释。赵志清《基于言语行为理论的"把"字句研究》(2018)以言语行为理论为立足点,分别考察和对比了汉语、韩语母语者对"把"字句的使用情况。郭圣林、刘顺《基于平衡语料库的"把"字宾语语篇研究》(2019)建立了四种语料库,考察"把"字宾语在不同语篇中的分布异同。俞理明、南宏宇《事件逻辑功能与汉语"把"的语义结构》(2021)跳出传统框架,利用事件逻辑结构的思想分析"把"的事件语义功能,将"把"界定为具备事件逻辑功能的助词。

综上所述,在共时研究方面,处置式虽备受关注,也取得了一系列成果。但在很多方面尚存争议,许多问题没有得到有效解决,如处置式的界定标准、语法意义、分类等。争议的根源在于各家对处置句式概念内涵的界定存在差异,同时也没有厘清处置式的外延,这必然导致一系列相关矛盾的产生。

2. 历时研究

共时层面的研究为处置式的历时研究奠定了坚实基础,使其充满活力,成果斐然。对历史专书或专题文献中的处置式进行研究是考察处置式历时发展的重要方式。具体可细分为二:一是对某一类或某几类处置式进行研究,较早的是向熹《〈水浒〉中的"把"字句、"将"字句和"被"字句》(1959)。此后不断有学者对不同时期的文献进行考察,如钱学烈《试论〈红楼梦〉中的把字句》(1986);蒋绍愚《把字句略论——兼论功能扩展》(1997);蒋绍愚《〈元曲选〉中的把字句——把字句再论》(1999);张宝胜《〈醒世姻缘传〉中的"把"字句》(1999);杨平《〈朱子语类〉的"将"字句和"把"字句》(2002);张蔚虹《〈歧路灯〉"把"字句研究》(2005);温志国《〈儿女英雄传〉中的把字句研究》(2008);刘小玲《〈警世通言〉中的"把"字句研究》(2009);丁建川《〈醒世姻缘传〉中的"把"字句和"将"字句》(2010);曹广顺、梁银峰、龙国富《〈祖堂集〉语法研究》(2011);黄晓雪、贺学贵《从〈歧路灯〉看官话方言中"叫"表处置的现象》(2016)等。二是对处置式进行整体考察,如曹广顺、遇笑容《中古译经中的处置式》(2000);杨正超《〈型世言〉中的处置式研究》(2009);惠红军《〈五灯会元〉中的处置式》(2009);高玉洁《〈清平山堂话本〉中的处置式》(2009);薛娇《〈朱子语类〉的处置式研究》(2012)等。

随着历时研究的深入,除专书研究外,学者对处置式不同历史时期的发展历程也展开了探讨，如刘子瑜《唐五代时期的处置式》（1995）；曹广顺、遇笑容《再谈中古汉语处置式》（2006）；周琼华《明清处置式探讨》（2009）；楼枫《唐宋至明清处置式研究》（2009）；李璐笛《从〈世说新语〉和〈洛阳伽蓝记〉看南北朝时期处置式的南北发展》（2018）等。

（二）方言处置式研究

关于汉语方言处置式的研究，早期多集中于单点或地区方言的描写。苏皖方言的研究成果主要集中于以下三个方面。第一，处置式的句法语义研究。例如：周琴《泗洪话处置式句法格式研究》（2008）将泗洪话处置式的句法格式分为无介词型、单介词型、双介词型以及介词复指型。江亚丽《桐城方言"把"字研究》（2010）介绍了桐城方言"把"字句和普通话"把"字句的共性与差异。张丹萍《庐江黄屯方言里的两种含"把"结构》（2011）论述了黄屯方言"把"字句的句法格式、构成成分、和其他句式的变换关系等。第二，处置标记的多功能用法及历时演变研究。例如：朱琳《泰兴话的"拿"处置式》（2011）利用《玉如意》探索了泰兴方言"把"的多种用法以及从"把"字句演变为"拿"字句的过程。唐浩《处置标记"跟"源自受益者标记的方言补证》（2017）以东海话为例，考证处置标记"跟"应源自受益者标记。第三，处置式的特殊形式研究。例如：胡德明《安徽芜湖清水话中的"无宾把字句"》（2006）考察了清水话中无宾"把"字句的特点和来源。刘宗保《汉语官话方言中"把"字处置句代词复指功能演变等级分析》（2020）对巢湖、宿松等方言中的代词复指处置式进行了分析。

关于苏皖方言处置式的研究，主要有以下不足：多为单点研究，跨方言系统比较研究亟待开展；多集中于处置标记用法的描写，历时溯源有待加强，方言交界地带的叠置情况也鲜受关注；在处置式的句法分布、语义特征、使用条件以及与其他句式的转换关系等方面缺乏全面、细致的探讨；对于特殊处置式如代词复指处置式、偏称宾语处置式、否定后置处置式等，未作明确的界定和理论阐述；研究视角较为单一，有待拓展。

其他地区方言处置式的研究可分为两大类。

一类是官话方言，如靳玉兰《浅析青海方言"把"字句的几种特殊用法》(1995)；何洪峰、程明安《黄冈方言的"把"字句》（1996）；王景荣《新疆汉语方言的"把"字句》(2002)；孙立新《户县方言的把字句》（2003）；朱冠明《湖北公安方言的几个语法现象》（2005）；张雪平《河南叶县话的"叫"字句》（2005）；左福光《四川宜宾方言的被动句和处置句》（2005）；刘春卉《河南确山方言两个处置标记"掌"与"叫"的语法化机制考察》（2008）；辛永芬《豫北浚县方言的代词复指型处置式》（2011）；胡伟、甘于恩《河南滑县方言的五类处置式》(2015)；包金曼《兰州方言中的"把"字句》（2016）；刘统令《松滋方言"把"字句研究》（2017）等。

另一类是非官话方言。除官话外，诸多学者对非官话方言如湘语、闽语、粤语、赣语、客家话等也作了有益探索，成果涵盖处置式的分类、处置标的来源、特殊处置式等各方面，如夏俐萍《益阳方言的处置式》(2002)；陈山青、施其生《湖南汨罗方言的处置句》（2011）；陈泽平《福州方言处置介词"共"的语法化路径》（2006）；施其生《台中方言的处置句》（2013）；黄燕旋《揭阳方言的复指型处置句》(2015)；麦耘《广州话以"佢"复指受事者的句式》（2003）；占升平《湖南省常宁市方言处置句式研究》（2005）；林立芳《梅县方言的"同"字句》（1997）；李小华《客家方言的处置标记及其句式》(2013)等。

随着研究的深入化、精细化、系统化，学者们的视野由单点拓展至多点方言，转向汉语方言处置式的综合研究和跨语言、跨方言的比较研究，进一步推动了处置式的纵深发展。代表性成果有：郑杰《处置范畴汉日语序对应关系之类型学研究》（2007）；解正明、徐从英《汉语方言处置式类型学分析》（2008）；石毓智、刘春卉《汉语方言处置式的代词回指现象及其历史来源》（2008）；石毓智、王统尚《方言中处置式和被动式拥有共同标记的原因》（2009）；叶狂、潘海华《把字句的跨语言视角》（2012）；李蓝、曹茜蕾《汉语方言中的处置式和"把"字句》（2013）；张俊阁《后期近代汉语方言处置式类型学考察》(2016)；董秀英《汉语方言处置式的标记模式》（2017）；贺燕《现代汉维处置范畴语言表达研究》（2018）；余乐《汉语方言处置范畴比较研究》（2018）等。

通过对处置式研究历程的梳理，可以看到，无论从共时还是历时、宏观或是微观层面，前贤时彦都不乏对处置式的剖析和阐释，对该句式的探讨经历了由浅入深、由表及里、由窄及宽、由重视描写到描写及解释并重、由分歧趋于一致的过程。各研究领域交相辉映、互为补充，呈现欣欣向荣的景象。

以上丰硕的研究成果为我们提供了肥沃的研究土壤和重要的研究思路，深化了我们对处置式的认识，为进一步探讨奠定了坚实基础。然而目前的研究尚存有改进空间，主要体现在以下几个方面：第一，对处置式的内涵和外延尚未达成共识，在界定、名称、语法意义、分类等核心方面仍争议较大；第二，相比卷帙浩繁的共同语处置式，方言处置式的研究还不够充分，有待深入、系统；第三，处置式的区域语言学研究以及跨语言、方言的考察与比较不够圆熟，未能将汉语处置式置于世界语言的背景下进行充分探讨；第四，描写、归纳和分析较为详尽，更高层面上的理论解释略有不足，隐藏于表面现象背后的规律和机制的探讨还稍显薄弱，这与处置句式的重要地位是不相匹配的。

鉴于以上不足，我们认为处置式的研究在诸多方面还有待于进一步深入。本书立足于苏皖方言处置式的客观描写和系统比较，着力考察处置标记、处置格式的类型、分布、句法、语义、功能及源流等，力求对上述问题有所突破。

第三节　研究意义

本书的研究意义主要有如下几种。

第一，深化处置句式研究。在汉语中处置式是最具语用价值的特殊句式之一（陈昌来，2002），是汉语句式系统的重要组成部分。处置式结构复杂，表义丰富，与其他句式（被动式、受事主语句、工具式、连动式、使成式、主动宾式）关系密切，然而无论在句法、语义还是语用上，都具有其他句式所不具备的特点。正因为处置式在诸多方面的复杂性和独特的研究价值，关于它的很多核心问题都尚待解决，仍需进一步探讨。本书多视角、全方位调查苏皖方言的处置句式以及相关的一系列语法现象。通过对众多语言事实的揭示，直观、充分地展现这一区域方言处置式的整体面貌，希冀深化对该区域方言处置式乃至汉语方言语法概貌的认识，促进处置式和汉语语法的整体研究。

第二，探索汉语语法演变规律。古今一脉相承，将方言和汉语史结合是中国现代语言学的重要方向和研究取向。鲜活的方言语料是说明汉语史语法现象的重要佐证，对方言的研究能够使我们更清晰地看到方言对古代汉语的继承和发展，追寻自古至今的动态演变过程及规律。比如，汉语方言纷繁复杂的处置标记并非无源之水，大多能在历史文献中追根溯源。处置标在地域、方言上的共时分布可以映射其在不同历史时期的历时演化情况，对厘清其发展脉络和历史层次大有帮助。因此，方言处置式的探讨有利于"以方视史"，推动汉语史研究走向深入，为汉语语法史的系统研究提供实态佐证和证据支撑。

第三，推进语法化研究进程。语法化理论是沟通共时与历时现象的桥梁，有利于帮助我们探查共时现象背后的历史诱因。苏皖方言的处置标记具有多功能性，集多种用法于一身，历史来源和语义演变极其复杂，具有重要的研究价值。我们着眼于处置标记的多功能模式，对其历时演变进行系统考察和构拟，推演其语法化的路径和动因，并进一步通过语言类型学观照揭示具有共性的演变模式及机制，以期为现代汉语处置标记的形成提供较完整的事实依据和理论支撑，更好地总结汉语语法演变的规律，为丰富和补充语法化理论、拓展语法化研究视野做出贡献。

第四节 研究方法

本书采用的研究方法主要有如下几种。

第一，田野调查法。方言调查是获取第一手材料的基本方法，是方言研究的生命。本书采用田野调查法，实地调查苏皖方言的处置句式，获得第一手语料，并客观记录，反复核实，以保证本书的真实性和可信度。编制"苏皖方言处置式调查表"，分为详表和简表两个部分，简表用于大规模、布点密集的调查，从宏观上把握苏皖处置式的整体面貌，同时用详表进行深入调查，辨析方言间的细微差异和历史层次等。

第二，比较法。比较是汉语方言语法研究的核心（詹伯慧，2004）。"多边比较"是方言语法研究的总思路，包括"方—普"比较、"A方言—B方言"比较、"汉方言—民族语"比较、"方—古"比较（汪国胜，2014）。其一，以"普—方"为观察视角，横看普通话，看方言中的现象在普通话中有什么样的反映，捕捉普通话与方言在处置式上的共性特征及个性差异，寻求对应规律，显示方言特色。其二，以"方—方"为视角，比较方言间的异同，梳理方言事实的内在差异，总结地域分布规律。不同地域、不同方言的处置句式各具特色，复杂多样，可通过跨方言比较的方法，将各种不同的方言事实聚拢起来，把握苏皖方言处置标及处置式的总体面貌，揭示某些语法现象具有跨语言、跨方言的共性。其三，比较汉语方言与民族语言，用民族语言的相关语言事实来印证和解释汉语方言处置标记的演化规律。其四，进行"方—古"比较，以方证古，以古证方。方言的共时差异往往透露汉语历时演变的线索，为历时处置式研究提供活的直接依据。同时联系历史材料，可帮助认识方言事实，解释相关规律。

第三，语义图模型法①。语义图模型是语言类型学领域的新概念、新方法，适合于方言差异丰富、历史文献完备的汉语（李小凡，2015）。汉语方言纷繁歧异，差异显著，又有汗牛充栋的历史文献，这一方法将大有作为，成为方言语法研究的利器，为方言语法研究提供新思路和新挑战。我们着眼于"把"的多功能用法，构建概念空间，绘制代表方言点的语义图，更为清晰地呈现"把"各功能间的内在语义关联、亲疏远近关系及历时演变路径，揭示背后隐含的跨语言规律性。

---

① 语义图模型的基本概念是：若某个标记有多种意义和用法，在不同语言中都用同一形式负载，那么这些用法之间一定是有关联的，反映了人类语言在概念空间上的某种共性。例如某个语言形式在某个具体语言中有a、b、c三种功能，那么利用语义地图可帮助我们明晰这三种用法之间的亲疏远近，判定不同功能间的蕴含关系和演变方向，并将其表现在几何空间中。其基本目标是：通过跨语言比较揭示出多功能模式背后隐含的一系列蕴含共性。

第五节 语料来源及体例说明

一 语料来源

本书语料来源主要是田野、问卷调查，同时辅以语料库、历史文献材料以及内省等。直接引用的会特别注明来源，自己调查及内省语料不作标注。

在方言点的筛选上，尽量遵循这几个原则：第一，考虑到大的地级市的均衡性，每个大市至少有一个点；第二，分别设A类点（详细调查点）和B类点（一般调查点），B类点一般是A类点下面的较小县市；第三，尽量兼顾不同的方言区和方言片，并选取较有代表性的方言点；第四，在选点时重点关注交界地带；第五，既考虑地域上的广度，又兼顾语法上的代表性；第六，该点有较为合适的发音人，获取语料相对便利，所得语料也具有较高可信度。

综合以上考虑，选取了76个方言点作为调查对象：亳州、蒙城、阜阳、宿州、泗县、蚌埠、怀远、五河、淮北、濉溪、合肥、庐江、巢湖、芜湖、无为、南陵、湾沚、马鞍山、含山、当涂、滁州、天长、六安、金寨、安庆、潜山、桐城、宿松、望江、淮南、铜陵、枞阳、歙县、屯溪、绩溪、休宁、黟县、祁门、南京、高淳、扬州、徐州、沛县、宿迁、泗阳、泗洪、盐城、东台、响水、射阳、淮安、涟水、淮阴、连云港、赣榆、灌南、东海、泰州、靖江、兴化、泰兴、南通、如皋、海安、启东、海门、苏州、昆山、吴江、常熟、镇江、丹阳、常州、金坛、无锡、江阴。

在历史文献的选择上，来自北京大学中国语言学研究中心CCL语料库的有：《诗经》《孟子》《庄子》《逸周书》《论衡》《游仙窟》《桂苑丛谈》、李白诗、杜甫诗、骆宾王诗、寒山诗、白居易诗、皮日休诗、孟郊诗、崔道融诗、姚合诗、苏郁诗、李贺诗、王建诗、崔涂诗、周繇诗、毛滂词、秦观词、柳永词、陈德武词、曾原郕词、吴潜词、吴礼之词、《望江南》《全元曲》《三侠剑》等。

来自爱如生典海数字平台、中华经典古籍库的有：《山海经》《尚书》《晏子春秋》《国语》《论语》《墨子》《春秋公羊传》《楚辞》《商君书》《列子》《管子》《吕氏春秋》《战国策》《史记》《增壹阿含经》《贤愚经》《抱朴子》《金楼子》《三国志》《高士传》《搜神记》《旧唐书》《后汉书》《南史》《唐文拾遗》、韩翃诗、宋之问诗、《朱子语类》《太平广记》《金史》《喻世明言》《警世通言》《醒世恒言》《东周列国志》《二刻拍案惊奇》《隋唐演义》《老残游记》《红楼梦》《二十年目睹之怪现状》等。

其他语料来源如下，文中不再一一说明：《王梵志诗校注》，上海古籍出版社 1991 年版；《祖堂集》，中华书局 2007 年版；《敦煌变文选注》（增订本），中华书局 2006 年版；《敦煌歌辞总编》，上海古籍出版社 1987 年版；《清平山堂话本》，上海古籍出版社 1990 年版；《近代汉语语法资料汇编·宋代卷》（杨温拦路虎传、宋四公大闹禁魂张、张协状元、万秀娘仇报山亭儿），商务印书馆 1992 年版；《京本通俗小说》（碾玉观音、错斩崔宁、冯玉梅团圆、拗相公、菩萨蛮、西山一窟鬼、志诚张主管），上海古籍出版社 1988 年版；《董解元西厢记》，上海古籍出版社 1984 年版；《刘知远诸宫调》，文物出版社 1958 年版；《近代汉语语法资料汇编·元代明代卷》（老乞大、朴通事、小孙屠），商务印书馆 1995 年版；《元曲选》，国学整理社 1936 年版；《新校元刊杂剧三十种》，中华书局 1980 年版；《六十种曲》，中华书局 1958 年版；《牡丹亭》，文学古籍刊行社 1954 年版；《金瓶梅：会评会校本》，中华书局 1998 年版；《型世言》，中华书局 1993 年版；《明清民歌时调集·山歌》，上海古籍出版社 1987 年版；《三宝太监西洋记》，华夏出版社 2013 年版；《英烈传》，宝文堂书店 1985 年版；《古本小说集成·欢喜冤家》，上海古籍出版社 1994 年版；《醒世姻缘传》，齐鲁书社 1980 年版；《古本小说集成·歧路灯》，上海古籍出版社 1992 年版；《蒲松龄集》，中华书局 1962 年版；《长生殿》，世界书局 1943 年版；《三侠五义》，上海古籍出版社 1980 年版；《官场现形记》，人民文学出版社 1957 年版；《海上花列传》，人民文学出版社 1982 年版；《儒林外史》，人民文学出版社 1958 年版；《古本小说集成·儿女英雄传》，上海古籍出版社 1994 年版；《文明小史》，中华书局 1959 年版；《济公全传》，凤凰出版社 2008 年版；《续济公传》，浙江古籍出版社 1988 年版；《九尾龟》，上海古籍出版社 1994 年版；《古本小说集成·狐狸缘全传》，上海古籍出版社 1994 年版；《五美缘》，民族出版社 1995 年版；《粉妆楼》，岳麓书社 1986 年版；《施公案》，齐鲁书社 1993 年版；《古本小说集成·七剑十三侠》，上海古籍出版社 1994 年版；《孽海花》，中华书局 1959 年版；《奢摩他室曲丛·文星榜》，国家图书馆出版社 2012 年版。

二　体例说明

1. 本书较难理解的例句会列举对应普通话的解释，以脚注形式附于例句后，若与普通话基本完全相同，则不列翻译。

2. 不拘泥于本字的考证，暂时未找到本字的用同音字替代，无同音字的用"□"表示并附国际音标。

3. "/"表示或者，"｜"表示并列，"＊"表示说法不成立，"＋"表示有这种用法，"－"表示没有这种用法，"⇒"表示可以转化，"⇏"表示不能转化。

4. A 表示形容词，C 表示补语，N 表示名词，O 表示宾语，S 表示主语，V 表示动词，AD 表示状语，AP 表示形容词短语，NP 表示名词性短语，VP 表示动词性词语，Adv 表示副词，Aux 表示助动词，Neg 表示否定词，Pro 表示代词，Prep 表示介词。

第二章　苏皖方言处置标记的类型、分布与层次

方言处置标记的形式丰富多样。据《汉语方言地图集·语法卷》(2008)，大约有25种不同的形式。李蓝、曹茜蕾（2013）调查发现，汉语方言正在使用的处置标记约113个。余乐（2018）认为，汉语方言尚在使用的处置标记共151个。根据我们的调查统计，苏皖区方言的主要处置标记有13个。根据通行范围和使用频率，处置标记有通标和个标之分，通标指的是通用型的标记，即"把"，个标是除"把"之外的具有地域限制的、通用度较低的标记，如"给""叫""分""掌""帮"等。通标"把"是使用时间最长、分布范围最广的标记，因此以往对"把"的研究较为充分，其他个标的研究成果相对匮乏。

本章归纳苏皖方言[①]处置标记语义来源的类型，展示不同类型的共时分布，同时以横向的地理分布，溯源纵向的历时演变，探索方言交界地带处置标记的竞争与叠置情况，离析出语法层次，试图揭示共时分布模式所蕴含的历史意义[②]。

[①] 本书虽以苏皖区域方言为讨论重点，但一些材料和论证不限于该区域，而是关照到整个汉语方言。

[②] 处置式是表达处置意义的语句，有广义和狭义之分。广义的处置式有两种类型：一是无任何语法形式标记，处置义主要依据上下文语境来判断，又称为"意念处置式"或"无标处置式"；二是在形式上通过一定的语法标记，如"把""将""给""拿"等，来辅助表达处置语义，即"有标处置式"，也被称作"狭义处置式"。本书所考察的处置式主要指后者，即在形式上有明显虚词标记的句式，在讨论同义句式时才会涉及无标处置式。

第一节 处置标记的语义类型

苏皖方言处置介词在语义来源上具有多样性和丰富性，演化进程也各有不同，但基本源于实义性动词成分。根据来源，本书将苏皖方言的处置标记总结为五种语义类型——"持拿"义、"给予"义、"使役"义、"帮助"义、"伴随"义①，并分别探讨其分布特征。

一 "持拿"义

"持拿"义动词是汉语方言及其他语言处置标记最常见的来源（曹茜蕾，2007）。近现代汉语的处置标记都源于与手持义相关的动词，如"把""将""拿""捉"（江蓝生，2000）。苏皖区域方言"持拿"义处置标记包括"把""拿""捉""担""提""掌"，其源义多与手部动作有关。

（一）"把"

"把"的分布范围极广，遍及苏皖两省，共58个方言点。安徽境内用"把"作处置标的有：

1. 中原官话商阜片：亳州、蒙城、阜阳、宿州、濉溪。
（1）亳州：把门开一下。
（2）蒙城：把酱油递给我。
（3）阜阳：恁娘把你养大，可容易？
（4）宿州：把门关上。
（5）濉溪：我把你当自家人看。
2. 中原官话徐淮片：淮北。
（6）淮北：你把伞带着。
3. 江淮官话洪巢片：合肥、庐江、巢湖、芜湖、无为、淮南、怀远、马鞍山、当涂、含山、滁州、天长、铜陵、六安。
（7）合肥：你把两个换过来不就照了吗？你把两个换过来不就行了吗？

---

① 曹茜蕾（2007）对汉语方言处置标记的类型进行了考察，提出处置标的三大来源："拿、握"义、"给予、帮助"义、"伴随"义，未提及"使役"义。

（8）芜湖：我把箇本书看完得就睡。我把这本书看完了就睡。

（9）淮南：我没把碗里的饭吃完。

（10）怀远：你就把这当自己家。

（11）马鞍山：你把碗洗下子。

（12）滁州：他们把教室空调都装好了。

（13）铜陵：把锅里水擦干。

（14）六安：他把整个家都败光掉了。

4. 江淮官话黄孝片：安庆、枞阳、桐城。

（15）安庆：你把窗户开开。

（16）枞阳：把钱放好，不要突掉仔。把钱放好，别丢了。

（17）桐城：他把沙发擦得亮光光的。

5. 赣语怀岳片：宿松、潜山、望江。

（18）宿松：我把手套搞丢了一只。

（19）潜山：把尔赶出天柱山。把你赶出天柱山。

（20）望江：渠把毛巾洗好哆。他把毛巾洗好了。

6. 徽语：歙县、绩溪、休宁、屯溪。

（21）歙县：渠把太阳叫日头。他把太阳叫日头。

（22）绩溪：把钱放好好。把钱放好。

（23）休宁：姐夫把钱包搞掉了。

（24）屯溪：把碗洗一下。

7. 宣州吴语：南陵、湾沚。

（25）南陵：他们把教室里头都装了空调。

（26）湾沚：你把碗洗下子。

从方言类型看，"把"主要集中分布于官话区，尤其在江淮官话最为密集，具体包括皖中和皖西南江淮官话，可看作是皖属江淮官话处置标记的主流形式。同时还散见于非官话方言区的部分方言点，由江淮官话向南边的吴语、赣语、徽语扩散。从地埋分布看，"把"在地理上的分布非常广阔，涉及调查点当中的32个县市，主要分布在安徽北部、中部和西南部的广大地区。北部延伸到淮北、宿州、亳州、阜阳、濉溪等市县，中部沿合肥、滁州、六安等南下，再到南部的芜湖、铜陵、巢湖、马鞍山，向西有宿松、潜山、望江，东边有湾沚，一直到达最南部的绩溪、歙县、休宁，地理上呈连续性分布的格局。

江苏境内用"把"作处置标的有：

1. 江淮官话洪巢片：南京、扬州、镇江、淮安、淮阴、盐城、射阳、连云港、灌南、东海、涟水。

(27) 南京：把我的名字去掉吧。

(28) 扬州：把钱放放好，别搞掉脱了。₀把钱放好，别丢了。

(29) 镇江：他们把教室都装了空调。

(30) 淮安：把饭吃光。

(31) 盐城：他把书拿外来了。₀他把书拿出来了。

(32) 连云港：他把碗打得了。₀他把碗打破了。

2. 江淮官话通泰片：泰州、泰兴、兴化、南通、如皋、海安、东台。

(33) 泰州：我把碗打掉了。

(34) 泰兴：把水灌啊那个车子里头。₀把水灌到那个车子里头。

(35) 兴化：你再把展览仔细地看一遍。

(36) 南通：把饭煮煮烂。

(37) 如皋：把院子里扫下子。

(38) 海安：他把橘子皮剥掉了。

(39) 东台：别把手上的皮碰掉。

3. 吴方言：丹阳、金坛、高淳、靖江。

(40) 丹阳：把它撂掉则吧。₀把它扔了吧。

(41) 金坛：你把箇桩事体安顿好。₀你把这件事安排好。

(42) 高淳：把粮食糟蹋了。

(43) 靖江：把地刷刷干净。

4. 中原官话徐淮片：徐州、沛县、宿迁、赣榆。

(44) 徐州：把衣服搁箱子来。₀把衣服放箱子里。

(45) 沛县：谁把我铅笔昧下了？₀谁把我的铅笔藏起来了？

(46) 宿迁：来把鱼改改刀。

(47) 赣榆：你把这个给他。

和安徽相比，江苏境内"把"在地理上的分布范围相对较小，主要集中分布在苏北和苏中地区，包括长江以北以及长江以南的部分市县，在地理上也具有连续性特点。方言分布上，主要见于官话区（中原官话、江淮官话）和与之毗邻的个别吴语方言点。

总体来看，"把"在苏皖区域的分布有以下显著特点。

第一，跨省、区、片分布。首先，"把"在苏皖两省均有分布，使用范围广泛。其次，"把"并非某个方言区专有，而是跨区分布，官话、吴语、赣语、徽语四大方言区中都有使用，是涉及方言区最多的标记。主要集中于官话区，可作为"官话型"处置标记的代表，同时也已经伸入到非官话方言区的个别方言点。此外，即使在某个方言区，也不止涉及一个方言片，而是若干方言片都存在，例如中原官话的商阜片、徐淮片，江淮官话的洪巢片、黄孝片和通泰片都有"把"的覆盖范围。

第二，分布不均。"把"在不同方言区或方言片的分布规模和使用范围有异，通行程度具有不均衡性。江淮官话、赣语怀岳片、宣州吴语通行范围最广，通行程度最高，中原官话次之，徽语覆盖面较小，只在个别方言点使用，吴语太湖片基本不用"把"而用"拿"。在方言区内部，"把"的分布也是不均衡的，如中原官话商阜片、徐淮片"把"的使用较为普遍，中原官话信蚌片则基本不用。在地理分布上，首先南北分布不均，北方明显多于南方，越往南，"把"的势力越弱。其次主要分布于长江两岸及邻近地区，如南京、芜湖、安庆等，由长江两岸向南北两侧延伸、扩散。总体来看"把"的使用频率由中间向南北、东西两侧递减。

第三，共存同处。处置标记具有多元性，"把"并非唯一的处置标记，通常要与其他标记共存同处，共同承担处置标记的功能，难以"一家独大"。例如中原官话商阜片"把"与"叫"共同充当处置标记，江淮官话通泰片"把""拿"共存并用。

"把"不仅在苏皖两省使用广泛，还遍及四川、黑龙江、山东、湖南、新疆、江西、山西、海南等地，见于西南官话、东北官话、冀鲁官话、胶辽官话、兰银官话、湘语、赣语、晋语、闽语等方言区。略举数例：

（48）四川成都：把位子让给他坐。

（49）黑龙江哈尔滨：谁也不能把他咋的。<small>谁也不能把他怎么样。</small>

(50) 山东济南：把衣服洗出来。
(51) 山东烟台：把地上东西拾起来。
(52) 新疆乌鲁木齐：把灯关上。
(53) 湖南长沙：把他抓起来送走。
(54) 江西萍乡：把衣服洗嘎。把衣服洗了。
(55) 山西太原：把天窗开开。
(56) 海南海口：把箱拆开。

从分布范围看，"把"已成为汉语方言中的主流处置标记，覆盖范围极其广大，可谓横贯东西，通行南北。

(二)"拿"

江苏的苏州、吴江、常州、无锡等北部吴语基本以"拿"为专用处置标记，除此之外还见于与吴语关系密切的江淮官话通泰片，共计14个方言点，安徽境内未见有分布。具体如下：

1. 吴语区：苏州、吴江、常熟、昆山、无锡、江阴、启东、海门、常州、高淳、丹阳。

(57) 苏州：拿只鸡杀脱哉。把那只鸡杀了。
(58) 无锡：用啥个车子拿家生从南京运过来呢？用什么车子把家具从南京运过来呢？
(59) 启东：拿饭吃脱特。把饭吃完。
(60) 常州：你去拿门关起来。你去把门关上。
(61) 高淳：不要拿它弄脱掉了。不要把它弄丢了。
(62) 丹阳：拿他关关门外头。把他关在门外头。

2. 江淮官话通泰片：泰兴、如皋、南通。

(63) 泰兴：有些落头拿太阳叫日头。有些地方把太阳叫日头。
(64) 如皋：我拿橘子剥叨皮。我把橘子剥了皮。
(65) 南通：他拿瓶子打坏叨。他把瓶子打破了。

和"把"相比，"拿"的分布范围相对有限，但亦具有较强的连续性和规律性，基本呈片状分布。从方言分布来看，使用"拿"的方言点聚集成群，基本集中于苏南吴语和与之相邻、交界的通泰方言，构成小范围的分布区域，与江淮官话洪巢片搭界。从地域分布来看，"拿"主要见于长江以南地区，长江以北地区偶有少量、零星分布，使用范围极小。许宝华、陶寰（1999）指出处置标记"拿"基本分布于吴语钱塘江以北地区。刘丹青（2003a）也提出"把"在苏沪吴语区的对应成分普遍是"拿"。

语言形式的共时地理分布可看作其历时演变过程和层次的投影，"拿"的共时分布可以帮助我们探寻它在历史上的演化过程和规律。于红岩（2001）说，"拿"字处置式产生于元代，但它的发展具有地域差异性。元代产生于北方，明代才在南方出现，清中叶以来南方的势力超过了北方，尤其是在吴方言中几乎完全取代了"把"字式、"将"字式的地位。由此可知，"拿"曾经在明清时期南方方言尤其是吴语中有着较广泛的分布和使用，现代汉语南方方言的处置介词"拿"是对明清南方方言用法的沿袭，而北方方言"拿"受到"把"的强势影响逐渐走向衰微。

调查表明，除吴语外，湘语、赣语、闽语、客家话、中原官话等方言中也使用"拿"作为处置标记。这里略举几例：

（66）湖南涟源：其拿得只桶子提起来哩。他把那个桶提起来了。①

（67）江西南昌：拿门打开。把门打开。

（68）福建沙县：渠拿橘皮剥罢，亦无食。他把橘皮剥了，但是没吃。

（69）广东梅县：莫拿佢当好人。别把他当好人。

（70）湖南汝城：渠拿书撕烂喥。他把书撕烂了。

（71）山西闻喜：我拿这本书给了李明。我把这本书给了李明。

根据现有调查材料发现，"拿"的分布区域主要集中于南方方言，分布于湖南、福建、江西、广东等省，北方方言较为罕见。

（三）"捉""担""提""掌"

除"把""拿"外，其他"持拿"义处置标的分布都仅局限于某一狭小区域，呈线状或点状分布连续性较差。

"捉"见于江苏的南通（江淮官话）和金坛（吴语）两个方言点。

（72）南通：我捉他打叨一顿。我把他打了一顿。

（73）金坛：他捉橘得剥笃皮，就是勥吃。他把橘子剥了皮，但是没吃。

---

① 吴宝安、邓葵：《涟源方言的"拿"字及其相关句式》，《湘潭师范学院学报》2006年第6期，第116页。

除苏皖外，"捉"在湖南、江西、广东境内诸方言中也有少量分布。

(74) 湖南长沙：他捉哒狗打一场。他把狗打了一顿。
(75) 江西南昌：捉的细伢子打泼一餐。把小孩打了一顿。
(76) 广东阳江：我捉其批都一次。我把他批评了一次。①
(77) 广东廉江：捉苹果放好。把苹果放好。②

"担"只见于安徽的歙县（徽语）、江苏的启东和海门（吴语）三个方言点。

(78) 歙县：担衣裳烘烘干。把衣服烘干。
(79) 启东：担小官送勒外公家。把孩子送到外公家。
(80) 海门：担门带上。把门带上。

湖南、浙江境内的一些方言也存在"担"的处置介词用法。例如：

(81) 湖南凤凰：担瓶子摆到桌子高头。把瓶子摆到桌子上。
(82) 湖南邵阳：快担窗子关到。快把窗户关上。
(83) 湖南绥宁：担门关好。把门关好。
(84) 湖南邵东：你担小华扯上来。你把小华拉上来。
(85) 浙江龙游：这些饼担吃里去。把这些饼吃掉。③

"提"和"掌"是安徽方言较有特色的标记，也呈零星分布。"提"只见于休宁（徽语）单点，"掌"仅见于淮北、濉溪（中原官话）两个点。

(86) 休宁：提老鼠洞塞出来。把老鼠洞塞起来。④
(87) 淮北：他掌整个市都跑了一遍子了。他把整个城市都跑遍了。
(88) 濉溪：你白掌垃圾到处乱扔。你别把垃圾到处乱扔。

"持拿"义处置标记的方言分布详见表2-1：

---

① 黄伯荣：《汉语方言语法类编》，青岛出版社1996年版，第531页。
② 林华勇、李敏盈：《从廉江方言看粤语"佢"字处置句》，《中国语文》2019年第1期。
③ 钱双丽：《浙江南部吴语处置句研究》，硕士学位论文，浙江师范大学，2014年，第29页。
④ 平田昌司：《休宁方言的动词谓语句》，载《动词谓语句》，暨南大学出版社1997年版，第89页。

表 2-1　　　　　　"持拿"义处置标记的方言分布

地区 词汇形式	安徽	江苏
把	中原官话、江淮官话、赣语、徽语、吴语	中原官话、江淮官话、吴语
拿	无	吴语、江淮官话
捉	无	南通（江淮官话）、金坛（吴语）
担	歙县（徽语）	启东、海门（吴语）
提	休宁（徽语）	无
掌	淮北、濉溪（中原官话）	无

由表 2-1 可知，虽词汇形式不一，但"持拿"义是苏皖方言处置标记的主要类型。不同词汇形式的分布范围有异，其中"把"的分布面积最大，涉及苏皖境内的官话、赣语、吴语、徽语四大方言区。"拿"主要分布于江苏吴语，此外与吴语关系密切的通泰方言中亦有分布，安徽没有"拿"的分布范围。"捉""担""提""掌"呈现零星分布，只零散分布在苏皖个别方言点，分布面积相对较小。

二　"给予"义

"给予"义动词是汉语方言处置标的第二大常见来源（曹茜蕾，2007）。"给予"义处置标记的具体词汇形式有"给""分""畀"，"给予"构成其语法化为处置标记的语义基础。

（一）"给"

"给"主要连片密集分布在苏皖境内的官话区，包括安徽中原官话信蚌片、江淮官话洪巢片、江苏江淮官话洪巢片、中原官话徐淮片，共计10 个点。

1. 安徽中原官话信蚌片：蚌埠、五河、泗县、金寨。

（89）蚌埠：你给肉切好搁那，我马上炒。

（90）五河：给衣服上的灰擦干净。

（91）泗县：你去给窗户开一下。

第二章 苏皖方言处置标记的类型、分布与层次

（92）金寨：他给书拿出来了。

2. 安徽江淮官话洪巢片：怀远。

（93）怀远：小刀子给我手割烂了。

3. 江苏江淮官话洪巢片：泗洪、灌南。

（94）泗洪：给钱放好了，别丢了。

（95）灌南：他们给教室都装上空调了。

4. 江苏中原官话徐淮片：徐州、沛县、宿迁。

（96）徐州：给小孩帽子拿来。

（97）沛县：他们给教室都装上了空调。

（98）宿迁：我来给葱洗洗。

从空间分布来看，有两个较为集中的块状分布区域，一个是皖北，另一个是苏北，这两块区域基本相连。苏皖两省南部基本未见"给"的分布范围。

"给"在其他方言的分布：

（99）广东澄海：我给你撵落溪。我把你推下河。[1]

（100）福建福州：汝给许张批放屉里去。你把那封信放在抽屉里。[2]

（101）山西交城：他给钱丢了。

（102）四川渡口：给他打一顿。

（103）河南洛阳：给那东西拿给我。

（104）河南郑州：他给车子骑坏了。

（105）河南新密：给玻璃打烂了。

（106）河南嵩县：给衣裳收回来。

基于以上事实，我们发现"给"主要集中分布于我国中部的河南、江苏、安徽的部分地区，在地域上具有连贯性。

（二）"分""畀"

"分""畀"两标记较特殊，分别只见于安徽的祁门和黟县。

（107）祁门：尔分碗洗一下。你把碗洗一下。

---

[1] 石毓智、王统尚：《方言中处置式和被动式拥有共同标记的原因》，《汉语学报》2009年第2期。

[2] 石毓智、王统尚：《方言中处置式和被动式拥有共同标记的原因》，《汉语学报》2009年第2期。

（108）黟县：尔畀碗洗一下。你把碗洗一下。

李蓝、曹茜蕾（2013）指出，湖南的江永、云南的元江和石屏、浙江的金华和泰顺也使用"分"标，江西的南城、福建的建宁也使用"畀"标。由此可见"分"和"畀"是典型的南方方言词，北方方言少用或基本不用。

三 "使役"义

由"使役"义动词演变而来的处置标记"叫"呈现有规律的块状分布，仅见于安徽中原官话商阜片——亳州、阜阳、宿州、蒙城、濉溪五个市县。例如：

（109）亳州：你叫花浇了去。你把花浇了去。

（110）阜阳：叫包递给我。把包递给我。

（111）宿州：你叫钱搁好。你把钱放好。

（112）蒙城：叫我的衣裳洗洗。把我的衣服洗洗。

（113）濉溪：叫门关上，我嫌冷。把门关上，我觉得冷。

值得注意的是，用"叫"的方言点同时也用"把"作处置标记，一般来说，祈使句表命令、要求时多用"叫"，因为"叫"的处置义源于"使令"义，带有主观色彩（王莹莹，2021）；而"把"则不受该限制，因为"把"的源义是"持拿"义，主观色彩较弱。据调查，老派发音人只用"叫"，不用"把"，被调查的老派发音人普遍认为"叫"是最自然、最常用的形式，从小到大没有用过"把"，而新派表示基本不用"叫"，只用"把"。城乡之间也存在使用上的差异，乡下多用"叫"，县城多用"把"。由此可见，"叫"是处置标记的本土形式，"把"是后起成分，是与普通话长期互动、趋同的结果。

除皖北中原官话商阜片外，"叫"在山东的郯城、枣庄，湖北的襄樊、郧县，河北的磁县，河南的永城、项城、许昌、西华、辉县等地也有分布。例如：

（114）山东郯城：你叫衣裳洗完了再走吧。你把衣服洗完了再走吧。

（115）山东枣庄：她叫碗摔了一个。她把碗摔了一个。

（116）湖北襄樊：叫书拿来我翻一下。把书拿来我翻一下。

（117）湖北郧县：叫他带走。把他带走。

（118）河北磁县：先叫作业写完了再去耍嘞。先把作业写完了再去玩。
（119）河南永城：你要叫钱交了，手术就能做好。你要把钱交了,手术就能做好。
（120）河南项城：叫作业写完再走。把作业写完再走。
（121）河南许昌：叫教室地扫一下。把教室地扫一下。
（122）河南西华：叫书搁课桌上。把书放课桌上。
（123）河南辉县：他爸叫车给开走了。他爸把车给开走了。

总体来看，"叫"的处置标记用法主要分布于官话方言区，是典型的"官话型"标记。另外，"叫"表处置在北方方言更为多见，南方方言难觅其踪迹。

四 "帮助"义

源于"帮助"义动词的处置标记有"帮"和"代"①，"替代"与"帮助"语义接近，也可看作是广义的"帮助"义动词。

（一）"帮"

"帮"主要见于皖属中原官话信蚌片、江淮官话洪巢片、徽语绩歙片和休黟片，苏属江淮官话洪巢片、中原官话徐淮片，共8个点。

1. 安徽中原官话信蚌片：金寨②。

（124）他帮碗敲掉了。他把碗打破了。

2. 安徽江淮官话洪巢片：怀远、淮南。

（125）怀远：帮那本书递给我。把那本书递给我。
（126）淮南：你帮碗刷一下。你把碗刷一下。

3. 安徽徽语绩歙片、休黟片：歙县、休宁、屯溪。

（127）歙县：帮钱放好。把钱放好。③
（128）休宁：尔帮门关出来。你把门关上。
（129）屯溪：渠人帮课室都装上空调了着。他们把教室都装上了空调。

---

① 处置标记"代"的写法不一，有学者写作"带""逮"等，我们认为应写作"代"，它的处置介词用法来源于受益者标记用法，具体论述详见第四章。

② 金寨处江淮官话与中原官话的过渡地带，虽划归中原官话，但具有江淮官话的部分方言特征。

③ 平田昌司：《徽州方言研究》，日本好文出版社1998年版，第280页。

4. 江苏江淮官话洪巢片：泗洪。

（130）泗洪：你帮它弄海得了。○你把它弄坏了。

5. 江苏中原官话徐淮片：赣榆。

（131）赣榆：俺爸昨天帮电视摔了。○我爸昨天把电视摔了。

除上述方言点外，吴、闽、湘、客家等南方方言中也有"帮"表处置的用例。例如：

（132）浙江金华：渠帮橘儿皮剥掉了。○他把橘子皮剥掉了。

（133）浙江丽水：帮门关上。○把门关上。

（134）福建松溪：帮他请来。○把他请来。

（135）福建福安：帮门关起。○把门关上。

（136）湖南辰溪：帮菜放落去。○把菜放下去。

（137）湖南新化：帮其打一顿。○把他打一顿。

（138）江西石城：帮门关上。○把门关上。

（139）云南鹤庆：帮灯关上。○把灯关上。

（140）福建宁化：你帮碗洗一下。○你把碗洗一下。

（141）湖南吉首：帮鸭公杀了。○把公鸭杀了。

（142）云南永胜：帮门关上。○把门关上。

据调查，"帮"构成的处置式较为有限，自由度较低，倾向于用于典型处置式，其宾语多为动词的受事，不太能构成致使处置式，如"你帮我气死了"，也不太能用于"当作"义处置式中，如"我帮你当自己人"。因此，"帮"的使用是有条件的，受到句法、语义等因素的限制。我们猜想可能是由于"帮"还处于虚化的过程中，尚未发展为真正的处置标记。

（二）"代"

用"代"作处置标记的方言点有4个，均属江淮官话洪巢片——安徽的无为和巢湖、江苏的南京和响水。

（143）巢湖：代衣裳洗干净它。○把衣服洗干净。

（144）无为：代碗洗得。○把碗洗洗。

（145）南京：我代碗洗干净了。○我把碗洗干净了。

（146）响水：你代碗刷刷。○你把碗洗洗。

吴语也有"代"表处置的用例。

第二章 苏皖方言处置标记的类型、分布与层次

(147) 浙江温州：我代话讲拉完就走。我把话讲完就走。
(148) 浙江乐清：代饭端来。把饭端来。
(149) 浙江永嘉：代书递来。把书递来。
(150) 浙江瑞安：尔代地下扫扫先。你先把地扫扫。①

五 "伴随"义

"伴随"义处置标记主要是"跟"，散见于江苏江淮官话洪巢片的泗阳、淮安、灌南、淮阴、东海，分布区域基本不相连。例如：

(151) 泗阳：跟礼送给他。把礼送给他。
(152) 淮安：你跟大衣穿上再出去。你把大衣穿上再出去。
(153) 灌南：他跟碗跌得了。他把碗打破了。
(154) 淮阴：还掉下半碗汤，你跟喝得了啵。还剩下半碗汤,你把它喝了吧。
(155) 东海：你跟碗刷刷。你把碗刷刷。

"跟"的处置标记用法还见于老湘语、平话、客家话等南方方言中，北方方言基本不见使用。例如：

(156) 湖南凤凰：跟门关倒。把门关上。
(157) 湖南宁远：之腹爹爹跟之打了一顿。他爸爸把他打了一顿。②
(158) 湖南洞口：跟衣衫清起。把衣服清理好。③
(159) 湖北孝感：你等哈着，我跟他送起走了再回来。你先等一下,我把他送走了再回来。
(160) 湖北随县：我跟他送走了再去。我把他送走了再去。④
(161) 四川安岳：跟这杯酒端起来。把这杯酒端起来。
(162) 江西瑞金：跟被子叠平整来。把被子叠好。

处置标记各个语义类型的分布情况详见表 2-2：

---

① 陈玉洁、吴越：《显赫语义和语义扩张——以吴语间接题元标记为例》，《当代语言学》2019 年第 3 期。
② 毛格娟：《湖南宁远平话介词研究》，硕士学位论文，湖南师范大学，2011 年，第 34 页。
③ 胡云晚：《湘西南洞口老湘语虚词研究》，江西人民出版社 2010 年版，第 196 页。
④ 黄伯荣：《汉语方言语法类编》，青岛出版社 1996 年版，第 526 页。

表 2-2　　　　　　　　处置标记的语义类型分布

语义类型	表现形式	安徽	江苏
持拿	把	亳州、蒙城、阜阳、宿州、濉溪、淮北、合肥、庐江、巢湖、芜湖、无为、怀远、淮南、马鞍山、当涂、含山、滁州、天长、铜陵、六安、安庆、枞阳、桐城、宿松、潜山、望江、歙县、绩溪、休宁、屯溪、南陵、湾沚	南京、扬州、镇江、淮安、淮阴、涟水、盐城、射阳、连云港、灌南、东海、泰州、泰兴、兴化、南通、如皋、海安、东台、丹阳、金坛、靖江、高淳、徐州、沛县、宿迁、赣榆
	拿	（无）	苏州、吴江、昆山、常熟、无锡、江阴、启东、海门、常州、高淳、泰兴、如皋、南通、丹阳
	捉	（无）	南通、金坛
	担	歙县	启东、海门
	提	休宁	（无）
	掌	淮北、濉溪	（无）
给予	给	蚌埠、五河、泗县、金寨、怀远	泗洪、灌南、徐州、铜山、宿迁
	分	祁门	（无）
	畀	黟县	（无）
使役	叫	亳州、阜阳、宿州、濉溪、蒙城	（无）
帮助	帮	金寨、怀远、淮南、歙县、休宁、屯溪	泗洪、赣榆
	代	无为、巢湖	南京、响水
伴随	跟	（无）	泗阳、淮安、淮阴、灌南、东海

由表 2-2 可知苏皖方言处置标记的分布特征和使用情况。

第一，复杂性。苏皖方言处置标记种类多样，来源不一，不同类型的标记都有其特定的通行范围，但分布规模不等，分布范围大小有异，呈现不同的分布模式。源于"持拿"义动词的处置标记以"把"为主且分布范围最广，覆盖了苏皖两省的大部分地区，是所有类型中涉及方言区最多的一种，在地理上呈连片分布的状态，占主流地位。源于"给予"义动词的处置标记以"给"为主，分布范围较广，集中于苏皖两省的官话区。源于"使役"义动词的处置标记"叫"小范围分布于安徽境内中原官话商阜片。源于"帮助"义动词的处置标记"帮"和"代"零星散布在苏皖境内的江淮官话洪巢片、中原官话徐淮片、徽语休黟片和绩歙片。源于"伴随"义动词的处置标记"跟"散布在江苏江淮官话洪巢片的个别方言点。

第二，不均衡性。处置标记在分布上的不均衡性主要有两个方面的表现：其一，从整体分布来看，数量上具有不均衡性，有的方言处置标记多，使用多种标记，有的仅有一个，不使用其他标记，如休宁同时使用"把""帮""提"三个标记，而扬州、镇江、盐城等地只使用"把"，没有其他标记。其二，从单个处置标记的地理分布看，"把"是强势标记，分布最为广泛，基本在各个方言区都有分布，只是密集度不同，"给""拿"次之，其他则处于相对弱势的地位，在地理上局限于某一狭小范围。

第三，集中性与分散性。处置标记的分布兼具集中性和分散性。集中性是指有些处置标记在地理分布上具有区域特征，使用范围较为集中，有自己的势力范围，如"把"在长江流域的江淮官话连片分布，"拿"集中分布于苏南吴语区。分散性体现在某些标记交错分布于各个方言区，呈零散的区块分布的状态，不具有区域特征，如"帮"散见于怀远、淮南、歙县、休宁、屯溪、泗洪、赣榆等地，分布范围无法构成一个连续的区域。

第四，跨区域性。处置标记的使用范围和方言分区有一定关联，但并非一一对应的关系，存在较强的不一致性。每一种处置标记有自己主要的通行区域，但往往不局限于同一方言区内使用，跨区使用的现象非常普遍。

第五，一致性。从使用处置标记的一致性来看，官话方言要高于非官话方言。江淮官话和中原官话较为一致地选择"把""给""叫"等，而赣语、徽语和吴语在处置标记的选用上具有多样性，一致性较低。吴语多选用"拿""担"，赣语多选用"把"，徽语多选用"畀""分""提"等特殊标记。

第六，多元性。很多方言使用的处置标记不具有唯一性，而是同时使用两个或三个标记，共存现象非常普遍。但不同标记在常用度、使用场合、句法组配、语义关系等方面有细微差异，不能随意换用。

通过观察各个处置标记的分布情况，可以概括出五种典型的地理分布模式：一是片状分布。"把""拿""叫"属于典型的片状分布，在地理上相邻的若干方言点连成一片，其中"把""拿"呈现大面积的分布，"叫"的分布面积相对较小。二是块状分布。"给"主要见于苏北和皖北官话区的部分方言点，呈小块状分布。三是线状分布。"跟"主要分布于江苏境内的泗阳、淮安、灌南、淮阴、东海，其中泗阳、淮阴和淮安三点连成一线，东海、灌南两点连成一线，两条线近似平行。四是散点分布。"捉""担""掌""帮""代"零散分布于苏皖区域的几个方言点，表现为点状式离散分布状态，无法连接成片或成线。五是单点分布。"提""分""畀"呈现单点分布状态，和其他标记相比显得势单力薄。

第二节 处置标记的方言分布

根据处置标记的方言分布情况，我们将其方言分布类型归纳为官话型、吴语型、徽语型三种[①]，并进一步考察各种类型的分布特征。

一 官话型

官话型是处置标记的主流类型，也是方言分布最广的主体类型，包括"把、给、叫、跟、代、掌"。这些标记主要密集分布于官话区，覆盖了苏皖中原官话和江淮官话的大多数方言点，可看作是官话与非官话方言相区别的主要特征之一，因此其方言分布类型大体属"官话型"。

[①] 之所以没有分出"赣语型"，是因为赣语的处置标记也用"把"，与"官话型"存在交叉，无法独立成为一种特殊类型。

(一)"把"

作为优势处置标记,"把"的方言分布范围最广,涵盖了官话、吴语、赣语、徽语四大方言区,但总体来看其主要分布范围还是官话区,详见表2-3。

表2-3　　　　　　　　"把"的方言分布

方言区	官话	赣语	吴语	徽语
方言点数(个)	45	3	6	4
所占比例(%)	77.6	5.2	10.3	6.9

由表2-3可见,相比赣语、吴语和徽语,"把"在官话中的分布比例高达77.6%,这足以说明"把"的方言分布类型属官话型。

"把"的分布范围极其广阔,下面分省介绍"把"的分布模式。

1. 安徽省

安徽境内的汉语方言种类复杂,官话方言、吴方言、赣方言、徽方言四种方言交汇。皖北以中原官话为主,皖中分布着大范围的江淮官话,皖南方言主要有吴语、赣语和徽语。

(1) 中原官话

安徽中原官话有三个片:商阜片、信蚌片、徐淮片,"把"广泛分布于商阜片和徐淮片。

商阜片的亳州、蒙城、阜阳、濉溪、宿州等地用"把",但同时也与"叫""掌"等标记共存竞争。例如:

(163) 亳州:把碗洗洗。|你叫肉切了搁那个,过会儿再炒。_{你把肉切了放那里,过会儿再炒。}

(164) 蒙城:把橘子皮剥了。|叫我的衣裳洗洗。_{把我的衣服洗洗。}

(165) 阜阳:你可把灯关上吗?|叫窗户开开。_{把窗户打开。}

(166) 濉溪:我把你当自家人看。|叫衣裳洗洗。_{把衣服洗洗。}|你掌窗户开开可管?_{你把窗户开开可以吗?}

(167) 宿州:把门关上。|你叫门关上。_{你把门关上。}

值得注意的是,"叫""掌"是苏皖区域乃至汉语方言较为特殊的处置标记,"把"与标准语相同,显然是受普通话或官话影响的结果。

普通话的强势地位，导致其他方言向其靠拢。据被调查者说，老派多用"叫""掌"，新派多用"把"，"叫""掌"的命令色彩更浓，多用于祈使句。

徐淮片的淮北同时使用"把"标和"掌"标。例如：

（168）把电视关了它。| 掌我的衣服洗洗。_{把我的衣服洗洗。}

（2）江淮官话

安徽江淮官话有两个片：洪巢片和黄孝片，这两片都以"把"为主流、优势标记。

洪巢片的合肥、芜湖、马鞍山、滁州等地几乎以"把"为唯一处置标，其他形式较少使用甚或不用，个别方言如无为、淮南使用"把"的同时还兼用其他形式。例如：

（169）合肥：把东西放下。

（170）芜湖：把窗子开一下。

（171）马鞍山：把花浇一下。

（172）滁州：把米淘淘干净！

（173）铜陵：他把钱全交个。_{他把钱全交了。}

（174）六安：他把橘子皮剥掉了，他又不吃。

（175）无为：你把我吓一跳。| 代衣服洗干净。_{把衣服洗干净。}

（176）淮南：把衣裳穿上。| 帮灯关上。_{把灯关上。}

黄孝片的安庆、枞阳、桐城也以"把"为唯一标记。例如：

（177）安庆：把口罩戴好。

（178）枞阳：他把橘子皮剥掉仔。_{他把橘子皮剥掉了。}

（179）桐城：哪个都不敢把我怎样！_{谁都不敢把我怎么样！}

（3）赣语怀岳片和吴语宣州片

这两片的处置标记高度统一，清一色使用"把"标，几乎不使用其他形式。例如：

（180）宿松：你把肉切了搁那，过一会再炒菜。

（181）潜山：尔几个把渠拖着走。_{你几个把他拖着走。}

（182）望江：我把毛巾洗好哆。_{我把毛巾洗好了。}

（183）南陵：你把碗洗下子。

（184）湾沚：把它甩了吧。

皖南赣语和吴语之所以普遍使用"把"，可能源于周边江淮官话的影响。随着江淮官话影响的进一步扩大，"把"在皖南的使用范围将越来越广，最终可能会大范围覆盖整个皖南地区。

值得注意的是，同属吴语，宣州吴语为何会与太湖吴语迥异，不使用"拿"标而使用"把"标，与官话方言趋于一致？我们认为与邻近强势方言江淮官话的影响有关。安徽中部和南部分布着大面积的江淮官话，且在政治、经济、文化上都占优势地位，对周边方言的辐射和影响不可小觑。在官话特征不断向非官话渗透时，由于与江淮官话的芜湖、宣城、马鞍山等方言点在地理上毗邻，长期接触融合，宣州吴语首当其冲受到冲刷，带上官话特征并逐渐与其趋同，处置标记亦是如此。朱蕾（2016）认为，土著宣州吴语有被江淮官话取代的明显趋势，原宣州吴语区已成为官话和吴语并存的双方言区且官话占绝对优势地位，当地许多居民称江淮官话为"普通话"，以说江淮官话为时尚。郑伟（2017）也认为，宣州吴语的地盘在慢慢消失，属"濒危型方言区"。

（4）徽语

徽语中的歙县、绩溪、休宁、屯溪等地使用其他标记的同时也采用"把"，应是官话影响的结果。相对于周边的江淮方言、赣方言和吴方言，徽语是弱势方言（李如龙，2014），因而易于发生官话化，被官话型标记"把"侵蚀。

2. 江苏省

江苏虽面积较小，却是方言大省，拥有吴语、中原官话、江淮官话三大方言区。跨江越淮，境内的两条河流长江、淮河将省境大体上分为三大块，长江以南为吴方言，长江以北至淮河两岸为江淮官话，淮河以北为中原官话。

（1）江淮官话

江淮官话下分洪巢片和通泰片。洪巢片内部较为一致，除了个别例外点之外，基本以"把"为主要标记。例如：

（185）南京：把书摆桌上。

（186）扬州：你这杠子能不把事情办歇火啊？_{你这样能不把事情办砸吗？}

（187）镇江：他们把教室都装了空调。

（188）淮安：把饭吃光。

（189）盐城：他把衣服撕脱了。他把衣服撕掉了。

（190）连云港：赶紧把它撂得了。赶紧把它扔了。

例外点有泗洪、泗阳和响水，泗洪以"给""帮"为主。例如：

（191）给信给我。｜帮我衣裳拿来。把我衣服拿来。

泗阳、响水分别使用"跟"和"代"。例如：

（192）泗阳：跟桌子擦擦。把桌子擦擦。

（193）响水：你代展览细细看一遍。你把展览仔细看一遍。

通泰片除泰兴、如皋、南通三地外，其他方言点（泰州、兴化、海安、东台）都以"把"为唯一形式。例如：

（194）泰州：你把这个东西借把他。你把这个东西借给他。

（195）兴化：你把碗洗下子。

（196）海安：你把碗洗呃子。你把碗洗一下。

（197）东台：把伞带啊身上。把伞带在身上。

泰兴、如皋"把"和"拿"并用，南通"把""拿""捉"并用。例如：

（198）泰兴：把它捂起来。｜拿羊子扣起来。把羊拴起来。

（199）如皋：妹妹把那本书烧掉了。｜拿衣裳洗干净。把衣服洗干净。

（200）南通：他把橘子剥叨皮。他把橘子剥了皮。｜他拿瓶子打坏叨。他把瓶子打破了。｜你捉被结扳。你把被子叠叠。

（2）中原官话

江苏境内中原官话徐淮片的徐州、沛县、宿迁使用"把""给"双标记，赣榆使用"把""帮"双标记。例如：

（201）徐州：把瓜切开。｜给窗户开开。

（202）沛县：他老把头发弄得蜷巴着。他老把头发弄得卷卷的。｜他们给教室都装上了空调。

（203）宿迁：这件事把他乐屁颠颠的。｜先来给猪煮煮。

（204）赣榆：你把这个给他。｜你帮葱切巴切巴扔锅里。你把葱切一切扔锅里。

（3）吴语

吴语内部的本土标记是"拿"，使用"把"的方言点主要集中分布于毗邻江淮官话或与江淮官话密切接触的地区，如金坛、丹阳、靖江、高淳。例如：

(205) 金坛：把地拖下。

(206) 丹阳：把书放台里。○把书放桌上。

(207) 靖江：今朝要把它弄出来。○今天要把它弄出来。

(208) 高淳：他把橘子剥了皮。

苏皖区域的官话包括中原官话和江淮官话，"把"主要分布于江淮官话，其次是中原官话，详见表2-4。

表2-4　　　　　　　　　"把"的官话方言分布

省	方言区	方言片	方言点
安徽省	中原官话	商阜片	亳州、蒙城、阜阳、宿州、濉溪
		徐淮片	淮北
	江淮官话	洪巢片	合肥、庐江、巢湖、芜湖、无为、怀远、淮南、马鞍山、当涂、含山、滁州、天长、铜陵、六安
		黄孝片	安庆、枞阳、桐城
江苏省	江淮官话	通泰片	泰州、兴化、泰兴、南通、如皋、海安、东台
		洪巢片	南京、扬州、镇江、淮安、涟水、淮阴、盐城、射阳、连云港、灌南、东海
	中原官话	徐淮片	徐州、沛县、宿迁、赣榆

表2-4显示，"把"作为"官话型"处置标记，有"江淮型""中原型"之分，"江淮型"占优势地位。

(二)"给"

"给"作为官话型处置标记，主要分布于中原官话信蚌片（蚌埠、五河、泗县、金寨）、中原官话徐淮片（徐州、沛县、宿迁）、江淮官话洪巢片（怀远、泗洪、灌南），是官话方言的主流形式。从地理上看，主要有两个小的块状分布区：一是安徽淮河以北的蚌埠、宿州；二是江苏北部的徐州、宿迁，两者在地域上相连，构成小范围集中分布。方言分布详见表2-5。

表 2-5　　　　　　　　"给"的方言分布

方言区	方言点	方言例句
中原官话	蚌埠	你给窗户开开。
	五河	你给我帽子搁哪去了？
	泗县	你去给花浇点水。
	金寨	给酱油递过来。
	徐州	唱歌给嗓子嚎哑了。
	沛县	他们给教室都装上了空调。
	宿迁	给饭吃了。
江淮官话	怀远	不要给小孩惯坏了。
	泗洪	你给那个桌子擦擦。
	灌南	他们给教室都装上空调了。

(三)"叫""跟""代""掌"

"叫"的分布范围不广，但很有规律，集中分布于皖北中原官话商阜片（亳州、阜阳、宿州、濉溪、蒙城）。例如：

（209）亳州：你叫我吓毁了！你把我吓死了！

（210）蒙城：叫板凳递给我。把板凳递给我。

（211）阜阳：你可叫饭吃完吗？你把饭吃完了吗？

（212）宿州：叫最后一块吃了吧。把最后一块吃了吧。

（213）濉溪：叫你的笔借我使使。把你的笔借我用用。

"跟""代""掌"都是官话中不太常用的处置标记，分布范围有限，呈点状分布。"跟"见于江苏境内江淮官话洪巢片的个别方言点（泗阳、淮安、淮阴、灌南、东海），这些点基本位于苏北地区。例如：

（214）泗阳：跟碗刷下子。把碗刷一下。

（215）淮安：你跟教室打扫打扫。你把教室打扫打扫。

（216）淮阴：围巾拿在这块，你跟戴上出去。围巾在这里，你把它戴上出去。

（217）灌南：他跟橘子皮扒得了。他把橘子皮剥了。

（218）东海：跟锅里饭全吃了。把锅里饭全吃了。

"代"见于苏皖区域江淮官话洪巢片的南京、响水、无为、巢湖等地，这些点基本位于苏中长江流域附近。例如：

(219) 南京：他代书拿出来了。_{他把书拿出来了。}
(220) 响水：他们代教室全装上空调了。_{他们把教室全装上空调了。}
(221) 无为：你代碗洗下子。_{你把碗洗一下。}
(222) 巢湖：代衣裳洗干净它。_{把衣服洗干净。}

"掌"只在中原官话商阜片的淮北、濉溪方言存在，分布面积最小，呈零星分布。例如：

(223) 淮北：掌衣服洗干净。_{把衣服洗干净。}
(224) 濉溪：你掌窗户开开可管？_{你把窗户打开可以吗？}

二 吴语型

吴语型处置标记主要有"拿"和"担"，这两标记基本分布于长江以南的吴方言区，可看作是吴语区别于其他方言的重要特征之一。

"拿"的分布具有较强的连续性与规律性，分布集中，基本成片状分布，所分布的方言点可连成一片。主要见于江苏南部和中部少数地区，包括吴语太湖片（苏州、吴江、昆山、常熟、无锡、江阴、启东、海门、常州、高淳、丹阳）和与之相邻的江淮官话通泰片（泰兴、如皋、南通），与江淮官话洪巢片搭界。"拿"是苏南吴语的代表标记，几乎见于整个吴语区。详见表2-6。

除"拿"外，"担"在吴语中也有零星分布，主要见于启东和海门：

(225) 启东：你担钱拿好仔。_{你把钱拿好。}
(226) 海门：担课外书收出来。_{把课外书收起来。}

江苏境内的吴方言内部较为一致，均以"拿"为处置标记的主要形式。在我们调查的13个方言点中，除被江淮官话深入影响的靖江、金坛、丹阳、高淳外，其余9个均以"拿"作为主要处置标记。处于吴语和江淮官话交界地带的丹阳、金坛等方言点，"拿"的使用频率呈下滑之势，这是受邻近官话影响所致，这些特殊的方言点将在下文专门探讨。

表2-6　　　　　　　　"拿"的方言分布

方言区	方言点	方言例句
吴语	苏州	吾去拿俚寻得来。
	吴江	拿衣裳着浪。
	昆山	我拿饭烧好则。
	常熟	拿蚕豆晒晒。
	无锡	拿他叫来。
	江阴	拿台子搬来。
	启东	拿酱油放勒台浪。
	海门	拿门关关好。
	常州	他拿全城都转过了。
	丹阳	拿门关关好。
	高淳	拿衣服脱掉一件。
江淮官话	泰兴	你拿介绍信带跟前。
	如皋	拿橘子剥了皮。
	南通	他拿瓶子打坏叨。

三　徽语型

徽语型主要包括"提""畀""分",这三者都呈单点分布,分别见于安徽的休宁、黟县、祁门三个相邻的方言点,是徽语特有、其他方言罕见的特征标记,与其他强势标记相比显得势单力薄。

徽语内部的处置标记较为复杂多样、引人注目。歙县用"把""担""帮",绩溪用"把",休宁用"把""帮""提",黟县用"畀",屯溪用"把"和"帮",祁门用"分"。例如:

(227) 歙县:尔再把展览仔细地看一遍。你再把展览仔细地看一遍。| 担衣裳烘烘干。把衣服烘烘干。| 帮门关上。把门关上。①

(228) 绩溪:把账登起去。把账登上去。

---

① 李蓝、曹茜蕾:《汉语方言中的处置式和"把"字句(上)》,《方言》2013年第1期。

(229) 休宁：把么两张桌搬回来。把那两张桌子搬回来。｜让渠帮话讲完。让他把话讲完。｜提碗盖出来。把碗盖起来。①

(230) 黟县：尔畀门关起来。你把门关上。

(231) 屯溪：尔把碗洗一下。你把碗洗一下。｜帮钞票囥好。把钱放好。

(232) 祁门：分那件衣裳担来。把那件衣服拿来。

徽语是安徽较有特色的土著方言，复杂难懂且内部差异显著，甚至乡镇之间都难以通话。它的形成与战争动乱、人口迁徙、商业活动密切相关。徽州地区春秋为吴越之地，所说方言应当为吴语。自西晋永嘉之乱始，经历多次北人南徙的高潮，接收了大量北方移民，变为北方人民躲避战乱的安身之地和世外桃源。唐宋以后，徽商兴起，通过新安江向江西、浙江等地输入茶叶、木材等，与周围地区交往密切。明清以后，徽州方言受到了来自旧安庆府、旧怀宁府、旧太平府、旧池州府等江淮官话区移民的影响。徽商多赴江浙一带，受吴方言影响也较大。此外，还受福建、浙南移民带来的闽方言影响，同时也和赣语发生了密切接触与交融。不同历史时期、不同地域来源的移民所带来的各种性质不同的方言不断渗透、冲刷着该地原生语言的面貌，使这一地区兼收并蓄了很多方言的特征，逐渐演变成今天"五色纷披，灿若图绣"的模样。徽语的归属问题屡引争议。郑张尚芳（1996）指出"徽语是皖南最有特色的一种土著方言"②，声母系统与赣语接近，韵母系统却接近南部吴语。赵日新（2004）指出徽语的底子是吴语，同时又与赣语、官话的成分混合，很难找到对内一致、对外排他的特点。胡松柏等（2020）指出，徽语在多重因素促动下形成"似吴似赣"的语言面貌，兼具吴语和赣语的特点。

我们认为，"分""畀""提"等是方言本土形式，"把"来自强势方言江淮官话的强烈冲击。由于徽语与江淮官话紧邻，接触密切，久而久之江淮官话的主流标记"把"就不可避免地渗透、深入到徽语内部，出现本土标记与借用标记叠置的现象。

综上，苏皖区域方言处置标记的特点如下。

---

① 平田昌司：《休宁方言的动词谓语句》，载《动词谓语句》，暨南大学出版社1997年版，第90—91页。

② 郑张尚芳：《皖南方言的分区（稿）》，《方言》1986年第1期。

第一，标记类型多样，且几乎各个标记都有其历史来源，源于对古汉语的继承和发展。如"把""捉""担""掌"来自"持拿"义动词，"叫"的源义是"使役"，"帮""代"源于"帮助"义动词，"给""分""畀"由"给予"义发展而来。

第二，单标为主，多标并存共用。多数方言处置标记单一，只采用一个处置标记，如蚌埠、五河、泗县只用"给"，合肥、芜湖、庐江、马鞍山、当涂、安庆、枞阳、桐城、扬州、镇江只用"把"，苏州、吴江、常州、昆山、无锡只用"拿"，祁门只用"分"，黟县只用"畀"。但有相当多的方言存在两种或两种以上标记并存共用的情况，单个标记难以"一统天下"，如亳州、蒙城、阜阳等地"把""叫"并用，如皋、泰兴等地"把""拿"并用，休宁"把""帮""提"三标并用。共存现象分布广泛，可以说，多标并存是苏皖区域方言的常态而非例外。

处置标记在方言中的分布模式，大体可分为3大类和23小类：

单标型（6类）

1a：只使用"把"，如合肥、芜湖、海安、安庆、马鞍山、扬州；

1b：只使用"给"，如蚌埠、五河、泗县；

1c：只使用"拿"，如苏州、常州、昆山、吴江、无锡、常熟；

1d：只使用"分"，如祁门；

1e：只使用"畀"，如黟县；

1f：只使用"跟"，如泗阳。

双标型（10类）

2a："把"和"叫"，如亳州、蒙城、宿州、阜阳；

2b："把"和"给"，如徐州、宿迁、沛县；

2c："把"和"掌"，如淮北；

2d："把"和"捉"，如金坛；

2e："把"和"帮"，如淮南、赣榆、屯溪；

2f："把"和"代"，如南京、无为；

2g："把"和"拿"，如泰兴、丹阳、如皋；

2h："把"和"跟"，如淮阴、淮安、东海；

2i："帮"和"给"：如泗洪、金寨；

2j:"拿"和"担",如海门。

三标型（7类）

3a:"把""帮""担",如歙县；

3b:"把""帮""提",如休宁；

3c:"把""拿""捉",如南通；

3d:"把""给""跟",如灌南；

3e:"把""叫""掌",如濉溪；

3f:"把""给""帮",如怀远；

3g:"拿""代""担",如启东。

处置标记的分布模式详见表2-7。

表2-7　　　　　　　处置标记的分布模式

同一方言所用标记数量	方言点数量	百分比（%）
单标	45	59.2
双标	24	31.6
三标	7	9.2
总数	76	100

第三,"把"作为处置标记的优势形式,在使用频率上占有绝对优势,通行程度最高,使用人数最多,势力范围最广。其分布规律如下：一是"长江型"分布。"把"的分布范围虽遍及两省,但主要沿长江流域分布,大面积成片集中于长江沿岸一带,西起宿松,东至南通,途经安庆、铜陵、芜湖、马鞍山、南京、镇江、扬州等地,呈连续性分布状态。二是由北向南扩散。"把"势力强劲,从北向南不断冲刷,层层扩散,突破长江这道天然的地理屏障,一直深入到吴语、徽语、赣语内部,不断挤压其他标记的生存空间,有"一统天下"之势。北方方言对南方方言不断进行渗透时,江淮官话作为南北方言的过渡地区,首当其冲受到影响,向北方方言靠拢。三是南北对立分布。"把"主要分布于长江以北及沿江地区,北方势力明显强于南方且逐渐穿过长江这条鸿沟向南推进、扩展,越靠近北方的地区越易受到辐射。再往南看,"把"的影响力就越来越微弱,使用范围越来越窄,真正的南方方言区

难觅"把"的踪迹。

第三节　处置标记的历史层次

语言接触会引发语法演变，其动态过程表现为竞争性演变。通过语言接触，外来语法成分对本地方言固有成分进行覆盖和替代，在本地方言形成共存叠置局面。江苏地处南北交汇、融合地带和方言交界前沿，人口流动频繁，境内方言多样，历史层次复杂，始终在与其他方言的接触中实现自身发展，是探寻语言接触与语法演变的最优窗口和绝佳场所。下面以江苏为例，分析吴语和江淮方言交界地带因语言接触产生的变异特征，探索处置标记的接触与演化情况，离析出错综复杂的语法层次，揭示共时分布模式背后潜藏的历史蕴含。

一　通泰方言"把""拿"的共存竞争与历史层次[①]

在分区上，通泰方言一般划归江淮官话，原因是浊音已经清化，但与典型的江淮官话相比，又有很多特异之处：喻二和匣母相混、韵母单元音化、鼻化韵丰富、支微入鱼、调类多达 7 个、入声分阴阳等，这些语音特征与邻近的洪巢方言相异，却和与之搭界的北部吴语具有高度一致性。另外词汇方面与吴语的相似度也较高，一些吴语中的特殊词语如"不曾""今朝""昨朝"在通泰方言中也高频使用。语法方面亦是如此，一些吴语的语法格式如"阿 VP"仍然可以在通泰方言中找到踪迹。

通泰方言处于南北之间、江淮方言与吴方言交汇之处，处在逐渐向官话蜕变、过渡的过程中，既有官话性质又保留吴语底层，是官话中受吴语影响最深的方言片，故语言现象尤为复杂，极具研究价值。可以说"在整个官话方言区中，通泰方言是最复杂的一支"[②]。通泰方言与北部吴语关系极为密切，呈现出复杂的相互关系。首先，两方言在地理上紧密相接，存在地缘接触关系。在官话中，通泰方言是地理上最接近北部

[①] 调查发现，相较于其他方言交界地带，通泰地区的标记叠置现象较为典型和特殊，故以通泰地区为例。

[②] 鲁国尧：《通泰方言研究史胜述》，载《鲁国尧语言学论文集》，江苏教育出版社 2003 年版，第 196 页。

吴语的区域，大体以长江为界，北部是通泰方言，南部是北部吴语，两种方言长期处于深度接触的状态。另外，两种方言的历史渊源颇深，通泰地区古属吴地，说吴语，底层为吴方言，后来由于人口南迁，吴方言边界南移，进而导致通泰方言渐渐改变其吴语性质，往官话蜕变、靠拢。鲁国尧（2003）指出："通泰方言为三、四世纪汉语北方方言的'后裔'而具有吴方言的底层。"[①] 江淮地区本说吴语，后来由于北人南下，才逐渐演变为北方方言。南京、扬州等地作为水陆交通要地，是人员和物资的重要集散地，再加上战争频繁，导致语言变迁速度较快，更接近于北方官话。而通泰地区僻处濒海东隅，多湖沼远运河，经济落后，交通不便，战乱也较少，因此其方言变化较为缓慢，保存了古代方言的较多特点，蕴含丰富的吴语底层。很多语言成分兼具官话和吴语的诸多特征，很难说清楚属于吴语还是官话，故在归属上屡引争议，划归为吴语和官话两可。朱晓农、朱瑛、章婷（2016）提出"边缘吴语"的概念并分为三个级别，认为通泰方言处于"藕断丝连"的状态，应归为"三级边缘吴语"。

"把"是官话型标记，"拿"是吴语型标记，然而通泰方言存在两种标记共存、叠置的异质现象，详见表2-8。

表2-8 江苏境内吴语与江淮官话处置标记"把""拿"的使用情况

方言区	江淮官话				通泰方言			吴语			
方言点	南京	扬州	盐城	镇江	连云港	泰兴	如皋	南通	苏州	常州	无锡	启东	江阴
处置标记	把					把、拿	把、拿	把、拿、捉	拿				

由表2-8可知，江淮官话洪巢片的南京、扬州、盐城等方言点用

[①] 鲁国尧：《泰州方音史与通泰方言史研究》，载《鲁国尧语言学论文集》，江苏教育出版社2003年版，第85页。

"把",我们称为"江淮型",苏南吴语如苏州、常州、无锡等方言点用"拿",属于"吴语型"。而中间交界地带的泰兴、如皋等地,"拿"与"把"两种形式共存,呈叠置分布的状态,表现出由"吴语型"向"官话型"过渡的复杂面貌,形成不同历史层次的叠置。交界地带处置标记的复杂类型及叠置情况是观察方言接触与演变关系的理想窗口,对它的研究能够进一步丰富语言接触理论,为语言接触的研究提供良好样本。

共存可帮助我们判断或证明其中一种形式来自语言接触的影响,换言之,若某一方言有多种形式并存竞争,那毫无疑问是语言接触、扩散的结果,来自不同的层次,其中必有一种层次出现时间较晚。那么"把""拿"这两种形式的历史层次如何?通泰方言存在的吴语常见而北方官话基本没有的"拿"标,是从吴语借来的,还是老吴语的底层遗留?

一般来说,"把""拿"并用现象的出现有两种可能:一是这些方言曾经用"把",后来受吴语的影响,开始使用"拿";二是"拿"为最初使用的标记,"把"是受北方官话和普通话影响的产物。相比较而言,我们更倾向于后一种假设,认为"拿"是较古老的层次,是吴语底层的沉积;"把"则是外来层,是语言接触的结果。理由如下:

第一,从历史上看,吴语比江淮官话更古老。从江淮官话的形成历史来看,江淮地区本说吴楚方言,后来随着中原地区方言的南下影响,改变了该地区的方言面貌,使其向中原官话方向发生演变,最后发展成介于中原官话和吴方言之间的江淮官话。因此江淮官话是北方官话与吴语相互影响的产物,杂糅两种历史层次,上层是官话,底层是吴语。通泰方言处于江淮方言与吴语的过渡地区、交界地带,古属吴地,说吴语,后来由于历史上北人多次南下,其方言才渐渐改变吴语性质,发展为江淮方言。因此,通泰方言与吴语有诸多相似之处,其中的部分特点可以反映吴语底层的沉积。另外,其他较为古老的南方方言如湘语、闽语、南部吴语也用"拿"表处置,所以"拿"并非借自官话,而应该是吴方言中固有的常用处置标记。"拿"曾经占据绝对优势,后来受移民等因素影响,"把"逐渐渗入,这种"一家独大"局面被打破,最终形成今天的并用、抗衡之势。

从历史文献看,"拿"在明清时期具有吴方言背景的作品,如《山歌》《文星榜》《官场现形记》《海上花列传》《九尾龟》《孽海花》等就发展为相当成熟的处置标记了。例如：

（233）拿我肚皮常滚得我急箍箍。(《山歌·卷八·竹夫人》)

（234）拿俚关牢拉屋里。(《文星榜》十八出)

（235）只见黄知府拿茶碗一端，管家们喊了一声："送客！"(《官场现形记》第三回)

（236）阿是拿楼浪房间租拨人家？(《海上花列传》第五十八回)

（237）总算好哉，几乎拿倪急杀快。(《九尾龟》第七十五回)

（238）你拿我的片子送到对过六号房间里二位西装先生，你对他说，我要去拜访谈谈。(《孽海花》第三十四回)

所以现代吴语以及通泰方言中的"拿"是对明清时期吴方言的继承和发展。

第二，从共时分布来看，"把""拿"的地理分布和共时变异可视作北方官话对吴语影响的历时演变投影，可揭示出北方官话特征扩散及语言接触的微观历史。北方官话作为优势、强势方言，从未停止对吴语的入侵和同化，直至今天仍在进行。正如周振鹤、游汝杰（1986）所提到的，尽管吴语历史久远，然而在表现形态上却不是最古老的，这是由于它长期受南下北方话的强烈侵蚀。

然而，北方官话对吴语内部各个方言点的覆盖是层层推进的，在地理上呈现渐进性和递推性，遵循逐步往南推移、由北向南慢慢扩散的路径，也就是说北方官话的影响在江苏内部具有渐变性，由北到南逐渐减弱，对南部吴语影响浅，对北部吴语影响深，所以较古老的吴语特征在苏南的吴语保留较多。郑伟（2013）也指出，从地理分布看，越靠北部的吴语受官话的影响越深，保留的吴语特征越少。

用"拿"表处置在苏南吴语较为发达，苏州、常州、无锡、吴江等地都以"拿"为处置标记，极少用"把"，只在邻接江淮官话的一些方言点中发现"把"的用例，如丹阳、金坛等地因被官话侵蚀，受到官话感染，形成"拿""把"并用、抗衡局面。在通泰方言内部，北方官话的影响也是自北向南层层推进、逐步进行的，越靠近官话的核心区，官话特征越明显。例如在泰州内部，"拿"的使用数量呈现出由南到北递减的趋势，越是靠近江淮官话主体部分的地区，"拿"的使用频率越低，势力越弱，"把"的使用越多，势力越强。泰州最北部的兴化市由于紧靠江淮官话洪巢片，受到"把"的强力渗透和冲刷，"拿"基本已不复存在，"把"几乎成为唯一处置标记，而南部的泰兴距离洪巢片较远，与吴语仅一江之隔，受吴语影响深远，因此与吴语关系密切，保留古吴语的底层，用"把"的同时还有"拿"的痕迹。南通亦是如此，"拿"的使用自南边的通州途径中间的如东、如皋，到北边的海安也成递降趋势，从海安到如东、如皋、通州可以看出"把"被逐步侵蚀的过程。因此不同方言对"把"的借用和接受程度取决于与北方方言接触的深度和广度。

据此不难推断，"把""拿"的抗衡还将持续一段时间，但随着北方官话和标准语的逐渐南行，"把"将继续向南扩散，进一步取得优势地位，苏南方言受影响的区域也会日渐扩大，最终与官话趋同。同时"拿"的势力范围将日渐缩小，呈衰微、消亡之势，最后将成为强弩之末，退出历史舞台。通泰方言原本与吴语较为接近，现在不断向南京、扬州等江淮官话洪巢片方言靠拢，我们有理由相信，在不久的将来，随着官话的不断入侵，通泰方言将与南京、扬州等洪巢片方言趋同。陈忠敏（2018）指出，今天的南京、扬州话很可能是明天的泰州、泰兴话。

第三，从新老派差异来看，在两种语法成分竞争、叠置的过程中，伴随着新老派之别。老派较为保守，存古性更强，对本土语言的认同度、忠诚度更高，受普通话影响较小；而年轻人由于思想开放，受普通话影响较大，语言较新颖。以泰兴、如皋为例，据发音人介绍，老派更倾向于使用"拿"，基本不用"把"，"把"在年轻人中更流行，老派很少说。这表明能够代表老派特点的"拿"是底层形式，比"把"更古老，受众也相对较小。这种新老派差异也是通泰方言受北方官话强势影响的表现，北方官话尤其是普通话对通泰方言的覆盖正在进行，导致"拿"的使用范围缩小，消亡速度加快，而越靠近北方官话的地带消亡速度就越快。

第四，从语义来源看，吴语和通泰方言具有"拿"产生的语义基础，而不具有处置标记"把"产生的语义基础。"把"和"拿"的处置义是在持拿义基础上衍生而来，吴语和通泰方言中的"把"不具有持拿动词的用法，故而缺少虚化的"土壤"，而"拿"表持拿义十分常见。

综合以上几方面的证据，有理由认为，"拿"是本土层或原始层，"把"是后起借用形式。在较早时期，通泰方言和吴语一样，以"拿"为主要处置标记，后来受到北方官话的影响尤其是标准语的持续冲击，"把"侵占了"拿"的部分使用地域，形成"把""拿"共存局面。借用了"把"之后，与固有标记"拿"展开竞争，在竞争过程中出现此消彼长的动态变化过程，大致可分为三个渐变的阶段：第一阶段，"把"弱"拿"强。外来标记"把"刚刚进入时，固有标记"拿"占绝对优势。第二阶段，并存融合。"把"的势力逐渐强化，导致和"拿"势力相持，近乎势均力敌，各有其使用对象和场合。第三阶段，"拿"弱"把"强，完成竞争过程。官话尤其是共同语的持续影响导致"把"的使用范围扩大，覆盖到大部分区域，最终占主导地位，逐渐取代"拿"，成为唯一的处置标记，而"拿"的使用范围逐渐缩小，作为底层成分残留其中，这一地区处置标记的更迭最终完成。

根据以上分析，可清晰地看到，江苏南部的方言在对"把"的借用程度上，有三个层次：第一层次，尚未波及。"拿"稳固保留，至今尚未借用"把"，如苏州、吴江、常州、无锡等吴语方言点。第二层次，部分覆盖，处于过渡状态。既保留固有标记"拿"，同时由于和北方官话的长期接触，也借用处置标记"把"，固有成分"拿"与借用成分"把"竞争、共用，形成叠置混合格局，如泰兴、如皋、南通等通泰方言点。第三层次，完全覆盖，完成转型。本地方言向外来方言妥协，固有标记"拿"已消亡，其使用范围基本被强势标记"把"完全覆盖，完成官话化历程，如兴化、海安等。

泰兴是通泰方言的典型代表之一，我们以泰兴为例，具体考察通泰方言的过渡性质。清代长篇章回说唱本《玉如意》是具有泰兴方言背景的小说，作者严振先出生于泰兴新镇市，该书基本能够反映泰兴方言的语言特征，为我们研究泰兴方言提供了重要线索。朱琳（2011）指出，《玉如意》中，"把"是主要的处置标记，"拿"只见两三例，并且只出现于对话语境。由此可知，在清代的书面语中，泰兴方言"把"占绝对统治地位。因此我们可以认为，从清代开始，官话对通泰方言的侵蚀就开始了，"把"就已经进入并活跃于当时的泰兴方言中，而且影响颇深。近年来，这一趋势更加显著。

泰兴方言由"拿"到"把"的转变与其特殊的地理位置、行政区划及历史移民都有关联。泰兴东邻如皋，西与扬中、常州隔江相望，南靠靖江，北接姜堰，既与吴语区毗邻，又深受江淮方言影响，过渡色彩浓厚，情况较为复杂。据《泰兴县志》记载，泰兴古为《禹贡》所载扬州之域，春秋属吴，战国属楚，北宋以后多次改属扬州，由扬州代管，直至1996年才由新设的泰州管辖，因此泰兴方言与扬州方言有诸多相似之处。另外，移民也对泰兴方言的发展起到了很大的决定性作用。席晶（2009）认为，三国时期泰兴因战争成为空地，西晋至南宋北方人民因战乱南下在此定居，清至民国因近代工业的兴起，安徽、湖北、山东、河南等地的人员来此地经商、安居，方言之间的直接接触难免会使泰兴方言向北方方言靠拢。民国以后，苏北战争不断，泰兴相对安定，受战事影响较小，大批盐城、淮阴、阜宁人来泰，苏北人口的迁入对泰兴方言起到了很大的冲击作用。

除语法外，通泰方言在语音上也有向北方官话方言逐步靠拢、趋同的趋势，掺杂着诸多典型官话的音韵特点，其官话特征逐渐增强，吴语特征逐渐削弱，是典型的过渡方言。从以下过渡性特征，可以观察到北方官话对通泰方言的影响情况：

第一，全浊声母的存废与清化规律。北部吴语保留较为系统的全浊声母系统，与全清、次清声母形成对立，而大多数官话方言浊声母已经清化，清化规律为平声送气，仄声不送气。江淮官话中支洪巢片的南京、扬州等地已被"平送仄不送"的规律覆盖，然而通泰方言的特点是无论平仄全读作送气清音，与吴语、官话迥异。近年来，由于受共同语及其他方言的影响，通泰方言全浊声母的一些仄声字开始出现了文白异读现象，文读不送气清音，白读送气清音。根据这一现象可以看出，"无论平仄一律送气"是通泰方言的本土层次，"平送仄不送"是外来层次，这两种层次的叠置显示出通泰方言向北方官话方言演变的趋势。

第二，去声不分阴阳。除南通等地外，通泰方言大多数方言点都无阴去、阳去之分，这与保留中古"四声八调"格局的北部吴语有极大区别。苏州、上海、金坛等地去声是分成两类的，而大多数官话区尤其是北方官话，基本是"阴平、阳平、上声、去声"四个声调，去声也无阴阳之分。我们可以推断，这些地区早先是有阴去、阳去之分的，后来受北方官话影响，与其趋同，两去声合并为一个。

第三，古疑母字的读音。吴方言和官话方言最重要的区别特征之一是浊声母的保留，如今江淮方言区基本不存在浊声母，只在通泰方言区还有零星遗存。疑母在中古被拟成鼻音声母 [ŋ]，大部分吴语区方言依然较完整地保留了古疑母字的浊音特征，江淮官话洪巢片已全部清化为零声母，而在通泰方言内部却有不同程度的保留，有少量疑母字仍读 [ŋ] 声母，其他都清化为零声母。鲁国尧（2003）认为，泰兴、如皋、南通等地尚存有 [ŋ] 母，泰州的 [ŋ] 母经历了由存在到失落的过程，只有第一人称代词"我 [ŋ]"是残迹。总体来看通泰方言，[ŋ] 的保留越来越少，与北方官话的一致性逐渐增强。我们有理由相信，几百年之后，通泰方言将不复存在读作 [ŋ] 的疑母字。

第四，文白异读。文白异读在汉语方言中是很常见的语音现象，但在不同方言数量有异，多寡不同，北方官话区文白异读的数量最少，而通泰方言的文白异读则较为丰富，且规律与吴语相近，一些字的白读音是吴语底层的存留。如古见系二等字"街""讲"等在和细音相拼时，有 k（白读）和 tɕ（文读）两读。

综上，无论从语音、词汇还是语法方面看，通泰方言的性质都较为特殊，既有土著吴语的特征残留，又受到共同语及邻近强势方言的影响，包含大量官话成分。

二　"吴语型 > 江淮型"的演化趋势

江苏境内江淮官话与吴语的影响是相互的，一方面，官话方言受吴语底层的影响，用"把"的同时还有"拿"的底层残留；另一方面吴语与邻近江淮官话长期互动接触，江淮官话不断冲击与之毗邻的吴语，使其也出现了用"把"的情况，发生接触性演变，两方言的对立正在逐渐缩小。随着地域与官话的趋近，吴语中"拿"的使用频率呈萎缩态势。

"把"是江淮官话主要的甚至唯一的处置标记，"拿"是吴语的典型标记，可将"把"作为江淮官话处置标记的代表，即"江淮型"，"拿"作为吴语的代表，即"吴语型"。我们发现"吴语型 > 江淮型"

是苏南吴语处置标记较明显的发展趋势。"把"的使用范围往南扩散，渐渐蚕食"拿"的领地，"拿"正处于逐步消亡的过程中，而距离官话越近的地区消亡速度越快，甚至有些方言点已完成了从"吴语型"到"江淮型"的转型。

在吴语区，使用"把"作处置标记的都是紧邻江淮官话的地区，如与扬中、丹徒毗邻的丹阳，和镇江、句容接壤的金坛，紧邻溧水的高淳，这三地由于与邻近方言接触尤其是被官话深入影响，出现不同程度向江淮官话趋同的现象，呈现出过渡状态。共时地域分布可视作吴方言在官话影响下本土标记"拿"逐步被淘汰的历时投影。这一地区原本以"拿"为优势标记，基本没有"把"的使用范围，后来官话的强势影响使这一局面被打破，"把"的进入占据了"拿"的部分地域，形成"把""拿"抗衡之势，"拿"的势头开始减弱。有理由猜测，随着时间的推移，"把"的势力将继续扩散，"拿"的分布地域将进一步萎缩，最终归于消亡。

从空间分布看，"把"在江苏境内的分布大致可以反映出官话同化、侵蚀吴语的发展历程。江苏北部的方言点（宿迁、徐州、连云港、盐城等）都具有官话特征，是纯官话方言，"把"呈现大面积的集中分布，在有些方言点甚至是处置标记的唯一形式。南部的方言点（苏州、吴江、无锡、常州等）吴语特征显著，是纯的吴方言，以"拿"为主要标记形式，基本没有"把"的发展空间。而中间的方言点性质特殊，带有较强的混杂特征，正处于"吴语型"到"江淮型"的转变阶段，由吴语特征显著转变到官话特点增多的面貌，形成"把""拿"共存叠置的状态。通泰方言的如皋、泰兴、南通等是官话里包含吴方言底层成分的方言，再往南到了高淳、金坛、丹阳这些方言点，则是带有官话典型特征的吴方言。由此可以看出，从南到北，"把"从无到有，与官话联系越密切的区域"把"的使用数量越多，势力越强。

"把""拿"并用，其中"拿"是吴语的本土或原始固有形式，"把"是与江淮官话和普通话接触影响的结果。这种多标并用现象与人口迁徙、地理位置和历史发展等方面的背景因素密切相关。

先看金坛方言。金坛方言的特殊性与其独特的地理位置和历史发展密切相关。从地理位置看，金坛隶属常州，位于江苏南部，南接溧阳、宜兴，北邻丹徒、丹阳，西靠句容，东连武进。东面、南面是吴语区，西面、北面（不包括丹阳）是江淮方言区，北边的丹阳处于交界地带。金坛境内方言亦不统一，尤其是政治经济中心金坛镇存在"双语现象"，"老金坛话"（操吴语）和"新金坛话"（操官话）并存，且人口不相上下。根据吴沁茗（2020）的调查，金坛东部属吴语太湖片，西部属洪巢片江淮官话，方言内部差异显著，同一词语在不同乡镇有不同说法。据《江苏省志简编》（2010）：双语现象在金坛的城镇和农村都普遍存在，拥有丰富多彩的过渡词语和说法。金坛方言的复杂性导致其分区与归属问题屡引争论。《地图集》（1987）将金坛方言划归吴语太湖片。马树杉（1990）通过对新、老金坛方言语音的对比，认为"老金坛话"属吴语，"新金坛话"属江淮官话，但又与典型的吴语和江淮方言都有所差异。《地图集》（2012）将金坛东部方言划归吴语，西部部分地区归为江淮官话洪巢片。

  根据历史文献记录，金坛原先是吴语的地盘，本土方言应是吴语，那官话方言源自何处？首先，这与19世纪中期爆发的太平天国运动有直接关联。据《金坛县志》（1993）和江喜昌（2021）：太平军为了突破清军围困，曾两次（咸丰六年、咸丰十年）派重兵攻打金坛城。城内人民奋勇抵抗，守护家园，与太平军持续奋战近百日，最终不幸被大规模屠杀，战况惨烈，伤亡惨重，人口从战前的70万降至数千人，故在历史上有"铁打的金坛"之说法。经过这次战争的洗刷，金坛人口骤减，地荒人稀，后来大批来自泰州、扬州、淮阴的苏北居民移至金坛定居，将自己家乡的方言带入金坛。两种方言的长期接触、交融必然导致金坛方言的性质发生根本性变化，北方话逐渐占据优势地位，吴语性质减弱，形成如今两种方言并存的现状。此外，还有行政区划方面的重要原因，金坛在隋至民国时期先后隶属镇江，受镇江方言影响较大。由历史可知，金坛方言已受官话方言侵蚀已久，逐渐呈现"吴风淮韵"的特色。据《江苏省志简编》（2010），如今的金坛已经普遍说江淮方言，在进行公共交际时不再说吴方言，仅在个别农村或老年人口中还有吴方言的残存，但都呈衰微之势。

  而今，金坛方言的处置标记主要以"把"和"捉"为主，极少使用"拿"。例如：

（239）把书放在桌上。

（240）你再捉展览仔细点看一遍。你再把展览仔细看一遍。

再看丹阳的情况。丹阳处在吴语与江淮官话的交汇处，北邻江淮官话、南接吴语，有"吴头楚尾"之称，具有复杂纷乱的过渡特色，语言变异显著，有"四门十八腔"之说，其归属历来存有争议。赵元任（1928）发现丹阳点是有趣的边界方言的案例。吕叔湘（1980）指出丹阳方言的读书音接近官话，而说话音更接近吴语，有较多的文白异读现象。蔡国璐（1984）首次提到丹阳方言分区问题，将境内方言分成三派（常州派、丹阳派、官话派）并进行了系统比较。据顾黔（2006a），江淮官话与吴语的边界线横贯丹阳境内，东乡、南乡接近吴语，西乡北乡接近官话，文白异读现象较多。张梦翰（2016）论证了北方官话随人口迁移进入吴语区的入口处在丹阳附近。在丹阳方言的归属上，《地图集》（1987）和《地图集》（2012）也存在不一致意见。

从地理位置看，丹阳东临武进，南接金坛，北部和西部分别与丹徒、句容接壤，东北方向与扬中隔江相望。扬中、丹徒说江淮官话，武进、金坛说吴语，两大方言都与丹阳方言产生接触，这个特殊的地理位置使丹阳具有明显的过渡特征，是吴语和江淮官话的过渡方言。

从历史发展看，丹阳地名历经多次更改，行政区划上也多次在镇江专区和常州专区之间变动。据《丹阳县志》（1992），1949年丹阳全境解放后，丹阳属苏南人民行政公署镇江专区，1953年属镇江专区。1958年镇江专区被改为常州专区，丹阳随之隶属常州专区。1959年又改回镇江专区。1983至今一直隶属于镇江市。以上行政区划上的屡次变动必然导致其语言的加速转变，加之太平天国运动后，大批移民迁至丹阳，造成内部方言差异显著。我们认为，丹阳方言土语层属吴语，是吴语的分支，本土标记是"拿"，但由于处于官话与吴语交界前沿，随着江淮方言特征的渐进推移，加速了这一地区方言演变的进程，江淮型标记"把"的势力范围不断扩大，形成"把""拿"共用的现象。例如：

（241）把碗盏洗下子。把碗洗一下。

（242）拿衣裳洗干净。把衣裳洗干净。

徐娟娟（2012）认为，丹阳方言虽受官话影响较深，但吴语层仍占据主导地位，其方言归属仍是吴语。丹阳境内"拿"是主要标记，"把"还处于逐渐南行的路上，地位尚不稳固。

最后看高淳。高淳，南京市辖区，地处南京南端和苏皖交界处，北邻溧水，东毗溧阳，西面、南面与当涂、宣城、郎溪相接。不仅地处两省交界地带，还是吴语和江淮官话双重影响的产物，北、南、西三面被江淮官话包围，东面的溧阳是吴方言的一支，其方言是兼有吴语和官话特点的混杂型方言，呈现出复杂多样的面貌，易发生接触性演变。同时高淳内部差异显著，通话困难，有"山乡人"和"圩乡人"之分。张薇（2014）认为，高淳大体可分为东、西两片，东片区域属太湖片吴语，西片属宣州片吴语，两片在语音系统、声韵拼合关系以及词汇、语法等各个方面都有差别，甚至同一乡内的口音也不相同。

高淳方言的复杂程度与其特殊的地理环境、交通状况和移民因素密切相关。高淳区内环水环山，地势高峻，长期交通闭塞，与外界接触较少，故语言存古性较强，有"古韵方言活化石"之称。20世纪90年代以后，随着经济的开发、移民的徙入，与外界交流增多，加之地处吴语和江淮官话交界之地，再加上南京对其的渗透，其方言开始向江淮方言和共同语靠拢。据石汝杰（1997）所说，高淳方言中"拿"和"把"都很常见。诸萍（2016）认为，日常生活中当地人使用最多的是"拿"，偶尔也会用"把"。例如：

（243）他大把教室来都装了空调。他们把教室里都装上了空调。

（244）张三拿他家则鸡杀掉了。张三把他家的鸡杀掉了。

综上不难看出，在官话方言强势影响的背景下，江苏南部方言的吴语色彩逐渐褪淡，跟官话的相似性越来越多。江苏境内处置标记存在"吴语型＞江淮型"的演变趋势，"拿"出现衰败迹象，"把"的势力逐渐增强，各地均出现向"把"的不同程度的靠拢。

第三章　苏皖方言处置式的句法与语义

相较于共同语，方言处置式的句法、语义更为复杂，且具有鲜明特色。本章考察苏皖方言处置式①的句法和语义，具体包括句法结构类型、句类分布、结构成分及其句法语义限制、语义功能、处置强度、同义句式等。苏皖方言处置式在内部结构、句法特性、语义关系、共现成分等方面都存在错综复杂的牵制、依存和制约关系。

第一节　处置式的句法格式与句类分布

本节主要考察苏皖方言处置式的句法格式和句类分布，揭示其句法表现及内在差异。

一　句法格式

处置式由主语"S（可省略）"、处置介词"Prep"、处置对象"NP"和谓语"VP"四部分构成。由于 VP 的不同，基本格式有很大差异，因此结构类型的多样性与 VP 的复杂性紧密相关。苏皖方言处置式的句法格式类型可归纳为动补、动宾、动叠、动体、状动等九类。

（一）动补式：（S）＋Prep＋NP＋V＋C

动补式是最典型的句法形式。崔希亮（1995）、张伯江（2000）等

---

① 处置式可分为一般处置式和特殊处置式，本章重点探讨一般处置式的句法和语义特点，特殊处置式留待第五章讨论。

对 VP 的形式作过统计，发现述补结构占绝对优势，比例达 86% 以上，其中补语尤以结果和趋向补语为主，表示 NP 变化的结果和运动的方向。胡星（2008）考察《汉语动词用法词典》（孟棕等，1999）中的双音节动词，发现有 45 个能够进入处置式，包括动补式、动宾式、并列式三种类型，其中动补式占绝大多数。

调查表明，能出现在处置式中的补语有六种类型。

1. 结果补语

结果补语多由单音节动词或形容词充任，表示动作行为产生的结果。例如：

（1）江苏南京：他把茶杯打碎得了。_{他把茶杯打碎了。}

（2）安徽含山：他把铅笔写秃哓。_{他把铅笔写秃了。}

（3）安徽濉溪：他掌我的衣服弄脏了。_{他把我的衣服弄脏了。}

（4）江苏扬州：你抓紧把眼面前的事弄好得。_{你抓紧把眼前的事弄好。}

补语为动结式的处置式大多包含两个表述。例如：

（5）他把茶杯打碎得了 = 他打茶杯 + 茶杯碎得了

（6）他掌我的衣服弄脏了 = 他弄我的衣服 + 衣服脏了

2. 趋向补语

趋向补语由趋向动词充当，表示动作位移、运动、变化的方向或趋势，可以是单纯趋向动词"上""下""进""出""来""去"等，也可以是复合趋向动词，如"出去""进来""上来""下来""上去""下去"等。例如：

（7）安徽望江：把你的手拿开。

（8）江苏南通：把笔拿来。

（9）安徽芜湖：把饭咽进去再讲话。

（10）江苏泰兴：拿它捂起来。_{把它捂起来。}

3. 程度补语

程度补语表示动作或性状达到的程度，有的与谓词用"得"连接，有的不用。例如：

（11）安徽蒙城：我考差的事叫俺爸气毁了。_{我考差的事把我爸气坏了。}

（12）江苏徐州：把我闷毁了。_{把我闷坏了。}

（13）安徽当涂：箇事把我气死个。_{这事把我气死了。}

（14）江苏南通：把我急到要死。

4. 状态补语

状态补语又称"情态补语"，用于动词或形容词后，用"得"连接，表示宾语受处置后呈现的状态。例如：

（15）安徽蚌埠：你看你，给家里搞得乱七八糟。

（16）江苏徐州：他把刀磨得快乎的，一会杀鸡。。他把刀磨得很快，一会杀鸡。

（17）江苏如皋：他把家里收拾得清清爽爽的。。他把家里收拾得干干净净的。

（18）安徽屯溪：妈妈把菜做得甜不津津的。。妈妈把菜做得有点甜。

5. 数量补语

数量补语表示动作行为的动量和时量，有动量补语、时量补语两类。动量补语由动量词充当，表示动作行为的次数或频率。例如：

（19）安徽安庆：把床铺一下。

（20）江苏南京：你把碗洗一下子。

时量补语由时量词充当，表示动作持续时间的长短。例如：

（21）江苏苏州：吾拿箇本书看仔三遍喷。。我把这本书看了三遍了。

（22）安徽望江：你把车借我用几天，行不嗫？。你把车借我用几天，行吗？

值得注意的是，当处置式中的补语为时间补语时，发音人倾向于采用受事主语句，将受事成分提到句首充当话题。当被问是否可以采用处置式时，发音人普遍表示使用起来不太自然。我们以"我把这本书看了三天"一句为例对苏皖区域一些方言进行了调查，发现当动词补语为时间成分时，处置式的使用受到限制，可接受度降低，人们更倾向于换用受事主语句（"这本书我看了三天"）来对应表达。

6. 处所补语

处所补语表示物体运动的方所位置。例如：

（23）安徽芜湖：王老师把相片贴得桌子高头。。王老师把照片贴到桌子上。

（24）安徽当涂：把一个小家伙丢在火车高头。。把一个孩子扔在火车上了。

（25）江苏南京：他把我带到他家。

（26）江苏东台：他把什呢事都推啊我这儿。。他把什么事都推到我这儿。

动补式中补语的语义类型详见表3-1：

表 3-1　　　　　　　　　　补语的语义类型

补语的语义类型	方言例句
结果补语	他把茶杯打碎得了。（南京） 他掌我的衣服弄脏了。（濉溪）
趋向补语	把手放下来。（徐州） 把饭咽进去再讲话。（芜湖）
程度补语	把我急得要死。（南通） 叫他爸气得浑身发抖。（亳州）
状态补语	你看你，给家里搞得乱七八糟。（蚌埠） 他老把头发弄得蜷巴着。（沛县）
数量补语	我把这本子书瞅了三天。（淮北） 我把他说了一顿。（海安）
处所补语	王老师把相片贴得桌子高头。（芜湖） 他把我带到他家。（南京）

需要注意的是，动补式中的补语可隐省，变成"Prep + NP + V/A + 得"格式，用于描述介词宾语的某种情状，可将其称为"情状式处置式"。例如：

（27）江苏徐州：拿了一万块钱奖金，你看把他拽得！

（28）江苏南通：把他能得！

（29）江苏南京：看代他高兴得！看把他高兴得！

（30）安徽望江：把渠能得！把他能得！

关于处置式中动词补语的语义指向，一些学者认为只能指向介词宾语，强调谓语动词给介词宾语带来的影响和改变。根据调查，补语在大多数情况下指向介词宾语。例如：

（31）安徽蒙城：他叫棍子打断了。他把棍子打断了。

（32）安徽淮北：烟把他熏得喘不过气来。

（33）江苏南京：他把我的衣服给弄脏了。

（34）江苏如皋：他把鞋子跑坏了。

上例中的补语指向介词宾语，描述、说明宾语受影响的状况，如

"断——棍子""喘不过气——他"。

然而,除介词宾语外,补语还可指向主语和谓语动词,有时还可兼指两种句法成分,具体有以下四种情况。

第一,补语可前指主语,强调动作的结果对主语产生的影响。这类处置式可以变换为 S + V + NP;S + C。例如:

(35) 安徽六安:他把整个家赌输了。

⇒他赌整个家;他输了。

(36) 江苏淮阴:他把语文学会得。他把语文学会了。

⇒他学语文;他会得。

上例中,"他"对"整个家"进行处置,但处置的结果作用于"他"身上,"输"指的是"他"而不是"整个家"。同样,"他"发出"学"的动作,该动作的结果"会"在语义上是用来说明主语"他"的,而不是宾语"语文"。

第二,补语还可以指向谓语动词本身。例如:

(37) 安徽芜湖:把窗子开一下。

(38) 江苏如皋:把院子里扫下子。

上例中,补语指向谓语动词"开"和"扫"。

第三,兼指主语和介词宾语。动词补语既能指向介词前的主语,又能指向介词后的宾语。S 通过施行某种动作对介词宾语 NP 进行某种处置,处置产生的结果同时作用于 S 和 NP。这类处置式可作如下变换:

(39) 安徽蚌埠:我一激动就给账算错掉了。

⇒我算账,我错掉了。

⇒我算账,账错掉了。

上例中,"我"对"账"施加"算"的动作,得到的结果"错"既指向宾语"账",又指向主语"我",可以是"账"错了,也可以是"我"错了。

第四,兼指向主语和谓语动词。补语既可用于描述主语状态的改变,又能指向动词本身。例如:

(40) 江苏南京:你把饭吃饱再走。

上例中,补语"饱"既指向主语"你",也指向动词"吃"。

因此本书认为,补语指向介词宾语并不具有普遍适用性,无法涵盖所有语言事实。

（二）动宾式：（S）+ Prep + NP + V + O

谓语动词后可以带结果宾语、处所宾语、止事宾语、名称宾语、领属（偏称）宾语、保留宾语等非受事宾语，具体分类如下。

1. 结果宾语

结果宾语也叫成事宾语，表示动作造成的结果或出现的"成品"，是伴随动作完成出现的新事物、新现象。动作实施的结果就是产生本来不存在的事物，宾语经历了从无到有的过程。例如：

（41）江苏南通：把墙挖叨个洞。_{把墙挖了个洞。}

（42）江苏扬州：他把衣裳撕了个大豁子。

（43）安徽芜湖：把墙挖了个洞。

（44）安徽天长：把肉切成丁子。

2. 与事宾语

与事宾语表示给予的对象，一般与三价"给予"义动词共现，伴随宾语发生位置的移动。例如：

（45）安徽阜阳：我叫作业交给老师了。_{我把作业交给老师了。}

（46）安徽安庆：把那个东西搞把我。_{把那个东西拿给我。}

（47）江苏淮阴：过年我们把四瓶酒给你家。

（48）江苏南京：把钥匙留给他。

这类处置式可转化为双宾句，如"我叫作业交给老师了"⇒"我交给老师作业了"，"把那个东西搞把我"⇒"搞把我那个东西"。

3. 止事宾语

止事宾语表示人物等同关系，一般与关系动词"当""当作""看作"等连用，表达一种主观意愿或认识。例如：

（49）安徽当涂：我一直把老张当自己人。

（50）江苏南通：我一直把你当亲人。

（51）江苏常熟：吾一直拿恁当自己家人。

（52）安徽亳州：我叫你当自己亲兄弟看。_{我把你当自己亲兄看。}

4. 处所宾语

处所宾语表示介词宾语所在的或即将到达的处所。例如：

（53）安徽六安：把他送医院。

（54）安徽亳州：我把俺爸锁屋来了。我把我爸锁屋里了。

（55）江苏徐州：把衣服搁箱子来。把衣服放箱子里。

（56）江苏南通：把筷儿放桌子上。把筷子放桌子上。

5. 名称宾语

名称宾语表示给事物赋予的名称，一般与"叫"等称呼动词共现。例如：

（57）安徽安庆：有些落里把太阳叫日头。有些地方把太阳叫日头。

（58）江苏如皋：有的落头把太阳叫日头。有些地方把太阳叫日头。

（59）江苏苏州：有哇地方拿太阳叫日头。有些地方把太阳叫日头。

（60）安徽祁门：分太阳叫日头。把太阳叫日头。

6. 领属（偏称）宾语

领属（偏称）宾语表示其所指是介词宾语的一部分。例如：

（61）江苏高淳：拿鸡蛋剥辣壳。把鸡蛋剥了壳。

（62）江苏射阳：把手套弄掉得一只。把手套弄丢一只。

（63）江苏如皋：我把作业写啊一半啊。我把作业写了一半。

（64）安徽怀远：我给手套丢了一只。

7. 保留宾语

保留宾语由吕叔湘（1948a）提出，表示动词和宾语结合成一个熟语，可当作复合动词看。例如：

（65）江苏扬州：把大门上了锁。

（66）安徽蚌埠：给大门上上锁。

值得注意的是，汉语方言中存在一种特殊的处置式——代词复指处置式，受事已在介词后、动词前出现，后又用第三人称代词"它""佢""渠""伊"等复指前面提到的受事成分，以加强 VP 对宾语的处置意味。例如：

（67）安徽宿松：把王伢灌醉佢。把小王灌醉。

（68）安徽淮北：你把门关上它。

（69）安徽枞阳：把衣裳洗干净它。

（70）安徽无为：把东西拿过来它。

动宾式处置式中动词宾语的语义类型详见表 3-2：

表 3-2　　　　　　　　　　　　宾语的语义类型

宾语的语义类型	方言例句
结果宾语	把肉切成丁子。（天长） 把墙挖叨个洞。（南通）
与事宾语	把钥匙留给他。（南京） 我叫作业交给老师了。（阜阳）
止事宾语	我一直把老张当自己人。（当涂） 我一直把你当亲人。（南通）
处所宾语	把碗搁桌子上。（淮安） 把衣服搁箱子来。（徐州）
名称宾语	分太阳叫日头。（祁门） 有些地方把太阳叫日头。（南通）
偏称宾语	把手套弄掉得一只。（射阳） 我给手套丢了一只。（怀远）
保留宾语	把大门上了锁。（扬州） 给大门上上锁。（蚌埠）
复指宾语	你把门关上它。（淮北） 把衣裳洗干净它。（枞阳）

根据苏皖方言动词宾语的实际情况，我们将处置式分为零宾语型、保留宾语型、复指宾语型三种类型。零宾语型是指谓语动词后不再有宾语出现，这是处置式的基式，也是现代汉语最常见、最普遍的类型。保留宾语型指除介词宾语外，动词后还有一个宾语，包括结果宾语、处所宾语、复指宾语、名称宾语、偏称宾语、保留宾语等。复指宾语型是指动词后用第三人称代词复指前面提到的宾语，这是一种特殊的处置式。具体分类详见表 3-3：

表 3-3　　　　　　　　　　宾语的句法类型

宾语类型	方言例句
零宾语型	白把衣服搞糟得了。（芜湖） 他拿苹果吃了。（常州） 他把嗓子喊哑得了。（射阳）
保留宾语型	他把手套子弄丢了一只。（淮北） 他把橘子剥了皮，但是没吃。（镇江） 狗把小鸡咬死一个。（芜湖）
复指宾语型	把这只鸡杀了它。（淮北） 把王伢灌醉佢。（宿松） 把门关严它。（无为）

一些学者的分类与我们的分类结果有相似之处。解正明、徐从英（2008）根据动词后宾语的情况，将汉语方言处置式分为三种类型：复指宾语型、保留宾语型、零形式宾语型。张俊阁（2016）根据动词宾语的有无、动词宾语与动词以及介词宾语间的语义关系，将处置式分为四种：零宾语型、复指宾语型、保留宾语型、无关联宾语型。

动词的受事宾语和介词宾语的关系有以下四种。

第一，领属关系。动词宾语（部分）隶属于介词宾语（整体），VP 通过对部分的作用使整体受到影响。例如：

（71）江苏如皋：他把橘子剥了皮，不曾吃。他把橘子剥了皮，没吃。

（72）安徽安庆：我把橘子皮剥了，没吃。

"皮"和"橘子"是领属关系，"皮"隶属于"橘子"，两者可以合并成偏正短语"橘子皮"。

第二，认定关系。通过动词"认定""当作"等词语的连接，两宾语在名称上建立起了认定关系，实际上指的是同一人或事物，只是名称有不同。例如：

（73）安徽淮北：我和俺小弟一直把老张当成俺们的长辈。

（74）江苏如皋：我拿你当家里人看。

第三，表"加附"义。动作行为给介词宾语附加上新的部分，使其状态发生变化。例如：

(75) 安徽合肥：把大门贴了封条。

(76) 江苏扬州：把大门上了锁。

"大门"本来没有"封条"和"锁"的，通过"贴""上"的动作使其附加上"封条"和"锁"。

第四，表"置换"义。介词宾语是花费的对象，动词宾语是换来的东西。例如：

(77) 安徽阜阳：把工资都买了烟。

(78) 安徽望江：渠把钱都买了酒。_{他把钱都买了酒。}

动词宾语"烟""酒"是用介词宾语"工资""钱"换来的。

（三）动体式：（S）+Prep+NP+V+了/着/过

动体式是指动词后带有动态助词"了/着/过"等，这三类体标记在不同方言中存在多种形式的变体。

动体式中，谓语以"V+了"居多。"了"表示动作的完成或事态发生改变，附于动词后帮助表示动作的结果，包括"了$_1$"和"了$_2$"，是两个"了"的融合体（朱德熙，1982）。"了"的变体形式有"得了""叨""着了""喽""哆""哓之""啊"等。例如：

(79) 江苏连云港：赶紧把它撂得了。_{赶紧把它扔了。}

(80) 江苏南通：他把事情跟哥哥说叨。_{他把事情跟哥哥说了。}

(81) 安徽桐城：他把橘子皮剥着了，没吃。_{他把橘子皮剥了，没吃。}

(82) 江苏淮阴：早就把那件事忘喽。

(83) 安徽望江：渠把苹果吃哆。_{他把苹果吃了。}

(84) 安徽含山：他把小偷放哓之。_{他把小偷放走了。}

(85) 江苏海安：他把个腰扭啊。_{他把腰扭了。}

动词后带"了"的处置式多用于描述已然完成的现实事件，但"了"的作用不止于此，除表完成义外，还具有完句或成句功能，很多单音节动词需要加"了"方可进入处置句式。

"着"常见于状态动词之后，表示动作的定格或状态的持续，在方言中的表现形式有"得""了下""个""哆"等。例如：

(86) 安徽芜湖：把书拿得。_{把书拿着。}

(87) 江苏南通：把窗子开了下。把窗户开着。

(88) 安徽铜陵：把门开个。把门开着。

(89) 安徽望江：把门开哆，莫关上。把门开着，别关。

上例中动词所代表的事件处于持续状态，即已经开始但还未终结。

"过"分为"过₁"和"过₂"，"过₁"表曾经经历、曾经发生过，强调"曾然"状态，不表示动作的目的、完成或结果，在语义匹配上与处置式相排斥。"过₂"表动作的完毕或完结，经常与助词"了"共现。据发音人表示，"过₂"虽不与处置式相排斥，但使用起来不太自然，"我把花浇过了""我把房间打扫过了"之类的句子更倾向于换成"花我浇过了""房间我打扫过了"等。

调查表明，在"了""着""过"的使用频率和比例上，"了"最高，"着"第二，"过"最低。

（四）动叠式：(S) + Prep + NP + VV (C)

动叠式一般用于祈使句中，命令语气较强。自陆俭明（1990）列举了两组"把 + N + VV"结构后，该句式引发学者关注。张谊生（1997）解释了该句式的成句因素，包括语义基础、语法限制等。高平平（1999）从语用角度分析"VV"的语义特征，发现能进入该句式的动词所表示的动作行为都不是一次或一下就能完成的，需持续一段时间，能够一次性完成的动词如"死""活""吃""喝"等不能重叠进入。曾祥喜（2020）用"构式压制"和"词汇压制"理论解释了处置语义和"VV"的"尝试、轻松"义之间的矛盾。

当V为单音节动词时，"VV"是基式，变式有"V一V""V了V"等。例如：

(90) 江苏南通：拿衣裳洗洗。把衣服洗洗。

(91) 江苏启东：你拿碗洗一洗。你把碗洗一洗。

(92) 安徽庐江：他把桌子移了移。

当V为双音节动词时，"VV"只调查到"ABAB"一种形式。例如：

(93) 安徽蒙城：你叫屋来拾掇拾掇。你把屋里收拾收拾。

(94) 江苏宿迁：我先把鱼整理整理。

(95) 江苏苏州：拿房间整理整理。把房间整理整理。

当动词重叠式后又带了补语时，就变为"（S） +Prep + NP + VVC"结构，表示通过行为的实施以达到某种理想化的结果，具有较强的目的性。例如：

（96）安徽当涂：把门关关好再睡觉。

（97）江苏南通：把饭煮煮烂。

（98）江苏南京：代门关关好。把门关好。

（99）安徽天长：把鞋带系系紧。

（100）江苏扬州：把钱放放好，别搞掉脱了。把钱放好，别丢了。

（101）江苏苏州：倷拿俚看看牢。你把他看牢。

我们注意到，动叠式加补语的句子有以下特点：介词宾语具有［＋未加工］［＋待处理］的语义特征，具有可变性，经一番"处置"会朝令人期待的方向发展；谓语动词以具有［＋持续］［＋反复多次］特点的动作动词为主；一般只用于祈使句，表达对听话人的命令、要求、建议等，并期望对方实施，以期实现说话人心里预期的积极变化。

（五）状动式：（S） +Prep + NP + AD + VP／（S） +AD + Prep + NP + VP

处置式中状语的种类很多，主要包括副词（情态副词、语气副词、范围副词、时间/频率副词）、能愿动词、形容词、时间名词、"一"、介词短语、数量短语等。不同类型的状语出现的句法位置不同，有些只能位于处置介词前，有些既可出现在介词前又可出现在介词后，具体有以下几种情形：

1. 情态副词

情态副词表示动作行为的情态、状态、方式等，具有一定描摹性。作状语时，位置较为自由，与介词短语的位置可互换，可以在介词前，也可在其后。例如：

（102）安徽蒙城：你叫这个事一五一十地讲给他听。你把这件事一五一十地讲给他听。／你一五一十地叫这个事讲给他听。／你一五一十地把这件事讲给他听。

（103）江苏扬州：你把李四狠狠宰一顿。／你狠狠把李四宰一顿。

（104）安徽亳州：叫门随手关上。把门随手关上。／随手叫门关上。随手把门关上。

（105）江苏淮安：他把事情连讲是讲讲了好几遍。他把事情反复讲了好几遍。／他连讲是讲把事情讲了好几遍。他反复把事情讲了好几遍。

2. 语气副词

语气副词表示说话人的语气、态度、看法等，表现说话人断定、疑问、催促等各种不同的语气，有些只能位于介词前。例如：

（106）安徽蒙城：你到底可把他弄走吗？

（107）安徽濉溪：放心，我肯定能掌这件事办好。放心,我肯定能把这件事办好。

（108）江苏如皋：他连哄是哄，终于把女朋友弄笑了。他一直哄,终于把女朋友弄笑了。

有些前后均可。例如：

（109）江苏扬州：刀差一点个把他的手割破得了。刀一点把他的手割破了。/刀把他的手差一点个割破得了。刀把他的手差一点割破了。

（110）江苏南通：把钱白白地甩到水里去了。把钱白白地丢到水里去了。/白白地把钱甩到水里去了。白白地把钱丢到水里去了。

（111）安徽宿松：佢势必把钱落脱着。他还是把钱弄丢了。/佢把钱势必落脱着。他把钱还是弄丢了。

（112）安徽蚌埠：你搭把手给我袜子也洗了吧。你帮忙把我袜子也洗了吧。/你给我袜子也搭把手洗了吧。你把我袜子也帮忙洗了吧。

（113）安徽望江：把时间白白浪费哆。把时间白白浪费了。/白白把时间浪费哆。白白把时间浪费了。

3. 范围副词

范围副词用于对事物或动作行为的范围、数量等进行限定，作状语时一般只能置于介词后，不能位于其前。例如：

（114）江苏常州：他家拿教室全装则空调。他们把教室全装了空调。

（115）安徽祁门：渠大家分教室都装上了空调。他们把教室都装上了空调。

（116）江苏昆山：伊勒拿教室侪装上了空调。他们把教室都装上了空调。

（117）江苏吴江：伊拉拿每个房间侪装仔电话。他们把每个房间都装上了电话。

（118）江苏南通：他把教室里滑装了空调。他把教室里都装了空调。

（119）安徽望江：渠几个把个个教室都安哆空调。他们把每个教室都安了空调。

（120）江苏泰州：他侎把教室里都装啊空调。他们把教室里都装了空调。

4. 时间/频率副词

时间/频率副词表示动作行为或状态发生、出现的时间和频率，位置自由，可在介词短语前后挪动。例如：

（121）安徽蚌埠：你赶快给这事办好。/你给这事赶快办好。

（122）江苏扬州：你抓紧把眼面前的事弄好得。你抓紧把眼前的事弄好。/你把眼面前的事抓紧弄好得。你把眼前的事抓紧弄好。

（123）安徽亳州：我先叫鱼烧了。我先把鱼烧了。/我叫鱼先烧了。我把鱼先烧了。

（124）江苏南京：你先把肉给我切好，我一会来炒。/你把肉先给我切好，我一会来炒。

（125）江苏如皋：我又把衣裳汏了一遍。我又把衣服洗了一遍。/我把衣裳又汏了一遍。我把衣服又洗了一遍。

（126）安徽望江：你再把自行车借我骑两天。/你把自行车再借我骑两天。

5. 时间名词

时间名词作状语，位置固定，一般只能放于介宾短语前。例如：

（127）江苏淮阴：今晚就把钱还得来。今晚就把钱还来。

（128）江苏如皋：我昨朝就把箇本书看完叻。我昨天就把这本书看完了。

（129）安徽芜湖：我昨天把这本书看完了。

（130）安徽亳州：我夜个叫这本书看完了。我昨天把这本书看完了。

6. 形容词、能愿动词

形容词和能愿动词作状语倾向于位于介宾短语前。例如：

（131）江苏徐州：快把他扶床上去。

（132）江苏南京：他能代这件事办好。他能把这件事办好。

（133）安徽亳州：他管叫这件事办好。他能把这件事办好。

（134）江苏泰兴：他个会拿桌子送啊旁人啊？他会不会把桌子送给别人？

7. 介词短语

介词短语作状语，有些只能居于处置介词后、谓语动词前。例如：

（135）江苏南通：把裤子往上提。

（136）安徽合肥：老师把你的情况给我讲过了。

（137）安徽望江：把事情往后推下子。

（138）江苏连云港：把石子往旁边拨溜一下。把石子往旁边移一下。

有些前后均可，例如：

（139）江苏如皋：把鱼从缸里捞出来啊。/从缸里把鱼捞出来啊。

（140）安徽望江：把鱼从缸里捞出来。/从缸里把鱼捞出来。

8. 数量短语

数量短语作状语，语序灵活，可前后挪动。例如：

（141）江苏启东：老师喜欢拿新材料一下子讲好。老师喜欢把新材料一下子讲完。/老师喜欢一下子拿新材料讲好。老师喜欢一下子把新材料讲完。

（142）安徽宿松：佢把门一下就踢开着。他把门一下就踢开了。/佢一下就把门踢开着。他一下就把门踢开了。

（143）安徽濉溪：他掌门一脚踢开了。他把门一脚踢开了。/他一脚掌门踢开了。他一脚把门踢开了。

（144）安徽望江：老师喜欢把新材料一下子讲掉。/老师喜欢一下子把新材料讲掉。

（145）安徽蒙城：他太饿了，叫大馍一口塞嘴来吃了。他太饿了，把大馍一口塞嘴里吃了。/他太饿了，一口叫大馍塞嘴来吃了。他太饿了，一口把大馍塞嘴里吃了。

9. "一"

"把＋NP＋一 V"用于描述人的肢体动作或表情变化，且具有短时性、紧促性，表示表情、动作的短暂、迅速。"一"作状语只能置于介词后、谓语动词前。例如：

（146）江苏南通：她把头一歪，把头发掉到一边。

（147）江苏南京：我把脸一本，他就不吱声了。我把脸一板，他就不说话了。

（148）安徽宿松：佢今天看到我还把头一车。他今天看到我把头扭了过去。

（149）安徽芜湖：她把头一歪，把头毛甩边上去了。

这一格式的特点有：

（1）NP 常常由人体部位名词充当，如"眼睛""头""脸""脚"等。

（2）V 一般只能是单音节动作或状态动词，具有［＋小量］［＋短时］特征，且与"一"结合很紧，不太能插入其他成分。

（3）V 前的数词只能是"一"，不能是其他数词。

（4）前一事件的发生为后续事件提供前提条件，且前后两事件紧接着发生，时间差较小。

（5）具有非完结性或非自足性。言语交际中不能独立使用，其后一般要有后续句与之共现，表明前后语句的紧密衔接关系，否则不能构成完整表述。这是因为"把＋NP＋一 V"的信息量不足，只表示一种动作或情态，没有交代处置的结果或达到的状态，所以还需后续语句作辅助说明。

处置式中状语的类型及句法分布情况详见表3-4。

表3-4　　　　　处置式中状语的类型及句法分布

状语类型		S + Prep + NP + AD + VP	S + AD + Prep + NP + VP
副词	表情态	+	+
	表语气	+	+
	表范围	+	-
	表时间、频率	+	+
时间名词		-	+
形容词		-	+
能愿动词		-	+
介词短语		+	+
数量短语		+	+
"一"		+	-

状语的语义指向具有多样性，可指向主语 S，如"你狠狠把李四宰一顿"中的"狠狠"指向主语"你"；可指向介词宾语，如"他家拿教室全装则空调"中的"全"指向"教室"，即：全部的教室都被装上了空调；还可指向谓语动词，如"随手叫门关上"的"随手"语义指向动词"关"，表示动作"关"的情态。

（六）**连动式：**（S）　+ Prep + NP + VP$_1$ + VP$_2$

介宾短语后可以接连谓结构，表示前后相连的两个动作。例如：

(150) 江苏淮阴：把箱子里衣裳拿出来晒晒。

(151) 江苏南通：把衣裳拿到太阳底下晒晒。

(152) 江苏泰兴：把木匠召集起来干活。

(153) 安徽阜阳：你先把我捞上去再讲也。

(154) 安徽怀远：给钱取出来数数。

（七）**兼语式：**（S）　+ Prep + NP + V$_1$ + O + V$_2$

介宾短语后可以接兼语短语。例如：

（155）江苏南通：把你的笔借喊我用下子。把你的笔借给我用一下。

（156）安徽阜阳：叫你的指甲剪给我用下。把你的指甲剪给我用下。

（157）安徽亳州：叫苹果给他吃。把苹果给他吃。

（158）安徽蒙城：我想叫这钱给他使。我想把这钱给他用。

（八）单动式：（S）+ Prep + NP + V

光杆动词也可单独作谓语，前后无附加成分。其中单音节动词作谓语的使用有一定的语用条件限制，一般只出现在歌曲、戏曲或韵文里，口语中不常使用。例如：

（159）江苏海安：吃啊重阳糕，就把晚饭抛。吃了重阳糕,就把晚饭抛。

（160）江苏南通：他老是捉我骂。他老是骂我。

进入单动式处置句的动词以双音节形式居多，且内部结构多是动结式。例如：

（161）安徽合肥：把班会推迟。

（162）安徽濉溪：叫会取消，我今儿个不得闲。把会取消,我今天没空。

（163）安徽望江：把班会取消。

该用法是对中古汉语处置式的继承。处置式产生之初，谓语动词较为简单，以单音节光杆动词为主，后来随着处置式的发展成熟，谓语才趋于复杂化。

（九）无宾式：NP +（S）+ Prep + VP

介词宾语前置，造成处置介词悬空，形成"无宾处置式"。例如：

（164）安徽庐江：碗里的饭我没把吃完。我没把碗里的饭吃完。

（165）安徽枞阳：那个碗他把打细仔。他把那个碗打碎了。

（166）江苏宿迁：猪肉太厚了，得给切开。猪肉太厚了,得把它切开。

苏皖区域方言处置式的句法结构类型详见表3-5：

表3-5　　　　　　　　处置式句法结构类型

句式类型		结构格式	方言例句
动补式	一般动补	（S）+ Prep + NP + V + C	他掌我的衣服弄脏了（濉溪）。
	情状式	Prep + NP + V/A + 得	看代他高兴得！（南京）

续表

句式类型		结构格式	方言例句
动宾式	一般动宾	（S）+ Prep + NP + V + O	把杯子递给我。（六安）
	代词复指	（S）+ Prep + NP + VP + Pro	把衣裳洗干净它。（枞阳）
动体式		（S）+ Prep + NP + V + 了/着/过	他拿苹果吃了。（常州）
动叠式		（S）+ Prep + NP + VV	拿衣裳洗洗。（南通）
状动式		（S）+ Prep + NP + AD + VP/（S）+ AD + Prep + NP + VP	随手把门带上。（扬州）
连动式		（S）+ Prep + NP + VP$_1$ + VP$_2$	把箱子里衣裳拿出来晒晒。（淮阴）
兼语式		（S）+ Prep + NP + V + O + V	叫你的笔借我使使。（阜阳）
单动式		（S）+ Prep + NP + V	把班会推迟。（合肥）
无宾式		NP +（S）+ Prep + VP	还掉下一小口，你把吃得了。（涟水）

二 句类分布

根据用途或语气，句子可分为陈述句、疑问句、祈使句和感叹句四大类型。处置式在以上四类中均有分布。

（一）陈述句

陈述句是表达陈述语气的句子，语调平缓，表示言者对某一事物或命题的客观判断或陈述，通常传达"是什么"或"干什么"。根据时体特征，陈述处置式可分为两类：一类是已然陈述处置式，用于说话人叙述已然出现的事件或情况，谓语动词是已经发生或完成的动作，具有[+完成性]的语义特征。例如：

（167）江苏吴江：伊拿吾衣裳弄邋遢的。他把我衣服弄脏了。

（168）安徽望江：渠把我给打哆。他把我给打了。

（169）江苏南京：我代碗洗干净了。我把碗洗干净了。

（170）江苏泰州：他把橘子皮剥掉啊，又不曾吃。他把橘子皮剥了，又没吃。

（171）安徽铜陵：我把酱油放桌子高头个。我把酱油放桌子上了。

还有一类是未然陈述处置式，指动作或行为还未发生或完成。

例如：

（172）安徽六安：明个我一定把你家电话桩给安好。明天我一定把你家电话桩给安好。

（173）安徽亳州：我后个叫门调理调理。我后天把门修理修理。

上例中的动作"安""调理"都是尚未发生的动作或事件，可称作"将来时句"。

（二）疑问句

疑问句是发出疑问、传达疑问语气的句子，句末一般用升调。疑问句传统上分为四类：是非问、特指问、选择问、正反问（反复问）。除选择问句外，其他三种都有处置式的分布。

1. 是非问处置式

在陈述处置式的基础上，删除陈述语气，添加疑问语调或疑问语气词，便构成是非问处置式。表达的语义内容是：把处置式的内容说出来，让对方给予或肯定或否定的明确回答。

是非问处置式包括语调是非问（无标）和语气词是非问（有标）。语调是非问即借助疑问语调表达疑问语气的是非问句，由陈述处置式加疑问语调构成，无须语气词。例如：

（174）安徽蚌埠：你给车借我几天？

（175）安徽蒙城：你叫他送走？你把他送走？

（176）江苏扬州：这点事就把你吓住了？

（177）安徽绩溪：尔把碗洗一下？你把碗洗一下？

语气词是非问是依赖疑问语气词来传递疑问信息的问句，能够出现在是非问处置式中的语气词非常丰富，有"了""哇""吗""噻"等。例如：

（178）安徽六安：拆迁队把你家房子推掉了？

（179）江苏丹阳：拿你送送学堂里去好哇？把你送到学校去好吗？

（180）江苏常熟：怎拿门关上了吗？你把门关上了吗？

（181）安徽望江：你把渠送去不噻？你把他送去吗？

2. 特指问处置式

特指问处置式是指发话人在处置式的前后增添疑问代词，由疑问代词承担疑问信息，要求受话人就疑问代词的内容做出回答，用于询问

第三章　苏皖方言处置式的句法与语义

人、事物、时间、处所、方式、原因、目的等内容。

问人的疑问代词有"谁""谁个""哪个""谁人""啥人"等。例如：

（182）江苏沛县：谁把我铅笔昧下了？_{谁把我铅笔藏起来了？}

（183）安徽怀远：谁个把俺家的门弄毁了？_{谁把我家的门弄坏了？}

（184）江苏高淳：哪个拿箇块毛巾弄脏掉了？_{谁把这块毛巾弄脏了？}

（185）江苏吴江：谁人拿那瓶酒吃脱的？_{谁把那瓶酒喝完了？}

（186）江苏启东：啥人拿那瓶酒吃脱了？_{谁把那瓶酒喝完了？}

问事物的有"什么""何""啥""啥个""呢子"等。例如：

（187）安徽合肥：什么风把你刮来了？

（188）江苏海门：你拿伊叫何？_{你把它叫什么？}

（189）安徽阜阳：你叫俺弄来干啥？_{你把我弄来干什么？}

（190）江苏苏州：倷拿俚叫啥个？_{你把它叫什么？}

（191）江苏高淳：你把它叫呢子？_{你把它叫什么？}

问方式的有"怎样""怎干""怎的""怎么样""咋的"等。例如：

（192）安徽合肥：怎样才能把学习搞好？

（193）江苏淮阴：你怎干能把一盘子都吃得了呢？_{你怎么能把一盘子都吃完了呢？}

（194）江苏赣榆：怎的把人家东西弄海了？_{怎么把人家东西弄坏了？}[1]

（195）安徽铜陵：你能把我怎么样？

（196）安徽蒙城：你能把我咋的？_{你能把我怎么样？}

问原因的有"怎么""为啥""为何""为点高"等。例如：

（197）安徽枞阳：尔怎么没把衣服全洗掉仔？_{你怎么没把衣服全洗掉？}

（198）安徽蒙城：你为啥不叫饭吃完？_{你为什么不把饭吃完？}

（199）江苏海门：你为何拿黄豆拾出来？_{你为什么把黄豆捡起来？}

（200）江苏丹阳：你为点高弗把饭吃掉则唦？_{你为什么不把饭吃掉呢？}[2]

问时间的有"什个时候""啥时候""么会子"等。例如：

（201）安徽六安：你什个时候把车子还我？_{你什么时候把车子还我？}

---

[1] 苏晓青、万连增：《赣榆方言研究》，中华书局2011年版，第337页。

[2] 徐娟娟：《江苏丹阳方言的语气词》，《方言》2013年第4期。

（202）江苏南京：你啥时候把车还给我？
（203）安徽望江：么会子把车还我？什么时候把车还我？

问处所的有"哪""哪里""哪块点"等。例如：

（204）安徽五河：你给我东西搁哪去了？
（205）江苏南通：你把东西藏哪里去了？你把东西藏哪里去了？
（206）江苏泰州：你把帽子撂厄哪块点的啊？你把帽子放哪里了？

处置式中疑问代词的类型详见表3-6：

表3-6　　　　　　处置式疑问代词的类型

提问对象	疑问代词	方言例句
人	"谁""谁个""哪个""谁人""啥人"	谁个把俺的门弄坏了？（怀远）
事物	"什么""何""啥""啥个""呢子"	你拿伊叫何？（海门）
时间	"什个时候""啥时候""么会子"	么会子把车还我？（望江）
处所	"哪""哪里""哪块"	你把东西藏哪里去了？（南通）
方式	"怎样""怎干""怎的""怎么样""咋的"	你能把我咋？（蒙城）
原因	"怎么""为啥""为何""为点高"	你为点高弗把饭吃掉则唦？（丹阳）

3. 反复问处置式

反复问又叫正反问，谓语的肯定形式和否定形式叠用，从肯定与否定两个方面进行发问，让被问从肯定项和否定项中选择一个进行回答。汉语方言中反复问处置式的形式有"可+把+VP""个+把+VP""阿+把+VP""还+把+VP"等。例如：

（207）安徽蒙城：你可叫作业写完来？你把作业写完了吗？
（208）安徽当涂：你个把作业做完了？你把作业做完了吗？
（209）江苏吴江：倷阿拿门关上？你把门关上了吗？
（210）安徽芜湖：你还把他送去啊？你把他送去吗？

以上反复问处置式主要由"处置式+发问词+疑问语调/语气词"构成。

（三）感叹句

感叹句是用于说话人感情抒发或主观评价的句子，情感特征是它最基本的语用特征。感叹处置式用例较少，一般表示对待、致使等义。

例如:

(211) 安徽当涂:哪个都不敢把我怎么样!｡谁都不敢把我怎么样!
(212) 江苏南通:把你卖了,你还不晓得哩!
(213) 江苏常熟:谁人啊弗敢拿吾哪哼!｡谁都不敢把我怎么样!
(214) 安徽蚌埠:这几天快给我热死掉了!
(215) 安徽亳州:今个叫我累毁了｡｡今天把我累坏了｡

(四) 祈使句

祈使句是说话人向听话人提出命令、建议、请求、劝阻、提醒等多种意愿的句子,让听话人去做某事或不要做某事。处置式多用于陈述有计划、有目的、有意识的主观意愿性行为,故与祈使句的语义尤为契合,祈使句是其最常出现的句类且多用于对话语境中。从形式角度,祈使句可以分为显性和隐性两类,显性祈使句有语气词、助动词、副词等形式标记。例如:

(216) 江苏苏州:拿封信掇掇脱唔｡｡把这封信寄了吧｡
(217) 江苏南通:把这事处理去叨｡｡把这事处理好｡
(218) 安徽当涂:把钱放好个,不要搞掉了个｡｡把钱放好,别丢了｡
(219) 江苏海门:快点拿衣裳收进来。
(220) 安徽望江:就手把门关下子。

隐性祈使句无明显的标记特征,祈使意义的表达主要依托于特定语调,根据特定语境来判别。例如:

(221) 安徽怀远:你给肉切了放那。
(222) 安徽淮北:掌我的衣服洗洗｡｡把我的衣服洗洗｡
(223) 江苏盐城:把书丢在桌子上。
(224) 安徽金寨:帮钱装好｡｡把钱装好｡
(225) 江苏扬州:把本书把我｡｡给我一本书｡
(226) 江苏启东:你拿碗洗一洗｡｡你把碗洗一洗｡

祈使句又可分为肯定和否定两种,肯定祈使句多表请求、命令、商议等,语气相对较为和缓、委婉。例如:

(227) 安徽枞阳:把本书把我｡｡给我一本书｡
(228) 安徽蚌埠:给它拿过来。
(229) 江苏启东:拿书放勒台上｡｡把书放在桌子上｡

(230) 江苏无锡：拿老小个帽子拿来。○把小孩的帽子拿来。

(231) 江苏泰州：把那个衣裳拿把我。○把那件衣服拿给我。

否定祈使句含有"覅""奥""莫""不要""白""别"等否定词，多表禁止、劝阻、叮嘱、警告等义。相较于肯定祈使句，否定祈使句的语气更加强烈。例如：

(232) 江苏靖江：你覅把自己搭进去。○你别把自己搭进去。

(233) 江苏启东：奥拿这件事体告诉伊。○不要把这件事情告诉他。

(234) 江苏东海：莫把这件事告诉他。○不要把这件事情告诉他。

(235) 安徽无为：你不要把垃圾到处乱扔。

(236) 安徽蒙城：你白叫我衣裳弄脏了。○你别把我衣服弄脏了。

(237) 安徽当涂：你别把衣服搞脏了。

苏皖区域方言处置式的句类分布情况详见表3-7：

表3-7　　　　　　　　处置式的句类分布

句类分布			方言例句
陈述句			他代书拿出来了。（南京）
疑问句	是非问	语调是非问	你给车借我几天？（蚌埠）
		语气词是非问	你把渠送去不嚟？（望江）
	特指问		谁拿那瓶酒吃了？（常州）
	反复问		你阿曾把他送走？（泰州）
感叹句			谁都不敢把我怎么样！（安庆）
祈使句	显性祈使句		阿妈，把我衣服洗一下呗。（宿州）
	隐性祈使句		把本书把我。（枞阳）

第二节　处置式的结构成分及语义限制

处置式的基本构造可分为 A（处置标记前的成分）、B（介宾短语）、C（谓语）三段，这三段语法成分的特点都会对处置式的构成及合法度产生不同程度的制约，那么这些特点又是如何与处置句式相关联的？下面讨论构成成分的句法性质、语义角色、表达功能等。

一 标前成分

A 作为"处置介词+宾语"前的成分,有人称之为"主语",有人称为"使因因素"。为称谓方便,我们暂且称作"标前成分"。

(一)标前成分的词类性质

从句法性质来看,标前成分多数由体词性成分充任,包括名词、代词、联合短语、数量短语、指量短语、偏正短语等。例如:

(238)江苏启东:老师喜欢拿新材料一下子讲好。老师喜欢把新材料一下子讲完。

(239)江苏南京:他把茶杯儿打碎得了。他把茶杯打碎了。

(240)安徽当涂:我跟弟弟一直把老张当我们自己的长辈。

(241)江苏如皋:五里路就把他跑啊够啊。五里路就把他跑累了。

(242)安徽蒙城:这个事叫我气毁了。这件事把我气坏了。

(243)江苏徐州:老娘生病的事给他拖垮了。

除体词外,还可以是谓词性成分,包括动词、动宾短语、主谓短语等。例如:

(244)江苏徐州:唱歌给嗓子嚎哑了。

(245)安徽淮北:吃螃蟹把小孩子吃啰了。吃螃蟹把小孩子吃吐了。

(246)江苏盐城:老师上课把喉咙全上了哑了。老师上课喉咙都上哑了。

谓词性成分进入标前成分的位置后,就失去了谓词性特征,发生了名物化,如例(246)中的"老师上课"指的是"老师上课"这件事而非"老师上课"的行为。可见,无论 A 是何性质,在功能上都具有指称性。

(二)标前成分的语义角色

从和动词的语义关系来看,标前成分语义角色复杂,可以是动词的施事、受事、致事、工具、时间、范围等。例如:

(247)江苏泰州:你把菜都拿吃掉。

(248)江苏南通:箇场比赛把人看得非常激动。这场比赛把人看得非常激动。

(249)安徽枞阳:底事把我气死仔了。这件事把我气坏了。

(250)安徽含山:一把大火把房子烧嘁之。一把大火把房子烧了。

(251)安徽蒙城:这一个月叫我的心都玩野了。这一个月把我的心都玩野了。

(252)江苏徐州:五里路就把他跑累了。

例（247）中，"你"是"拿、吃"动作的发出者，即施事，这是处置式中主语最常见的语义角色；例（248）中，"箇场比赛"作为"看"的对象，是动作的承受者，即受事；例（249）中，"底事"是致事，是"气死"这一结果的引发原因，和施事不同的是，致事可以是抽象事物或事件且不具有施动性；例（250）中，"一把大火"表示动作"烧"所凭借的工具物件，前面可添加介词"用"；例（251）、（252）中的"这一个月""五里路"分别是"玩""跑"的时间和范围。

有些标前成分在语义角色上存在歧义，可作双重理解，如"我把他吓了一跳"中的"我"既可理解为施事，表示"我"有目的、有意识地施行"吓"的动作，同时也可理解为"致事"，"我"只是"他吓了一跳"的诱因，而不是施动者。

（三）标前成分的语义特征

标前成分的语义角色看似复杂，但具有以下几方面的共性。

1. "使因性"或"致变性"

一般来说，处置句式表达责任型的变化，有追究责任、指明责任者的意味，处置对象产生的变化是标前成分有意或无意带来的，因此标前成分是事件的责任者或驱动者。有意为之的行为当然要承担责任，而有些结果是标前成分无意造成的，但不管如何，在说话人或叙述人眼中，他都是事情的起因或使因者，都会促使处置对象发生某种变化，难免逃脱不了责任。任何词语进入标前成分的位置，都会自动获得"使因性"或"致变性"特征，这是处置句式所赋予的。例如：

（253）江苏东海：这事就要把俺气死了。

尽管"这事"是无生的非意愿性成分，绝对不会主观去"气俺"，本身不具备"使因性"特征，但进入处置句式后会自动获得该特征。"俺气死"一定与"这件事"有关，正是因为"这件事"的出现才导致了"俺气死"这一结果的产生，所以标前成分作为状况的引发者，具有"致变"的功能，其语义身份应概括为"责任者"或"使因者"。标前成分的这一特征其实是说话人或叙述人主观带来的，是处置式主观性的体现。不管 VP 是标前成分有意为之的行为还是无意造成的事件，说话人或叙述人都会将事件的结果归因于标前成分，因此处置式是追责的适宜句式，强调前后事件的因果关系。

为了更清楚地认识标前成分的"使因性"或"致变性"，我们可以通过句式转换来证明，很多陈述性处置式可变换为强调句式"是……的"。例如：

（254）江苏南京：他把茶杯儿打碎得了。⇒是他把茶杯儿打碎得了。

（255）安徽芜湖：箇事把我气死得了。⇒是箇事把我气死得了。

2. 意志性

一般来说，只有生命度高、自主性强的事物才能有意图、有意愿地做出某种有意识的处置，因此典型处置式中的标前成分表现出"高生命度""强有生性"的语义倾向，以生命度等级较高的人或与人有关的成分（如人称代词、称谓名词）为常，具有意志性，对处置对象有操控、作用的能力。杨海明（2016）指出"把"字句是一个高生句式，生命度等级序列为"高生+把+低生+行为+结果"。纵然有些无生名词也可能出现在标前成分的位置上，但句式会将其"拟生化"，赋予其［+有生］特征。例如：

（256）江苏如皋：一个小猫就把他吓死了。

尽管主语"小猫"作为动物，生命度等级较低，不具有人的意志性，更不会主观故意去吓"他"，但在此处被提升为"人"这一等级。

3. 控制性

处置式中，标前成分即施力者一般为有控制性的成分，处于优势地位，对宾语即受力者有充分的把控作用，能够发出某种动作并影响事件的结果，VP表示主语预先设定的行为方式和预期的结果。说话人在说出处置句式时，心理有一个预期：处置者对被处置者有充分的控制性和可操作性。在不同的句法环境中，控制性的强弱有所差别。例如：

（257）江苏扬州：你把茶倒得这们满法子，披披的，端都不好端。你把茶倒得这么满，溢出来了，端都不好端。

（258）江苏高淳：他拿妹妹惹哭了。他把妹妹惹哭了。

上例中的主语"你""他"对宾语"茶""妹妹"都具有控制性，但强弱有别，后一例相对较弱。

4. 有定性

大部分处置式中的标前成分都是有定的，是说听双方共知的。例如：

（259）安徽蒙城：俺小弟叫冰箱弄毁了。_{我弟把冰箱弄坏了。}

当然也有少数是不定指成分。例如：

（260）江苏南京：你还别说，就有人把他那种人当好朋友。

上例中的主语"那种人"具有泛指性，不特指某一个人。

综上，从句法角度看，标前成分的范围较大，可以由名词、代词、名词性短语、动词、动词性短语等充当；从语义角度看，标前成分可以是动词的施事、受事、致事、工具、时间、范围等，同时具有［＋使因性］［＋意志性］［＋控制性］的语义特征；从语用角度看，多数是有定的，但也存在个别无定的情况。

二 介词宾语

介词宾语又叫"受动成分"或"处置对象"，是全句的语义重心所在。

（一）介词宾语的句法属性

介词宾语以体词性成分为主，具体包括名词、代词、偏正短语、指量短语等。例如：

（261）安徽芜湖：把饭吃过得再走。_{把饭吃过再走。}

（262）安徽南陵：老师刚把我喊出去了。

（263）江苏淮阴：你先把手上的事处理好。

（264）江苏南京：他能代这件事办好。_{他能把这件事办好。}

有时也可以是动词或动词短语，可用"这件事"替换。例如：

（265）江苏南通：他们把小王做了什么说叨一遍。_{他们把小王做了什么说了一遍。}

一旦谓词性词语进入介词宾语的位置，就实现了"名物化"或"指称化"，易被识解为NP，表示一种具体或抽象事物，只具有指称功能，不再具有陈述功能。

（二）介词宾语的语义角色

很多学者认为，处置式中介词宾语的语义角色都是动词的受事，"把"为受事标记，实则不然。普通话、现代汉语方言、近代汉语的诸多事实表明，介词后的宾语大多是动词的受事，例如"把衣服洗干净""把门打开"，但除受事之外，也可以是其他语义角色，如施事、当事、与事、工具、处所、目标、材料等。"把"的作用在于介引受影响的对象，受事通常为受影响对象，而受影响对象却并不等同于受事。邵敬敏、赵春利（2005）把介词宾语看作受动作影响的对象，而非受事。

根据宾语与 VP 的语义关系，宾语可以为受事、施事、当事、感事、起事、处所、范围、工具、材料、目标等。

1. 受事

宾语是谓语动词所表行为的承受者或意念上的被支配者，是施事发出动作直接处置或影响的对象。例如：

（266）江苏常州：妹子拿那本书烧掉了。妹妹把那本书烧掉了。

（267）安徽芜湖：把饭吃完得。把饭吃完。

2. 施事

宾语是谓语动词所表动作或行为的发出者，多表示不如意的事件。例如：

（268）江苏徐州：把孩子饿得直嚎。把孩子饿得直哭。

（269）安徽含山：把侠子饿着直哭。把孩子饿得直哭。

3. 当事

宾语既非施事也非受事，与动词无直接语义联系，但因为某些原因与谓语动词有间接的语义关联，多是谓语动词所描写的对象。例如：

（270）安徽淮北：他把手套子弄丢了一只。

（271）安徽铜陵：她把眼睛哭肿个。她把眼睛哭肿了。

4. 感事

宾语是非自主的感知性动作的主体，一般与心理动词共现。例如：

（272）安徽蒙城：你叫我烦死了。你把我烦死了。

（273）江苏扬州：这个事把我气死脱了。这件事把我气坏了。

5. 起事

关系动词所连接的语义成分分别为起事和止事，起事是起方，是被说明的事物，居前；止事是止方，是用于说明、描述起事的事物，居后。在认同义处置式中，两者具有等同关系，介词宾语是动作的起事。例如：

(274) 安徽蒙城：我一直都叫你当成自己家来人。我一直都把你当成自己家里人。

(275) 江苏高淳：他拿酒当开水吃。他把酒当开水喝。

6. 处所

宾语是事物存在的处所或位移过程中的起点、终点、方向等，多由方位词语充当，表达的语义是：通过某动作的实施，使某处所出现了某事物。如例（276）中，通过"装"的动作，使教室里有了空调。处置介词有时可替换为"在"，但"在"不具有处置意味，不强调介词宾语的受影响性。例如：

(276) 江苏南京：他们把教室都装上空调了。

(277) 江苏淮安：把纸上写几个字。

7. 范围

行为动作在宾语所表示的范围内进行。例如：

(278) 江苏如皋：他卖保险把整个如皋总逛啊一遍。他卖保险把整个如皋都跑了一遍。

(279) 安徽蒙城：我叫整个蒙城都转一遍了，也没找着他。我把整个蒙城都转一遍了，也没找着他。

8. 工具

宾语为动作行为进行中需要使用的器具或物件。例如：

(280) 江苏如皋：他把钢笔写叨没得水了。他把钢笔写没水了。

(281) 安徽含山：他把铅笔写秃唉之。他把铅笔写秃了。

一般来说，工具角色是用介词"用"引出的，但和"把"有句法和语义上的差别："用"引出工具时，谓语动词基本不受限制，可以是光杆动词，也可带其他成分；而用"把"介引工具时，动词不能是光杆动词，后面必须带补语。上两例中动词后都带了结果补语，故而整个句子还是处置式，介词"把"不能换成"用"。此外，"把"引出工具时，该工具一定会受到影响或发生变化，句子包含致使关系；而用"用"时，该工具则不一定会受影响，句子只是陈述一个简单事件，不包含致使语义。

9. 材料

宾语为动作所凭借的原料、物资、器材等，所指事物在动作、行为进行中会被消耗掉，其性状、容量、体积等会发生变化，具有"有变性"特征。例如：

（282）江苏如皋：他把淘米水浇了花。

（283）安徽亳州：你叫这些毛线做成毛衣就是了。_{你把这些毛线做成毛衣就是了。}

需要说明的是，纵然工具宾语和材料宾语都表示动作行为凭借、依靠的事物，介引两者的介词也都可替换为"用、拿"等，有些学者还将材料归为工具类，但两者是有本质区别的：工具只是动作进行所凭借的器具，它自始至终都存在且不会发生大的改变，也可重复使用；材料则具有"有变性"，在使用中会被消耗掉，发生性质、状态或数量的改变。例（280）中的工具宾语"钢笔"虽然没水了，但钢笔依旧是钢笔，它的容量、体积没有发生变化，下次依旧可以继续使用；例（282）中的"淘米水"在浇花之后会逐渐从视线中消失，或者变成水蒸气。因此这里将"工具"和"材料"归为两种类型。

10. 目标

宾语是行为动作欲要达到的目的。例如：

（284）江苏苏州：拿生意跑成的。_{把生意跑成了。}

（285）安徽含山：把买卖跑成功哎之。_{把买卖跑成了。}

还有些宾语表示人或动物身体的一部分，无法确定其语义角色。例如：

（286）安徽芜湖：她把头一歪，把头毛甩边上去了。

（287）江苏如皋：我把手一扬，他就来了。

此外，有的宾语与谓语动词无直接语义联系，而与动词短语相联系，如"把衣服哭湿了"中的"衣服"与"哭"之间不发生关系，但与"哭湿"有语义联系。

根据介词宾语充当的语义角色以及受事性的强弱，可以将处置式划分为典型和非典型两大类。宾语为典型受事、具有强烈的受动性和变化性的是典型处置式；由施事、当事、工具、处所、材料等受事性较弱的成分充当宾语的句子是非典型处置式，无明显的受动性和变化性，处置义不甚显著。

（三）介词宾语的语义特征

处置式中介词宾语的语义角色虽错综复杂，形形色色，但不管其语义角色如何，都具有以下共同的语义特征。

1. 变化性

"变化性"是介词宾语最根本的特征。介词宾语通常表示动作行为的承受者，一般是受影响、发生状态变化的人或事物，如果宾语没有发生变化，那么该句式就不具有处置义。例（266）中"拿"的宾语"那本书"是受事，受"烧"这一动作的影响，导致其发生了从有到无的变化；例（268）中的"孩子"作为"嚎"这一动作的发出者，情状发生了改变；例（270）中的"手套"作为当事，状态受到了影响；例（272）中的感事"我"的心情经历了由"不烦"到"烦"的变化；例（274）中的起事"你"在"我"心中的地位发生了变化，变成了"自己家来人"；例（276）、例（278）的"教室""如皋"分别作为动作"装""逛"的处所和范围，其状态发生了改变；例（280）的"钢笔"是动作凭借的工具，由于受"写"的影响，导致"没水"这一结果的出现；例（282）的"淘米水"是"浇花"所需材料，其容量和位置经历了改变；例（284）的目标"生意"受到动词"跑"的影响，状态由"不成"变为"成"；例（286）中的"头"受到动作"歪"的影响，从一个位置移动到另一位置。

2. 受动性

无论是表达位移义、致使义、处置义还是其他语义，介词宾语都具有强烈的"受动性"特征，都会承受主语的某种影响，这点和一般的主动宾句有所区别。试比较：

（288）他吃了苹果。

（289）他把苹果吃了。

"他吃了苹果"强调的是"他吃苹果"这一行为或事件，"苹果"受到的影响不显著；"他把苹果吃了"强调的是"苹果被吃"这个事件，强调"苹果"受到动作"吃"的直接影响。

3. 自立性

自立性是指事物先于行为独立存在，而非行为动作造成的结果。试比较：

（290）a. 他把房子拆了；b. *他把房子盖了。

（291）a. 他把笔记擦了；b. *他把笔记写了。

上例的 b 句不合格是受到宾语具有"自立性"的约束，我们通常不会对尚未存在的事物做出处置，因此还不存在的事物不太能成为介词宾语。a 句中的宾语"房子""笔记"都是先于动作"拆""擦"之前就存在的，b 句的宾语是存在于动作之后的，"房子""笔记"在"盖""写"之前尚未存在，随着行为的实现才会变为现实，故而无从处置。因此介词宾语的自立性与否是衡量其能否进入处置式的重要指标之一。

我们还发现，处置式对介词宾语的有定性、长短繁简、具体性等特征有着明显的选择性要求：

1. 有定性

宾语的有定性是处置式研究中较为古老的话题，对此学界已做了广泛论证和深入讨论，但尚无定论。早期学者们持"必须有定"观，认为处置式中介词宾语必须是有定的，无例外。如吕叔湘（1961）、赵元任（1979）、朱德熙（1982）、石毓智（2006）等。

后来，"必须有定"观受到质疑，无定宾语处置式纳入讨论范围，有学者提出"倾向有定"观。如王还（1985）举出了宾语为无定名词的例子，认为无定名词短语也可充当动词宾语，如"小林把一件毛背心织得又肥又长"。梅祖麟（1990）认为"把"字的宾语在意念上一般有定，但有个别例外。沈家煊（2002）举出了不少无定宾语的例子，认为不定指的宾语体现了说话人的主观认识，表达"出乎意料"之义。储泽祥（2010）认为无定宾语处置句对句类的选择是有限制的，不能用于祈使句，是一种扭曲的句式。洪波（2013）认为，原型受事的不确定特点是无定宾语处置句的根本生成机制。邵洪亮、何晓璐（2021）根据句子功能将处置句分为陈述性和祈使性两类，发现在陈述性处置句中，有定 NP 和无定 NP 均可兼容，而在祈使性处置句中只与有定 NP 兼容。

我们的观点是：首先，句法上的定指、不定指与语用上的有定、无定并不等同，宾语是句法层面的概念，而是否有定是语用层面的概念，有定或者无定指的是词语的语用性质。更准确的说法应是：不管句法形式如何，处置式中的介词宾语所代表的事物大多数是有定的或特指的，传递受话人可识别的已知信息。其次，根据实地调查，不管是体词性还是谓词性词语，处置式中充当介词宾语的成分具有较强的"有定性"倾向，有定宾语的数量远超无定宾语。尽管在个别方言中存在少量无宾处置式，但属于偶见现象和受限句式，接受度较低，不对宾语的有定性特征造成大的影响。这一特点通常有四种表现形式：

（1）宾语是具体的、确指的、可识别的指人名词、人称代词或指示代词。例如：

（292）安徽亳州：我才不舍得叫小菲送人来。我才不舍得把小菲送人呢。

（293）江苏丹阳：这事把他难住了。

（294）安徽怀远：你就把这当自己家。

（2）宾语前有指示代词、指量短语、数量短语、定语等修饰成分。例如：

（295）江苏东海：后来，人就把这山叫"禹山"。

（296）安徽濉溪：我前儿个就掌那本书看完了。我前天就把那本书看完了。

（297）安徽淮北：把一个小孩子给扔火车上了。

（298）江苏徐州：把我的东西搁门卫。

（3）宾语是类指性成分，不特指具体的个体，而是泛指一个类或一个集合，一般以光杆 NP 的形式出现。例如：

（299）江苏扬州：把人忙死了。

（300）安徽蒙城：你每回突然出现都叫人吓一跳。你每次突然出现都把人吓一跳。

（4）宾语是光杆名词，虽在表现形式上具有不定性，但在实际语境中仍是有定的、确指的、说听双方共知的事物。例如：

（301）安徽当涂：你别把衣服搞脏了。

（302）江苏靖江：把火烧烧旺。

"有定性"有强弱之分，即使同是有定成分，所指越具体、属性越明确、有定特征越强的更易成为"把"等介词的宾语。对于名词而言，前面若添加形容词、数量词等修饰成分，会提供更多的信息，致使该名词更具体，识别度更高，同时赋予其更丰富的语义内涵，使其更有资格进入处置式。

总而言之，处置式中充当介词宾语的成分强烈地倾向于有定，其所指称的人或事物在意念上往往是定指的，是言谈双方共知的内容，不能是泛指、不确定、不可识别的成分。相对于无定宾语，有定宾语是主流并且占绝对压倒性优势。

为什么处置式要求宾语具有强有定性、确指性呢？我们认为这与汉语的信息结构密切相关。言语交际的过程也是传递信息的过程，一般来说，汉语句子的信息安排遵照"旧信息（已知信息）+新信息（未知信息）"的原则，从旧信息到新信息是汉语常见的信息结构模式。人们的认知规律是借助已有信息去理解未知信息，因而在进行交际时往往会将旧信息作为话题放在前面，新信息作为自然焦点放在后面。若整个句子没有旧信息都是新信息，那么就会增大受话者的理解难度。这种信息结构模式在句法上的表现为：前面负载已知信息的句法成分表现出［＋有定］特征，后面负载未知信息的句法成分表现出［＋无定］特征。处置式作为汉语的特有句式之一，也要遵循该信息结构规律和句法结构规则。介词宾语负载的是旧信息且已知程度较高，而只有有定成分才能传递已知信息，因此介词宾语一般只能容纳有定成分，和无定成分相排斥。其后的谓语部分作为语义重心和信息焦点，一般具有无定性。可见，信息传递的原则制约着有定与无定的选择。

2. 简短性

处置式中，受动宾语的长度也受到一定限制，对此已有学者谈及。张志公（1953）最早提出，当宾语复杂时倾向于用"把"将宾语提前。饶长溶（1990）认为"把"字的宾语一般是音节数较少的名词性成分，有时为了表达更具体，也会使用较复杂的、多层次的短语。张伯江（1991）对750例语料中的宾语长度进行过统计，发现音节数为1和2的宾语更为常见。陆俭明（2017）指出"把"字句的产生和处置对象的音节长度相关联。

根据我们的调查，宾语的线性长度和繁杂程度对处置式的接受度有一定制约，当宾语为单音节和双音节的简短词语时，充当宾语构成处置式的能力最强，表达起来也更加自然，假若宾语是多层次的、长达10个音节左右的冗长短语或小句时，处置式便不太适用，很难被人接受。以"把这几年辛辛苦苦攒下来的血汗钱都给他了"为例，我们对苏皖地区方言进行了调查，发现人们更倾向于不采用处置句而是换用受事主语句（这几年辛辛苦苦攒下来的血汗钱都给他了）来表达。这一现象的出现有三个方面的原因：

第一，与人们的短时记忆长度有关。心理学的研究表明，人在短时间内能记住的词语总是有限的，短时记忆长度一般为 7 ± 2 个组块。人们需要在较短时间内处理较丰富的信息，如果音节数过多，会增加信息处理的强度，加大受话人对语句的接受难度。相比受事主语句，处置句本身结构就较复杂，再加上复杂的宾语，无疑会加重人们的记忆负担，消耗更多的记忆力资源，不利于重要信息的传递和信息分布的均衡性。

第二，信息结构和韵律机制对宾语的繁简度也有制约。根据"重成分后置"原则①，越重的成分会越靠后，处置事件中位于句末的谓语部分作为信息焦点和未知信息，信息值较高，线性长度和复杂度基本不受限制，可以为长度较大、复杂度较高的成分。介词宾语作为已知或共享信息，位于句子前部，是较先出现的部分，那么就需要符合省时省力的要求，以利于后面新信息的展开和快速进行信息处理，应具有线性长度短小、内部结构简单的特点。

第三，宾语以简短为常是对人类认知处理基本策略的遵循。人类对信息的处理规律是：先处理简单的、易于加工的信息，而后再处理复杂难懂的、不易加工的信息，正如考试时会先做较容易的题目，再做较难的题目。同样，在说出句子时，人们也会按照信息量从小到大的顺序排列，把信息量更小、更易加工的成分往前放，信息量更大的语义重心放在句末，因此处置式中介词宾语以简短为主便成为一件非常自然的事了。

3. 具体性

宾语有具体和抽象之分，具体宾语的所指是具体事物，即看得见、摸得着的东西，而抽象宾语的所指为抽象概念，是非具体的可视、可触之物，只能受种类量词、不定量词或动量词修饰，与处置句式语义不匹配。典型的处置式表示对某对象做出处置行为，那么该处置对象的所指应该是具体的、可受处置的人或物。例如：

（303）江苏南京：我代房间打扫过了。我把房间打扫过了。

（304）安徽枞阳：把门上的纸撕掉。

4. 无生性

无生性也是宾语的显著特性之一。典型处置式中，介词宾语是受动

---

① "重成分后置"是汉语重要的语用原则之一，"重成分"是指某个句法成分所承载信息的重要程度高于其他成分，其线性长度也与所传递信息的重要程度成正比。在汉语中，越是重成分就越倾向于后置于句末。

作行为直接支配的对象，具有强烈的受动性和变化性，它所代表的事物多为不具有施动能力的无生体，生命度等级偏低。例如：

（305）江苏扬州：把那本书把我。把那本书给我。

（306）安徽池州：把钱搁好着。把钱放好。

即使在少数情况下有生名词也可充当宾语，但一旦进入处置句式，受句式义影响，它的生命特征就会有所衰退。

通过对处置式中介词宾语特征的分析，发现绝大多数的宾语都表现出强有定性、简短性、具体性、有生性的倾向，无定宾语、复杂宾语、抽象宾语和无生宾语虽然也可进入处置句式，但接受度极低。

三 谓语动词

处置式的后段是谓语，也就是介宾短语之后的部分，具有"致变"或"致状"功能，所表示的动作行为使其支配对象发生某种变化或处于某种情状。谓语的核心成分是谓语动词，本部分重点讨论谓语动词[①]。

诸多事实表明，处置式对谓语动词有特定的选择和特殊的要求，并不是任何一个动词都能构成处置式。关于哪些动词可以进入，哪些动词不能进入，很多学者展开了详细讨论。王力（1943）、赵元任（1979）认为处置句的动词具有处置性质，否则不能进入处置式。吕叔湘（1948）认为"把"字句的动词一定表示某种"作为"和"处置"。丁声树（1961）指出，不具有动作性的"在""有""是"等动词以及纯粹表感觉、视觉、听觉、味觉的动词不能用于处置式，动词前后必须有其他成分。朱德熙（1982）、梅祖麟（1990）提出，处置句中的动词不能是单纯动词，至少也要是动词重叠式，最常见的是前后附有其他成分。邵敬敏（1985）从形式上界定"把"字句的动词，认为凡是可带结果补语和结果宾语的动词都可能进入"把"字句。贝罗贝（1989）指出 VP 可以是单独的双音节动词，如"把计划取消"，但不能是单音节动词。宋玉柱（1991）认为处置句的谓语动词表示积极的活动且具

[①] 谓语中心的前加或后附成分如补语、状语、宾语等，已在第一节"句法格式"中作了讨论，故这里以谓语的核心即谓语动词为研究重点。

有较强的动作性，对宾语具有处置作用，能给宾语带来某种改变或影响。崔希亮（1995）认为进入处置句的动词都是动态动词即有动力的动词，可表动作、感觉、生理、评价等义，使用最多的是动作动词。金立鑫（1997）在崔希亮（1995）的基础上指出凡是能进入"V得"格式的动词都可进入处置句，且多数是自主动词，非自主动词一般不能进入。

（一）谓语动词的制约因素

处置式对谓语动词有特定的选择限制，并不是所有动词都能自由进入，即使有些能够进入，但并不是都能进入处置式的任何下位句式。谓语动词能否进入受以下因素的制约：

1. 处置式的句式语义

句式的特定语义直接影响对动词的选择和限制，并非任何一种动词都能进入特定句式。处置式的语义结构与动词语义之间是否存在一致性和对应性决定了该动词能否进入处置句式。处置式的基本语义为：主体有意识地通过某种行为对客体施加结果性影响，因此自主性、动作性较强的动词能够自由进入，而非动作或弱动作性的动词进入处置式是有条件限制的。此外，"处置"还可以表示主体在无意识的情况下致使客体出现某种结果，因此还可以容纳一些非自主性动作动词、心理动词、致使动词、形容词等。

此外，处置式可以分为典型处置型、无意致使型、心理认同型等若干语义类型，不同类型对谓语动词的要求不同。能进入典型处置型的谓语动词须是动作义较强的行为动词，且具有［＋可控］［＋自主］的语义特征，能进入心理认同型处置式的谓语动词可以是"当""看作"等当作义动词。

2. 谓语动词的语义特征

动词自身的语义特征是否与处置式的语义一致会影响其能否进入处置式，例如语义上带有"去除、损失、损坏"特征的动词与句式语义兼容，更容易进入处置句式，而带有"添加、补足、助益"语义特征的动词与处置义无法兼容，则不太能进入；与"给予"义相关的动词适宜进入，与"获得"义相关的动词难以进入；动作义较强的行为动词进入的能力较强，心理动词、关系动词等动作义较弱的动词进入的能力较弱。另外，处置式由使因事件和结果事件构成，两者存在因果关系，如果一个动词能够代表由于处置动作而影响主体状态的事件，就易于进入处置式谓语动词的位置。

3. 谓语动词的及物性

谓语动词的及物性也扮演着重要角色。王力（1943）认为普通处置式的动词是及物动词，活用时可用作不及物动词，如"偏又把凤丫头病了"。王力（1944）发现大量不及物动词的现象，提出"继事式"的概念，处置式可以转化成继事式，两者在形式上相同，但继事式不表示处置，只表示受影响产生某种结果，如"我都快把你忘了"。吕叔湘、朱德熙（1979）提出处置句中的处置动词必须是及物的，否则就是有语病的句子。

我们认为应具体情况具体分析，不同类型的处置式对动词及物性的要求是不同的，典型的、具有真正处置语义的处置式中，谓语动词要能对宾语进行支配和控制，以及物动词为主，但对于致使义处置、命名义处置式来说，谓语动词可能不对宾语施加具体的处置行为，非及物动词也是可以进入的。但总体来说，谓语动词具有高及物性是学界共识。

4. 语境

汉语是语用优先型语言，动词与相关语境的适切度对其进入处置式的允准性也有制约。有时，在特殊语境里，为了表达特殊目的，只要不影响基本语义的表达，可以不追求句法成分的合法性和形式上的完整性，一些看似不合法的句子在特定语境里也可以成立，如"把他跑了""把他醉了""把衣服买买买"等。

（二）谓语动词的句法性质

从词性来看，充当处置式谓语中心的成分以动词为常，此外少量形容词、疑问代词也可进入。

1. 动词

首先，根据能否带宾语或所带宾语的种类，可将动词分为及物和不及物两种。处置式中的谓语动词以及物动词为主，同时部分不及物动词也能进入。例如：

(307) 江苏吴江：倷拿碗汰一汰。_{你把碗洗一下。}

(308) 江苏丹阳：你再把展览仔仔细细格看一遍。_{你再把展览仔仔细细看一遍。}

(309) 安徽庐江：把那个东西撂得得。把那个东西扔了。

(310) 安徽蚌埠：他给眼睛哭肿了。

其次，动词可分为体宾动词和谓宾动词。由于介词宾语以体词性成分为主，因此能进入处置式的动词一般只能是体宾动词，谓宾动词几乎不能进入。例如：

(311) 江苏常熟：恁拿窗户开一开。你把窗户开开。

(312) 安徽芜湖：把钱放好得，不要搞掉得了。把钱放好，不要弄丢了。

最后，动词还有内外之分，所表动作行为不涉及、延续于其他事物且句法上不能带宾语的动词为内动词，反之为外动词。处置式中谓语动词所表行为要涉及、作用至受动宾语，与宾语发生施受关系，因此绝大多数为外动词。

2. 形容词

谓语中心可由形容词充当，但一般只限于性质形容词，如"急""难""软"等。例如：

(313) 江苏南通：把我急到要死。

(314) 江苏常州：介事体拿他难住老叻。这事把他难住了。

(315) 江苏涟水：连说是说好歹把他心说软下来了。不停地说终于把他心说软下来了。

3. 疑问代词

疑问代词如"怎么样""怎样""咋样"等也可充当谓语中心。例如：

(316) 江苏南通：你能捉我怎么样？你能把我怎么样？

(317) 安徽桐城：哪个都不敢把我怎样！谁都不敢把我怎么样！

(318) 安徽亳州：你能叫我咋样？你能把我怎么样？

(三) 谓语动词的语义类型

1. 动作动词

动作动词是表示人物具体行为动作的动词，主语一般为施事，宾语为受事，包括行为自动词和行为他动词。处置式中的动词仅限于行为他动词，如"摔""跌""撞""洗""晾""炒""打""说""开""关"等，对处置对象有强烈的影响作用，该动作作用至受动成分之后，必然使之发生变化，产生某种结果，与处置式的典型特征相匹配，故此类动词所占比例最大，构成处置式的能力最强。例如：

（319）安徽无为：毛巾好脏，代它甩得吧。○毛巾好脏,把它扔了吧。

（320）江苏扬州：把衣裳洗洗。

（321）安徽马鞍山：箇个毛巾糟死咯，把它甩咯。○这个毛巾太脏了,把它扔了吧。

（322）江苏高淳：你拿碗洗下子噻。○你把碗洗一下。

2. 心理动词

心理动词表示人的心理活动、心理状态或情绪变化，包括情绪心理动词和感知心理动词，能进入处置式的一般为情绪心理动词，如"吓""气""愁""急""乐""盼""忘""感动""后悔"等。例如：

（323）安徽濉溪：你叫我吓毁了。○你把我吓坏了。

（324）安徽绩溪：把渠急煞了。○把他急死了。

（325）江苏淮阴：你早就该把肠子悔青了。

（326）安徽阜阳：他早就把刚才的事忘喽。

（327）安徽亳州：小孩上学的事叫我愁死了。○小孩上学的事把我愁死了。

3. 生理动词

生理动词表示不可控的生理反应，如"吐""晕""噎""闷""堵""累""笑""热""饿""渴""憋"等。例如：

（328）安徽蚌埠：这几天快给我热死掉了！

（329）安徽蒙城：才一顿饭没吃就叫你饿成这样？○才一顿饭没吃就把你饿成这样?

（330）安徽芜湖：把我渴死得了。○把我渴死了。

（331）江苏扬州：把我憋死了。

（332）江苏南京：这场球把我打得累死得了。○这场球把我打得累死了。

（333）江苏扬州：这个馒头把我噎死了。

4. 关系动词

关系动词用来连接两个名词性成分，表前后两项（主、宾语）之间具有判定、存在、等同、属性、称呼、领属等各类关系意义。宾语在主语的主观认识下产生名称、性质、属性、身份地位等方面的变化，常见的有"当作""称为""叫"等。动词后必须带宾语，即认同的对象，与介词宾语构成等同关系。句中先后出现了两个宾语，但性质不同，介词宾语是众所周知的旧信息，后面的动词宾语相对来说是新信息，是句子焦点所在。张旺熹（2001）提出，等值图式是指人们把两个性质不一的事物主观上加以联系并对其做出等值判断，多数情况下通过"把"字句中使用"当作"义动词来表达，所构成的句法结构为"把+原项+V+等值项"。例如：

（334）江苏苏州：俚拿吾当外人。他把我当外人。

（335）江苏宿迁：把人的好心当作了驴肝肺。

（336）江苏南通：有的人把狗子当爷来看。有的人把狗当爸爸来看。

（337）江苏如皋：有的落场把太阳叫个日头。有的地方把太阳叫日头。

（338）江苏金坛：你把它叫哆家？你把它叫什么？

（339）安徽宿州：有些地方把月亮叫月朗娘。

5. 给予动词

给予动词是表"给予"义的动词，如"给""与""交""送""还"等，多带有双宾语（直接宾语和间接宾语），表示给予者对给予物品做出某种处置。例如：

（340）江苏高淳：拿书把我。把书给我。

（341）江苏扬州：把本书把我。给我一本书。

（342）江苏常熟：拿酱油给吾。把酱油给我。

（343）安徽蒙城：叫这本书给他。把这本书给他。

（344）安徽亳州：你叫包递给我。你把包递给我。

（345）安徽怀远：帮那本书递给我。把那本书递给我。

6. 言说动词

言说动词表示与说话有关的动作，如"告诉""讲""说"等，涉及言语信息的转移。例如：

（346）安徽蒙城：你把这话说给你爸听可管？你把这话说给你爸听行吗？

（347）安徽合肥：他把这事讲了好几遍。

（348）江苏南通：他把事情跟哥哥说了。

（349）江苏涟水：你把这件事告诉他了啊？你把这件事告诉他了吗？

7. 比较动词

比较动词主要是表比较义，将具有相似性特征的两人或两事物进行比较。例如：

（350）安徽蒙城：你白叫我跟他比可管？你别拿我跟他比行吗？

（351）安徽望江：你不要把我和渠比。你不要把我和他比。

无论是以上哪种语义类型，处置式中的谓语动词一般都为表示具体行为动作的实义动词，虚义动词或形式动词如"进行""加以""予以""做""搞"等语义宽泛、抽象，不具有具体语义内涵，基本不能进入处置式。此外，还具有［＋可控性］的语义特征，实施与否取决于处置者的主观控制。

（四）谓语动词的配价

动词作为句法语义结构的核心，可依据不同角度、标准对其进行分类，分类的结果可体现动词在某些方面的性质特征。根据句法功能，可分为及物和不及物动词，体宾和谓宾动词，带结式和不带结式动词①；依据语义特征，可分为动作动词、心理动词、关系动词等，自主和非自主动词，动作和非动作动词；按照时间特征，可分为瞬间、持续动词，动态、静态动词。

根据动词所带论元的数量考察动词的分类，就要考虑动词的配价。在句子结构中，动词的周围存在一定数量的空位，等待相关的语义成分如施事、受事、与事等来填补，否则语义结构就不具备完整性。因此，每个动词都具有支配与之相关的语义成分的能力。语法学家借化学中的"配价"概念来给动词分类，用"价"来反映动词与一定数目的相关成分（主要是名词性成分）之间的依存关系。动词的配价是指动词对与之相关的必有语义成分的关联、支配能力，马庆株（1991）指出，动词所联系的支配成分是构成动核结构所必需的强制性的成分，这种语义成分可称为"动元"，动词所带动元数目的总和称为动词的"价"。动词周围留有一定数目的空位等待相关成分去填补，而不同动词周围空位的数目不一，因此研究动词的"价"就等于揭示动词对相关语义成分的支配能力和所支配成分的数目。根据所需动元的数目可以将汉语中的动词分为一价、二价和三价动词，下面分别考察各价动词的下位类别以及进入处置式的条件限制。

1. 一价动词

在动核结构里，只联系一个动元的动词是一价或单价动词，在主谓

---

① "带结式动词"是指能带动结和动趋成分的动词，如"撕"，可以说"撕烂""撕下来"，"说"可以说"说明白""说出来"，相反，类似"发生""出现"这种不能带动结、动趋成分的动词为"不带结式动词"。

结构中只能支配一个强制出现的语义或句法成分，和主语构成主谓结构，主要包括动作、性状、心理动词三类。

第一类是不及物动作动词，其后不能带宾语，与该动作的发出者即施事相联系，具有［＋动作］［＋自主］的语义特征，如"来""走""睡""喊""跑""站""哭""洗澡"等，只涉及动作发出者的运动、变化，与其构成"S＋V"结构。

第二类是描写人或物状态的性状动词，如"死""累""病""醉""碎""锈""醒""消失""昏迷"等，这些动词的配价成分是系事，用于描写系事的性质或状态，具有［－自主］的语义特征且多是不及物动词。

第三类是心理动词，反映人物的心理活动和心理体验，如"愤怒""犹豫""发愁""害羞""难过""伤心"等，可以受"很"等程度副词的修饰，语义上具有"非自主性"，不受主观控制。

处置式多表示某人对某物的处置，至少涉及处置者和被处置者两个主体，那么动词所涉及的论元至少需要有两个，因此谓语动词具有［＋多价］特征，一价动词很难进入。范晓（2009）指出，大多数一价动词无法充当处置式的谓语中心，具有使动用法、能带使事宾语的方可进入处置句式。能进入处置式的一价动词较少。例如：

（352）安徽宿松：佢把眼珠哭红着。她把眼睛哭红了。

（353）安徽蒙城：外边真冷，叫我冻毁了。外边真冷,把我冻坏了。

（354）安徽合肥：一上午跑几趟，把我累够呛！

（355）江苏吴江：老张拿村长气疯了。老张把村长气疯了。

（356）江苏如皋：他把整个学校块块都跑到了。他把整个学校都跑遍了。

2. 二价动词

二价动词是联系两个必有动元的动词，在主谓结构中须带有两个强制性语义成分。按照语义性质可分为三个次类。

第一类是动作动词，所联系动元是施事和受事或施事和与事，包括"读""吃""看""喝""踢""买""写""卖""批评""收拾""道歉""服务""约会"等。和一价动作动词相比，二价动作动词发出的动作往往对受事或与事产生影响，使其发生变化或有所损益，而一价动作动词只影响自身，不涉及其他对象。这类动作动词又可分为两类：带受事的动词和带与事的动词。

带受事的动词动作性较强,可构成"S$_{施事}$+V+O$_{受事}$"格式,受事作为动作行为的直接承受者和受影响者,具有受动性。它在句法结构中的位置较为自由,可以由"把"等介词引导置于动词前构成处置式,使句子增添处置意味。例如:

(357) 安徽淮南:学校把他处分了。

(358) 安徽当涂:他把书拿出来个。_{他把书拿出来了。}

(359) 江苏如皋:我把水喝叨啊。_{我把水喝掉了。}

(360) 江苏盐城:他把衣服撕脱了。_{他把衣服撕掉了。}

上例中的"处分""拿""喝""撕"均为二价动词,且介词宾语"他""书""水""衣服"为动作的受事。

不过,处置式对这类动作动词的准入是有条件限制的,只有动作性强、具有处置义的动词才可进入。

带与事的动词包括"服务""合作""约会"等,这类动词比较特殊,其配价成分与事通常需要有介词引导,如"为……服务""与……合作""和……约会"。这类动词一般无法进入处置式。

第二类二价动词是心理动词,包括情绪心理动词(喜欢、爱、羡慕、厌恶、欣赏、嫉妒、思念)和感知心理动词(忘记、知道、感觉、估计、认为)。与心理动词相联系的语义成分有两个:一个是主体,即心理活动的体验者或感知者,可称之为"经事";另一个是客体,即被感知的对象,可称为"感事"。只有少数几个心理动词如"记住""忘记""想"等可以进入处置式。例如:

(361) 江苏南通:我把箇桩事情忘记呢。_{我把这件事情忘记了。}

(362) 江苏盐城:把他忘脱了吧。_{把他忘了吧。}

(363) 安徽蚌埠:我都快给你忘掉了。_{我都快把你忘了。}

(364) 江苏苏州:倷末专门拿人望坏个地方想。_{你呀,老是把人往坏处想。}

第三类是关系动词,既不具有动作性,又不表示心理状态,只表示两个事物之间的判断、等同、存在、称呼等关系,语义较抽象,如"是""属""有""像""等于""大于""小于""叫"等。其两头分别联系"起事"和"止事"两个必有语义成分,可表判断关系、领有关系、比较关系、比喻关系等。这类动词难以进入处置式。

3. 三价动词

三价动词是指联系三个动元的动词,在主谓结构中有三个强制性语义成分与之联系,经常构成双宾句,包括给予动词(给、送、寄、借、递、赔、捐)、索取动词(取、骗、夺、讹)、告知动词(告诉、宣讲、禀告、通知)、称呼动词(称作、叫、认、封)、放置动词(放、搁、贴、挂、安、藏)、互向动词(商量、讨论、交换)等。

给予动词是表示给予行为的动词,是最典型的三价动词,联系的动元分别是施事(给予者)、与事(给予物)和受事(接受者),表示施事将与事给予受事,在给予过程中与事发生了位置和领有关系的转移,具有[+位移]的语义特征。"给"是最典型的给予动词,此外还有"送、寄、借、交、递"等。当给予物由处置介词介引时,可以构成处置式。例如:

(365) 江苏吴江:拿箇两日寻着个物事拨伊。把这两天找到的材料给他。

(366) 江苏丹阳:把单子给我瞧瞧。

(367) 江苏宿迁:你给这本书还他。

(368) 江苏淮阴:你趁早把钱还把他。你趁早把钱还给他。

与给予相反的行为是索取,索取动词属于内向动词,涉及施事(索取者)、受事(被索取者)和与事(索取物)三个必有语义成分。索取事件发生后,索取者成为受益者,被索取者成了受损者,索取物的所有权会发生转移。例如:

(369) 安徽亳州:俺妈,他叫我的笔夺走了。妈妈,他把我的笔夺走了。

(370) 江苏如皋:他把我的笔抢啊跑啊。他把我的笔抢跑了。

告知动词表"言说、言谈"义,使信息、情况、消息、话语等抽象事物从一方传递到另一方,涉及告知者、告知对象、告知信息三个必有成分。告知动词与给予动词语义相近,都具有"给予"义,区别在于给予动词的宾语多是具体事物,告知动词的宾语多是抽象的言语信息。言语信息的转移也可看成是说话人对它做出的一种处置,与处置式的语义相合,因此告知信息可以作为受处置对象,由介词引导置于谓语动词前构成处置式。例如:

(371) 江苏南通:他把这事告诉我了。

(372) 江苏苏州:傉拿该桩事体告诉俚?你把这件事告诉他了吗?

称呼动词是关系动词的一种，表示命名、称呼关系，多用在"称……为""骂……是""叫……做"等结构，涉及施事、受事、补事三个语义成分，表示施事将一名称赋予某人或某物。换个角度，也可看成施事对受事的一种处置，和处置句式存在语义上的一致性。受事可由"把"等介词引进，置于称呼动词前构成处置式。例如：

（373）江苏常熟：恁拿渠叫啥？_{你把它叫什么？}

（374）江苏苏州：倷拿俚叫啥个？_{你把它叫什么？}

放置动词是动词中较为特殊的一类，含有"某人把某物放在某处"的意思，需要施事（放置者）、受事（放置物）和处所（放置位置）三个语义成分。放置是一种有目的、有意识的行为，指的是放置者主动、特意地将放置物放在某位置，放置物体会发生空间位置上的变动。放置动词可进入处置式，表示对放置物的处置，使其发生位移。例如：

（375）安徽怀远：你把东西放这就照了。_{你把东西放这就可以了。}

（376）安徽合肥：把被单放到外头晾晾。

（377）安徽桐城：你把肉切了搁那，等一下炒菜。

前面几种动词都是有单一方向的，动作指向某一个具体方向，可称之为"单向三价动词"，另外还有一些动词是双向的，涉及两方协同参与者：动作的发出者和参与者，此外还包括互动的事情，我们把这类动词称为"互向动词"。互向动词是动作动词的一种，含有"商讨、争论、交流"等意义，具有［＋动作］［＋自主］［＋交互］的语义特征，同样蕴含施事、受事、与事这三个语义成分，施事和与事是事件或动作的两个协同参与者，具有［＋述人］的语义特征，受事一般是动作的承受者，即讨论、商议的事情。当受事作为动词的直接受动对象时，就有进入处置式的可能。需要指出的是，能进入处置式的互向动词不多，个别动作性较强的、口语色彩较浓的才可以进入，如"商量""讨论""换"等，并且谓语须采用较为复杂的形式。例如：

（378）安徽蒙城：恁叫这个事商量一下，看咋处理。_{你们把这个事商量一下，看怎么处理。}

（379）安徽亳州：我把票跟他换了一下。

这一现象的原因是：三价互向动词的受事一般为抽象的名词，如观点、方法、意见、问题等，不具有受动性和受影响性，受处置的意味不明显，与处置式的句式语义不相匹配。

受句式义影响，动词价与句式价可能存在不一致的情况，动词需要适应句式的句法和表义需求。通过对处置式中谓语动词的配价情况考察，我们发现存在配价增值情况，简称"增价"。有些动词进入处置式后，受句式特点、共现成分等因素的制约，其配价指数可能多于非处置式。例如：

（380）安徽亳州：你叫锅来的水舀给他喝。你把锅里的水舀给他喝。

（381）江苏南京：他把饭吃得一半就不吃了。他把饭吃了一半就不吃了。

例（380）的"舀"本为二价动词，配价成分为施事（舀水人）和受事（水），进入处置式后，多个一个配价成分：与事（他），变为三价动词，实现了配价增值。同理，"吃"毫无疑问本是二价谓词，在例（381）中带了三个配价成分："他""饭""一半"。因此，句式对谓词的配价数目有一定的制约作用。

第三节　处置式的语义内涵及同义句式

处置式是多元性的复杂句式，各种类型的来源及语义功能各不相同。关于处置式的语义分类，各家标准不一，分类结果也各有不同。本书根据苏皖方言处置式的语义特征，将其分成若干语义类型。根据处置强度的强弱，分为不同等级。处置式在各方言中的发展具有不均衡性，共同语的处置式在方言中会换作受事主语句或主动宾句来表达，这三种同义句式之间的转换受到音节、句法、语义、语用等因素的多重管制。

一　语义内涵

处置式的语义内涵包括语义要素、语义关系、语义功能、语义类型、处置强度等。

（一）语义要素及语义关系

处置式的语义结构包含处置事件和结果事件两个部分，由以下四个基本语义要素组成：处置者、处置方式、被处置者和处置结果。其中前两者属处置事件中的语义成分，后两者属结果事件中的语义成分。

处置者是处置事件的施动者或使因者，是处置结果的动力来源，通常居于句首主语位置，由体词性成分充当。在语义角色上，以动作的施事为主，但也可以是其他成分，如受事、当事、工具等。处置者不仅限于个体，还可以是某个活动或事件。处置方式是促使被处置者产生某种结果的动作方式，由谓语中心 V 表示。被处置者是处置事件的承受者，即受到处置的对象，是结果事件的主体，具有受事特征，生命度较低。被处置者在处置行为作用下发生的变化就是处置结果，这种变化可以是被处置者状态的改变，也可以是其做出的行为动作。一般为动词后的补语、宾语等成分，表示状态变化义。需要注意的是，处置结果有时可以隐含于处置方式之中，如"他把衣服洗了""把碗摔了"等。

除上述基本要素外，处置事件中还有一些额外的附加语义要素，包括处置力和处置工具等。若一个行为或事件导致了另一个行为或事件的发生，那么这二者之间一定有一种力的作用隐含其中，这就是处置力。另外，处置者对被处置者施行处置，有可能借助一定的工具，即处置工具，一般在处置者为生命度较高的实体时才会出现。

（二）语义功能

苏皖区域方言的处置式有以下几种语义功能。

1. 位移义

位移义是指某一事物在外力作用下发生位置的移动，包括空间上的位移（动态位移）和时间上的推移（静态位移）。张旺熹（2001）认为，典型的"把"字句由趋向动词和方位介词短语充当动词补语，表现事物在外力作用之下从甲地转移至乙地的空间位移过程，凸显焦点是位移的终点。处置对象以位移性为常态，往往伴随有"位移"的语义特征，表现出空间或时间的移位，其句法结构可概括为"Prep + O + V + 在 L"，"Prep"是处置介词，"O"为被处置或移动的对象，"V"是移动行为，"在"为方所标记，"L"是移动后的位置。

空间上的位移是指由于受到"V"的作用，"O"从初始位置移动到目标位置"L"，发生位移变化，"L"通常为方所名词。例如：

（382）安徽蚌埠：给书放到桌子上。

（383）安徽濉溪：你掌肉切好放那。_{你把肉切好放那。}

（384）江苏徐州：给你送到公安局去。

（385）江苏南京：他把我带到他家。

上例中的介词宾语"书""肉""你""我"受"放""切""送""带"动作的影响，从原始位置转移到其他位置，发生了物理空间上的转移，有明显的位移轨迹。

需要说明的是，"给予"义处置式表示给予某人某物，给予的过程也伴随物品的位移，故把它看作"位移"义处置式的下位句式。例如：

（386）江苏南通：把箇个东西拿喊我。。把这个东西拿给我。

（387）安徽淮北：把衣裳借给他吧。

（388）安徽亳州：叫钱给他，咱不要。。把钱给他，咱不要。

（389）江苏如皋：把书还啊学堂里去。。把书还给学校。

人对于时间的认识总是源于对空间的认识，时间上的位移由空间上的位移隐喻而来，指物体在某外力因素影响下由一个时间点转至另一时间点。例如：

（390）安徽芜湖：因为疫情，只能把活动推到明年个。。因为疫情,只能把活动推到明年了。

（391）江苏南京：因为疫情，只能把婚期推到明年了。

上例体现了"活动""婚期"从一个确定时间"今年"推迟到"明年"的变化，表现时间上的推移或隐性位移。

2. 结果义

结果义是指主语对受事宾语施加影响，导致产生某种结果，语句中需有结果补语、结果宾语等。例如：

（392）安徽亳州：他叫我玩具弄毁了。。他把我玩具弄坏了。

（393）江苏南京：我把两条定理搞糊得了。。我把两条定理搞糊了。

（394）安徽当涂：他把我的衣服给弄脏了。

（395）江苏扬州：把书弄掉得了。。把书弄掉了。

3. 认同义

认同义是指将 O_1 所代表的人或物认同或当作 O_2 所代表的人或物。由于两事物具有特征、功能上的相似性，会被主观上联系在一起。处置对象在物质世界中没有发生改变，而是在人的认知世界中发生了地位、功用上的变化，被赋予另一项新特征。例如：

（396）江苏南通：他拿我当坏人。

（397）江苏南京：我一直把你当自家人。

(398) 安徽怀远：别作假，就把这当自己家。别客气,就把这当自己家。
(399) 江苏扬州：有的地方把麦秸当柴烧。

4. 致使义

致使义是指主语是宾语状态改变的致使原因。例如：

(400) 江苏常熟：恁拿吾吓死了！你把我吓死了!
(401) 江苏如皋：你把我吓一跳。
(402) 安徽当涂：箇事把我气死个。这件事把我气死了。
(403) 安徽芜湖：箇事把我气死得了。这件事把我气死了。

5. 命名义

命名义是指处置者对处置对象进行命名或赋名，句子前后两宾语所指为同一事物，只是名称有所区别。例如：

(404) 安徽望江：有些地方把太阳叫日头，把山芋叫山药。
(405) 江苏吴江：有哇地方拿白薯叫山药。有些地方把白薯叫山药。
(406) 江苏苏州：倷拿俚叫啥个？你把它叫什么?

6. 替代义

替代义是指用一个事物代替另一个事物，谓语动词为"换"类动词，如"换成""替换""更换"等。例如：

(407) 安徽亳州：你叫这个换成那个不就管了吗？你把这个换成那个不就行了吗?
(408) 安徽濉溪：你掌这个换成那个不就管了吗？你把这个换成那个不就行了吗?
(409) 安徽望江：把米换成钱！

7. 情状义

情状义是指人物的神情变化或事物状态的改变。例如：

(410) 江苏徐州：她把头一歪，让头发掉到一边。
(411) 江苏如皋：我把手一扬，他就来了。

8. 比较义

比较义是指将两人或物相比较，谓语动词一般是比较动词"比"。例如：

(412) 安徽蒙城：你白叫我跟他比。你不要把我跟他比。
(413) 安徽望江：你不要把我跟渠比。你不要把我跟他比。

（三）语义类型

根据上述表义功能，苏皖区域方言处置式可以分为以下几种语义类型。

1. 典型处置型

典型处置型是最常见、最普遍、使用范围最广的类型，指施动者有意识、有目的地对受动者实施某种处置行为，使其受到影响而产生某种结果、改变某种状态或发生某种位移，核心语义功能是处置。句法格式为"（NP_施事）+ Prep + NP_受事 + VP"，施事主语（处置者）位于句首，通过处置介词引出宾语（被处置对象），VP 表示处置的结果、趋向等。例如：

（414）江苏高淳：不要拿它弄脱掉了。不要把它弄丢了。

（415）江苏苏州：快点拿衣裳收进来。快点把衣服收进来。

（416）安徽芜湖：白把衣服搞糟得了。别把衣服弄脏了。

（417）安徽淮北：掌酱油递过来。把酱油递过来。

典型处置式要满足以下特征：（1）处置行为的目的性。处置者有意识地、有目的地对处置对象施加某种处置行为，使其受到影响或发生改变。（2）处置行为的结果性。处置者对被处置对象施加处置行为之后，一定会产生某种结果，谓语必须带有补语或动态助词等成分。（3）谓语动词的可控性。谓语动词由可控性动词充当，具有［＋可控］的语义特征。

2. 无意致使型

无意致使型是典型处置型语义功能扩展的产物，和典型处置型的最大区别在于介词的宾语为动词的施事或当事，而非受事，谓语动词动作义不强，多由非可控的不及物动词或形容词充当，用于描述介词宾语的状态变化，不能对宾语产生实际的处置或支配作用。无意致使型由致使者、受使者、致使结果三部分构成，其句式义可概括为：致使者的某种无意的动作行为导致受使者遭受某种影响，产生某种结果或处于某种状态，主语和事件是原因和结果的关系。核心意义是"致使性影响"，处置义不显著，去掉介词后，剩余部分依然成立。例如：

（418）江苏启东：老张拿村长气煞脱了。老张把村长气疯了。

（419）江苏南京：这场球把我打得累死得了。这场球把我打得累死了。

（420）安徽芜湖：他把老王气疯得了。他把老王气疯了。

（421）安徽淮北：这孩子可把俺气毁了。这孩子可把我气坏了。

无意致使型具有以下特征：（1）处置介词的宾语为施事或当事，而非受事；（2）谓语一般是不可控的事件，谓语动词的动作义较弱，具有非自主性；（3）处置介词可看作是虚化后的动词，更多的表示"导致、致使"义，处置义较弱；（4）致使行为的发生和致使结果的出现多是无意识、无目的的，不是施动者有意而为，具有非意志性；（5）多用于描述不如意、说话人不愿意看到的事件，带有"追究责任"的意味，是说话者主观态度的体现；（6）难以进入祈使句中，和祈使语气相排斥。

3. 心理认同型

心理认同型最明显的特征是动词后带了宾语，但与前面的介词宾语性质不同，前项宾语是已知的旧信息，而后项宾语处于句中焦点位置，相对来说是新信息。这种类型多表达主观意念上的处置，具有主观认定性，强调受动者在施动者心里的地位和分量。谓语动词一般为"当""当作"等动作性较弱的认知动词，表示认定者对介词宾语赋予一种心理上的主观认识。例如：

（422）江苏苏州：吾一直拿侬当好朋友。我一直拿你当好朋友。

（423）安徽淮北：他不掌我当人。他不把我当人。

（424）安徽含山：我跟弟弟一直把老张当我们自己的长辈。

（425）江苏徐州：他不把我当人。

4. 对待型

对待型处置式说明施动者以何种方式和态度对待受动者，动作性极弱，基本无处置义，宾语可能不受到影响。例如：

（426）安徽含山：你能把我怎搞？你能把我怎么样？

（427）安徽蒙城：你白叫我跟他比。你不要把我跟他比。

（428）江苏徐州：你能把我怎么样？

（429）江苏如皋：不要把他不值事。不要把他不当回事。

5. 命名型

命名型处置式表示施动者赋予处置对象新的名称，该对象本身没有受到实质性的影响，只是发生了名称上的变化。例如：

（430）江苏如皋：有的落场把太阳叫个日头。有的地方把太阳叫日头。

（431）江苏苏州：拿白薯叫山药。把白薯叫山药。

（432）江苏南通：有些地方把太阳叫日头。

（433）江苏南京：老南京话把番茄叫西红柿子。

在时体特征上，该区域乃至汉语方言的处置式可以出现在已然体、持续体和未然体三种语境中。

已然体用于叙述已然发生的事实，事件在说话前或说话时已发生或存在，谓语所代表的动作行为已经产生了某种结果，一般与完成体标记"了""着"等共现。例如：

（434）江苏如皋：妹妹把这点儿好木头烧叨啊。妹妹把这一点儿好木头烧掉了。

（435）江苏泰兴：他俫把教室总装啊空调。他们把教室都装上了空调。

（436）安徽枞阳：他把橘子皮剥掉仔，他又没吃。他把橘子皮剥掉了，他又没吃。

（437）安徽祁门：渠分婚离掉着。他把婚离了。

未然体和已然体相对，主要用于祈使句中。句子的命题成分是未然事件，即该事件在说话时尚未发生，句中动词所表示的变化或事件尚未变成事实。例如：

（438）江苏赣榆：你再把展览细发看一遍。你再把展览仔细地看一遍。

（439）江苏海门：先拿事体问清爽特还话。先把事情问清楚再回话。

（440）安徽枞阳：把门对子撕掉。

（441）安徽庐江：你快把客人送走。

持续体是指处置动作实施后，处置结果在一段时间内持续，通常会附加表持续义的时态标记"着"。例如：

（442）安徽绩溪：先把肉切那搭，等一下炒。先把肉切在那里，等一下炒。

（443）安徽淮北：你把伞带着。

（444）江苏淮阴：你去逛街，又不是开会，就跟他带着啵。你去逛街，又不是开会，就把他带着吧。

（445）江苏徐州：你白把门堵着。你别把门堵着。

总的来说，在时体选择上，处置式有较强的倾向性，最常出现在表祈使的未然语境，其次是已然语境，很少出现在持续语境。

（四）处置强度

处置式表示对人或物做出某种处置，那么在语义上处置的强度就有高低之别。根据动词的动作性强弱、补语的语义类型以及"给"的出现与否，可将处置式分为以下五个强度。

1. 最强型

最强型处置式的句法组配格式为"（S）＋Prep＋NP＋给＋V＋C"。该格式属处置式的强化式，动词前有助词"给"，动词后又有结果补语、趋向补语等，既强调处置的动作，又强调处置的结果，同时还包含动作义和结果义，加强了语句的处置意味。例如：

（446）江苏宿迁：局长把他的职务给抹掉了。_{局长把他的职务给拿掉了。}

（447）江苏泗洪：你给那个桌子给抹干净。

（448）安徽淮北：白掌衣裳给弄脏了。_{别把衣服给弄脏了。}

（449）安徽望江：开玩笑的话把你头给砍下来！

以上例句都含有加强处置语势的焦点标记词"给"，且动词后有结果补语或趋向补语，语义上加强了处置主体对处置对象的处置意味，表达的处置义最强。以例（446）为例，与"局长把他的职务抹了"相较，更强化了处置者"局长"对被处置者"他的职务"的"抹"的这一处置力度。

2. 较强型

较强型是指动词前有助词"给"，但动词无结果补语、趋向补语等。例如：

（450）江苏赣榆：他把这事给忘了。

（451）安徽阜阳：他把我给打了。

（452）安徽望江：渠把我给打哆。_{他把我给打了。}

相对于最强型，较强型只强调处置的行为，不强调处置的结果或趋向，语义重心只落在动词上，这使得处置义有所削弱。

齐沪扬（1995）认为，"把/被……给……"句式只存在于北方方言口语中，南方方言难以见到，我们的调查结果与之相符，最强型和较强型处置式多见于苏皖中原官话区，其他方言区较为少见。这种句式可以看作是"把"字句和"给"字句的融合，含结果义，倾向于表达不如意、不愉快的事件。

3. 普通型

普通型是处置式的基本形式，动词前没有助词"给"，强度等级介于强和弱之间，也可称为"中度处置式"。例如：

（453）江苏南京：让他把话讲完。

（454）安徽宿州：把最后一块吃了吧。

（455）安徽五河：那小孩把玩具日摆坏了。_{那小孩把玩具弄坏了。}

和前两种相比，普通型处置句虽也表达处置语义，但处置强度等级较低。

4. 温和型

温和型的特点是：由于某种客观原因致使某对象受到影响，产生某种结果或改变某种状态，处置强度相对较弱。主语是致使者，是施加影响的一方，处置对象为被使者，即受影响的一方，谓语动词的处置义较为温和。例如：

（456）安徽金寨：介事给我气得不得了。_{这事把我气得不得了。}

（457）江苏盐城：老师上课把喉咙全上了哑了。_{老师上课把喉咙都上哑了。}

（458）安徽枞阳：底事把我气死仔了。_{这件事把我气坏了。}

和前三种相比，上例中的处置语义大大削弱，更多的表达致使语义。

5. 最弱型

最弱型包括命名义处置式和认同义处置式，仅表示意念上的主观处置，无具体的处置行为和处置结果，处置强度基本为零。例如：

（459）安徽望江：渠不把我当人。_{他不把我当人。}

（460）江苏吴江：拿太阳叫日头。_{把太阳叫日头。}

以上五种类型构成处置强度由高到低的等级序列。前三种类型虽在处置强度上有强弱之别，但处置的意义还很明显，包含处置者、处置对象以及具体的处置行为。而后两种类型，处置义基本无所保留，是一种弱处置句。

二 同义句式

同义句式是指若干句式能够表达相同或相近的语义，在真值意义上等值，但强调重点和表达效果有所区别。处置式在不同方言中的发展程度是不平衡的，有些方言中处置式并不发达，不是方言中的首选、优势句式，甚至有些被调查者认为自己方言中没有处置式，也不用处置标记，要表达处置义更倾向于换作其他同义句式。

调查发现，处置句的同义变换句式主要有受事主语句和主动宾句两种类型，这两种句式虽没有处置标记，但依然表示处置语义，只是隐含着，没有外显化。

（一）受事主语句

1. 受事主语句的方言分布与句法语义特点

受事主语句又称"受事前置句""受事话题句""受事前置型处置句"，指不借助任何处置标记，直接把受事成分放在句首充当话题，结构形式为"NP_{受事} + VP"。例如：

（461）江苏南京：衣裳穿好。

（462）安徽阜阳：小孩的帽子拿来。

（463）安徽芜湖：花我浇过了。

（464）安徽蒙城：窗户开开。

（465）安徽含山：衣服我早就洗哒。_{我早就把衣服洗了。}

（466）江苏常州：垃圾倒落则！_{把垃圾倒了。}

这类句式有以下特点：（1）位于句首的受事成分多是生命度较低的事物名词，且具有定指性，是已知的旧信息；（2）在句中某一位置增添处置标记后可转换为处置句式，如"窗户开开"——"把窗户开开"，"小孩的帽子拿来"——"把小孩的帽子拿来"，如果某方言中两种句式都存在，那么往往可通过增添或删除标记词，互相转换使用；（3）多用于祈使句中，命令语气强烈；（4）谓语以动补结构或动词重叠式为主，不能是光杆形式，谓语动词一般为动作性较强的及物动词；（5）虽然无处置标记，但整个结构仍表达明确的处置语义，说话人主观认定对事物做出了处置行为。

相比其他方言，吴语的"话题优先"特点更为突出，话题前置现象更为普遍，以致挤压了处置式的发展空间使其发展受限，造成处置句式的相对萎缩。我们调查吴语中"把"字句的对应表达时，说话人会优先选择无须介词的受事前置结构"NP_{受事} + VP"来对译，认为受事话题句更自然、更合适。吴语虽然存在处置介词和处置句式，但不管从吴语整体还是某方言内部来看，处置式的使用频率都较低，使用范围极其有限，很多在普通话和其他方言中适合用处置句表达的语义，在吴语中都是用受事主语句表达的。例如：

（467）江苏启东：衣裳收特进来。_{把衣服收进来。}

（468）江苏海门：袋里物事挖挖干净。把口袋里的东西掏干净。

（469）江苏常州：钞票放放好啊。把钱放好。

（470）浙江绍兴：伊三本书桌子高头摆亨。他把三本书放在桌子上。

（471）浙江宁波：窗门开勒渠。把窗户开开。

（472）浙江余姚：衣裳汰汰好。你把衣服洗了。①

（473）浙江慈溪：窗门关得牢。把窗户关上。②

（474）浙江金华：张桌扛走。把这张桌子扛走。

（475）浙江杭州：渠拉教室里空调都装起来格嘞。他们把教室都装上了空调。

通过对吴语的进一步考察，我们发现，处置句在吴语中不是显赫句式，实际使用较少，而"话题高度显赫"是吴语的重要特征，受事话题结构是吴语中的优势结构。刘丹青（2001、2003）指出，吴语是非典型的 SVO 型语言，受事成分充当话题的句子使用非常普遍，且有极强的规律性，侵蚀了处置句的"地盘"，处置句式的实际使用极其有限。这一特点在量和质上都有体现：首先，从量上看，在普通话中适合用"把"字句表达的句意，吴语常优先选择受事充当话题或次话题的句子替代表达，"拿"字处置式使用频率较低，使用范围较小，不足普通话"把"字句的一半，STV 倾向越强的方言处置式越少用。其次，从质来看，普通话对"把"字句的使用限制较少，吴语中处置式的使用则受到较多句法、语义等方面的限制，普通话有些"把"字句无法转化成吴语对应的"拿"字句等，必须换用为其他句式才可以被接受，这也反映出处置句式在不同方言中的发育水平和程度存在差异。

2. 受事主语句与处置句的比较

受事主语句和处置句密切相关，很多情况下可互相转换。朱德熙（1982）、梅祖麟（1990）指出，和处置句关系密切的并不是主动宾句，而是受事主语句，绝大多数处置句去掉介词之后，剩下的部分是能够独立成句的受事主语句，如：把碗洗干净了——碗洗干净了；把钱还给政府——钱还给政府。

---

① 陈玉洁、吴越：《显赫语义和语义扩张——以吴语间接题元标记为例》，《当代语言学》2019 年第 3 期。

② 陈玉洁、吴越：《显赫语义和语义扩张——以吴语间接题元标记为例》，《当代语言学》2019 年第 3 期。

这两种句式的差异有以下几点。

（1）句法差异

1）对主语的要求不同。处置句中的主语以指人名词为主，且可以隐去；受事主语句中的主语一般是无生命的指物名词，且必须出现，不可隐省。当施事者不明或无须交代时，只能采用处置句而非受事主语句。

2）对宾语的要求不同。对于音节数冗长或层次较复杂的介词宾语来说，倾向于选择受事主语句；处置句有排斥复杂宾语的倾向。

3）对谓语动词的要求不同。能进入处置句的动词以动作性较强的动作动词为主，心理动词、认知动词等很难进入；受事主语句对谓语动词的要求相对来说更宽泛，除动作动词之外，很多心理动词、认知动词等动作性较弱的动词也能自由进入，例如"那件事我知道了""那道题目他明白了"。

4）句类分布和适用语境不同。处置句往往用于表达有目的、有意识且尚未实施的行为，因而祈使句是其经常出现的句类，多用于未然语境，叙述尚未发生的虚拟事件；受事主语句强调主语经历了何种改变、遭受了何种处置，多叙述已然发生或存在的事实，故而与祈使句相排斥，更倾向于选择陈述句。若说话人想要对既定事实进行客观报道，受事主语句被选择的可能性更大。

（2）语义差异

1）是否追究责任。处置句是主动句，强调施事实施某种行为使宾语受到了影响，具有追究责任、指明责任者的色彩，是表达"追责"义的较为适宜的句式；受事主语句更加凸显遭受义或被动义，重在客观地叙述或描写客观事实，几乎无"追责"意味。当说话者想要强调某人对某物遭受的某种处置负有责任时，就会采用处置句而非受事主语句。吴剑锋（2016）认为处置句有指明责任者的要求是与受事主语句相区别的根本特点。

2）与否产生歧义。受事主语句有可能产生歧义，我们经常可以看到"小狗压死了""鸡吃了"这类施受两可的语句，其中的"小狗"和"鸡"可能是施事或受事，有两可分析；处置句只表处置不表被动，一般不会产生歧义。

(3）语用差异

1）强调重点不同。受事主语句是典型的"话题—说明"结构，受事作为主语出现，具备话题特征，后面的述题是对话题的说明和描写，更强调受事经历了什么、发生了什么状况，而施事者常被淡化、隐藏；处置句更强调某人对某物施加何种处置行为及处置结果是什么，信息焦点在于动作行为使宾语怎么样了，谓语动词或连带成分是全句的自然焦点和重音所在。若说话人想要凸显何人对既定事物做出了何种处置，处置句被选择的概率要远高于受事主语句；若说话人想要强调受事在动作后所处的状态或结果，而不管动作的施行者如何时，选择受事主语句的可能性更大。

2）主观色彩不同。受事主语句多用于客观叙述和描写，较少带有说话者的主观情感，无"追究责任"的意味；处置句的宾语往往是说话人移情的对象，带有较强的主观性。沈家煊（2002）提出"把"字句的语法意义是主观处置，言者主观上认定主语对宾语做出了某种处置（不管是否真的作了处置）。只要说话人采用了处置句，我们就能或多或少地感受到他"自我"的成分，包括立场、态度、情感等。当说话者蕴含较丰富的情感，想强调主语的"使因性"或追究责任时，选择处置句的可能性更大。

3）叙述角度不同。处置句更凸显事件的责任者，即施事。袁毓林（2004）指出，两句式的重要区别在于处置句叙述的角度以施事为主要出发点；受事主语句以受事为叙述角度，凸显受事遭受的事件。当表达同样的意思时，在既可以用处置句又可以用受事主语句表达的情况下，若说话人选择了处置句，则表明他以施事为叙述角度，更关注施事对受事做出了何种主观处置而不是受事经历了什么不如意的变化。

另外，两种句式的产生时间和源头也有所差异。受事主语句是汉语固有句式，产生时间更早，自从有文献记录的时代就已存在；处置句正式产生于唐代，源于连动结构的重新分析，是较后起的句式，并非汉语原有句式。

（二）主动宾句

1. 主动宾句的方言分布与句法语义特点

受事成分不前置，依旧位于谓语动词后，通过动词和宾语的关系来表达对宾语的处置，结构形式为"（NP_{施事}）+ VP + O"。例如：

（476）安徽蒙城：咱不要了，豁了它。咱不要了,把它倒了。

（477）安徽濉溪：不要了，豁了它。咱不要了,把它倒了。

（478）江苏宿迁：你刷一下碗。

（479）江苏昆山：放伊下去。把他放下去。

（480）江苏常熟：甩脱渠吧。把它扔了吧。

（481）江苏泰州：这手巾脏杀咯啦，撂掉它吧。这毛巾很脏了,把它扔了吧。

这类句式的特点是：（1）宾语需有定，是说听双方皆已知的事物，这里的"有定"不一定指形式上的有定，可以是语境赋予的有定或主观赋予的有定；（2）多用于祈使句、意愿句和未然体语境，表达未完结事件；（3）和处置句相比，主动宾句的处置义较弱，语义重心集中于谓语动词上，宾语不是重点凸显的成分；（4）处置动作必不可少，而动作的结果是选择性出现的。

部分发音人表示，他们的方言中没有处置句，而是换作主动宾句，例如"把窗户打开"被换作"开窗"，"把门打开"被换作"开门"。

2. 主动宾句和处置句的比较

两句式的差异有以下几个方面：

（1）句法差异

1）结构格式不同。处置句的句法格式为"NP_1 + 把 + NP_2 + VP"，主动宾句为"NP_1 + VP + NP_2"。处置句中 NP_2 在"把"之后、VP 之前，主动宾句中的 NP_2 在 VP 之后。

2）动词附加成分的位置有异。处置句中，附加成分基本在句末；主动宾句中，附加成分在中间。

3）介词的有无。处置句是有介词的，是有标记句式；主动宾句没有也不能有介词，是无标记句式。

（2）语义差异

1）受动者的受影响性。处置句中，宾语 NP_2 一定受到动词的影响和制约[①]；主动宾句只是客观陈述 NP_1 对 NP_2 实施了 VP 这一行为，NP_2

---

① 这里的"处置句"指典型处置句，不包括致使型、对待型等其他类型。

未必受到影响，或者受影响义被淡化。试比较：

（482）他骗了我（可我没上当）。

（483）*他把我骗了（可我没上当）。

"他骗了我"只是客观陈述"他"实施了"骗"这个行为，至于被骗对象"我"有没有上当并未明确说明，"我"有没上当的可能；而在处置句中，NP_2一定会受到影响，所以后面不能带"可我没上当"这一小句。

2）NP_1和NP_2的关系。处置句中，NP_1和NP_2之间是作用与被作用的关系；主动宾句中则未必是这种关系，NP_2未必受到NP_1的作用和影响，例如"他喜欢物理"中"他"和"物理"之间没有作用与被作用之联系。

3）语义重心。处置句中，语义重心在NP_2受影响的情况，NP_1是背景信息、次要信息，重在表达NP_1对NP_2的处置方式或结果；主动宾句中，语义上凸显NP_1做了某种动作行为，NP_2处于次要语义重心的地位。试比较"我把饭吃了"和"我吃了饭了"，这两句叙述的都是同一事实，但语义重心不同，前者主要说明"吃"对受事"饭"的影响，表达的含义是"饭没了"；后者的含义是"我不饿了"，强调的是"吃了饭"对施事"我"的影响。

4）语义轻重。处置句中的宾语既受到介词的作用又受到动词的影响，因此处置语义较重；主动宾句不强调NP_1和NP_2相互作用的情况，处置语义大为减弱。

(3) 语用差异

1）信息焦点不同。主动宾句用于说明主语发出某种动作，作用于宾语身上，位于句末的宾语是未知信息和自然焦点，例如"他慢悠悠地从口袋里掏出一把纸币"，"一把纸币"是交谈双方未知的新信息，强调"他"从口袋里掏出的是"纸币"而不是其他；处置句中信息焦点与重音通常落在宾语后的谓语动词或连带成分上，强调动作产生的状态或结果，例如"把钱拿着"中"拿"是信息焦点和句子重音所在。宋玉柱（1979）指出两者的差异在于"主动宾"句强调宾语，处置句强调动词及连带成分。当说话人想要传递S对已知信息O做出何种处置时，处置句比主动宾句更加适合，当想要凸显新信息即动词宾语时，主动宾句是较优选择。

2）视点不同。主动宾句中，视点是主语，人们更关心主语施行了什么动作行为；处置句中，人们想要传达的信息是主语 S 对某选定对象 O 施加了何种处置，更关注 O 受影响的情况或产生的结果。当言者以宾语为观察视点，想强调对它施加某种处置行为时，处置式的选择概率要高于主动宾句。

3）宾语是否有定。主动宾句中，宾语往往是新信息，因而往往是无定的；处置句中，宾语作为交际双方的共享信息，具有"强有定"特征，是谈话双方已知的人或物。

（三）处置句的使用条件

如果一个结构式不具备"动作性、结果性、作用性"，就不能使用处置句。若具备以上三个因素，谓语动词所代表的动作对受动者施加了处置和影响，使其产生某种结果，可以使用处置句，当然也可采用其他句式表达。例如表示"他"对"杯子"施加了某个动作，导致"杯子碎了"这一结果，可用处置句"他把杯子摔碎了"，也可使用其他句式，如"杯子他摔碎了""他摔碎了杯子""杯子被他摔碎了"。那么接下来我们要回答的问题是：哪些情况下适宜或必须用处置句？有哪些使用条件限制？哪些情况下不宜用处置句，原因为何？哪些情况下可用可不用，用和不用在表达上有何功能差别？

金立鑫（1998）提出使用"把"字句的流程：首先是说话人有想要表达"由于 A 的原因，导致 B 发生变化"的语义需求；其次是句法需要，句法上强制要求宾语必须提前但又不能居于句首；其三是篇章上的要求，当前接句中有句法成分与后续句的宾语具有同指关系时，倾向于使用"把"字句；其四是说话人主观上想要对宾语进行强调；最后取决于说话者的主观爱好和选择。

我们同意上述观点，说话人在说出处置句式时最先受语义因素的制约，如果说话者有想表达处置义或致使义的语义需要，那么就有处置式、被动式、主动宾式等多种选择，表示某人使某一对象发生某种变化，产生某种结果，这是第一个层次；接着会考虑句法上的规范和语法结构的选择，对自身话语进行调整，以符合语法规范，这是第二个层次；最后是语用上的需要，当说话者以受动者为观察视点，想表达施动者对说听双方共知的事物进行某种处置时，就会通过介词介引的方式，将其放在前面作为旧信息，同时将具体的处置行为及结果作为新信息置于句末。若要实现该语用意图，处置式是最佳选择，假使换用其他句式，就无法达到对已知信息加以处置的表达效果，这是第三个层次。

通过比较发现，用与不用处置句有以下几方面的差异。

1. 语义轻重

与一般的主动宾句或其他句式相较，处置句中的受事受到介词和动词的双重作用，处置义更重。王力（1944）认为，和普通的主动句相比，我们总觉得处置句的语意重些。一般的主动宾或其他句式由于缺少了这种语义上的强调，语义较轻。当主观上想强调对宾语的某种处置时，处置式相比其他句式是最佳选择。

2. 事件的完整性

与受事主语句或主动宾句相比，处置句表达一个完整的事件，而不是简单的状态呈现。如受事主语句"杯子摔碎了"只是说明杯子呈现出"碎"的状态，而处置句"我把杯子摔碎了"表达一个完整的事件，"我"是施事，"摔"是动作，"杯子"是受事，"碎"是动作的结果。若既要表达行为又要说明行为的结果，就会优先选用处置句式。

3. 句间因果关系的凸显与强化

用处置句更凸显前后句之间的因果或致使关系，有追究责任、变无意为有意的语义功能，不用处置句则有所淡化。例如：老奶奶跑到村委会大吵大闹，村长气疯了。｜老奶奶跑到村委会大吵大闹，把村长气疯了。前一句只是陈述事实，后一句则强调前后分句之间的因果联系，"老奶奶"是"村长气疯"事件的责任者。若想体现"原因—结果"关系，追究事件的引发者，那么处置式是较合适的选择。

4. 部分受影响和完全受影响

用处置句，介词宾语一般为定指且完全受影响，若不用，可能只是部分受影响。因此若要强调既定宾语受到动作的完全影响时，宜用处置句，若宾语为泛指且非完全受影响时，可以采用其他句式。试比较：他吃了零食，所以不饿。｜他把零食吃了，所以不饿。前句的"零食"非特指某些零食，且"他"不一定是吃了所有零食，后句的"零食"特指说听双方共知的零食，且"他"一定是吃光了所有零食。

5. 主观性强弱

用处置句，语气较为强硬，多用于命令语境，主观性较强，若改用其他句式，语气会稍显柔和，主观性较弱。因此，当和长辈或上级等地位、权势较高的对象说话时，应遵守礼貌原则，慎用或少用处置句，以示尊重。此外，如前所述，处置句有"追究责任"的意味，具有追责功能，一般的句子不具有这种色彩，当想要追究责任者或处置者时，处置句是适宜选择。试比较：你卖了地？｜你把地卖了？前句只是客观地询问，无追责性质，后句则流露出不满的情绪。

综上，处置句具有其他句式所不具备的表达功能和语法意义，若换成其他句式就无法凸显这种特殊的功能。①

接下来讨论只能用处置句，不宜变换为其他句式的情况。

1. S + Prep + O + V + C$_{处所}$

主语 S 发出动作 V，对宾语 O 进行某种处置，使 O 发生位移，处于 C$_{处所}$ 的位置。这类处置式的特点是：V 和 C$_{处所}$ 之间通常会加上"到""在"等成分，C$_{处所}$ 无法和宾语同现于 V 之后。例如：

（484）江苏如皋：他把伢儿个人撂啊在火车高头啊。他把一个孩子扔在火车上了。

（485）安徽芜湖：赶紧把帽子戴得头上。

2. S + Prep + O + V + C$_{趋向}$ + N$_{处所}$

C$_{趋向}$ 是趋向补语，表示 V 的趋向，N$_{处所}$ 是处所名词，是 O 的位移目标。例如：

（486）江苏宿迁：我一气之下就把曲哥赶出了家门。

（487）安徽蒙城：你叫欢欢抱进屋来。你把欢欢抱进屋里。

3. S + Prep + O$_介$ + V + O$_{结果}$

保留宾语处置式中，O$_介$ 为介词宾语，即受处置对象，O$_{结果}$ 为 V 的结果宾语。例如：

（488）安徽休宁：渠帮房间隔成两个小间。他把房间隔成两个小间。②

---

① 根据"标记理论"，有标记的格式在句法、语义和语用等方面都比无标记的格式复杂。处置句作为有标记句式，比无标记的受事主语句和主动宾句都要复杂。

② 平田昌司：《休宁方言的动词谓语句》，载《动词谓语句》，暨南大学出版社 1997 年版，第 91 页。

(489) 江苏高淳：拿墙挖辣个洞。把墙挖了个洞。①

4. S + Prep + O + V + 得 + C$_{状态}$

主语 S 对宾语 O 进行某种处置，处置结果是 O 变成 C 状态。例如：

(490) 江苏沛县：他老把头发弄得蜷巴着。他老把头发弄得卷卷的。

(491) 安徽绩溪：把火烧得着着的。把火烧得旺旺的。②

5. S + Prep + O + AD + VP

当动词前有"也""都""全"等状语作为修饰语时，很难不用处置句，若换成其他句式，所表达语义便大有不同。例如：

(492) 安徽蒙城：他欠了一屁股债，叫房子也给卖掉了。他欠了一屁股债，把房子也给卖掉了。

(493) 江苏东海：他们把每个房间都装上得空调。他们把每个房间都装上了空调。

6. 致使义、当作义处置式

表达致使义、当作义时，倾向于选用处置句。例如：

(494) 安徽合肥：一上午跑几趟，把我累够呛！

(495) 江苏如皋：我俫拿老张当私家人看。我们把老张当自己人看。

综上，处置式的使用受到句法、语义、语用还有语音等多方面的限制，具有一些其他句式无法表达的功用。

---

① 石汝杰：《高淳方言的动词谓语句》，载《动词谓语句》，暨南大学出版社 1997 年版，第 30 页。

② 赵日新：《绩溪方言的结构助词》，《语言研究》2001 年第 2 期。

第四章 苏皖方言处置标记的多能性

"多能性"或"多义性"是人类语言普遍可见的语法现象，许多语言存在"同形多义"现象，用同一语法形式或标记来表达两种或两种以上不同的但相互关联的功能或用途。多功能语法形式主要包括虚词和语法构造，常见虚词一般都拥有不止一种功用，且彼此之间相互关联，如汉语介词"于/於"可介引终点、处所、对象、接受者、受益者、伴随者、时间、施事等题元角色；英语介词"to"可引出方向、接受者、目的、经验者等语义角色，"with"兼具伴随和工具两类功能；塞舌尔克里奥尔语的介词"ek"可负载工具义、连接义、来源义、原因义等。除虚词外，一些句式也表达相关的多种语法意义，如北京话的双宾式可表给予、取得、传达信息等义。

苏皖方言中的"把""给""拿""帮""叫"等词都不是专职处置标记，而是多功能语言形式，拥有很多不见于普通话的功能，有些可在近代汉语中找到痕迹，有些可能来自方言内部的创新发展。共时层面上的多能性往往可看作不同历史阶段的记录和投影，横向差异可体现纵向演变过程，帮助考证其历时流变。本章分析苏皖方言处置标记的多能性，基于语法化理论和汉语史材料，寻求不同功能、用法间的语义关联和衍生关系，借此勾勒出各类标记较完整的语义演变链，推勘其处置义来源，探寻其演变轨迹、动因及机制。

第一节 "把"的多能性

本节以苏皖区域乃至汉语方言中的优势标记和多功能语法词"把"

为研究对象，描写其多能用法，构建概念空间，绘制代表方言点的语义地图，以便更为清晰地呈现"把"各功能间的内在语义关联和亲疏远近关系，继而基于历史语料构拟其语法化路径。

一 "把"的动介功能

"把"在苏皖区域方言中的功能广泛且复杂，大体可归为12种。

（一）作为动词的"把"

作为动词，"把"可表给予、许配、使令、容让、放置等义。

1. 给予

表示给某人以某物，用于引进给予的对象或给予物品，相当于"给"，构成的句法格式有三种。

第一种，把+间接宾语+直接宾语。

（1）安徽当涂：他把了我两本书、三支笔。他给了我两本书、三支笔。
（2）安徽安庆：把渠一桶油。给他一桶油。
（3）安徽枞阳：他把仔我一本书。他给了我一本书。
（4）安徽芜湖：老师把了你一本笃厚的书吧？老师给了你一本很厚的书吧？
（5）江苏泰兴、泰州，安徽马鞍山：把我一张纸。给我一张纸。
（6）安徽铜陵、宿松，江苏金坛：把我两本书。给我两本书。

第二种，直接宾语+把+间接宾语。

（7）江苏扬州：书不能把你。书不能给你。
（8）江苏淮阴：这支笔把你。这支笔给你。
（9）江苏海安：纸拿几张可以，都把你，那不行！纸拿几张可以，都给你，那不行！
（10）安徽潜山：书借把我看看。书借给我看看。
（11）江苏盐城：这些钱把哥哥用。这些钱给哥哥用。
（12）安徽庐江：衣裳把妹妹穿。衣裳给妹妹穿。
（13）江苏淮安：她弄好吃的没把我吃。她弄好吃的没给我吃。

第三种，把+直接宾语+间接宾语。

（14）江苏如东：把一块钱他。给他一块钱。
（15）江苏高淳：他阿把钱你？他给你钱了吗？
（16）江苏丹阳：把一块洋钱他。给他一块钱。
（17）江苏如皋：把点钱你。给你点钱。

（18）江苏兴化、盐城、泰兴：把本书我。给我一本书。

（19）江苏东台：老师把了一本书你吧？老师给了你一本书吧？

2. 嫁、许配

表示女子嫁给某人，用于"NP$_1$ + 把 + NP$_2$"结构。例如：

（20）安徽安庆：那个妹十六岁就把人着。那个女孩十六岁就嫁人了。

（21）江苏海安：小兰把啊晓明。小兰嫁了给晓明。

（22）江苏泰兴：我丫头还不曾把人家。我女儿还没嫁人。

（23）江苏如皋：她脾气不好，再不改就把不掉人家啊。她脾气不好，再不改就嫁不出去了。

（24）安徽铜陵：她旧年把着北京。她去年嫁到北京了。

（25）江苏扬州：她把人家了。她嫁人了。

3. 使令

表示命令、支派某人做某事。例如：

（26）安徽安庆：把几个人拖地。让几个人拖地。

（27）安徽铜陵：把一个人去开会。派一个人去开会。

（28）安徽宿松：落雨在，把个伢去接下爹爹。下雨了，让一个小孩去接一下爸爸。

4. 容让

表示主观上放任、容许、任凭某人做某事。例如：

（29）安徽庐江：小画书把她看过了。小画书让她看过了。

（30）安徽马鞍山：把他去他就知道厉害了。让他去就知道厉害了。

（31）江苏如皋：我想出去耍子，他不把我去。我想出去玩，他不让我去。

（32）江苏扬州：他不把我去上海。他不让我去上海。

（33）江苏泰州：把我来再算下子吧。让我再算一遍吧。

5. 放置

表示某人有意识地将某物放在某处，包括放置者、放置物、放置位置三个必有语义成分，伴随放置物空间上的位移。例如：

（34）安徽安庆：炒菜少把点油。炒菜少放点油。

（35）安徽马鞍山：面条阿把辣油啊？面条要不要放辣椒？

（36）安徽铜陵：多把点酱油。多放点酱油。

（37）安徽望江：汤里多把点盐。汤里多放点盐。

（二）作为介词的"把"

作为介词，"把"具有介引受益者、接受者、工具、处所、方向、处置对象、被动施事的功能。

1. 受益者标记

"把"可介引受益对象，相当于"替、为、给"。受益可以分为三种。第一种是服务类的，表示为服务对象提供某种服务，使其受益。例如：

(38) 安徽安庆：你把孩子穿衣。你给孩子穿衣服。

(39) 安徽望江：把小孩洗下澡。给小孩洗下澡。

(40) 安徽宿松：我把你梳头。我给你梳头。

第二种是替代类的，表示施益者为受益者代劳，免去本该由受益者负责的任务，使其减轻负担。例如：

(41) 安徽绩溪：只牛你把我牵出去。牛你替我牵出去。①

(42) 安徽铜陵：把我写个信。替我写封信。

(43) 安徽安庆：渠的眼镜是我把渠拿回来的。他的眼镜是我替他拿回来的。②

第三种是给予类的，表示将某物给予某人使其受益，在受益事件中受益者会得到实质性的物品，施益者和受益者之间伴随物品的转移。例如：

(44) 安徽绩溪：把我画只马。给我画匹马。

(45) 安徽望江：把我买一支笔。给我买一支笔。

(46) 安徽潜山：把大盛碗饭。给爸爸盛碗饭。

2. 接受者标记

"把"可介引物品的接受者，充当接受者标记。接受者标记与受益者标记往往不易区分，接受者常常也是受益者。我们暂且根据形式来划分，位于谓语动词前的对象称为受益者，位于谓语动词后的对象称为接受者。例如：

(47) 安徽安庆：送一本书把渠。送一本书给他。

(48) 安徽宿松：蛋糕留把妈妈。蛋糕留给妈妈。

(49) 安徽枞阳：他送三本书把我。他送三本书给我。

(50) 安徽当涂：送一本书把他。送一本书给他。

(51) 江苏扬州：我写啊两封信寄把他了。我写了两封信寄给他了。

---

① 赵日新：《绩溪方言的介词》，载《介词》，暨南大学出版社 2000 年版，第 89 页。

② 邱磊：《鄂东北江淮官话研究》，博士学位论文，南开大学，2010 年，第 169 页。

3. 工具

"把"可介引动作所凭借的物件，相当于"用"。例如：

（52）安徽安庆：把大碗装菜。用大碗装菜。

（53）安徽宿松：佢把筷子吃饭。他用筷子吃饭。

（54）安徽庐江：把什么交学费？用什么交学费？

（55）安徽合肥：把奶头塞住他的嘴。用奶头塞住他的嘴。

（56）安徽淮北：他把线织了围巾。他用线织了围巾。

4. 处所

"把"可介引动作发生的处所，相当于"在"。例如：

（57）安徽安庆：把院子种点树。在院子里种点树。

（58）安徽铜陵：把门口种上花草。在门口种上花草。

（59）安徽枞阳：把脸上搞点粉。在脸上搽点粉。

（60）安徽淮北：我把路两旁栽了树。我在路两旁栽了树。

（61）安徽望江：把门口种几棵树。在门口种几棵树。

5. 方向

"把"可介引物体空间位移的方向，相当于"向"。例如：

（62）安徽宿松：血把外流。血往外流。燕子把南飞。燕子往南飞。

6. 处置

"把"可介引被处置的对象。例如：

（63）安徽宿松：把王伢灌醉佢。把小王灌醉。

（64）安徽安庆：把那个东西搞把我。把那个东西给我。

（65）安徽当涂：把它放啊生。把它放生。

（66）江苏南京：把他打了一顿。

7. 被动

"把"可介引被动施事。例如：

（67）江苏扬州：鸭子把他吃脱了。鸭子被他吃掉了。

（68）安徽潜山：衣服把风吹掉着。衣服被风吹掉了。

（69）江苏江阴：钱把贼骨头偷了个哩！钱被小偷偷走了。

（70）江苏金坛：我把他打了。我被他打了。

（71）江苏如皋：杯儿把我打叨啊。杯子被我打碎了。

（72）安徽望江：老鼠把猫吃掉哆。老鼠被猫吃掉了。

我们选取了 19 个较有代表性的方言点,将这些方言中"把"的多功能模式排列成功能矩阵,详见表 4-1。

表 4-1　　　苏皖区域 19 种方言里"把"的功能矩阵

方言区	方言点	给予	许配	受益者标记	接受者标记	使令	容让	放置	工具	处所	处置	被动	方向
江淮官话	盐城	+	+		+		+				+		
	巢湖	+	+	+	+		+	+		+	+		
	铜陵	+	+	+	+		+		+	+	+	+	
	当涂	+	+		+			+	+		+		
	芜湖	+			+						+		
	扬州	+	+		+		+		+		+	+	
	庐江	+	+		+		+		+	+	+		
	如皋	+	+				+				+	+	
	泰兴	+	+		+						+		
	海安	+			+								
	兴化	+			+		+				+		
	枞阳	+	+	+	+			+	+	+	+		
	安庆	+	+		+	+	+		+	+	+	+	
吴语	丹阳	+			+	+	+		+		+	+	
	高淳	+								+	+		
	靖江	+	+								+	+	
赣语	宿松	+			+	+			+		+	+	+
	望江	+			+	+		+	+	+	+		
	潜山	+	+	+	+	+			+	+	+		

根据以上方言"把"的多功能模式,可以总结出以下四条规律。

第一,若"把"在某一方言有"许配"义,那么一定有"给予"义,反之则不尽然,在"把"具有"给予"义的方言里,不一定能表"许配"义,如芜湖、宿松等,因此"给予"和"许配"有演变关系,演变方向是"给予>许配"。

第二，在"把"具有接受者标记功能的方言里，"把"一定能担任给予动词，反之则不一定成立，据此认为"把"的接受者标记用法由给予动词虚化而来。

第三，如果某方言中，某一介词有"使令、容让"义，那么一定有"给予"义，反之则不然，即存在只有"给予"义没有"使令、容让"义的方言，如芜湖，但是几乎不存在只有"使令、容让"义没有"给予"义的方言，因此这两功能间的演变关系应为"给予＞使令、容让"。

第四，"放置"义和"处所"义也具有极大相关性，放置动词具有发展为处所介词的语义、句法基础。"放置"是指放置者有意识地将放置物放置于某位置，当"放置"这一位移动作完成后，就会出现"某物在某处"的结果或状态。另外，放置动词所处的句法结构是"NP + $V_{放置}$ + 处所词语 + （VP）"，当被放置对象 NP 扩展为不可被放置的指人词语时，$V_{放置}$就易被重新分析为处所介词。

二 "把"的语义地图[①]

若某些语法功能在不同的语言或方言中由同一语法形式表达，排除偶然巧合、语言接触等方面的因素，可假定这些用法之间存在内在关联。我们可以把各种功能排列在合适的空间位置，再通过跨语言比较，用节点和连线在它们之间建立起语义关联，显现彼此之间的距离远近和亲疏关系，由此构建概念空间。概念空间由节点和连线组成，节点是指语法形式的不同语义功能，连线代表各功能间的语义联系，概念空间内位置邻近且用连线连接的节点之间关系较紧密，具有直接关联。概念空间反映人类语言的普遍特征，体现跨语言或跨方言的蕴含共性，具有普遍的指导意义。和概念空间不同，语义地图针对的则是某一具体语言，是特定语言多功能用法之间的关联在概念空间上的映射，反映了不同语义功能在概念空间上的分布以及语法形式的过渡现象。在业已建立起来的概念空间上，根据具体语言中某一语法形式的多功能用法，用圈形在概念空间中切割出一块邻接区域，以此绘制出语义地图。

---

① 相对于其他处置标记，"把"在苏皖方言中的多功能用法更丰富，尤其是虚词用法更为复杂，极具代表性，故本书以"把"为例绘制语义地图。

Haspelmath（2003）构建了与格功能的概念空间，如图 4-1 所示：

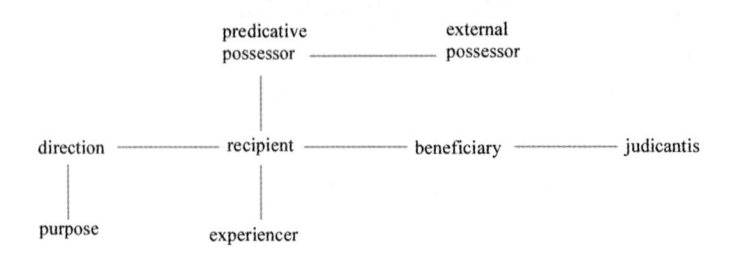

```
            predicative              external
            possessor  ———————————— possessor
                            │
                            │
direction ———————————— recipient ———————————— beneficiary ———————————— judicantis
    │                       │
    │                       │
  purpose              experiencer
```

图 4-1　与格功能的概念空间①

张敏（2008）在 Haspelmath（2003）的基础上，修订出汉语方言里以"处置—被动"为核心的概念空间，如图 4-2 所示：

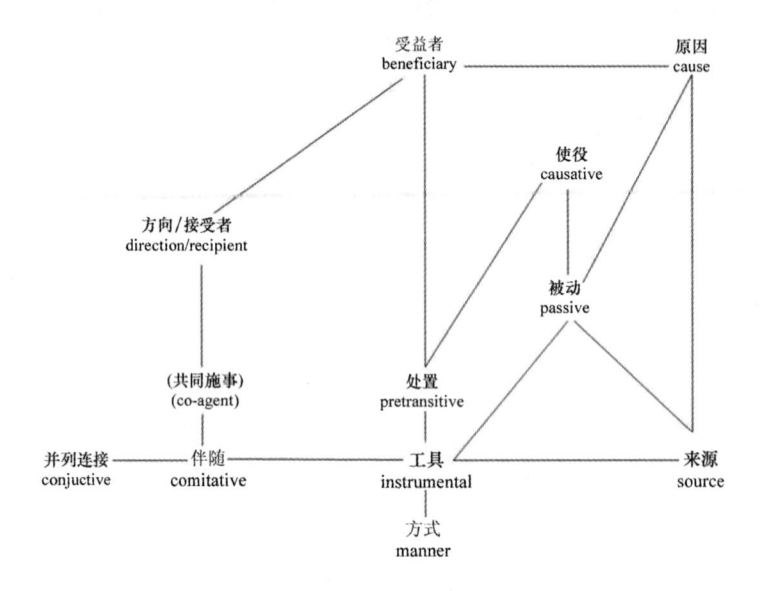

```
                            受益者                         原因
                            beneficiary                  cause

                                            使役
                                            causative

   方向/接受者
   direction/recipient
                                                        被动
                                                        passive

        (共同施事)                处置
        (co-agent)              pretransitive

并列连接 ———— 伴随 ———————————— 工具 ———————————————— 来源
conjuctive  comitative        instrumental              source
                                  │
                                方式
                                manner
```

图 4-2　以"处置—被动"为核心的概念空间②

---

① Haspelmath, Martin. The Geometry of Grammatical Meaning: Semantic Maps and Cross-linguistic Comparison. In Michael Tomasello (ed.), *The New Psychology of Language*, New York: Erlbaum, 2003, pp. 211-243.

② 张敏：《空间地图和语义地图上的"常"与"变"：以汉语被动、处置、使役、工具、受益者等关系标记为例》，南开大学学术报告，2008 年。

张定（2010）构建了以"工具—伴随"为核心的概念空间，如图4-3所示：

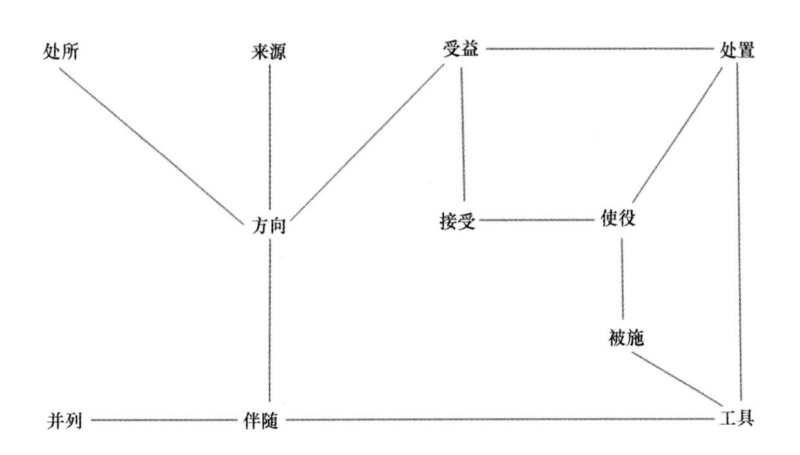

图4-3 以"工具—伴随"为核心的概念空间①

我们基于苏皖区域方言材料，尝试对上述概念空间作如下修订：

第一，增加"给予"节点。汉语方言中的很多处置标记、受益者标记、使役标记、接受者标记等均源于给予动词，"给予"与"受益""被动""处置"等众多节点共用同一形式且具有演变关系，故引入"给予"节点。

第二，将"使役"节点拆分为"致使"和"容让"两个节点②。"使役"作为一个语义范畴，范围较广，包括使令型、致使型、容让型、任凭型等若干成员。有些方言中的被动标记由"容让"义发展而来，有些方言中的处置标记源于"致使"义，因此"致使"和"容让"可作为连接"处置"和"被动"的中间节点。一般来说，概念空间中的节点分得越细，越能清楚地显示语义功能之间的关联，故而主张将"使役"细分为"致使"和"容让"。

---

① 张定《汉语多功能语法形式的语义图视角》，博士学位论文，中国社会科学院语言研究所，2010年，第159页。

② 本章的"致使"指狭义的"致使"语义，而非致使范畴，强调"结果、导致"义，不包括"容让""使令""放任"等语义。

第三，将"接受者"和"方向"区分开来，分别作为两个独立的节点。"接受者"和"方向"两个概念存在相互交叉的情况，往往不易区分。我们所说的"方向"特指位移方向且位于动词前，如"把东走""把上海去"，不包括指人动作方向。接受者一般是有生名词且引入接受者的介词短语处在谓语动词之后，如"送一本书给他"。

第四，删除"来源""原因""处所""方式"等关联不紧密、使用频率较低的功能节点。

我们对概念空间的修改如图4-4所示：

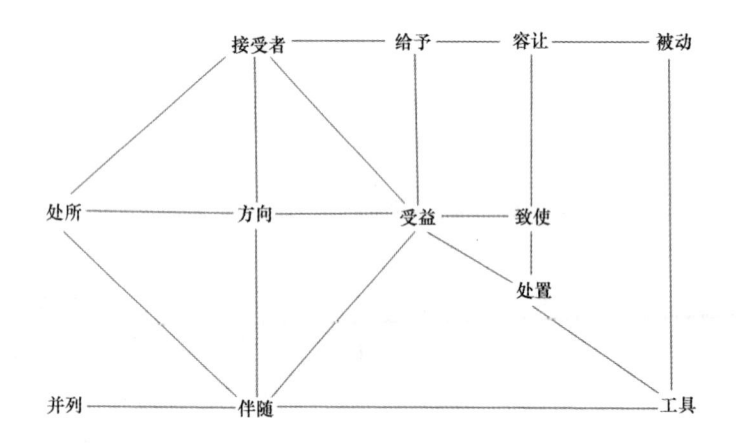

图4-4 以"处置—被动"为核心的概念空间

我们选取具有代表性的、"把"的用法较丰富的安庆、宿松、扬州三个方言点，分别绘制出"把"的语义地图。

安庆方言"把"的主要功能是给予、处置、工具、受益、被动、致使、接受者标记、使令、容让。例如：

  a. 把我十块钱。给我十块钱。（给予）
  b. 莫把马桶打翻着。不要把马桶打翻了。（处置）
  c. 把大碗装菜。用大碗装菜。（工具）
  d. 把你洗衣服。给你洗衣服。（受益）
  e. 衣服把雨淋湿着。衣服被雨淋湿了。（被动）
  f. 你把我吓一跳。（致使）

g. 这块蛋糕留把妈妈。这块蛋糕留给妈妈。（接受者标记）
h. 把几个人拖地。叫几个人拖地。（使令）
i. 妈，我想出去玩，你就把我去吧!妈,我想出去玩,你就让我去吧!（容让）

安庆方言"把"的语义地图如图4-5所示：

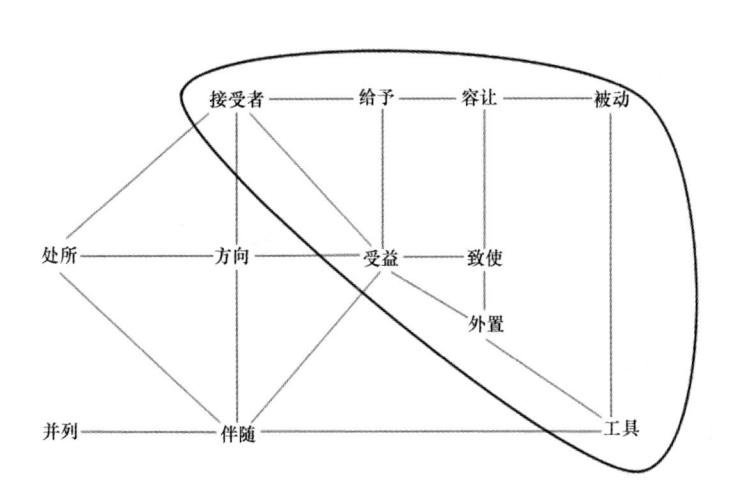

图4-5 安庆方言"把"的语义地图

宿松方言"把"的功能有给予、处置、工具、受益、被动、致使、方向、接受者标记、使令。例如：

a. 把我一本书。给我一本书。（给予）
b. 把王伢灌醉佢。把小王灌醉。（处置）
c. 渠把筷子吃饭。他用筷子吃饭。（工具）
d. 我把你梳头。我给你梳头。（受益）
e. 衣裳把在风吹跑了。衣裳被风吹跑了。（被动）
f. 把眼珠哭红着。把眼睛哭红了。（致使）
g. 你把哪里走？你往哪里走？（方向）
h. 端碗饭把他。端碗饭给他。（接受者标记）
i. 落雨在，把个伢去接下爹爹。下雨了,让一个小孩去接一下爷爷。（使令）

宿松方言"把"的语义地图构建如图4-6所示：

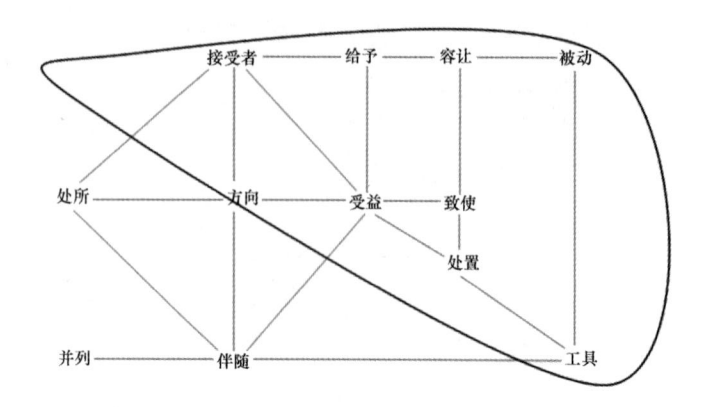

图4-6　宿松方言"把"的语义地图

扬州方言"把"有给予、处置、工具、致使、接受者标记、容让、被动等义。例如：

a. 把我一本书。给我一本书。（给予）
b. 领导一发火，把他拿得了。领导一发火,把他免了职。（处置）
c. 把大碗盛菜。用大碗盛菜。（工具）
d. 把我憋死了。（致使）
e. 送一本书把他。送一本书给他。（接受者标记）
f. 他不把我去上海。他不让我去上海。（容让）
g. 碗把他打破脱了。碗被他打破了。（被动）

扬州方言"把"的语义地图构建如图4-7所示：

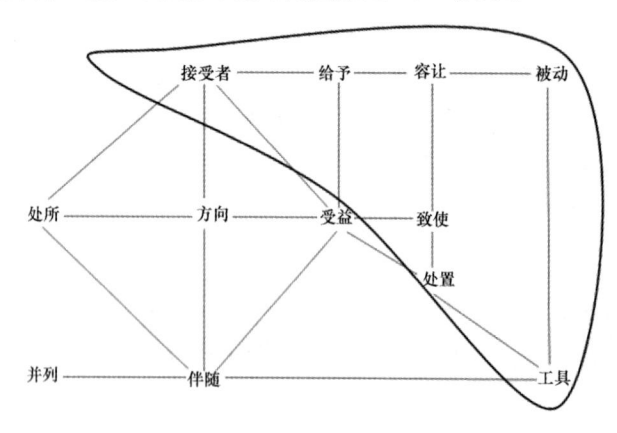

图4-7　扬州方言"把"的语义地图

上述方言"把"的语义地图显示,"把"在概念空间中的分布呈现出连续的区域,遵循语义地图的连续性假说,未出现例外现象。

三 "把"的历时流变

(一) 持拿 > 控制

"把"本为动词,义为"握、持、执"。《说文·手部》:"把,握也。从手巴声。"后引申出"持拿"义。先秦时期主要用作谓语中心,所处句法格式为"把+O",其中持拿对象O最开始是具体的、有形的、可用手持握的实物。例如:

(72) 有人曰大行伯,把戈。(《山海经·海内北经》)

(73) 怀兰英兮把琼若,待天明兮立踯躅。(《楚辞·九思》)

(74) 又陈常车,周公把大钺,召公把小钺,以夹王。(《逸周书·克殷解》)

后来其宾语由具体名词扩展至抽象名词。例如:

(75) 禹亲把天之瑞令,以征有苗。(《墨子·非攻下第十九》)

(76) 然则后世孰将把齐国?(《晏子春秋·景公登路寝台望国而叹晏子谏第十九》)

(77) 晏子辞,不得命,受相退,把政,改月而君病悛。(《晏子春秋·景公病久不愈欲诛史以谢晏子谏第十二》)

对具体事物的把握是"持握",对抽象事物的把握则是"掌管、操纵、控制"了。由于宾语的抽象化,"把"的语义也发生了扩展,脱离了手部动作,"持拿"义减弱,"操纵、控制"义增强,建立起"手持"和"控制"之间的隐喻关联,从具体、用手实施的"持拿"义引申出抽象、虚泛的"控制"义。这一演变除"把"外,还见于"持""执""握""操""拥""掌""挟"等词语。

"持拿、控制"义是"把"向处置义发展的关键语义环节,因为只有将事物拿握在人的手中或置于人的掌控之下,才能对其实施具体的处置动作,若对事物没有支配和控制的机会,就无从对其进行处置。

(二) 持拿 > 处置

吉仕梅(1995)发现"把其衣钱臧乙室""把钱偕邦亡"等例,认为其中的"把"不是动词而是处置介词。我们对此持保留意见,认为这里的"把"看作动词更为合适，其所在句法结构也应属于连动结构，故"把"用于连动结构约始于秦代。

汉代，"把"的动词用法进一步发展，常出现在连动式第一动词的句法位置上。例如：

（78）汤自把钺以伐昆吾，遂伐桀。（《史记·殷本纪》）

（79）试使一人把大炬火夜行於道，平易无险，去人不一里，火光灭矣。（《论衡·说日》）

魏晋南北朝时期，连动结构"把+O+V_2"开始广泛使用，"把"降格为非主要动词，用于偏正式的连动结构中，"把+O"用于说明后一动作进行的方式、条件或情状等，表达次要信息，V_2才是动作行为的核心所在，这种语义关系和句法结构使"把"的动作性开始减弱，词义开始虚化。例如：

（80）主人罢入，生乃把刀出门，倚两薪积间，侧立假寐。（《三国志·魏书·管辂传》）

（81）把火遍照其下，则无虫灾。（《齐民要术》卷四）

（82）把臂告辞，涕泣流离，肃然升车，去若飞迅。（《搜神记》卷一）

（83）相待甚厚，临别把臂言誓。（《后汉书·吕布传》）

（84）每冬月，四更竟，即敕把烛看事。（《南史·梁武帝纪》）

上例中的"把"处于动词发展到介词的过渡阶段，"把"作为连动结构的前一个谓语动词，动作义明显减弱，句法地位降低，变成依附于V_2的辅助成分，有向介词发展的趋势。但由于演变的不彻底性，"把"的动词性仍占主要地位，依然表具体的"手持"义，动作都需要依赖于手来完成。如例（80）中的"把刀出门"，若要施行"出门"的行为须先经过"把"的持拿动作使"刀"位移至施行者的手中。

唐代，真正的处置介词"把"始现。例如：

（85）悠然放吾兴，欲把青天摸。（皮日休《初夏游楞伽精舍》）

（86）欲知求友心，先把黄金捡。（孟郊《求友》）

（87）众中偏得君王笑，偷把金箱笔砚开。（王建《宫词一百首》）

（88）把君诗一吟，万里见君心。（崔涂《读方干诗因怀别业》）

（89）有人把椿树，唤作白梅檀。（《寒山诗》）

（90）不把丹心比玄石，惟将浊水况清尘。（骆宾王《代女道士王灵妃赠道士李荣》）

（91）莫言鲁国书生懦，莫把杭州刺史欺。（白居易《戏醉客》）

（92）总把衷肠斩切说。（《敦煌歌辞总编·三冬雪》）

上例中的"把"已经是真正的处置介词了，"持拿"义消失，"处置"义产生，其后宾语均为谓语动词的处置对象，即受事。如例（85）中的"青天"是"摸"的受事，例（86）中的"黄金"是受"捡"直接作用的对象。

后代得以沿用。例如：

（93）须信画堂绣阁，皓月清风，忍把光阴轻弃。（柳永《玉女摇仙佩·佳人》）

（94）先把这厮刖了双足，切下了驴头，然后将尸首分开做六段，散与六国去罢。（《元曲选·马陵道》）

（95）把昨日一日的实事，昨夜一夜的实事，细说了一遍。（《三宝太监西洋记》第五十三回）

（96）说着，走到堂屋里，把那桌子上茶壶里的茶倒了半碗过来，蘸着那茶在炕桌上写了两行字。（《儿女英雄传》第九回）

我们认为，"把"由执拿动词虚化为处置介词需要以下四个方面的条件。

第一，句法驱动。句法位置和结构的改变是实词虚化的基本前提和句法诱因，对"把"的虚化起着关键的促动作用。汉语动词句存在"一个动词核心"的句法规则（李永，2014），即一般只能有一个核心动词，其他动词居于次要从属地位，易于发生语义虚化，进而发生语法化，导致连动结构解体，被重新分析为新的结构。由于"把"在连动结构中长期、固定地居于非核心动词地位，因而发生语法化的可能性较大，会逐渐失却动词性，成为功能词。

第二，语义驱动。句法结构的变化为"把"的虚化提供了句法环境，要实现虚化还需词义的泛化或弱化。当"把"后的宾语变得多样化，由具体的、可持拿的物体扩展到抽象的、非可持拿的对象时，"把"不再表示具体的"以手持物"义。当"把"对宾语的作用不再是动词性的支配作用，而是介词性的介引作用，前后两个事件就会被解释为一个事件概念，这为"把"的语法化奠定了语义基础。此外，"把"自身的语义特征也对其虚化发挥着重要作用。"把"作动词表"以手持物"，持握某物在手中，就隐含"控制、处置"之义，持拿某物的目的就是为了对其施行处置，当高频率地用于连动结构时，"把"暗含的处置语义被激活，开始向处置介词发展。

第三，信息结构原则驱动。汉语是焦点后居型语言，一般说来人们关注的焦点在句子后半部分。在连动结构中，后一动词包含了焦点信息，是人们关注的语义重心。而"把"作为次要动词，表示后一动作的方式或情状，是次要信息，表示一种无关紧要的辅助动作，久而久之其词义变得抽象，最终失去词汇意义，变成只起语法作用的虚词。

第四，使用频率驱动。高频使用是语法化的重要推手之一（Bybee，2003）。当某一动词长期高频率充当连动结构中的次要动词，这种语法位置固化下来后，它的意义就会慢慢抽象化、虚化，往介词方向发展。

当句法、语义、语用条件皆具备，又加上足够高的使用频率，"把"开始由动词语法化为处置介词。

处置式的发展是一个长期、渐进的历史过程，产生初期会出现临界现象。"把"在很多句子中存在持拿动词和处置介词两重分析的可能。例如：

（97）明年此会知谁健？醉把茱萸仔细看。（杜甫《九日蓝田崔氏庄》）

上句可理解为"拿着茱萸仔细观看"，"把茱萸"和"仔细看"是两个连贯的动作，只是"看"同时也支配"把"的宾语"茱萸"，此时"把"应分析为执拿动词；也可理解为"把茱萸仔细看"，"茱萸"是"仔细看"的受事，"把"理解为介引"茱萸"的介词。

由此可见，"把"在语法化初期仍未摆脱"持拿"义的语义痕迹，仍处于"动—介"转化过程中，存在一些模糊状态。歧解现象的出现更证明两者之间的衍生关系。

鉴别连动式和处置式时，可以考虑介词宾语是否为可持拿之物，"把"后如果是不可持拿的对象或动词对宾语的处置无须经过持拿的动作，那"把"只能处理为介词，不能分析为持拿动词。如"莫把杭州刺史欺"一句中的"杭州刺史"是非可持拿物，不能理解为"拿着杭州刺史而欺骗他",只能理解为"欺骗杭州刺史"。

Bernd Heine（2002）提出,语法化伴随着从桥接语境到转换语境再到规约化语境的扩展,"把"由持拿动词发展为处置介词的过程同样伴随语境扩展。在桥接语境（醉把茱萸仔细看）中,"把"的新义"处置"义初现端倪,但旧义"持拿"义尚未消失,新旧语义并存,其所在句可作双重分析；在转换语境（莫把杭州刺史欺）中,"把"只能理解为处置介词,不太能看作持拿动词,因为其宾语是无法持拿物,但"把"的介词用法尚未稳定和凝固,对语境的依赖性较强；最后在规约化语境（师把杖抛下,撒手而去）中,"把"发展为成熟的处置介词且得到高频率使用,不能视为动作动词,处置义成为其不依赖于特定语境的内化固定语义。

持拿动词发展为处置介词,"把"并非孤例,"拿""捉""担""将""取""持"等也经历了相似的演变过程。那么"持拿＞处置"的演变是否为汉语所独有呢？当然不是,跨语言的研究表明,"持拿＞处置"并非汉语中孤立的语言现象,还具有较强的普遍性和规律性,可以从类型学上得以解释。我们在壮语、湾碧傣语、布依语、矮寨苗语、吉卫苗语、布赓语、木佬语、克木语、勉语标敏方言中也发现处置介词和持拿动词同形的情况。例如：

壮语中的"dawz"[①]：

（98） a. Dawz bauqceij bae nem.
　　　　 拿报纸去贴。

　　　 b. Dawz bauqceij nem okbae.
　　　　 把报纸贴出去。

湾碧傣语中的"ja¹"[②]：

（99） a. ʔau¹ ˊ phə¹ ˊ ləɯ⁶ ja¹ phə⁴ ʂʅ² vai⁴.
　　　　 要一人拿刀守着。

　　　 b. kau¹ ˊ ja¹ via⁵ po⁴ loŋ⁴ vai¹ ˊ.
　　　　 我把碗打破了。

---

① 张元生、覃晓航：《现代壮汉语比较语法》,中央民族学院出版社1993年版,第214页。

② 周焱：《湾碧傣语处置式研究》,《楚雄师范学院学报》2021年第2期。

布依语中的"au¹"①：

（100） a. mɯŋ² au¹ vaː⁷⁸ tsi²⁷ diau¹ ma¹.
             你拿把尺子来。

b. mɯŋ² au¹ pu⁶ sa⁷⁷ saɯ¹.
             你把衣服洗干净。

矮寨苗语中的"kə⁴⁴"②：

（101） a. bɯ⁴⁴ kə⁴⁴ məŋ³¹ naŋ⁴⁴ qo⁵³ tɕi⁴⁴.
             他拿你的背篓。

b. bɯ⁴⁴ kə⁴⁴ məŋ³¹ naŋ⁴⁴ qo⁵³ tɕi⁴⁴ tso³¹ ti³⁵ ʐa⁴⁴.
             他把你的背篓撞破了。

吉卫苗语中的"kə⁴⁴"③：

（102） a. ʂei⁴⁴ ta³³ kə⁴⁴ ca³⁵ noŋ³¹.
             辣椒拿来炒着吃。

b. kə⁴⁴ ə⁴⁴ ntʂho⁵³ tɕi⁴⁴ tɕɔ⁴².
             把衣服洗干净。

布赓语中的"mbci⁴⁴"④：

（103） a. mbei⁴⁴ mou⁴⁴ mɯ³¹ tɕhi²⁴ no³¹.
             拿把刀来。

b. tsau⁴⁴ mbei⁴⁴ mjɔ⁴⁴ tɕa⁴⁴ ptsa³¹ a⁴⁴.
             狗把猫咬死了。

木佬语中的"na³¹"⑤：

（104） a. pə³³ ta³³ zo⁵³ na³¹ ʐe³¹ qa²⁴ mo²⁴ lə²⁴ le⁵⁵ la³³.
             老大爷拿着鸡蛋来看孙子。

b. ko⁵³ na³¹ seŋ²⁴ pe²⁴ zə⁵³ li²⁴.
             他把钱给我了。

---

① 喻翠容：《布依语简志》，民族出版社 1980 年版，第 34 页。
② 余金枝：《矮寨苗语处置句研究》，《民族语文》2016 年第 5 期。
③ 向日征：《吉卫苗语研究》，四川民族出版社 1999 年版，第 108、72 页。
④ 李云兵：《布赓语研究》，民族出版社 2005 年版，第 152 页。
⑤ 薄文泽：《木佬语研究》，民族出版社 2003 年版，第 90 页。

克木语中的"mɔːt":①

(105) a. gə mɔːt jɔh hoːc kə muːl sip jɛn.
他拿走了十元钱。

b. ʔoʔ mɔːt həʔjeʔ ba dɯk tiŋ lɛːu.
我把你的柴撞倒了。

勉语标敏方言中的"khan⁵³":②

(106) a. kəu³⁵ khan⁵³ pun⁵³ ka⁴² da³¹ dzu²⁴ tɕi²⁴.
我拿去河里洗一下。

b. hja²⁴ khan⁵³ pla³⁵ ʈhui³³ gwa³¹ kwən⁵³.
风把房子吹塌了。

同时，克拉姆语（Lord，1993）、恩吉尼语（Lord，1989）、瓦加拉语（Lord，1989）、加族语（Lord，1982）也有同类演变。由此可见，"持拿>处置"普遍存在于古代汉语、现代汉语方言、少数民族语言和世界其他语言中，是人类语言语义演变的共相，具有类型学意义上的普遍性。

（三）持拿>工具

作为持拿动词，"把"经常用于"把+NP+VP"结构，表示拿着某物去做某事。由于经常出现在第一个谓语位置，"把+NP"逐渐成为其后 VP 的辅助动作，句法地位削弱，独立性降低。当 NP 由持拿物体发展为动作行为的工具或凭借时，"把"的持拿功能减弱，对工具的操控性增强，语法化为工具介词，相当于"以、用"，与其后 VP 构成"工具—行为"关系，这一用法产生于唐代前后。例如：

(107) 错把黄金买词赋，相如自是薄情人。（崔道融《长门怨》）

(108) 似把剪刀裁别恨，两人分得一般愁。（姚合《惜别》）

(109) 莫把金笼闭鹦鹉，个个聪明解人语。（苏郁《鹦鹉》）

(110) 生来不读半行书，只把黄金买身贵。（李贺《啁少年》）

(111) 南泉把石打园头。（《祖堂集》卷十四《鲁祖和尚》）

(112) 休把贪嗔起战争。（《敦煌变文集·维摩诘经讲经文》）

---

① 戴庆厦：《勐腊县克木语及其使用现状》，商务印书馆 2012 年版，第 251—252 页。
② 毛宗武：《瑶族勉语方言研究》，民族出版社 2004 年版，第 219、289 页。

上例中,"把"的[+持拿]特征几近消失,对工具的使用或操纵特征越发增强,被重新分析为工具介词。

"持拿"和"工具"有着天然的语义联系,用手持握某物,往往就拥有了该物体,接下来就可能将其作为工具去进行其他动作行为,这样易于转化为工具式。

宋元之际,工具义继续发展,出现诸多用例。例如:

(113) 把什底去识此心?(《朱子语类》卷二十)

(114) 走出门去,拽上那门,把锁锁了。(《清平山堂话本·简帖和尚》)①

(115) 把一把扇子遮着脸,假做瞎眼。(《宋四公大闹禁魂张》)

(116) 把墨来画鸟嘴,把粉去门上画个白鹿。(《张协状元》第二十七出)

(117) 教授便把一把锁锁了门,同着两个婆子上街。(《西山一窟鬼》)

(118) 一双新燕却重来,但暗把、罗巾掩泪。(杜安世《鹊桥仙》)

(119) 把笔轻轻,去十字上,添一撇。(辛弃疾《品令》)

(120) 我把唾津儿润破窗纸,看他在书房里做什么。(《西厢记·张君瑞害相思》)

(121) 等它来时,把几句劝它则个。(《小孙屠》)

(122) 我特故把酒灌的他烂醉了,眼花的不辨东西,不省人事。(《朴通事》)

这一时期有了新的特点,除介引具体工具外,还介引材料、方式、凭借等。例如:

(123) 人把兔毫来作笔。(《朱子语类》卷四)

(124) 把仁来形容人心。(《朱子语类》卷五十九)

(125) 把金丝罐去他家换许多衣裳在这里。(《宋四公大闹禁魂张》)

"兔毫"是"作笔"需使用、耗费的材料;"把仁"是"用仁的方式";"金丝罐"是"换衣裳"的凭借。

---

① 《简帖和尚》《宋四公大闹禁魂张》《万秀娘仇报山亭儿》《碾玉观音》等宋元话本的语言有后人修改的痕迹,年代历来存有争议,我们暂将其作为宋代的文献处理。

第四章　苏皖方言处置标记的多能性

明清时期①，工具介词"把"发展成熟。例如：

（126）把麻裙包土。筑成坟墓。（《琵琶记》第一出）

（127）我把荷花比你容貌。（《浣纱记》第三十出）

（128）教我母子两口，异日把什么过活？（《喻世明言》第十卷）

（129）把弓弩在黑影里射人。（《水浒传》第三十三回）

（130）严贡生把钥匙开了箱子，取出一片云片糕来。（《儒林外史》第六回）

（131）我愿把弹雨硝烟的热血，来洗一洗我自糟蹋的瘢痕。（《孽海花》第六回）

（132）士信恐怕搭了工夫，忙把刀向他颈下一撩，一颗头颅，滚在尘埃。（《隋唐演义》第四十四回）

（133）外官是阔得不耐烦，却没有把镜子照照自己见了上司那种卑躬屈节的样子。（《文明小史》第三十回）

（134）几个工人把长柄铁铲铲了垃圾抛上车去，落下来四面飞洒，溅得远远的。（《海上花列传》第二回）

由于与自身处置介词用法及其他工具介词的竞争，"把"的工具介词用法在明清以后数量锐减，专注于表处置，而"用"成为最重要的工具格标记，使用频率远超过"把"。

"把"的工具介词用法在现代汉语共同语中已基本消失，只在个别方言中找到踪迹。例如：

（135）安徽枞阳：把南瓜煮粥不好吃。用南瓜煮粥不好吃。

（136）安徽合肥：把奶头塞住他的嘴。用奶头塞住他的嘴。

（137）安徽安庆：把大碗装菜。用大碗装菜。

（138）安徽宿松：把筷子吃饭。用筷子吃饭。

（139）安徽桐城：他喜欢把很滚的水洗澡。他喜欢用很热的水洗澡。

---

① 在选取明清时期作品时，我们尽可能选择作者籍贯可考、具有苏皖方言背景、口语程度较高的文献，如《警世通言》《醒世恒言》《喻世明言》《浣纱记》《西游记》《官场现形记》《孽海花》《海上花列传》《儒林外史》《老残游记》《文明小史》等，以便更清楚地看到现代苏皖方言对明清时期的继承和发展。同时还辅以以邻近方言为背景的《歧路灯》《金瓶梅》《聊斋俚曲集》《醒世姻缘传》等，并考虑了南北作家平衡。具体文献见"语料来源"部分。

（140）安徽庐江：把黄豆做豆腐。用黄豆做豆腐。

（141）江苏扬州：把大碗盛菜。用大碗盛菜。

"持拿"和"工具"共用同一形式的现象在侗语、矮寨苗语、京语、吉卫苗语等民族语言中也存在。例如：

侗语中的"aːu¹"①：

（142）a. laːk¹₀mun² aːu¹ kwaːispja¹ ɕu⁶ təi² su¹ su¹ geu¹ ´ təi¹ la⁴.
　　　　 小猴拿一块石头把狮子打死了。

　　　 b. laːk¹₀mun² aːu¹ kwaːisp̓ja¹ ɕu⁶ təi² su¹ su¹ geu¹ ´ təi¹ la⁴.
　　　　 男孩用双手捂着不叫动。

矮寨苗语中的"kə⁴⁴"②：

（143）a. bɯ⁴⁴ kə⁴⁴ məŋ³¹ naŋ⁴⁴ qo⁵³ tɕi⁴⁴.
　　　　 他拿你的背篓。

　　　 b. bɯ⁴⁴ kə⁴⁴ məŋ³¹ naŋ⁴⁴ qo⁵³ tɕi⁴⁴ pu²² ʐɯ⁵³.
　　　　 他用你的背篓背石头。

京语的"ləi⁵"③：

（144）a. ləi⁵ jiəu⁶ uəŋ⁵ tsɔ¹ het⁷.
　　　　 把酒喝完。

　　　 b. ləi⁵ tai¹ nam⁵.
　　　　 用手抓住。

吉卫苗语中的"kə⁴⁴"④：

（145）a. ʑei⁴⁴ ta³³ kə⁴⁴ ca³⁵ noŋ³¹.
　　　　 辣椒拿来炒着吃。

　　　 b. kə⁴⁴ qɔ³⁵ ȵtɕ³⁵ Nqɑ⁴⁴.
　　　　 用剪刀剪。

（四）处置＞处所

"把"在宋代以后发展为方位或处所介词，相当于"在"。这一用

---

① 中央民族学院少数民族语言研究所第五研究室：《壮侗语族语言文学资料集》，四川民族出版社 1983 年版，第 222 页。

② 余金枝：《矮寨苗语处置句研究》，《民族语文》2016 年第 5 期。

③ 欧阳觉亚、程方、喻翠容：《京语简志》，民族出版社 1984 年版，第 92 页。

④ 向日征：《吉卫苗语研究》，四川民族出版社 1999 年版，第 108、42 页。

法应是由处置介词"把"发展而来，是处置式的一种变式。当处置对象由方所名词充当时，引起"把"语义的轻度变化。例如：

（146）把小二脑门上一斧，脑浆流出，死了。（《清平山堂话本·错认尸》）

（147）把那人头上打了一下，打出脑浆来死了。（《老乞大》）

（148）侯公公又把他肩膀上拍一下，说道："好！你就是征西洋的第一功。"（《三宝太监西洋记》第五十四回）

（149）把他脸上写了"偷鸡贼"三个字。（《儒林外史》第四回）

（150）你把火盆里多添点炭。（《老残游记》第十六回）

（151）把他手心里写一个"迷"字。（《西游记》第四十二回）

俞光中、植田均（1999）认为这类"把"字句大致萌芽于宋代，与处置句关系密切。冯春田（2000）认为，"把"的处所介词用法是处置用法的一种变化，"把"后处置对象的位置由方所词语占据时，就引发句法组合关系的变化，他认为这类句式还应视作处置句。我们认为，"处置—处所"的演变机制是转喻。在人的认知域内，空间总与在该空间内部活动的人紧密相关，两者具有转喻关系，因此"把"后的方所词语既可理解为动作发生的方位或处所，也可分析为受到处置的受事。

（五）持拿 > 给予

扬州、安庆、芜湖、马鞍山等地的"把"都能用作给予动词，那么"给予"义源自何处？我们认为是从"持拿"义发展而来①，汉语史上从二价持拿动词到三价给予动词可能经历了以下四个阶段。

第一阶段：宋代，"把"经常和给予动词"与"结合使用，构成"把 + O_{直接} + 与 + O_{间接}"结构。例如：

（152）宝公把粟与鸡，呼朱朱，时人莫解。（《太平广记·异僧四》）

（153）若尧当时把天下与丹朱，舜把天下与商均，则天下如何解安！（《朱子语类》卷十六）

---

① 关于给予动词"把"的来源，多数学者（黄晓雪、李崇兴，2004；胡云晚，2010；张美兰，2014 等）持"语义沾染"论，认为"把"由于经常与动词"与"连用而沾染了"与"的"给予"义。毛文静（2022）提出了一个新的观点，认为"把"的"给予"义是在"（S +）把 + N_{人} + N_{物}"结构中词义发生反义扩展的结果。

(154) 孩儿，也把一碗与娘。(《张协状元》第十一出)

(155) 把十五贯钱与女婿作本开店养身。(《错斩崔宁》)

(156) 孩儿，小夫人他把金钱与你，又把衣服银子与你，却是什么意思？(《志诚张主管》)

第二阶段："把"的宾语省略，"把""与"直接靠拢连用。例如：

(157) 你与我将这封书去四十五里，把与官人。(《清平山堂话本·简帖和尚》)

(158) 万小员外教周吉把与他。(《万秀娘仇报山亭儿》)

(159) 一钵头面，放了三日，把与狗吃了。(《元曲选·荆钗记》)

(160) 且把与他们戴戴看。(《元曲选·幽闺记》)

"把""与"靠拢是"给予"义产生的关键一步，当两者紧密结合时，才有可能发生语义的感染。

第三阶段：由于"把""与"经常连用，接触频繁，在"与"强大的语义影响下，"把"感染了"与"的"给予"义，词义发生倾斜，本身就表"给予"义。伍铁平（1984）将这种由于两词语相连产生的词义感染现象称为"语义组合感染"。

第四阶段：元代以后，"把"摆脱了对"与"的依赖，独自承担"给予"义，直接后加宾语或双宾语，这标志着"把"由"执拿"义发展为"给予"义过程的终结。例如：

(161) 您孩儿一径的来问叔叔要些钱钞，把俺两个使用。(《元曲选·儿女团圆》)

(162) 你救孩儿一身苦，强似把万僧斋。(《元曲选·看钱奴》)

(163) 轿夫道："把些儿我们吃吃。"(《西游记》第三十四回)

(164) 和尚，你刚才取的那灵鸟，拿来把了我。(《隋唐演义》第五十七回)

值得注意的是，给予动词"把"的核心分布区域主要集中于长江沿岸以及以南的方言区，是活跃于长江一带的方言词。例如：

(165) 白娘子道："先夫留下银子，我好意把你，我也不知怎的来的。"(《警世通言》卷二十八)

(166) 沈兄，你便好歹把他十之一吧。(《型世言》第十五回)

(167) 轿夫道："把些儿我们吃吃。"(《西游记》第三十四回)

在以北方方言为背景的文献中，表给予通常不用"把"而用"给"。例如：

（168）给他几个钱，叫他暖痛去。(《醒世姻缘传》第八十一回)

（169）给他个枕头，他便睡下。(《红楼梦》第五十七回)

（170）休要屈人，我实没有不给他的意思。(《歧路灯》第三十二回)

该现象与现代汉语方言给予动词的南北对立基本一致，也就是说现代方言中给予动词的南北差异在明清时期就已经出现了。

持拿动词"把"自身无法衍生出"给予"义，"把"的"给予"义只能是"与"传染给它的，若"把"不经常与"与"共现连用、密切接触，就不太可能产生出"给予"义。但是，我们要解决的问题是："把"不仅经常和"与"连用，还常常与其他动词连用，为什么没有沾染其他动词的语义呢？

我们认为，"把"感染"给予"义还需要其他条件：首先，需要词义上的相容性、近似性。"持拿"和"给予"本就是一体的动作，东西要先拿在手中才能给予别人，因此"持拿"本身就具有了"给予"的部分语义特征。其次，还需要语用上的条件，"把""与"连用时，"把"成为信息焦点，"与"的"给予"义因没有得到凸显而发生了语义弱化和脱落。最后，还需要有较高的使用频率，据黄晓雪（2014）的统计，《水浒全传》中，"把""与"结合多达60余例。只有两个词语密切、高频接触，才有发生词义感染的可能。

"把"的"给予"义在普通话中已消失，但在今天的部分南方方言尤其是江淮官话地区得以沿用并使用广泛[①]。例如：

（171）安徽安庆：把你十块钱。给你十块钱。

（172）安徽宿松：把我一本书。给我一本书。

（173）安徽庐江：他把了我两块钱。他给了我两块钱。

（174）江苏扬州：把我一本书。给我一本书。

（175）江苏如皋：把他一块钱。给他一块钱。

[①] 江淮官话虽属官话，但处于南北方言交汇处，与南方方言有着密切、深入的接触，其归属历来存有争议。本书认为江淮官话有南方方言的底层和特征，暂将其归为南方方言处理。

(六) 给予＞使役＞被动

给予动词"把"产生初期,给予物通常是具体的名词,经常用于"把＋O_间接＋O_直接"结构中,表示"将某物给予某人"。后来扩展为给予某人做某事的机会或权利,出现于"O_直接＋把＋O_间接＋VP"结构,当 VP 这个动作由 O_间接 发出,O_间接 既是给予对象,又是 VP 的施事时,"把"的"给予"义淡化,开始向使役动词发展①。大约在元明时期,"把"开始用作使役动词。例如:

(176) 不取了他的,倒把别人取了去?(《元曲选·杀狗劝夫》)

(177) 你做这般不合理的勾当,若官司知道时,把咱们不偿命那甚么?(《朴通事》)

(178) 把往事如春梦。(《琵琶记》第三十六出)

(179) 难道肯爱几个钱,把身子吃苦?(《型世言》第八回)

(180) 一不做,二不休,今番要卖弄一个手段把他看看。(《三宝太监西洋记》第五十八回)

清代也有用例:

(181) 既金公使要试,我就把这个年老的试一试。(《孽海花》第九回)

(182) 既然如此,你且变来把我看看。(《续济公传》第一百三十七回)

上例中,"把"失去"给予"义,不再表示具体的给予行为,也不涉及拥有物品的转移,因此"给予"义理解受阻,被重新分析为"使役"义。

"O_直接＋把＋O_间接＋VP"结构中,VP 成为焦点信息,"把"退居背景信息,动词义逐渐淡化,引发使役化。

"把"的"使役"义一直延续到今天的江淮方言中。例如:

(183) 安徽马鞍山:把他去。让他去。

(184) 江苏高淳:不要把他跑掉了。不要让他跑掉了。

(185) 安徽潜山:把渠去喊医生来。派他去喊医生来。

---

① 汉语的使役动词指表示命令、允让、任凭、致使等行为并用于兼语句中的动词,常见的有"使、让、令、教、叫"等。"把"作为使役动词,一般表"允让、任凭"义。

(186) 江苏兴化：把细大爷先走。让孩子们先走。

而北方话表使役多用"叫"，这体现了南北方言的对立。例如：

(187) 安徽阜阳：叫他赶紧去。

(188) 安徽亳州：他叫我去拿快递。

(189) 江苏徐州：叫我重算一遍。

(190) 江苏东台：叫小强一块去电影院。

"给予"和"使役"在概念上也是互通的，"给予"很容易引申为给予某人做某事的机会或权利，转化为使役用法后，给予者变为使役者，接受者变为受役者。

在"使役"义基础上，"把"在明代发展为被动标记。例如：

(191) 伺候三年之后，变为牛、羊、犬、豕，生在世上，把人剥皮，把人炒骨，吃人秽污，受人打骂。(《三宝太监西洋记》第八十八回)

(192) 万望夫人怜悯勿杀，妾当丢在草野之中，把人抱去，乃是夫人天地之德。(《英烈传》第三十三回)

(193) 把人说遍了，也休要管他！(《金瓶梅》第三十一回)

(194) 把人骂了乌龟王八，看你如何做人。(《欢喜冤家》第十三回)

"使役>被动"是已被学者反复证实的较为常见的语义演变路径。

"把"字被动句在汉语史上并不多见，使用范围受限且结构简单、单一，没有实现精密化的发展，并非主流被动句式。我们认为可能与"被"字句、"吃"字句、"叫"字句等句式的优势地位有关，而"把"字句的功能还是以处置为主。

被动标记"把"在近代汉语中罕见，在今天的普通话和北方方言中也没有被保留下来，只在个别南方方言如赣语、吴语、湘语、西南官话等尚存，也就是说"给予>使役>被动"的语法化历程带有浓厚的南方方言色彩。据徐英（2016）的统计，湖北的随县、英山、罗田、黄梅、黄冈、红安、浠水、武穴、大冶、蒲圻、通山、阳新、麻城、孝感、武汉，四川的忠县，湖南的宁远、沅陵、醴陵、益阳、长沙、绥宁、宁乡、邵东、邵阳、祁东、祁阳、湘潭、溆浦、安化、双峰、郴州、汝城、桃源，广东的河源、和平，江西的南昌、萍乡、吉水、铅山等地的"把"也有被动标记的用法。陈峰（2018）发现，"把"字被动句集中分布于南部方言区，以赣语为中心向周围的江淮官话、西南官话、湘语、吴语辐射式扩散。上述多数方言中的"把"同时也有给予和使役的用法，这与近代汉语"把"的用法相互印证，为"把"被动标记用法的溯源提供了生动的证据支持。

（七）给予 > 受益

受益是人类语言重要的语义范畴之一，受益事件的发生是由于某人的行为动作给他人带来有益或有损的影响。广义的受益事件包括受益和受损，受益是指通过某行为给予某人一个益处，而受损是指通过某行为给予某人一个害处。两者句法结构相似，语义相关，且一个事件对某人来讲是益处还是害处，不同立场的人有不同的识解态度，故可统称为"受益"，语言中往往采用同一句式表达，受益者标记和受损者标记通常也具有同一性。在受益事件中受到恩惠、利益或损害的人称为"受益者"，受益者不像施事、受事一样担任必有语义角色，只是作为受益事件的参与者，一般具有"有生性"特征。汉语中的受益者标记一般有两大最常见的来源："帮助/替代"义动词和"给予"义动词。

黄晓雪（2019）提出，湘语、赣语、江淮官话等方言中的受益者标记"把"源于处置标记用法，这些方言中存在大量施益和处置两可分析的语句，如"把毛伢洗下头"。我们认为，"把"作为受益者标记，应源于"给予"义。给予对象通常会得到某种益处，因此给予本身就包含某人获取利益的意思。给予某人某物是"给予"，那么给某人做某件事情也是一种"给予"。表"给予"时，给予对象是具体事物，通过事物的转移使接受者受益，当给予物从具体事物扩展至能使接受者获益的劳役、事件或行为时，"把"就发展出"帮、替、为"义，变为受益者标记。从此可以看出，"给予"和"受益"在语义上是密切相关的，从"给予"到"受益"，从引入接受者到引入受惠者是语义扩展的结果。

从句法来看，"把"由给予动词发展为受益者标记的句法环境是双宾句。"把 + O_1 + O_2"表示"给予某人某物"，如"把你一支笔"，而某物很容易扩展为某个行动，"给某人某物"变成"给某人做出某个行动"，"把 + O_1 + O_2"变成"把 + O_1 + VP"。一旦VP占据了O_2的位置，句子的语义重心就会发生转移，VP变成了该结构的中心语，双宾结构被重新分析为状中结构，这时的给予动词就虚化为表受益的介词了。很多方言中都有源于给予动词的受益者标记，且都拥有较为发达的双宾式，不存在双宾句式的语言或方言中，给予动词很难发展为受益介词。由此可见，双宾句是给予动词"把"向受益者标记演化的必要条件，为受益者标记的产生起到关键的促动作用。

综上，可以构拟出"把"较为完整的语法化路径，详见图4-8。

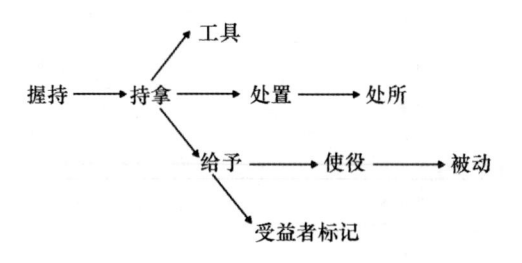

```
                    ┌→ 工具
握持 ──→ 持拿 ──┼──→ 处置 ──→ 处所
                    │
                    └──→ 给予 ──→ 使役 ──→ 被动
                              │
                              └──→ 受益者标记
```

图4-8　"把"的语义演变路径

如图4-8所示，"把"的源头是"握持"义，后派生出"持拿"义，在持拿动词的基础上，分别衍生出工具介词、处置介词、被动介词、受益者标记等多功能用法，一直延续至现代汉语方言中。

第二节　"给"的多能性

"给"是汉语中较常见的处置标记，本节基于描写苏皖区域方言"给"的多能性，考证处置标记"给"的语源，梳理出"给"较为完整的语义演变链。

一　"给"的多能用法

"给"作为动词表"给予"义和"容让"义，作为介词可充当受益者标记、处置标记和被动标记，详见表4-2。

表 4-2　　　　　　　　　　"给"的多能用法

功能	方言点	方言例句
给予	安徽宿州	我给他十块钱他不要。
	江苏徐州	给他一本书。
	安徽怀远	我们给他点钱吧。
	安徽庐江	他给了我一件花衬衫。
	安徽亳州	给我两块钱。
	安徽枞阳	鞋小了，给他穿吧。
	江苏泗洪	给我一本书！
	安徽阜阳	他给了我一本书。
容让	江苏徐州	照片给看吗？
	江苏南京	那女的不给他吃酒，因为他血压高。
	安徽怀远	给我看看来。
	江苏泗洪	你凭啥不给我走？
	安徽合肥	我算错了，给我重算一下子。
	安徽无为	给小伢子们先走。
受益	安徽六安	给他端着。
	江苏徐州	你给我挠挠。
	安徽怀远	裤子拿来我给你补一下子。
	安徽枞阳	奶奶给我做了新衣服。
	江苏泗洪	你给我洗洗头。
	江苏丹阳	给我买点东西来。
	江苏南京	你给我写封信。
处置	江苏宿迁	你给碗刷一下。
	江苏灌南	他们给教室都装上空调了。
	安徽五河	他给碗摔烂了。
	江苏徐州	给衬衣洗洗。
	安徽蚌埠	给窗户开开。
	江苏泗洪	他给书拿出来了。
	安徽金寨	给饭吃了。

续表

功能	方言点	方言例句
被动	安徽庐江	一出门就给石头绊倒之。
	安徽铜陵	菜给他拎走个。
	安徽芜湖	他给卖药的骗了一千多块钱。
	江苏扬州	张敏给坏人抢走掉一个包。
	安徽天长	帽子给风刮跑得了。
	江苏南京	苹果已经给我吃掉几个了。
	江苏泗洪	碗给他打破了。
	安徽六安	整个家都给他赌没有了。

值得注意的是,"给"表被动集中分布在江淮官话洪巢片,是洪巢片最常用、最具优势的被动标记,张延俊(2010)认为它产生于以南京话为中心的洪巢片方言。

二 "给"的虚化历程

(一)供应充足>供给

《说文·糸部》:"给,相足也。""给"之本义为形容词,表物资供应充足,能满足人们衣食住行的需要。例如:

(195)喜曰:"何其给也!"(《左传·哀公十一年》)

(196)故兵出,粮给而财有余;兵休,民作而畜长足。(《商君书·算地第六》)

(197)始吾为盗也,一年而给,二年而足,三年大穰。(《列子·天瑞第一》)

(198)大冬,任甲兵,粮食不给,黄金之赏不足,谨守五谷黄金之谢物,且为之举。(《管子·轻重丁第八十三》)

后在形容词基础上引申为二价动词,表"供应、供给"义,表示"供—求"关系。这种"供—求"关系并非一次完成,而是由供给人源源不断、反复多次提供给被供给人。"给"经常与"供""奉""分"等动词连用,构成同义并列式动词词组。例如:

(199) 用货财供给军之求索，使百吏肃敬，不敢解怠行邪，以待君之令，相室之任也。(《管子·地图第二十七》)

(200) 凡足以奉给民用，则止。(《墨子·节用中第二十一》)

(201) 老无子，乃以田宅财货分给奴婢。(《高士传》卷九)

上例中的"给"仍然表"供给、供应"义，尚未演化出真正的"给予"义。

（二）供给 > 给予

供给的过程其实也是给予的过程，"供给"实际也包含"使对方得到"义，因而可以很自然地引申出"给予"义。两者最大的区别在于"给"的动作是否一次完成，当供应人无法反复多次提供物品给被供应人时，"给"的"供应、供给"义弱化，引申出"授予、给予"义，表示"给予者给予接受者某物并使其接受"。给予过程伴随物品所有权的转移，包括给予者、接受者、给予物、给予动作四个语义要素。根据我们的考察，"给"的给予动词用法萌芽于先秦，形成于唐宋，发展于元明，成熟于清代，它的发展是一个渐进的过程[1]。

给予动词"给"在先秦时期就已初露端倪，但一直是低频词，表示某事物通过给予动作，转移至某人手中，具有位移义，给予物会发生空间上的位移。例如：

(202) 予医给药，赐酒日二升，肉两斤。(《墨子·号令第七十》)

(203) 若残竖子之类，恶能给若金？(《吕氏春秋·权勋》)

唐宋以前，无论在使用频率还是用法上，"与"占据主导地位，"给"还处于形成阶段、发展状态，不仅见例较少，而且一般仅见于

---

[1] 关于"给"的"给予"义产生年代，学界看法不一。太田辰夫（1987）认为迟至清代才产生。刘坚（1992）指出，给予动词"给"到了《红楼梦》《儒林外史》《儿女英雄传》中才普遍使用。据洪波、赵茗（2005），上古就有给予动词用法，但直到明代才逐渐多起来，清代才开始高频使用。徐丹（2005）指出，从18世纪始"给"取代了"与"成为"给予"类动词的绝对代表。蒋绍愚（2012）在《红楼梦》中找到"给"大量用作给予动词的用例。江蓝生（2012）指出，"给"是"与"的替身，清代以后在类推机制作用下"与"才被"给"全面取代。晁瑞（2013）认为明代才正式发展为三价动词用于双宾句中。李炜、刘亚男（2018）指出，清中叶以前"与"是最常用的给予动词，清中叶以后"给"逐步取代了"与"的部分功能。卢小群（2019）认为，明代以前赠予义通常由"与"表达，"给"到了清代中期才开始大量出现并逐步取代"与"的地位成为重要的赠予动词。

"给+O"单宾句中。例如:

(204) 上许,令尚书给笔札。(《史记·司马相如列传》)

(205) 给其车马,遣送之。(《后汉书·独行列传》)

(206) 若复生子,当给于汝。(《祖堂集》卷一《商那和修尊者》)

(207) 如有缉知真贼来报者,官给赏钱一千贯。(《宋四公大闹禁魂张》)

元明时期,"供给"义趋于消失,"给予"义的使用频率上升,得以普遍使用,处于初步发展阶段,开始构成双宾句式,"给"从二价动词发展为三价动词。例如:

(208) 六月甲子朔,时暑,给修城夫病者药饵。(《金史》卷十五)

(209) 大人与了十只金钗,我给了店家一只,余下九只。(《全元曲·宋上皇御断金凤钗》)

(210) 大同参将贾鉴,不给军士行粮。(《二刻拍案惊奇》卷三十七)

清代是"给予"义的成熟期,给予动词"给"大量出现,呈爆发式增长,成为表"给予"义的主导词,特别在北方地区发展态势尤为猛烈,而"与"则逐渐被"给"取代,趋于消失。张敏(2011)提出"给"从宋末明初开始在北方话扩散,晚至乾隆初年的口语里完全将"与"取代。

随着"给予"义的发展,给予物由具体、有形的物体扩展为抽象、无形的事物,"给"不再表示"使对方得到"义,而表"使对方遭受"义。例如:

(211) 依着兄弟,总要好好儿给他一个下马威,有钱也不给他。(《孽海花》第五回)

(212) 最好弄个人从里头参出来,给他一个迅雷不及掩耳。(《官场现形记》第十七回)

(213) 一齐包括在内,给他个糊里糊涂的好。(《官场现形记》第十七回)

这种"给"也带了双宾语,尽管 NP$_{直接宾语}$ 仍是名词性成分,但表示的却是一种行为和遭遇。

清代以前,表"给予"行为不太用"给",而用"与","与"一直都是"给予"动词的主流形式,也就是说,"给"的"给予"义产生之前,该语义一直由"与"承担。

给予动词"给"所在语句具有以下特点:a. 给予者生命度等级较高,一般为有生名词,具备[+有生][+有意识][+自主]的语义特征;b. 接受者一般为指人名词或人称代词,具有领有的性质,给予的过程伴随着领属关系转移的过程;c. 给予物具有"有定"性,一般是具体、有形的客观物体,由具体名词充当,有时也可以是抽象、无形的事物,但不管是具体还是抽象,必须具备有定性、特指性;d. 具有较强的"致移"性,致使事物由一方转移至另一方。

(三)给予 > 方向标记

当给予物由具体物品扩展为事件时,"给"不再表示单纯的物体转移动作,转化为方向性标记,表示"向、对"义。例如:

(214)于是张太太又重新大哭,一面哭着,一面下跪给刁大人磕头。(《官场现形记》第四十九回)

(215)当下雯青十分高兴地出来接见,三人都给雯青致贺。(《孽海花》第三回)

由上面的例子可以看出,"磕头""致贺"是主要动词,"给"是介词,标记行为动作的对象。

(四)给予 > 接受者标记

给予动词一般用于双宾结构,表某人将某物给予他人,后来"给"前带上表示给予方式的动作动词"分""送""卖"等时,"给"失去了动词的功能,转化为接受者标记,起到介引所给物品或行为的接受者的作用,用于"NP_1 + VP + 给 + NP_2"格式,V 具有[+使物体转移]的语义特征。例如:

(216)来这洛阳收买军需,分给沿边将士。(《元曲选·百花亭》)

(217)把地分给他一半,他也就没啥说了。(《歧路灯》第七十回)

(218)我都买给你,你老老实实说罢!(《老残游记续集》第三回)

(219)我的官是张官保保的,怎么说是你舅舅卖给我的!(《官场现形记》第三十回)

给予动词和接受者标记都包含"给予"义,但两者的根本区别是：给予动词凸显物体转移的动态过程，强调"给予"事件；接受者标记更凸显物品的接受者或给予目标，强调物体运动的终点或到达场所。

（五）给予＞受益者标记

"给"除了标记具体物体的接受者之外，还可用来引进劳役或服务的对象，标记受益者，基本格式为"（S）＋给＋O＋VP"，例如"给奶奶梳头""给妈妈洗脚"。通常有生命的人才会去使用得到的利益，故而受益者以有生名词为主。

Shibatani（1996）提出，在多数语言中，受益句式源于给予句式，给予是受益产生的基础。木村英树（2005）、晁瑞（2013）认为，受益者标记"给"源于接受者标记，通常接受者也是受益者，从引进具体事物的接受者到引进恩惠、利益的受益者，应是功能扩展的结果。马贝加、王倩（2013）认为，"给予"本身就蕴含"使某人受益"义，从给予到受益是有认知上的理据的，两者在语义上具有极大相关性。

我们认为，受益介词"给"源于给予动词"给"，当"给"频繁用于连动结构，给予物从具体事物扩展至使人获益的劳役、事件时，"给"就发展出"帮、替、为"义，变为受益者标记。给予事件中的给予者成为服务者，接受者成为被服务者或受惠者。连动结构提供的句法环境加上语义合宜为"给"的语法化提供了重要基础。

"给"的受益者标记用法最早见于清初，后用例渐多。例如：

（220）你该知感俺娘打你几下子给你消灾，要不，天雷必定要劈。（《醒世姻缘传》第六十回）

（221）我想给你取个妾也罢。（《醒世姻缘传》第五十三回）

（222）等黑了，街上认不清人时，我去给你买去，何如？（《歧路灯》第三十九回）

（223）你当初在衙门里，给人家干了多少好事。（《歧路灯》第五十八回）

（224）啸庵坐在靠壁高椅上，傍边珠凤给他装水烟。（《海上花列传》第七回）

(225) 阿虎移过杭具,就给二宝梳头。(《海上花列传》第六十二回)

在"给予＞受益者标记"过程中,"给"的给予义淡化,动作义减弱,服务义增强,介引服务对象的能力提高。

受益者标记产生前期,"给"的宾语多为受益者,其后的谓语多表示所提供的服务或带来的便利,"给"可替换成"帮""替""代""为"等。自清代后期以来,"给"的宾语由受益者扩展为受损者,其后的谓语也可表示对其不利的事件,这时"给"不能替换成"替""代"等词语。例如:

(226) 别追他啦,主人没在家,别给主人惹祸。(《三侠剑》第七回)

(227) 别给我们惹祸就得了。(《康熙侠义传》第一百四十回)

随着受益者标记语义的进一步泛化,清代还出现了一种命令性句式"你给我VP",经常用于具有强烈命令口吻的祈使句中,凸显一种权势关系,说听双方构成权势、地位上的等级差别。说话者说出这一句式时,自认为比受话者具有更高的权威性。例如:

(228) 你只把那银子给我拿了去。(《醒世姻缘传》第六十七回)

(229) 你给我改正了再拿去。(《孽海花》第二十三回)

在"你给我VP"句式中,"给"的"为、替"义基本消失,逐渐演变为一个语法化程度较高、表达说话人强烈祈使语气的功能词,"给我"从介宾短语演变为相当于语气副词的命令标记。句式带有强迫语气,有强制要求听者做某事的意味。在"给我"产生之前,该语义由"与我"承担。例如:

(230) 把他与我打将出去。(《琵琶记》第二十三出)

清代以后随着"给我"的崛起,"与我"逐渐被取代。

洪波、王丹霞(2007)指出,命令标记"与我""给我"语法化的机制是主观化。表"受益"时,说话人希望听话人通过某种行为给自己带来实际利益,于是逐渐形成这样一种认识:只要在言语中加上"与我"或"给我",就能使自己获取利益。

清代中后期,随着"给"语义的进一步虚化,开始作为加强处置语势的助词,用于"给VP"和"把/将……给VP"两种结构中①。例如：

(231) 你为甚么给打死？（《三侠剑》第一回）

(232) 时常家人在后面楼上睡觉，就把家人给扔下楼来。（《济公全传》第十四回）

这种句式有独特的表达功能：谓语多以结果补语收尾，句子的语义重心是表达一种结果义，但通常是不好的结果，带有"使……受损""不如意"之义；有些句子还附加"出乎意料"的语气，表示某种不如意的结果出乎说话人的意料。

汉语方言中，给予动词和受益者标记同形是很常见的现象，详见表4-3。

表4-3　　汉语方言给予动词和受益者标记同形现象

方言区	方言点	受益者标记	给予动词
兰银官话	乌鲁木齐	给	给
	银川	给	给
	兰州	给	给
东北官话	哈尔滨	给	给
中原官话	徐州	给	给
	固原	给	给

---

① 关于"给"的词性及功能，学界已有一些深入研究，但各家看法不一。《现代汉语八百词》(1980) 认为"给"是助词，删去后语义依然完整。齐沪扬 (1995) 提出"介词说"，指出"给"同样具有处置义，其本来的支配成分由于受到"把"的作用提到前面了。张谊生 (2001) 认为"给"是"把""被"的宾语前移后留下的标记成分，起到加强语势的作用。李炜 (2004a) 认为助词"给"主要用于加强处置/被动语势。温锁林、范群 (2006) 将其称为"自然焦点标记词"，作用主要体现在语用方面，使"给"后的自然焦点更显著、更定位。胡靓、石毓智 (2021) 引入物理学的"矢量"概念，指出"给"最核心的语法功能是标记动词矢量方向的转变。我们认为，"把/将+O+给+VP"是处置式的加强式，形式标记"给"更像是一种羡余成分，省略后也不影响句法和语义的完整性，其功能主要体现在语用上，起到标记语义焦点、强化处置语义、增强处置效果的作用。

续表

方言区	方言点	受益者标记	给予动词
江淮官话	南京	给	给
	扬州	给	给
	枞阳	把	把
西南官话	成都	给	给
	贵阳	给	给
	襄樊	给	给
吴语	金华	分	分
	绍兴	拨	拨
	杭州	拨	拨
	衢州	拿	拿
	宁波	拨/得	拨/得
	余姚	则/捉	则/捉
	大荆	搭	搭
闽语	福州	乞	乞
徽语	祁门	分	分
晋语	太原	给	给
湘语	邵阳	担	担
客家话	瑞金	等	等

从表4-3中不难发现，给予动词和受益者标记同形具有极强的普遍性，受益者标记多由给予动词发展而来。"给予>受益"的语义演变还具有跨语言的证据，在卡慧拉语、泰语、埃菲克语、塔格巴纳语、拉祜语、缅甸语、瑶·桑索语、越南语、泰米尔语等世界语言中得到充分印证（Bernd Heine&Tania Kuteva，2012）。

（六）给予＞容让＞非自愿容让＞被动

关于被动标记"给"的来源，诸多学者进行过论证，不乏精辟之见。Bennett（1981）认为"给"从"给予"到"被动"经历了"处置"这一中间环节。江蓝生（2000）论证了南方汉语给予动词兼表被动反映上古的历史层次，指出给予动词自古以来都是使役和被动兼用的。张敏（2000）认为，与格标记可以发展为使役标记，进而发展出被动标记的用法。石毓智（2004）认为，给予动词"给"可以直接发展为被动标记。李炜（2004b）认为"给"表被动是受南方官话影响，并非由自身用法发展而来。洪波（2004）指出，由"给予"发展为"使役"，再由"使役"发展为"被动"是汉语语法化的重要规律之一。木村英树（2005）将"给予→被动"的语义网络分为两种类型，一种是粤语型，以使动义为中介；一种是北京型，以受益义为中介，认为北京话的"给"经历了"给予动词＞受益者标记＞被动标记"的语法化历程。洪波、赵茗（2005）指出，给予动词不能直接发展为被动介词，必须经过使役动词才能进一步语法化为被动标记，证据之一是使役动词先于被动介词产生，证据之二是一大批被动介词如"叫""让""教""着"等皆源于使役动词。蒋绍愚（2012）主张"给"作为给予动词可以构成"给+O""给+O+V"两种句式，后一种句式具备发展为被动句的条件，不过不是直接发展为被动句，而是经过了使役句的中间阶段。

  以上学者的主流观点是：给予动词发展至被动介词需要以"使役"为中介。我们基本同意该观点，因为在我们调查的方言中，基本不存在这样一种方言：某个词有给予和被动两种用法，但无法用作使役动词，在近代汉语文献里亦尚未见到这种现象。然而，关于"使役"的概念和范围，历来颇具争议。江蓝生（2000）指出，使役指"动词有使令、致使、容许、任凭等意义"[①]。洪波、赵茗（2005）根据使役强度，分为命令（高）、致使（中）、容让（低）三个等级。王琳、李炜（2013）将使役分为两个下位范畴："令致类"（使令、致使）和"容任类"（容许、任凭）。综合以上学者的观点，我们持较为广义的"使役"观，认为"使役"作为一个语义范畴，范围较广，包括使令型、致使型、容让型、任凭型等若干成员。常见使役动词有"使、让、令、叫、教"等。我们认为，给予动词"给"先发展出容让使役，再发展出非自愿容让使役，最后才发展为被动标记，换言之"给予"发展为"被动"，经历了"非自愿容让"的过渡阶段。

[①] 江蓝生：《近代汉语探源》，商务印书馆2000年版，第221页。

1. 给予＞容让

"给"表给予时，经常见于双宾句"（S）+ 给 + NP_间接宾语 + NP_直接宾语"，表"给予 NP_间接宾语 以 NP_直接宾语"，"给"是唯一核心动词。当双宾结构后出现另一动词时，双宾结构演变为给予兼语结构"（S）+ 给 + NP_间接宾语 + NP_直接宾语 + VP"，表示使某人得到某物并由其支配、控制。例如：

(233) 我给你些银子拿着，你就寻着那赵杏川，叫他替你治治疮。(《醒世姻缘传》第七十四回)

(234) 把你关在一间房里，给你一个月豆腐吃，蒸死了你！(《儒林外史》第三十二回)

"给"用于给予兼语结构且与其他动词连用为"容让"义的产生奠定了句法基础，导致其给予动作义淡化。

后来，"给"的直接宾语省略，或作为话题提至句首，用于"（NP_直接宾语）+ 给 + NP_间接宾语 + VP"中，NP_间接宾语通常是 VP 的施事，VP 行为的实施以 NP_直接宾语的给予事件为前提，"给"和 VP 代表两个动作。例如：

(235) 你拿进去给他看，就说是我的来头，包管有点边儿。(《文明小史》第二十五回)

(236) 或遇秦家煮些腌鱼腊肉给他吃，他便拿块荷叶包了回家，递与母亲。(《儒林外史》第一回)

上例中的"给"仍表"给予"义，涉及被给予物体的转移，"他"既是动词"给"的受事，又是动词"看""吃"的施事，"看""吃"行为的实施取决于是否存在给予事件。当给予物不出现或不涉及物品转移，NP_间接宾语对其后动作具有支配性、操纵性时，就容易被重新分析为容让动词，表示"允许某人做某事"或"给某人做某事的指令"。

真正的容让动词"给"迟至清代才出现。例如：

(237) 你不放心，我把他们提出来给你看看，你有什么话不妨当面问他。(《文明小史》第九回)

(238) 凤四哥，你随便使一两件武艺给众位老哥们看看。(《儒林外史》第五十二回)

(239) 您不信，我走给您瞧。(《老残游记续集》第二回)

第四章　苏皖方言处置标记的多能性

（240）你们姑且讲几句苏州话来给我们大家听听，看你们究竟是苏州人不是？（《九尾龟》第一百四十四回）

（241）说着，转过头来给雪香看。（《海上花列传》第五回）

较之给予兼语结构，"给"的语义有了新的变化，不再具有"给予"义，因为不涉及具体事物的转移。以（237）为例，"给你看看"出自说话人"我"的主观意愿且在其控制之下，"给"具备［＋可控］［＋自主］的语义特征，相当于"让"。

为什么"给予"可以发展为"容让"？"给"表"给予"时，给予物通常是具体事物，被给予者对事物的支配是潜在的，当给予物为事件，并由接受者支配和控制时，这种支配就转化为显现的了。

其实"容让"也是一种抽象的给予行为，可以理解为：容让者发出某种指令给被容让者，比如"张三让李四喝酒"可以理解为张三给予李四一个喝酒的指令、机会或邀请。以江西瑞金话为例：

（242）a. 你系想去，我就讨你路费。你要想去,我就给你路费。

b. 你系想去，我就讨你去。你要想去,我就让你去。

a句中，"讨"的物体是具体、有形的"路费"，b句中"讨"的物体变为"去"这一行为，"讨你去"可以理解为"给你去的指令或允许"。

汉语中的"给予"和"容让"多糅合于同一句法形式，赠予者的目的是使对方使用，接受者得到物品后，也会物尽其用。由于"给予"的语义结构中包含了"容让"义，因此"给予—容让"的演变是很自然的。

"给予＞使役"是一条可靠的演化路径，广泛存在于汉语方言、泰语、越南语、高棉语、卢奥语、索马里语等语言中，具有跨语言、跨方言的共性。这里略举汉语方言中的用例加以说明：

（243）江苏南通：把碗端喊我。把碗端给我。｜车子要喊行人先跑。车子要让行人先走。

（244）江苏兴化：老师把你一本书吧？老师给了你一本书吧？｜把我重算一遍。让我重算一遍。

（245）江苏苏州：拿该点物事去拨俚。把这些东西去给他。｜派人看好，勿拨俚逃走。派人看好,不要让他逃跑。

(246) 广东广州：畀本书我。给我一本书。｜唔畀佢去。别让他去。

(247) 浙江金华：得我吃。给我吃。｜得渠自吃。让他自己吃。

(248) 福建莆田：者本册乞我。这本书给我。｜这牵事体怀通乞伊知晓着。这件事情不要让他知道。①

(249) 湖北襄樊：叫钥匙给他。把钥匙给他。｜他霸着好吃的不给妹妹吃。他占着好吃的不让妹妹吃。

(250) 江西瑞金：你讨我本书。你给我一本书。｜我唔讨你走。我不让你走。

由上例可知，给予动词和使役动词同形现象在汉语方言中广泛存在。

2. 容让＞非自愿容让＞被动

"非自愿容让"由"自愿容让"功能扩展而来。"自愿容让"表示给予者自愿给予接受者支配某行为的权利，且接受者的行为完全在其掌控之下，如在"这本书给他看看"中，给予行为是给予者心甘情愿为之的，表明给予者给了"他"看书的权利或机会。当 VP 变为已实现的行为，且不为给予者主观控制时，"给"发展为非自愿容让标记。例如：

(251) 如今破了一块，给他看见他肯答应么？（《九尾龟》第四十三回）

(252) 传出去给人知道，我们这样人家将来还有什么脸见人？（《九尾龟》第一百二十四回）

(253) 叫她到对过房里去拿笔墨信笺来，又叮嘱她别给妈见了。（《孽海花》第十四回）

上例中的"看见""知道"等行为都是容让者不愿发生的、预期之外的事件，并非发自本心，且发生与否不为人所控制和操控。容让者受主客观条件限制，完全无可奈何，带有明显的不幸色彩。

非自愿容让句中，"给"的主语失去了对事件的操纵性，不再具有操控力，反而开始向受事者转化。"给"的宾语开始带有施动者的特性，同时整个句式用于描述"非企盼""不如意"的不幸事件，这些特点与被动式的语法意义已经相当契合，具备演变为被动句的语义基础。

---

① 刘羽琳：《莆田方言介词研究》，硕士学位论文，福建师范大学，2019 年，第 58—59 页。

句法上，非自愿容让句的句法结构也和被动式无限相近了。上例中的"给"也可替换为"被"，但和典型的被动式仍有一定的距离，其主语只能算作一种潜在的受事。当非自愿容让句中真正的受事成分充当主语，"给"的"使役"义几近消失时，非自愿容让句就转化为被动句。

典型的被动标记用法出现于清末。例如：

(254) 我当时给他蒙住了，脸上拉不下来，又不好发作，索性给他畅论一回容成之术。(《孽海花》第十一回)

(255) 我把彩云托给你，你给我好好收管住了，别给那些贼人拐了去！(《孽海花》第二十四回)

(256) 我不信，他是一个大官，倒给你这长官支使？(《聊斋俚曲集·增补幸云曲》第五回)

(257) 白白给他打了一顿，却是没有伤，喊不得冤。(《儒林外史》第十三回)

上例中的主语"我""彩云"等均是谓语动词的受事，"给"前后出现典型受事和施事成分，我们很容易理解为被动句，而不会理解为使役句。

非自愿容让句向被动句转化的过程中，两者的界限尚不十分明确，有些句子还处于过渡状态，会出现两可分析，理解为使役句和被动句均可。歧义现象的出现很可能是语法产生变化的起点，正体现出"使役＞被动"演变规律的合理性。例如：

(258) 又叮嘱她别给妈见了。(《孽海花》第七回)

上例中的"给"既可理解为"让"，表使役，即"她别让妈看见"，也可理解为"被"，即"这件事别被妈看见"。

为什么有两种理解呢？因为两种句式虽是不同性质的两种类型，一类是使役句，一类是被动句，但有一些相同之处：句子结构都可抽象为"甲＋给＋乙＋VP"，形式上几乎没有区别；在语义上具有相似性，无论是非自愿容让还是被动，都附加有"不如意"的消极色彩。

同时两者的差异也很明显：第一，被动句中的 V 一般是及物动词，非自愿容让使役句中的 V 可以是及物，也可以是非及物动词，当 V 是及物动词时，才可以转化为被动句。第二，典型被动句中的主语"甲"的语义角色一定是受事，而非自愿容让句中的"甲"是容让者，是动作的施事，这是二者的根本区别。有些句子的主语隐去，形成一个空位，这样就造成了语义上的模糊性，该空位既可理解为使役者，也可理解为受事。上例中"别给妈见了"主语缺失，需要补出隐含的主语，既可还原为"你别给妈见了"（使役句），也可还原为"这件事别给妈见了"（被动句）。第三，使役句中的动作行为往往是未实现的，谓语动词后不太能用"了"，被动句一般用于陈述已经实现的事情，可以加完成体标记"了"。当且仅当这些差异消失时，非自愿容让句就可转化为被动句，"给"才有了真正的被动介词用法。

此外，使役句演变为被动句，与受事主语句的发展密切有关，使役句的句首出现了受事主语，令使役句具有向被动句发展的可能（蒋绍愚，2012）。对于例（258）这种有歧义的句子，如果补出的主语是受事，那么才可以分析为被动句，如果根本不允许出现受事主语，那么该句只能理解为使役句，就不会存在重新分析的可能。

历史上"给"的同义词"与"也经历了"使役 > 被动"的演变历程：

（259）使役：不能与君陷于难。(《晏子春秋·景公问忠臣之事君何若晏子对以不与君陷于难》)

（260）被动：无礼于宋，遂与勾践所禽也。(《战国策·秦策》)

"给"表被动主要集中在江淮官话区，如南京、合肥、芜湖、全椒、淮安、扬州、淮阴等地，"给"是最常用、最具优势的被动标记。张延俊（2010）推测，清代小说中的"给"字被动式源于当时的江淮方言，其他方言中的被动标记"给"源自与江淮方言的接触。

（七）给予 > 处置

关于给予动词表处置的来源，很多学者进行过研究，但尚无确论。徐丹（1992）认为，"给"类动词自身有朝意义相反的方向发展的语义特征，可演化为动作相反的词，表达语义对立的语法概念。佐佐木勋人（2002）、石毓智（2004）认为处置标记直接源于给予动词。王健（2004）通过对北京口语文献《红楼梦》《儿女英雄传》等"给"字句的考察，提出"两种来源说"：一种来源是受益者标记；一种来源是使役动词。林素娥（2007）持"三种来源说"，认为"给"表处置具有多源性，广义处置源于给予动词，狭义处置源于受益介词，致使处置源于致使义动词。陈瑶（2011）、马贝加等（2013）提出给予动词不是处置介词的直接来源，必须先发展成所为介词即受益者标记，再发展为处置介词。晁瑞（2013）认为"给"表处置来源于三个方向：受益宾语缺失、受损宾语缺失、动词具有处置性的使役句。

综合以上学者的观点，本书认为，处置介词"给"的来源不是单一的，有以下两种路径。

路径一：给予 > 受益 > 处置

处置标记的来源之一是受益者标记。处置和受益具有直接的句法和语义相关性。在句法上两者是同构的，都是"NP_1 + Prep + NP_2 + VP"，NP_1是施事，NP_2是具有定指性的介词宾语，VP 一般是及物的、动作性较强的动词，这些句法相关性为"给"的重新分析提供了句法上的条件。表"受益"时，NP_2作为受益或受损对象，是有生名词，当NP_2的生命度不断降低，从有生名词扩展至非有生名词且成为受动词支配的对象时，"给"就有了重新分析的可能性。随着"给"语义的进一步虚化，NP_2由于受到 VP 的直接影响发生状态变化时，就易被识解为受事，"给"就被理解为处置介词。因此，NP_2发生"有生 > 非有生"的变化是处置介词"给"产生的关键。另外，二者在语义上也有共同之处。若要使某对象受益或受损，必然会对其施加某种动作行为，实际上也是一种处置，反过来，对某对象施加处置，也会使其受益或受损。

下面以泗洪方言为例来观察"给"的语义演变：

（261）哪个猜出来我就给哪个一百块钱。

（262）买只鸡给她补补。

（263）他们给教室都安上空调了。

作为给予动词，双宾句"给 + $O_{间接}$ + $O_{直接}$"是其出现的典型句法环境，如例（261）。当表示服务行为的 VP 占据了 $O_{直接}$ 的句法位置，"给予某人某物"就变为"给予某人某种服务"，给予动词就发展为引益介词，介引被服务的对象，如例（262）。施益句表示某人有目的地通过某种动作行为对某人或某物产生某种影响，隐含有处置的意味，当受事成分占据了 $O_{间接}$ 的位置，就容易向处置式转化，如例（263）。

汉语方言中处置介词和受益者标记同形并非个例，而是一种普遍现象。陈泽平（2006）、林素娥（2007）认为"受益 > 处置"是汉语方言中具有普遍性的语法演变链。见表 4-4，下面方言中的受益者标记和处置标记同形现象也为"受益 > 处置"的演变提供了较充足的证据。

表 4-4　　汉语方言处置介词和受益者标记同形现象

方言区	方言点	受益者标记	处置介词
闽语	福州	共	共
	莆田	乞	乞
	厦门	共	共
	泉州	共	共
吴语	汤溪	帮	帮
	衢州	拿	拿
	宁波	得	得
	杭州	拨	拨
	大荆	搭	搭
	瑞安	代	代
江淮官话	东海	跟	跟
	铜陵	把	把
	枞阳	把	把
	安庆	把	把
	南京	代	代
	无为	代	代
	泗洪	给	给
中原官话	宿州	给	给
	徐州	给	给
	沛县	给	给
西南官话	襄樊	给	给
	昆明	挨	挨
	凤凰	帮	帮
	吉首	帮	帮
	昆明	挨	挨

续表

方言区	方言点	受益者标记	处置介词
赣语	宿松	把	把
	常宁	得	得
	潜山	把	把
	望江	把	把
平话	宁远	跟	跟
徽语	绩溪	把	把
	黟县	畀	畀
	歙县	帮	帮
	祁门	分	分

从表4-4可知，"受益"和"处置"在语义上关联密切，两者同形在官话、闽语、吴语、赣语、徽语、平话中都是非常普遍的现象，呈现出极强的相关性。

路径二：给予＞处置

朱德熙（1982）注意到与事和受事之间的语义联系，认为有时候可以把受事当作与事来看待，反之亦然。Bennett（1981）、佐佐木勋人（2002）通过对汉语多个方言的考察，认为"给""把""畀"等给予动词在"Give$_1$ + Theme + Give$_2$ + Goal"双宾结构中被重新分析为处置介词。石毓智（2004）认为，"给"作为给予动词，经常用于双宾连动结构"（S）+给+NP$_{间接宾语}$+NP$_{直接宾语}$+VP"结构，当间接宾语提前或省略变为"（S）+给+NP$_{直接宾语}$+VP"时，就有了向处置式转化的可能性。由于给予和处置之间的紧密关联性，很多方言中的处置标记由给予动词兼任。详见表4-5：

表4-5　　　　汉语方言处置介词和给予动词同形现象

方言区	方言点	处置标记	给予动词
中原官话	开封	给	给
	蚌埠	给	给

续表

方言区	方言点	处置标记	给予动词
徽语	祁门	分	分
	黟县	畀	畀
	休宁	提	提
赣语	常宁	得	得
	黎川	把	把
湘语	涟源	拿	拿
	临武	阿	阿
	长沙	把	把
	湘潭	把	把
	洞口	把	把
江淮官话	扬州	把	把
	泰州	把	把
	合肥	给	给
	英山	把	把
	罗田	把	把
	孝感	把	把
	黄冈	把	把
	黄梅	把	把
	枞阳	把	把
西南官话	襄樊	给	给
	武汉	把	把
吴语	高淳	把	把
	上海	拨	拨
	杭州	拨	拨
	宁波	拨	拨
	衢州	拿	拿
客家方言	连城	拿	拿
	汝城	拿	拿
粤语	河源	把	把

续表

方言区	方言点	处置标记	给予动词
闽语	厦门	互	互
	莆田	乞	乞

佐佐木勋人（2002）发现"给予＞处置"的演变集中分布在南方方言，特别是长江一带中部地区。我们的调查结果与之相符，这种现象在北方方言中极其罕见。在南方很多方言中，给予动词和处置介词经常在同一个句子中同形共现。例如：

（264）江苏扬州：把钱把他。把钱给他。

（265）江苏泗洪：给信给我。把信给我。

（266）江苏泰州：把本书拿把我。把那本书拿给我。

（267）安徽枞阳：把工钱把他。把工钱给他。

（268）安徽芜湖、当涂：把本书把我。给我一本书。

（269）江苏靖江：把钱借把他。把钱借给他。

（270）江苏苏州：阿是老师拨仔一本蛮厚葛书拨俫啊？老师给了你一本很厚的书吧？

（271）安徽黟县：畀一本书畀我。把一本书给我。

（272）安徽潜山：把衣服拿把我。把衣服拿给我。

（273）湖北武汉：把书把他。把书给他。

（274）江西黎川：把书把我。把书给我。

（275）湖南常宁：得书得渠。把书给他。

（276）湖南长沙：把钱拿把我。把钱拿给我。

（277）湖南株洲：把那瓶醋递哒把我咯。把那瓶醋递给我。

可得出结论：给予动词在不同方言中有不同的演变路径，一种是直接发展为处置标记，一种是先有受益介词用法，再发展为处置标记。

清代以后，"给"开始表处置义。例如：

（278）小弟还给一个执照与他，拿着贼时，一一追来给还。（《隋唐演义》第二十五回）

（279）即将给券撂在地下，说："拿去罢。"（《歧路灯》第五十四回）

（280）若是给别人剩的给我也罢了，一样这屋里的人，难道谁又比谁高贵些？（《红楼梦》第三十七回）

（281）每人打一顿给他们，看还闹不闹！（《红楼梦》第七十七回）

（282）给他放在盆架儿上罢。（《儿女英雄传》第九回）

本书认为，现代北方方言"给"的处置用法源于受益者标记，而非给予动词，理由有三：第一，"给"的给予用法在汉语史上可以追溯到上古或中古时期，清代已经发展得相当成熟，若是源于给予动词，那么至少在清代就可见到大量"给"表处置的用例，然而事实并非如此，近代汉语语料中极少有"给"表处置的用例，这种现象的成因难以解释。第二，"给"如果由"给予"义直接发展而来，南方方言中也有给予动词用法，为什么没有发展为处置介词呢？第三，"给"的"给予"义从清代至今发展得已经颇为成熟了，而"给"无论是在近代还是现代都不是一个强势处置介词，只在部分北方方言中使用，而这些方言中"给"同时又有受益介词用法，因此从给予到处置还经历了"受益者标记"这一中间环节。所以"给"表处置是官话方言自身发展演变的结果，而非来自近代汉语的遗留或其他方言的接触影响。

综合以上分析，"给"在历史上的语义演变轨迹详见图4-9。

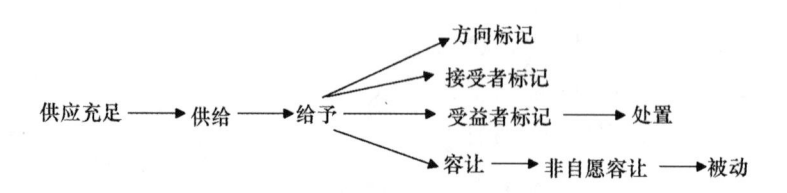

供应充足 → 供给 → 给予 → 方向标记 / 接受者标记 / 受益者标记 → 处置 / 容让 → 非自愿容让 → 被动

图4-9　"给"的语义演变路径

图4-9显示，"给予"是其他多种用法产生的源头，在"给予"义基础上，"给"分化出四条演变路径，分别衍生出方向标记、接受者标记、处置标记和被动标记的用法。

第三节 "拿"的多能性

一 "拿"的多能用法

"拿"在苏皖区域中的主要用法有：持拿动词、工具介词、处置介词。具体用法及例句详见表4-6。

表4-6   "拿"的多能用法

功能	方言点	方言例句
持拿	江苏扬州	把东西拿过来。
	江苏徐州	拿两个馍馍揣怀来。
	江苏南京	你拿不了我来代你拿。
	安徽六安	屋子漏水了，快拿工具来。
	安徽阜阳	家来啥都有，你想吃啥就自己拿。
	安徽芜湖	等拿得发票再走。
	江苏泰兴	他拿啊不少书。
	江苏苏州	㑚个物事自家拿仔去。
工具	江苏丹阳	拿尺量一下。
	江苏扬州	我拿毛笔写字。
	江苏南京	这么多东西得拿汽车运。
	江苏南通	拿大碗盛饭。
	江苏无锡	拿钩子摘伊下来。
	安徽铜陵	拿大锅煮饭。
	江苏连云港	拿什么车从南京拖家具？
	江苏高淳	拿鸡蛋打石头。

续表

功能	方言点	方言例句
处置	江苏启东	阿姨拿外孙送回转特。
	江苏海门	他倷拿教室统统装上空调了。
	江苏常熟	恁拿碗汏一汏。
	江苏昆山	伊拿橘子剥了皮,但是哎不吃。
	江苏丹阳	他就是箇种人,你还拿他无办法。
	江苏苏州	快点拿衣裳收进来。
	江苏吴江	伊拿吾衣裳弄邋遢的。
	江苏常州	看他弗情愿到则拿嘴噘到则老高。

由表4-6可知,"拿"的处置介词用法主要集中分布于吴语区,属"吴语"型处置标记。

二 "拿"的演化路径

(一) 持拿 > 工具

"拿",最初写作"挐",《说文·手部》:"挐,牵引也。"例如:

(283) 漂旋弄天影,古桧挐云臂。(李贺《昌谷诗》)

(284) 客到双眉肿,夫来两手挐。(《王梵志诗校注》卷三)

(285) 欲则有意于必得,便要挐将来。(《朱子语类》卷八十七)

(286) 妾亦怕他反悔,已挐了他上直朱红牌一面为信。(《菩萨蛮》)

"拿"这一字形产生时间较晚,约出现于宋元时期,义为"持、握"。例如:

(287) 可人意,拿不住,握还空。(陈德武《水调歌头·莲衬凌波步》)

(288) 手持画干方天戟的,将钺斧的,拿剑的,手柱枪的,三尺宽肩膀,灯盏也似两双眼,直挺挺的立地,山也似不动惮。(《朴通事》)

后来动词"拿"出现在"拿+NP+VP"结构中,NP为持拿对象,

后续的 VP 表示"拿 + NP"的目的,"拿 + NP"与 VP 表示先后两个动作。例如:

(289)张胜自归到家中,拿出衣服银子与娘看。(《志诚张主管》)

(290)你去问主人家要几个席子藁荐来,就拿扫帚来扫地。(《老乞大》)

(291)你拿着多少银子买?(《朴通事》)

当句中停顿消失,NP 表示 VP 这一动作赖以实现的工具时,"拿"虚化为工具介词。例如:

(292)这百姓每刁泼,拿那金锤来打他娘。(《元曲选·陈州粜米》)

(293)我要拿看文章法子批俚该首诗。(《海上花列传》第六十一回)

(294)为甚么拿这话来混我?(《儒林外史》第三回)

(295)直钩钩两只眼睛,瞅着先生,看他拿什么话回答学生。(《官场现形记》第一回)

(296)你拿什么谢我?(《孽海花》第二十二回)

(297)拿手把自己的头发捕了两捕,说道:"你要晓得我是中国人,外国人,你只看我的头发便了。"(《文明小史》第四十七回)

在"持拿 > 工具"的过程中,有些句子存在多种分析的可能性,句中的"拿"既可理解为持拿动词,也可理解为工具介词。例如:

(298)拿大称来称斤两,那两根铜重一百二十八斤。(《隋唐演义》第八回)

上例中的"拿"可以作为动词,与"称"构成连动结构,"大称"不在持拿人跟前,需要先拿取,使其发生位移,再去实现"称"的目的。若"大称"就在眼前,无须拿取,此时"拿"可理解为介引工具的介词,相当于"用",句意为:用大称来称两根铜的斤两。

区分"持拿"和"工具"的关键在于需要根据上下文确定是否涉及宾语的位移。若"拿 + NP"与 VP 表示前后相连的两个动作,也就是说"拿"的主语需要先移步去取得某物体,将该物体转移至某地,再进行下一个动作,那么"拿"一般是持拿动词。如果全句只涉及一个动作,"拿"的宾语不具有位移义,"拿"应分析为工具介词。换言之,需要判定"拿+NP"与VP是否存在时间上的先后关系。

由持拿动词发展为工具介词是较为常见的演化路径，汉语史上的工具介词"将""持""捉""取""把"等都源于持拿动词。"持拿＞工具"是工具介词产生的主要路径之一，该演变路径不仅分布于现代汉语和古代汉语，也适用于努培语、达巴尼语、埃菲克语、伊乔语、拉祜语等世界其他语言（Bernd Heine&Tania Kuteva，2012）。

（二）持拿＞处置

元代以后，持拿动词"拿"所在句式趋于复杂化，开始用于"拿+NP_{受事}+VP"结构中，"拿"作为连动式前项，与其后的VP形成连动关系。例如：

（299）拿将管马的来吊着！（《朴通事》）

（300）你对右丞说，另拿两件送我何如？（《醒世恒言》第二十三卷）

由上例发现，"拿"进入连动结构的第一个动词位置，持拿对象多为可移动的具体事物，"拿+NP_{受事}"具有位移性，后续动作多是有目的的行为，前后两动作构成"条件—目的"关系，VP的实现以"拿+NP"为前提。虽是前后相接的动作，但在语义上的地位不同，VP是全句的语义重心所在，而"拿+NP_{受事}"只是辅助动作。

后来，"拿"的动作义减弱，其后NP不具有位移性，导致连动结构的重新分析，"拿"逐渐由动词虚化为表处置的介词。"拿"的处置介词用法产生时期"大概要晚至明代"[①]。例如：

（301）我们拿他往下一掼，掼作个肉团子。（《西游记》第三十一回）

（302）如今拿你蒸熟了，赏小的们下酒。（《西游记》第四十一回）

（303）耐拿二少爷来迷得好！（《海上花列传》第二十三回）

（304）他敢拿我怎样！（《官场现形记》第五十三回）

（305）外国人不拿他放在心上。（《文明小史》第二十四回）

例（305）中"拿"的动作义基本消失，可替换为处置介词"把"。语法化具有渐变性，在"拿"由动词虚化为介词的过程中会出现

---

① 冯春田：《近代汉语语法研究》，山东教育出版社2000年版，第571页。

歧解现象，有些句子存在双重分析的可能。例如：

（306）拿那雌雄宝剑插在我杨柳细腰间。（《全元曲·幽闺记》）

上例中，"拿"的词汇义还较强，可以理解为"持拿"义，充当连动结构的前一动词，即"先拿过来雌雄宝剑，然后插在我杨柳细腰间"，同时分析为处置介词也未尝不可，即"把那雌雄宝剑插在我杨柳细腰间"。之所以产生不同的分析，是因为"拿"还处于语法化的过渡阶段，其宾语还是具体的可持拿物。当"拿"的搭配对象扩大，搭配能力增强，所带宾语扩展为非可持拿物且不具有可移性时，"拿"就只能分析为处置介词了。

处置介词"拿"具有浓厚的方言特色，作典型处置标记主要集中于明清时期具有吴方言背景的作品，如《山歌》《文星榜》《官场现形记》《海上花列传》《九尾龟》等①，语义呈现多样化特点，包含广义、狭义、致使三种类型。这说明"拿"字句在明清时期的吴方言中就已发展成熟，是很常用的处置式。例如：

（307）拿俚关牢拉屋里。（《文星榜》十八出）

（308）拿我肚皮常滚得我急箍箍。（《山歌·卷八·竹夫人》）

（309）阿是拿楼浪房间租拨人家？（《海上花列传》第五十八回）

（310）因为太太没有儿子，却拿他爱如珍宝，把这位少爷脾气惯得比谁还要利害。（《官场现形记》第四回）

（311）总算好哉，几乎拿倪急杀快。（《九尾龟》第七十五回）

（312）你拿我的片子送到对过六号房间里二位西装先生，你对他说，我要去拜访谈谈。（《孽海花》第三十四回）

现代吴语各个方言对"拿"字处置式有着不同程度的继承和发展，所以笔者认为"拿"字处置式起源于吴语区，后往南、向西传播扩散至湘语、赣语、闽语、客家话等方言中。

较之南方方言文献，同时期带有北方方言色彩的文献如《红楼梦》《聊斋俚曲集》《醒世姻缘传》等中，"拿"字处置式的发展则不够成

---

① 《山歌》的作者冯梦龙，南直隶苏州府长洲县（今江苏苏州）人，收录当时吴地民歌编成《山歌》。《文星榜》的作者沈起凤也是苏州人。《官场现形记》的作者李伯元，江苏常州人。《海上花列传》，韩邦庆著，是最著名的苏白小说，书中对话皆用苏州方言是该书的鲜明特点。《九尾龟》的作者张春帆是江苏常州人，书中对白多用吴方言。

熟，受到语义和结构上的限制，未得到充分发展。语义上，一般只用于广义处置句中的处置"作"一类，表示主观态度或认识上的处置；句法上，句中谓语动词多为"当""当作"之类动词，类型和功能都较为单一。这表明，在明清北方方言里，和"把""将"等介词相比，"拿"的语法化程度还不高，表处置的用法受到一定限制，没有发展为典型的处置介词。这一现象出现的原因主要有两点：一方面，"拿"表处置产生时间较晚，大约在元代之后，而"把"字句已固定下来成为出现频率最高、占绝对优势的类型，人们已习惯了用"把"表处置，故"拿"的发展受限。另一方面，"拿"的动词用法太常用了，在语法化过程中仍保留较强的动作义，故虚化进度受阻。

根据我们的调查，在一些"把""拿"并用的方言如泰兴、南通，当宾语是可持拿物体如"西瓜"时，人们更倾向于选用"拿"表处置，很少用"把"。当宾语是非可持拿事物如"教室"时，"把"更常用。由此可知，处置介词"拿"至今仍未摆脱其动词"持拿"义。

第四节 "叫"的多能性

一 "叫"的多能用法

"叫"有多种词性和语义：喊叫、使令、容让动词；处置、被动标记；置换假设标记，详见表4-7。

表4-7　　　　　　　　　　"叫"的多能用法

功能	方言点	方言例句
喊叫	江苏扬州	把他叫得来。
	安徽合肥	他写作业在，你别叫他。
	安徽阜阳	你走时叫我一声。
	安徽亳州	你叫我干啥？
	安徽枞阳	你去叫他一下。
	江苏东海	你去叫他一声。

续表

功能	方言点	方言例句
使令	江苏无锡	医生叫你多睏一睏。
	江苏靖江	叫你去你不去，真是不识窍。
	安徽绩溪	叫渠明朝早点来。
	安徽六安	叫你姐出来一下。
	安徽枞阳	尔个叫你妈来接你？
	安徽芜湖	叫小家伙们先走。
	安徽阜阳	我说我不来你非叫我来。
	江苏扬州	哪个叫你来的？
	江苏海门	叫夷拿十万洋钿出来。
	江苏南通	叫他接父去。
容让	江苏南京	叫他过来吧。
	江苏涟水	叫我试一试。
	江苏徐州	叫我重算一遍。
	安徽亳州	叫她哭去，白管她！
	安徽蒙城	俺爸不叫我出去。
处置	安徽蒙城	她哭了一天，叫眼都哭肿了。
	安徽亳州	叫衣裳洗洗。
	安徽濉溪	叫你的笔借我用用。
	安徽宿州	你叫钱搁好。
	安徽阜阳	我叫你当自家人。
被动	江苏徐州	老三贪污的事叫人告了。
	安徽金寨	碗叫他给打破掉了。
	安徽阜阳	他屋来叫他弄得乱不拉唧的。
	安徽宿州	狗叫车撞着了。
	安徽濉溪	我叫他气死了。
	江苏赣榆	茶杯叫他打破了。
	江苏东海	钱都叫他败坏光了。
	江苏涟水	饭叫他倒得了。
	安徽六安	被子叫他抱出去了。

续表

功能	方言点	方言例句
置换假设	安徽蒙城	反正叫我,我不愿意去。
	安徽亳州	这个事叫你你可愿意?
	安徽怀远	这有啥难干的,叫我干也就三天!
	安徽濉溪	叫我,我不愿意去。

据调查,"叫"的处置和置换假设用法较为特殊,一般只见于安徽境内的中原官话商阜片。

二 "叫"的发展轨迹

(一) 叫喊 > 使令

《说文·口部》:"叫,呼也。""叫"之本义为"呼喊、号叫"[①]。例如:

(313) 或不知叫号,或惨惨劬劳。《诗经·小雅·北山》

(314) 至味不慊,至言不文,至乐不笑,至音不叫。(《淮南子·卷十七·说林训》)

(315) 扑镜大叫,疮皆崩裂,须臾而死。(《搜神记》卷一)

唐代,"叫"后开始出现了指人宾语,即被呼叫的对象。例如:

(316) 其妻遂为贼束缚在树,脔而食之,至死,叫其夫曰:"善事乌仆射。"(《旧唐书》·列传第一百四十三)

(317) 师扫地次,叫寺主,问:"师何得自驱驱?"(《祖堂集》卷五《云岩和尚》)

"叫"后宾语的出现为"使令"义的产生提供了有利的句法环境。

当"叫"的宾语可以自由地从事某种动作行为,变成其后 VP 的主语时,"叫"就有了重新分析的可能性,这一改变大约发生于宋代。宋以后,"叫"用于兼语句中,引申出"使、让、令"义,表示用言语通知某人,令其做出某种行为。句法形式是"NP_1 + 叫 + NP_2 + VP",主语

[①] 据汪维辉(2000),呼叫动词"叫"在中古时期用例较少,尚未跟"呼""唤"形成竞争之势,"叫"大量出现并取代"唤"是相当晚近的事。

NP₁是使令动作的施事者，一般为指人名词，"叫"的宾语 NP₂是兼语，既是第一动词"叫"的支配对象，即受事，又是第二谓语 VP 的施行主体，即施事。例如：

(318) 叫客将掇取秦兵曹坐椅子去。(《朱子语类》卷一百二十一)

(319) 修一封书，叫当直王吉来：你与我将这封书去四十五里，把与官人！(《清平山堂话本·简帖和尚》)

(320) 我便认得这里是焦吉庄上，故意叫他行这路，特地来寻你。(《万秀娘仇报山亭儿》)

(321) 你去叫他出来。(《张协状元》第五出)

(322) 荆公垂下眼皮，叫江居莫管别人家闲事。(《拗相公》)

使令句中，NP₁和 NP₂通常为人或团体、组织，两者可能存在多种关系，如雇佣关系、长幼关系、夫妻关系等。

到了元代，"叫"的使令动词用法开始广泛使用，使用频率节节攀升，经常出现于"叫 + NP + VP"结构中，表示说话者对听话者的命令、要求。例如：

(323) 待我去叫他出来。(《元曲选·荆钗记》)

(324) 去角头叫几个打墙的和垒工来筑墙。(《朴通事》)

明清时期，"叫"的使令用法发展成熟并逐步定型。例如：

(325) 叫佩之把文书封了。(《隋唐演义》第十三回)

(326) 漱芳只呷两口，即叫浣芳吃了。(《海上花列传》第十八回)

(二) 使令 > 置换假设

后来，使令动词"叫"与假设连词"若""如果"等连用，用于假设复句，表示一种虚拟的使令事件。例如：

(327) 若叫他跟着小的过几时穷日子，情管就象小的了。(《醒世姻缘传》第四十七回)

(328) 如果叫他见着天霸，也是愿意相从的。(《施公案》第二五二回)

当假设连词隐去时，"叫"位于复句之首，处于假设连词的句法位置，加上长期处于"假设—结果"关系的语境中，久而久之吸收、沾染了该语境义，即句中的假设语义被"叫"所吸收，进而被语用推理为置换假设标记，自身就可表假设义。例如：

（329）希侨道："叫我闲坐，时刻我就瞌睡了。一定玩。谭贤弟，你只说你会啥罢。"（《歧路灯》第十六回）

（330）我姓侯的自出世以来，没栽筋斗，众位方才大叶茶的苦水，叫我实喝不下去。（《三侠剑》第二回）

周洋（2015）指出，用于"假设—推论"话语结构是"叫"语法化为置换假设标记的句法位置条件，当"叫"的施事以及假设连词都不出现时，"叫"恰好出现在连词的句法位置，那么兼语结构"［叫_动 + NP + VP］"就可能被分析为介宾结构"［叫_标 + ［NP + VP］］"。此外，"叫"的使令行为和使令结果之间的因果关联是语法化为假设标记的认知语义基础。

历史上的使令动词"使""令""要"同样也发展出了假设义。例如：

（331）使死者有知，无面目见子胥、公孙圣于地下，必重罗三幅，以掩吾面！（《东周列国志》第八十三回）

（332）令章遇桀纣者，章死久矣。（《晏子春秋·景公饮酒七日不纳弦章之言谏》）

（333）这句话要说白了，就叫作"女强盗"了。（《儿女英雄传》第八回）

可见，"使令—置换假设"是较常见的语法化现象。

（三）使令 > 被动

汉语的被动标记有几大来源：遭受动词、使令动词、给予动词、持拿动词等。我们认为被动标记"叫"来源于使令动词"叫"。为什么使令动词可以发展为被动标记？太田辰夫（1987）认为，使令和被动是相通的，在意义上有难以区分的场合，区别在于人们的主观判断。江蓝生（2000）指出，汉语使令动词表被动的根本原因在于汉语语法存在"施受同辞"现象，不严格区分施动和受动，两者表层结构相同，只是内部语义关系不同，可以用同一词语兼表处置和被动，因此使令句可转化成被动句。蒋绍愚（2005）提到，当使令句的施事不出现，受事移至及物动词之前时，就可演变为被动句。笔者认为，使令发展为被动经历了"容让"的中间阶段，使令先发展出"容许、允让"义，再进一步发展为"非自愿容让"义，最后才有了被动用法。

1. 使令 > 容让

"使令"和"容让"两个概念是互通的,"使令—容让"是语义虚化、弱化的结果,命令、请求某人做某事必然蕴含同意某人做某事,当"使令"义弱化时很容易引申出"容许、允让"义。宋代以后,"叫"在"使令"义的基础上产生"容让"义,表示 NP₁ 主观容许、允让 NP₂ 从事某种行为,可替换为"让"。NP₁ 由使令者发展成容让者,VP 是否能够实现取决于 NP₁ 的主观许可。例如:

(334)今晚若不与丈夫同睡,明日公婆若知,必然要怪。罢,罢,叫他上床睡罢。(《清平山堂话本·快嘴李翠莲记》)

(335)又不叫他出入,高衙内便要见,也不能够。(《水浒传》第七回)

上例依然是典型的兼语式,"叫"的宾语"他"既是被容让者,又是其后动作"上床睡""出入"的发出者,具有[+自主]的语义特征。但和使令句相比,宾语对动作的控制力明显减弱,事件的执行与否取决于容让者的主观允许。

在"容让"义的基础上,"叫"又进一步虚化为"任凭"义,表示任由、纵容某人做某事。NP₁ 对事件的控制力进一步降低,相反 NP₂ 的自主性和操控力进一步增强。该用法在明代就已出现,清代用例渐多。例如:

(336)死便叫他死,救他则甚?(《醒世恒言》卷一四)

(337)晁大舍说道:"没账!叫他咒去!一咒十年旺,神鬼不敢傍!"(《醒世姻缘传》第三回)

2. 容让 > 非自愿容让 > 被动

上文所说的"容让"指的是自愿容让,即心甘情愿任由某人做某事。而后,伴随主语施动性和意愿性的减弱,"叫"进一步发展出"非自愿容让"义。何为"非自愿容让"呢?即事件的发生是当事人不希望看到的,发生与否取决于无法抗拒的外力,而非主语的本心或主观意志。例如:

(338)你可防备毛毛匠,别要叫他把好材料偷了去。(《醒世姻缘传》第八十四回)

(339)因为我们主人的住处,不肯轻易叫人知道的。(《孽海花》

第十二回)

上例中，尽管"叫"依然用于兼语句，但主语是非自愿容让者，对事件几乎没有任何阻挡力和操纵性。而"叫"的宾语虽也是受允者，但受允特征明显减弱，开始带有施事的特征，整个句子带有无法阻挡的遗憾或担忧语气，多用于叙述不幸事件。

非自愿容让句中，被动义已隐含其中。"叫"的主语失去了对事件的操纵性，反而开始向受事者转化。"叫"的宾语开始带有施事者的特性，同时整个句式用于描述不幸、不如意的事件，这些特征与被动式的语法意义尤为契合，具备转化为被动句的语义条件，若使令动词未发展出"非自愿容让"义，就不太可能有被动标记的用法。在句法上，非自愿容让句也和被动式的句法结构和内部构造无限相近了。上例中的"叫"也可替换为"被"，但和典型的被动式还有一定距离，它的主语只能算潜在的受事。当且仅当非自愿容让句中主语的操控性消失成为动词的受事且"叫"的"使、让"义几近消失时，非自愿容让句才转化为真正的被动句。

"叫"典型的被动标记用法始见于清初。例如：

(340) 一个姐姐叫人打得怎样的。(《醒世姻缘传》第六十回)

(341) 小人若是哄老爷，小人叫天打雷击了。(《歧路灯》第六十五回)

如果说上述用例还难以区分"非自愿容让"和"被动"的话，那么无生受事主语的出现则标志被动用法的发展成熟。例如：

(342) 索性把小时候拉青屎的根儿都叫人刨着了，这还合人家说甚么呢？(《儿女英雄传》第十九回)

(343) 外父的门风叫你弄坏了。(《歧路灯》第三回)

综上所述，"叫"的被动义应由"非自愿容让"义发展而来，它是使令过渡到被动的关键语义环节。有些无主句可作双重分析，如安徽蒙城方言"万一叫人看见咋弄？"，若主语是容让者，那么"叫"应为非自愿容让动词，句意为"万一不小心让人看见怎么办？"；若主语为受事，比如某种不好的行为，此时"叫"为真正的被动介词。歧解现象的出现更证实了这一演变路径的合理性。

需要指出的是，"使令"发展为"被动"的过程伴随着"使役"义的减弱和消失，具体可分为四个步骤：使役者甲命令受使者乙从事某动作行为 X，此时甲的施动性、意愿性得以凸显，"使役"义最强；如果"命令"义弱化，变成甲允许、任凭乙做 X，甲变为容让者，这时"使役"义开始减弱；再进一步弱化，甲什么都不做，却莫名遭受 X 的结果且对 X 没有操控力或制止力，此时"使役"义基本消失，和被动义无限接近；最后甲成为受事，使役动词虚化为被动标记。

"叫"目前是汉语方言中使用频率最高的被动标记，在数十种标记中高居第一位，几乎取代了"被"的地位。通过以上分析，现代汉语方言中的被动介词"叫"源于对清代的承继。

（四）使令 > 处置

关于方言中处置标记"叫"的来源，张雪平（2005）、刘春卉（2008）、郭家翔（2013）等认为应源于使令动词"叫"。本书基本同意该观点，在使令句中，甲命令、要求乙做某事，乙作为使令对象，必然是受到影响的一方，就可能演化为被处置的对象。随着"叫"语义的进一步虚化，抽象出"处置"的语法义。但需要补充的是，其处置标记用法是在致使结构中发展起来的，换句话说，"叫"由使令发展至处置经历了"致使"的中介环节。

1. 使令 > 致使

"使令"是指支使者向受使者发出命令或要求，令其实施某种行为，NP_1是发号施令者，具有某种权威，NP_2是被支使的对象，VP 的动作义较强且为NP_2所操控；"致使"即NP_2受到NP_1的影响，做出了某种行动或发生了状态的改变，VP 动作义较弱，变得不为NP_2所操控。前者强调主语的支使性，后者凸显主语的使因性。两者最根本的区别在于第二谓语 VP 是否为NP_2所操控，当 VP 是NP_2不可控制的动作或状态时，是致使，反之是使令。试比较：

（344）王氏便叫德喜儿催蔡湘套车。(《歧路灯》第四十七回)

（345）不识好歹的东西，你倒叫妹妹心疼。(《孽海花》第十六回)

例（344）中，"叫"表示"使令"义，"德喜儿"作为受使者，听到使令者"王氏"的指令后，会做出"催蔡湘套车"的举动，"催蔡湘套车"这一动作为"德喜儿"所操控；例（345）中，"叫"失去了具体的动作义，只表示抽象的致使概念，"不识好歹"为致使原因，该原因导致"妹妹心疼"的结果，可转化成因果复句：因为这东西不识好歹，所以妹妹心疼。

"叫"由"使令"发展至"致使"经历了以下变化：主语 NP_1 由人扩展至事物或事件，自主性降低甚至消失，使因性、致使性增强；兼语 NP_2 对动作的操控性减弱，由动作的实施者变为受影响者；VP 的动作义减弱，开始出现心理动词、形容词、状态动词等，多用于描述已然发生的事件，具有[+完成]的语义特征。

"叫"的致使用法产生于明代，清代用例渐多，其宾语最初是生命度较高的人。例如：

（346）原来你们都在一块儿，倒叫人好等！(《孽海花》第二十回)

（347）先来给我送个信儿多不是好，叫人家盼望的不死不活的干么呢？(《老残游记续集》第三回)

后来"叫"的宾语由指人名词扩展到普通名词，这表明"叫"的"致使"义逐渐发展成熟。例如：

（348）你务必用这半盆水叫那鱼躺着，一来显大，二来水浅他必扑腾，算是活跳跳的，卖这个手法儿。(《三侠五义》第三十三回)

（349）石爷故意一慢，叫他的双锤稍微碰上一点儿，容韩勇的锤向里首裹去，石爷急将毒龙拐撤回，又奔韩勇大腿根上刺去。(《三侠剑》第七回)

上例中"叫"的后接宾语"鱼""双锤"作为非人名词，是受影响、被改变的对象，无法自由、自主地从事某种活动。

"叫"表致使时，根据致使行为是否是致使者有意为之，可分为有意致使和无意致使两类：

（350）我叫你上天无路，入地无门，你才晓得我的本领哩！(《三宝太监西洋记》第四十一回)

（351）到明日你要不去，叫我羞的死。(《歧路灯》第七十三回)

例（350）表明说话人有意让听话者"上天无路，入地无门"的决心，主观意愿较强；例（351）中，致使结果"羞的死"并非致使者"你"有意为之，而是意外遭受。

无意致使应由有意致使发展而来，当 VP 无法由致使者控制时，就演变为无意致使。

"使令＞致使"的演变路径在汉语中反复出现，"使""让""令""教""着""交""与""遣"等词的致使用法也源于使令用法。据郭锐（2009b），越南语、缅语、克伦语、拉祜语中的"致使"义也由"使令"义发展而来。

2. 致使＞处置

施春宏（2019）认为，"处置"和"致使"作为语言中的普遍范畴，实际上是一个问题的两个不同方面或视角，一个强调施动性，另一个强调使动性。金小栋、吴福祥（2019）指出，"处置"和"致使"之间由于语义相近、相通，句法环境相同，可能会发生双向性演变。"叫"字处置句和致使句的句法结构都可抽象为"A＋叫＋B＋VP"，两者在语义上的共同点为A是VP发生的使因，B为受影响的对象，但处置句表达的是A有意识地对B施行某种处置行为，使其受到影响，A是VP的施动者和支配者，而在致使句中，A往往只是致使者，不是支配者。"叫"由致使义发展为处置义，经历了以下三点变化：第一，NP_1对事件的控制度逐步上升，成为VP的施事；第二，NP_2经历了由当事/施事到受事的演变，变为受处置、受影响的一方；第三，VP经历了由不及物到及物的演变，动作性增强，充当整个句子的语义重心和信息焦点，而"叫"的动词义逐渐被压制，降级成为句子的次要信息。

我们在清代小说《歧路灯》中发现"叫"表一般处置的用例。例如：

（352）宝剑儿打灯笼，叫他们送到家。（《歧路灯》第十五回）

（353）我就叫他算上一个。（《歧路灯》第十五回）

（354）谭绍闻又想出个法子，叫冰梅、赵大儿、老樊算成一股儿，冰梅掌牌，老樊指点色样，赵大儿伺候茶水，兴官抽头儿。（《歧路灯》第五十回）

例（352）中，"送到家"是"宝剑儿"发出的动作，"他们"是被处置的对象；例（353）中，"叫他算上一个"即"把他算上一个"；例（354）中，"叫冰梅、赵大儿、老樊算成一股儿"义为"把冰梅、赵大儿、老樊算成一股儿"，"叫"的宾语"冰梅、赵大儿、老樊"为动词"算"的受事。

处置介词"叫"虽有用例，但数量极少，可能的原因有两点：一是由于"叫"的"叫喊""使令""被动"用法大量存在且发展成熟,使得其处置用法受到排挤,处于弱势地位;二是因为"把"一直是普遍使用的处置介词,"叫"发展为处置介词后二者进行了语义分工,"把"专职表处置,"叫"主要表使令和被动。

《歧路灯》具有河南中原官话背景,其语言大体可反映清代的中原官话,而现代汉语方言是对明清时期方言的继承。可得出结论:虽用例罕见,但"叫"的处置标记用法在清代中原地区就已出现,该用法在当今的大多数方言点消失,在亳州、蒙城、濉溪等方言点得到不同程度的保留和发展。

"叫"经历了"致使 > 处置"的演变,所以有些句子可作"致使"和"处置"双重分析。例如:

(355) 亳州:这小孩叫我气得想骂人。

上例中的"叫"可分析为"致使"义:"这小孩使/让我气得想骂人","小孩"无意识的某种举动导致产生"我气得想骂人"的结果;同时"叫"被处理为处置介词也未尝不可,即"这小孩把我气得想骂人"。该歧解现象表明"叫"仍处于"致使—处置"的过渡阶段。

综上所述,我们可得出结论,"叫"先由叫喊动词发展为使令动词,后在使令动词的基础上,演变出置换假设标记、被动标记和处置标记的用法。发展轨迹详见图 4-10。

```
                    ┌──→ 置换假设标记
                    │
叫喊 ──→ 使令 ──┼──→ 容让 ──→ 非自愿容让 ──→ 被动
                    │
                    └──→ 致使 ──→ 处置
```

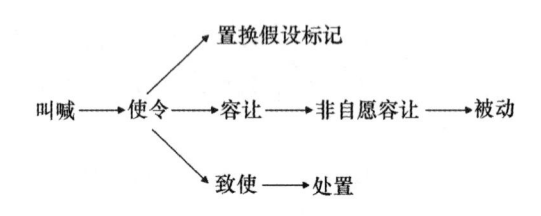

图 4-10 "叫"的语义演变路径

由图 4-10 可见,"叫"的"叫喊"义是演变脉络的源头或起点,后在"使令"义的基础上分化出三条路径,分别发展出置换假设标记、被动标记和处置标记的用法,其中从使令到被动经历了"容让""非自愿容让"的中间阶段,从使令到处置经历了"致使"的中介环节。由于使令动词作为非核心、主要动词,本身动作义较弱,加上汉语又存在

"施受同辞",主动和被动在表层形式上无明显区别,因此对于同一句式分析为处置和被动皆可。

第五节 其他多能性处置标记

除前四节讨论的常见处置标记"把""给""拿""叫"外,"跟""帮""代""捉""掌""担""畀""分""提"也是苏皖区域较有特色的多功能形式,以下分而述之。

一 "跟"的多能性

(一)"跟"的多能用法

"跟"除了最常见的"跟随"义外,还可介引伴随对象、处置对象,同时还有并列连词的功能,详见表4-8。

表4-8 "跟"的多能用法

功能	方言点	方言例句
伴随	安徽合肥	我跟她讲过了。
	江苏宿迁	跟他共事,早晚得吃亏。
	江苏徐州	我到了跟你讲。
	江苏丹阳	跟你讲多少遍了?
	江苏南通	我想跟你借点米。
	安徽阜阳	你不要跟人家打架。
	江苏泗阳	我跟你算清了吧?
并列	江苏东海	小王跟小张昨天都给校长批评了。
	江苏丹阳	老王跟老李一式格高。
	安徽蚌埠	昨天我跟她都没去。
	江苏扬州	老王跟老张一杠子高。
	安徽枞阳	老王跟老张一样高。
	江苏南京	老王跟老张一样高。
	安徽望江	我跟渠都姓王。
	江苏靖江	老王跟老张一样的高。

续表

功能	方言点	方言例句
处置	江苏淮安	你跟大衣穿上再出去。
	江苏泗阳	这毛巾脏死得了，跟它甩得吧。
	江苏东海	跟门关上。
	江苏灌南	他跟碗跌得了。
	江苏淮阴	帽子拿在这块，你跟戴上出去。

(二)"跟"的历时演变

1. 脚后跟 > 跟随

"跟"的本义是脚后跟，《说文·足部》："跟，足踵也"。例如：

(356) 弱足刖跟，不利出门。(《焦氏易林·卷一·乾》)

(357) 执彫虎而试象兮，陟焦原而跟止。(《后汉书·张衡列传第四十九》)

后来，"跟"的语义扩大，由脚的后部引申为其他事物的底部，引申机制是隐喻。例如：

(358) 师子乃先憼项骨，后拗脊跟，未容咀嚼，形骸粉碎。(《敦煌变文集·降魔变文》)

(359) 断崖抛雪瀑，又潜溜、入山跟。(曾原郕《木兰花》)

例句中的"脊跟"是指人脊椎下部，"山跟"指山脚。

宋代，由"脚后跟"自然衍生出动词"跟随"义，表示后面的人紧跟着前面人的方向一起行动。例如：

(360) 这个女儿不受福德，却跟一个碾玉的待诏逃走了。(《碾玉观音》)

(361) 王保跟张员外到家，要了他五百贯钱去了。(《宋四公大闹禁魂张》)

(362) 现今你跟着一个男子同走，却有何理说，抵赖得过？(《错斩崔宁》)

(363) 至次日，新荷跟父母到郡王府前，连声叫屈。(《菩萨蛮》)

元明以降，用例渐多：

(364) 姐姐，跟了他去就是死。(《元曲选·救风尘》)

（365）小人不得已，却又跟他进城，指望偷他的扇来。(《三宝太监西洋记》第五十三回)

（366）这小娘子弓鞋袜小，怎跟得上？(《警世通言》第二十一卷)

（367）忽见对面走进一个外国人来，后头跟着一个中国人。(《孽海花》第二回)

由于"跟"的本义是脚后跟，因此产生出的动词义也和"脚"有关，"跟随"即用脚紧随其后。

表"跟随"义时，跟随者与被跟随者虽然是"跟随"事件的共同参与者，但在语义上有主从之别，地位具有不平等性，多是主仆关系、上下级关系、长幼关系、师徒关系等。因此，"跟"作为动词，前后出现的名词有"前次后主"关系，被跟随者是带领者，起主导作用，为主；跟随者紧跟其后，处于次要地位，为次。

2. 跟随 > 伴随

于江（1996）考察了"和"类虚词的来源及发展，根据近代汉语语料提出"跟随动词>伴随介词"的语义演变链。"Follow—Comitative"演变在世界语言中也很常见（参看 Bernd Heine&Tania Kuteva, 2012）。作为跟随动词，"跟"经常用于"NP$_1$ + 跟 + NP$_2$ + VP"结构，义为"跟着某人共同做某事"，VP 通常为行走义或位移义动词，带有一定的方向。连动式中，两动作行为的语义有轻重之别，语义重心在第二动词，这种前后不平衡的语义关系易于引发连动结构的重新分析，使"跟"的语义开始虚化。当"跟"后 VP 扩展为非行走义动词时，开始有了发展为介词的可能性。当"跟"完全脱离"跟随"义，居于次要动词位置时，就发展为真正的伴随介词，引进动作行为所涉及的对象或协同者，相当于"向、对、和"。例如：

（368）你肯跟我做个压寨夫人吗？(《错斩崔宁》)

（369）跟伊家人苗青同谋。(《金瓶梅》第四十七回)

（370）跟那取经人做了徒弟。(《西游记》第八回)

（371）你不信，你跟先生商量。(《歧路灯》第三回)

（372）我跟你们往日无仇，今日无故，干吗你叫人戏弄我姑娘。(《孽海花》第十回)

（373）要差使，你为什么不来跟我说？(《官场现形记》第三十回)

"跟"用作介词，引进动作行为的另一参与者，两者组成的介词结构共同作 VP 的状语，构成偏正结构。以例（373）为例，"跟我说"即"对我说"，"跟我"与谓语动词"说"构成状中结构。

3. 伴随 > 处所

当"跟"的后接对象由指人名词扩展到处所词语时，发展为处所介词，相当于"在"，和处所词语一起充当地点状语。例如：

（374）我想你必是昨晚来了，跟我们公子书房睡的。（《狐狸缘全传》第四回）

（375）你也敢跟胜三爷跟前较量？（《三侠剑》第一回）

4. 伴随 > 并列

随着伴随介词"跟"语法化程度的进一步加深，派生出并列连词的用法，表示几人共同做某事，相当于"和"。"跟"所在的句法格式应分析为"（NP_1 + 跟 + NP_2）+ VP"。例如：

（376）随命小阿宝跟子富至楼下，向黄二姐索取那只拜匣，置于轿中。（《海上花列传》第四十九回）

（377）俺姐若知道先生跟姐夫在我家过午，也是喜欢的。（《歧路灯》第三回）

"跟"作为连词，基本功能不是介引，而是连接，所连接成分并列做句子的主语，没有主从之分，互换位置后，句意仍保持不变。以例（376）为例，谓语"至"的主语是"小阿宝跟子富"，两者对调变成"子富跟小阿宝"，不影响句子原义。

连词和介词在语法功能上有明显对立，前者的基本功能是连接，而后者是介引，但两者往往不易区分，易发生纠葛。"跟"无论是作介词还是连词，其所在句子的句法格式都是"NP_1 + 跟 + NP_2 + VP"，有时孤立地看一些句子会产生歧义，如"他跟我去上海"中的"跟"既可理解为连词，即"他去上海，我也去上海，两人一起去上海"；也可理解为介词，"我"是带领者，"他"是跟随者，即"他跟随我去上海"。

朱德熙（1982）提出区分介词和连词的两项标准：（1）前后成分互换位置后，若语义改变是介词，语义不变是连词；（2）介词前可插入状语等修饰成分，连词一般不行。除以上两点，还可从以下三个方面来鉴定：（1）根据前后成分的语义地位或主从关系来判断。作介词时，

NP₁和NP₂有主从关系，NP₂为主，NP₁为次；作并列连词时，就不存在这种差别，NP₁和NP₂地位平等，无主从关系，平等地参与事件的进行。（2）看前后成分是否充当句子的某一成分。作连词时，两者共同充当句子主语；作介词时，不可充当某一句法成分。（3）看前后两项后面可不可以用"都"总括。连词所连接的两项成分后可加"都"，介词则不能。

连词"跟"有两种可能的来源及演化路径，一种是由伴随介词虚化而来，另一种是直接来源于跟随动词，这两种路径皆有一定合理性。

路径一：伴随＞并列

吴福祥（2003a）通过对汉语历时语料的考察和共时语料的分析，发现汉语中存在"伴随动词＞伴随介词＞并列连词"的语法化链，接下来结合少数民族语言和其他人类语言的事实揭示了"伴随介词＞并列连词"的语法化模式。江蓝生（2012）对吴福祥（2003a）之说作了补充，根据源义将伴随动词分为甲、乙两类，"与、及、和"属于甲类，由伴随动词同时派生出伴随介词和并列连词用法；"跟、将"属于乙类，其语法化路径表现为线性的语法化链，遵循"伴随动词＞伴随介词＞并列连词"的演变模式。李小军（2022）指出，"伴随＞并列"是伴随介词最典型的演变路径。据 Bernd Heine&Tania Kuteva（2012），埃维语、巴卡语、林加拉语、莫雷语、雅加里亚语、土耳其语等世界语言也存在"伴随＞并列"的演变链。

路径二：跟随＞并列

并列连词"跟"也有可能直接从跟随动词派生而来，无须经过伴随介词阶段，即跟随动词可沿着不同途径派生出伴随介词和并列连词两种用法。"跟随"义与"并列"义较为接近，表"跟随"义时，一般是两人或多人协同去某地，跟随者与被跟随者之间是"前次后主"关系。当参与双方具有平等关系，"跟"不表位移义，只起连接作用时，就有了发展为并列连词的可能性。可以设想，开始时是"张三跟着李四去某地"，后来"跟"失去了动词性，被重新分析为并列连词，当可以说"张三跟李四都去某地"时，"跟"就变成真正的并列连词了。

基于汉语史、汉语方言和其他语言的大量语料，我们认为第一条路径更为可靠，并列连词"跟"源于伴随介词"跟"的可能性更大，理由如下：首先，伴随介词和并列连词在汉语史上基本是同源同形的，如"和""与""同""及""共""将"，两种用法在语义上有相近之处，都表示共同性或相互性，往往不易分辨，不少句子经常存在两可分析。其次，汉语方言和其他语言中也不乏两者同形的现象，可为伴随介词语法化的路径提供有利旁证。苏州话的"搭"、上海话的"得"、汕头话的"合"、黎语的"u：ŋ²"、仫佬语的"wən⁴"、布努语的"ʑau⁴"、拉基语的"naŋ⁴⁴"、拉珈语的"kap⁷"等形式都同时负载伴随介词和并列连词两种功能（参见吴福祥，2003a），我们很自然地可联想到两种功能间的衍生关系。刘丹青（2003b）指出，上海话的"帮"也经历了"伴随介词>并列连词"的演变。莫超（2004）认为，白龙江流域方言的"连"也同时具有"伴随"和"并列"义。绍兴话的多功能虚词"作"可介引伴随对象，也有并列连词的功能（盛益民，2010）。庄初生（2000）、蔡国妹（2016）发现闽语平和话、莆田话的"合"也兼表"并列"义和"伴随"义。此外，据我们调查，"跟"兼表"伴随"和"并列"还见于徐州、东海、哈尔滨、扬州、武汉、贵阳、娄底、萍乡、丹阳、西安、岳西等方言。

由此可见，"伴随介词>并列连词"的语法化模式不是汉语方言的孤立现象，而是世界语言中普遍可见的语法现象，体现了人类语言的共性，该演变轨迹是极具合理性的。用作介词时，句中动词包含"协同"义，"跟"逐渐产生出连接功能，最终语法化为并列连词。两词的界限本就模糊，当 N_1 对 N_2 有支配作用时，是介词；当两者地位对等，无高下之分，并具有并列关系时，是连词。

5. 伴随>受益者标记

刘丹青（2003b）指出，受益介词较有可能与伴随介词发生关系，与连同动词和并列连词关系不大。黄晓雪（2019）揭示了汉语方言受益者标记的五大来源，认为受益者标记"跟"源于伴随介词。贺学贵、黄晓雪（2022）指出伴随介词经历了"伴随>人物方向/服务受益>受益者"的语义演变。

汉语方言中介引伴随者和受益者常常共用同一标记，如苏州话的"搭"（石汝杰，2000）、苏州话的"帮"（刘丹青，2003b）、汕头话的"佮"（施其生，2000）、南宁平话的"凑"（覃远雄，2000）、福州话的

"共"(陈泽平,2006)、诸暨话的"得"(盛益民,2010)、瑞安话的"代"(陈玉洁、吴越,2019)、长沙话的"跟"(许宝华、宫田一郎,1999)、梅县话的"同"(许宝华、宫田一郎,1999)、平江话的"搭"(王众兴,1998)、莆田话的"乞"(蔡国妹,2016)、常德话的"跟"(郑庆君,1998)、慈溪话的"则"(盛益民,2015)、海口话的"共"、南京话的"代"、昆明话的"挨"、贵阳话的"跟"、南昌话的"跟"等。由此可见,从伴随介词转化为受益介词是具有普遍意义的演变链,是汉语伴随介词常见的语法化模式之一,表现出汉语的类型特征。

值得注意的是,伴随介词和受益者标记同形现象的分布是有规律的,具有较强的地域性,主要见于长江以南地区的吴语、闽语、湘语、赣语、平话、客家话等南方方言,鉴于此大概可以推知南方方言的受益介词多源于伴随介词。

"跟"作伴随介词时,句法格式为"NP_1 + 跟 + NP_2 + VP",NP_2作为陪同者,伴随NP_1一起执行VP。当VP只是NP_1的单方面行为,而NP_2只是作为事件的受益者或受损者而不参与该事件时,"跟"的"伴随"义大大削弱,被重新分析为受益者标记。"伴随"和"受益"在语义上也具有关联性,伴随者通常也是事件的受益者。

我们在汉语史中还未见到"跟"介引受益者的功能,但其他"和"类词如"和"有标记受益者的用法。例如:

(378)翟谦交府干收了,就摆酒和西门庆洗尘。(《金瓶梅》第五十五回)

(379)你也不和我做主。(《二十年目睹之怪现状》第一百三回)

黄晓雪(2019)说,"跟"的受益者标记用法主要见于官话、赣语及湘语中,北方方言虽有,但不及南方方言普遍。

6. 受益者标记>处置

"跟"表处置的用法多见于南方方言,如吴语、湘语、客家话等,这些方言的"跟"同时还有受益者标记的用法。马贝加、王倩(2013)认为"共""跟""同"等随同义动词经历了"伴随>受益>处置"的演变路径。唐浩(2017)考察了苏北方言"跟"的语法化,论证了处置标记"跟"源于受益者标记"跟"。已有研究表明,汉语史和其他方言中也不乏受益者标记虚化为处置标记的平行例证,因此"受益者标记>处置"的演变路径具有可行性。

下面以江苏东海方言为例,来看"伴随>受益>处置"的演变过程:

(380) 你跟我一起去喝喜酒吧。

(381) 跟我帮个忙。

(382) 跟门关上。

例(380)中,"跟"作为伴随介词,用在"A+B+跟+VP"结构中,A伴随B一起执行VP。到了例(381)中,A成为VP的主要执行者或承担者,代替B的部分劳动使其受益,"跟"就变为受益介词了。在受益格式中,当B成为VP的遭受对象时,"跟"就被重新分析为处置标记,如例(382)。

"跟"的历时演变轨迹详见图4-11。

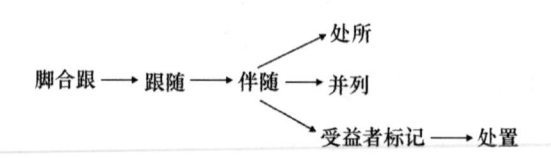

脚合跟 → 跟随 → 伴随 → 处所
                              → 并列
                              → 受益者标记 → 处置

图4-11 "跟"的语义演变路径

二 "帮"的多能性

(一)"帮"的多能用法

"帮"有帮助动词、受益者标记和处置标记三种用法,详见表4-9。

表4-9　　　　　　　　"帮"的多能用法

功能	方言点	方言例句
帮助	安徽枞阳	这个忙尔一定要帮我喂。
	江苏南通	你帮了我一个大忙。
	安徽亳州	我在帮弟弟写作业来。
	安徽蚌埠	帮我一下可管?
	安徽濉溪	你帮我一下。

第四章　苏皖方言处置标记的多能性

续表

功能	方言点	方言例句
受益	安徽休宁	别人家都是叫我帮渠解梦。
	安徽怀远	帮我提一下子这个包。
	江苏徐州	帮我交一下作业。
	江苏南通	帮伢儿洗澡。
	安徽宿州	帮俺签个字来。
	江苏丹阳	帮我买条香烟好蛮?
	江苏海门	帮我买一斤盐。
	江苏泰州	我不能帮你抱伢儿。
	安徽蚌埠、安庆、芜湖、合肥、歙县，江苏徐州、连云港、南京、常熟、昆山	帮我写封信。
处置	江苏赣榆	帮门关上。
	安徽休宁	帮太阳叫日头。①
	安徽歙县	尔帮钱放好。
	江苏泗洪	帮门关上。
	安徽金寨	我帮账算错掉了。
	安徽怀远	帮门关上。

　　虽然帮助和受益两者意义相近，但在形式和句法上是有区别的。第一，"帮"作动词，表"帮助"义时，指帮助者和被帮助者一起从事某种动作行为，"帮"无法替换为"给"，如"你帮我一下""你给我一下"；表受益时，用于"NP_1 + 帮 + NP_2 + VP"中，NP_1替NP_2完成了VP的动作，而NP_2没有参与，只是事件的受益者，"帮"可替换为"给、为、替"等，如"我不能帮你抱伢儿"⇒"我不能给你抱伢儿"。第二，尽管两者都能用于"NP_1 + 帮 + NP_2 + VP"，但表"帮助"义时，VP可删除，如"我在帮弟弟写作业来"⇒"我在帮弟弟"；作受益介词时不可删除，如"帮伢儿洗澡"⇒"帮伢儿"。第三，表"帮助"义时，

---

① 平田昌司：《徽州方言研究》，日本好文出版社1998年版，第280页。

"帮"作为动词能够重叠或加体标记，如"你帮帮我""他帮了我"；作受益介词时则不能。

(二)"帮"的语法化

1. 帮助 > 受益

"帮"的常用义为"帮助"，例如：

(383) 老兄用得着时，便来相帮。(《错斩崔宁》)

(384) 这桩事须不是你一个妇人家做的，一定有奸夫帮你谋财害命。(《错斩崔宁》)

(385) 他见我说孝心之事，他便情愿嫁我，相帮还债。(《清平山堂话本·董永遇仙传》)

(386) 待我叫娘子出来帮打。(《全元曲·白兔记》)

后来，"帮"用于"NP_1 + 帮 + NP_2 + VP"连动结构，表示帮助某人做某事。例如：

(387) 你看他两个贼子帮着俺哥哥吃酒，好不快活也！(《元曲选·杀狗劝夫》)

(388) 妾帮着官人到官申辩，决然罪不至死。(《喻世明言》第四十卷)

上例的NP_1、NP_2都是从事 VP 这一动作的主体，也就是说两人一起从事某种活动，但两者之间是有主次之分的，NP_2为主，是主要实施者；NP_1为次，只起到辅助、帮衬作用，此时"帮"依然具有动词性质。

后来，NP_1参与度越来越高，成为 VP 的唯一参与者，NP_2则变成动作的受益者，这时"帮"就有了受益者标记的用法，用于介绍动作行为所服务的对象。例如：

(389) 我帮你扛板凳拿茶碗。(《济公全传》第二百十六回)

(390) 未曾奉札之前，戴大理就头一个赶来送信道喜，帮他出谋划策。(《官场现形记》第十二回)

从表面形式看，"帮"所在结构似乎没有改变，仍可抽象为"NP_1 + 帮 + NP_2 + VP"，但深层结构发生了变化。最初的句法结构为连动，"帮"是动作义较强的实义动词，后来随着"帮"句法地位的下降，连动结构被重新分析为偏正结构，"帮"失去了"帮助"义，产生标记受益者的功能，虚化为引益介词，可替换为"给、为、替"。

"帮"本身的动词义决定了它有向受益介词转化的语义基础,"帮助"义和"受益"义十分接近,帮助某人做某事本身就包含使某人受益的含义,帮助某人的结果就是使对方受益,受到帮助的对象自然也是受益对象,因此帮助动词易被重新分析为受益者标记。当"帮"所在的连动结构转化成偏正结构,便有了被重新分析为受益介词的可能性。两者最根本的区别是谓语动词所述行为是否由前后两个 NP 共同执行。

2. 受益 > 处置

"帮"由帮助动词虚化为处置介词,经历了受益介词的过渡阶段。作为受益介词时,对其后成分是有要求的,主要是适合充当受益者的有生名词。后来随着宾语的扩展,不再受 [+ 有生] 语义特征的限制,开始出现无生名词,宾语变为受处置的对象,"帮"的处置介词用法也随之产生。因此,部分方言中的处置标记"帮"是受益介词"帮"自然发展的结果。

三 "代"的多能性

(一)"代"的多能用法

"代"可用作替代动词、受益者标记和处置标记,详见表 4 – 10。

表 4 – 10　　　　　　　"代"的多能用法

功能	方言点	方言例句
替代	江苏徐州	我给王老师代课。
	安徽蚌埠	王老师有事,今天我代他上课。
受益	江苏南京、连云港、扬州、涟水	你代我写封信。
	安徽绩溪	尔代我写封信。
	江苏泰州	代我写封信。
	安徽无为	代你梳头。
处置	江苏南京	你代我吓一跳。
	江苏启东	你代碗汏一下子。
	江苏响水	你代碗刷刷。
	安徽无为	毛巾好脏,代它甩得吧。

"替代"和"受益"意义接近，不易区分，但两者还是有明显区别的："替代"是指 NP₁ 替代 NP₂ 做了本来应该由 NP₂ 完成的职责或工作，"代"无法替换为"给"，如"我代你上课"⇒"我给你上课"；"受益"是指 NP₁ 为 NP₂ 提供某种服务，VP 并不是 NP₂ 本人必须要做的事情，"代"可替换为"给"，如"代你梳头"⇒"给你梳头"。虽然都能用于"NP₁ + 代 + NP₂ + VP"结构，但在 VP 是否可删略上存在差异，表"替代"时，VP 可删略，如"我代你去"⇒"我代你"；表"受益"时，VP 不可删略，如"我代你洗衣服"⇒"我代你"。

（二）"代"的语法化

1. 取代 > 替代

《说文·人部》："代，更也。"最初表"更迭、取代"义，后接名词或代词。例如：

（391）公子围反，杀郏敖而代之。（《国语·鲁语下》）

（392）七年，王子光代吴王僚为王。（《吕氏春秋·首时》）

后引申为"替代"义，表示用一件事物替代另一件事物或甲替代乙完成本该乙做的事情。例如：

（393）下士与庶人在官者同禄，禄足以代其耕也。（《孟子·万章下》）

（394）惟我商王，布昭圣武，代虐以宽，兆民允怀。（《尚书·伊训第四》）

（395）面目与顷公相似，衣服与顷公相似，代顷公当左。（《春秋公羊传·成公》）

（396）孟阳代君寝于床，贼杀之。（《管子·大匡第十八》）

例（393）、（394）的"禄代其耕""代虐以宽"分别表示薪俸能替代耕田种地的收入、用宽政代替虐政，例（395）、（396）中的"代顷公当左""代君寝于床"表示代替齐顷公在战车左边、代替君睡在床上。

2. 替代 > 受益

"替代"义和"受益"义本就互通，代替某人做某事本身就隐含强烈的"帮助"义，蕴含使对方受益的意思，因此"代"在"代 + NP + VP"结构中转化为受益介词是再自然不过的过程。例如：

（397）我代汝等驾之，汝等但要瞑目安坐，切勿开眼窥视。(《警世通言》第四十卷)

（398）本县明知你是冤枉，亦非本县不代你二人做主，奈上司亲提，叫本县如何遮盖？(《五美缘》第十九回)

（399）遂喝左右："代我拿下！"(《隋唐演义》第九十回)

（400）又过了半个月，继之打发他的一个堂房侄子吴亮臣进京来帮我，并代我带了冬衣来。(《二十年目睹之怪现状》第七十三回)

上例中，"代"不再有"替代"义，而应理解为服务义，其后 NP 是事件的受益者。和"替代"义的不同之处在于："替代"是指 NP_1 替代 NP_2 做了本来应该由 NP_2 完成的职责或工作，"受益"是指 NP_1 为 NP_2 提供某种服务，VP 并不是 NP_2 本人必须要做的事情。

3. 受益 > 处置

"代"和"帮"相似，受益者标记进一步发展就变为处置标记。"代"的处置介词用法见于明清，但仅有寥寥数例：

（401）孙彪在身边取出那小神仙张勇合的金疮药来，代他二人放在箭口上，随即定了疼。(《粉妆楼》第三十三回)

（402）朱光祖见不是双钩，心中好生着急，又将木匣盖好，仍代他挂在原处。(《施公案》第三九一回)

目前"代"表处置只在苏皖区域的南京、无为等个别方言中保留。

我们以南京话为例来说明"代"从帮助动词到受益者标记再到处置标记的演变过程：

（403）你代一下。

（404）他代我投的票。

（405）代奶奶梳头。

（406）我代碗洗干净了。

例（403）中"代"是句中唯一的动词，表"替代"义。例（404）的"代"用于"A＋代＋B＋VP"，表示 A 代替 B 从事本该由 B 完成的事件，"代"依然有"替代"义，同时 B 因为被人替代而成为受益者，所以"代"分析为受益者标记也未尝不可。例（405）的"代"不再是动词，无"替代"义，而是演变为介引受益对象的介词，"奶奶"是被服务对象。因此动词"代"正是在"A＋代＋B＋VP"结构中虚化为受益者标记的。例（406）中，"代"的宾语从受益对象变为处置对象，表处置义。

四 "捉"的多能性

"捉"在苏皖区域方言中有持拿义、采摘义、工具义、处所义、处置义等用法。"捉"的语法化已有一些研究，最早对"捉"的介词词性进行定性的是蒋礼鸿（1981），他认为"捉"相当于介词"把"。袁宾（1992）确定了"捉"的介词地位，认为"捉"的作用是"提宾"，与"将、把"有相同的语义和作用。吴福祥（1996）认为"捉"有两种用法：一是引进受事，二是引进工具或方式。蒋冀骋（2003）论述了明代吴方言介词"捉"的用法及历时演变。徐宇红（2007）采用定量和定性分析方法系统考察了《山歌》中"捉"字句的句法特点和语义类型。我们将参考前人研究成果，结合方言和历史语料，构拟"捉"的演变路径。

（一）握持＞持拿、握手、捡拾、采摘、抓捕

《说文·手部》："捉，搤也。从手。足声。一曰握也。"《广雅》："捉，持也。"本义为"握持"，用作动词，后跟受事宾语即持拿对象，其宾语多具有［＋可握持］的语义特征。例如：

（407）正冠而缨绝，捉衿而肘见，纳屦而踵决。（《庄子·让王》）

（408）闻君至，喜，捉发走出，前驱射而杀之。（《左传·僖公二十八年》）

（409）昔者禹一沐而三捉发，一食而三起，以礼有道之士，通乎己之不足也。（《吕氏春秋·谨听》）

从魏晋南北朝开始，"捉"的语义开始扩展，引申出持拿、握手、捡拾、采摘、抓捕等诸多新义项。例如：

（410）此人买姜毕，捉书负姜，骑杖闭目，须臾已还到吴，厨下切绘适了。（《三国志·吴书·赵达传》）

（411）策即解缚，捉其手曰："宁识神亭时邪？若卿尔时得我云何？"（《三国志·吴书·太史慈传》）

（412）见地有片金，管挥锄与瓦石不异，华捉而掷去之。（《世说新语·德行》）

(413) 行山中，见小人乘车马，长七八寸者，肉芝也，捉取服之即仙矣。(《抱朴子·内篇》卷十一)

(414) 郡守果大怒，令人追捉杀佗。(《三国志·魏书·华佗传》)

(二) 持拿 > 工具

工具介词"捉"的语法化环境依然是连动结构，在该结构中，"捉"表示"以手持物"的持拿特征减弱直至消失，对工具的使用特征增强，开始向工具介词转化。魏晋南北朝时期，在"捉+NP+VP"结构中，出现了"持拿""工具"两可分析的动、介过渡状态。例如：

(415) 捉被覆之而去。(敦煌本《搜神记》)

这两例中，"捉"的宾语依然为可持拿物，主语为施行持拿动作的主体，有较强的动作义，表示"拿起某物去做某事"，但同时"捉"的宾语也是其后动作所使用或凭借的工具，因而将其视作工具介词也无不可。这种过渡状态的出现标志"捉"的语法化更进了一步。

唐代，真正的工具介词用法产生，"捉"的宾语为VP凭借的工具。例如：

(416) 天地捉秤量，鬼神用斗斛。(《王梵志诗校注》卷三)

(417) 即捉剑斩昭王，作其百段，掷着江中。(《敦煌变文集·伍子胥变文》)

例(416)中，"捉"与"用"对举，出现在同一句法位置，这足以说明"捉"的工具介词性质，"捉秤量"即为"用秤量"，"秤"是动作"量"的使用工具；例(417)中，"捉"的宾语"剑"是动作"斩"所凭借的工具，"捉剑斩昭王"即"用剑斩昭王"。

这一用法一直沿用至明代。例如：

(418) 不如且捉手中一条棒，去夺将来！(《清平山堂话本·杨温拦路虎传》)

(419) 吃了却捉什么还他？(《警世通言》第六卷)

(420) 百计千方哄得姐走来。临时上又只捉手推开。(《山歌·卷二·推》)

工具介词"捉"产生以后，并未得到广泛使用，在各个时期均用例较少。

(三) 持拿 > 处置

关于处置介词"捉"的产生时代，刘子瑜(1995)认为"捉"从中古时期开始虚化为介词，用于介引工具、方式、受事。吴福祥（1996）提出迟至唐初"捉"已完成了动词向介词的虚化。冯春田（2000）认为"捉"字句始见于南北朝时期。马贝加（2002）认为处置介词"捉"最早见于唐代。蒋冀骋（2003）确定介词"捉"产生于隋末唐初。

我们认为，"捉"从唐初开始虚化为处置介词。例如：

（421）几许难部宰，捉此用为心。(《王梵志诗校注》卷七)

（422）漫将愁自缚，浪捉寸心悬。(《王梵志诗校注》卷七)

晚唐五代更为常见，例如：

（423）何为捉他欺！(《敦煌变文集·燕子赋》)

（424）向吾宅里坐，却捉主人欺。(《敦煌变文集·燕子赋》)

（425）良由画匠，捉妾陵持。(《敦煌变文集·王昭君变文》)

降至宋元，处置介词"捉"的用例基本消失，我们只在《朱子语类》中找到个别用例：

（426）只把自家心下先顿放在这里，却捉圣贤说话压在里面。(《朱子语类》卷一百二十)

（427）惟是今人不能"脱然如大寐"之得醒，只是捉道理说。(《朱子语类》卷九十八)

明代仅见于《水浒传》和《山歌》等作品中，例如：

（428）小阿姐儿吃个听弗过了捉个情郎一脚踢觉子。(《山歌·卷六·鼠》)

（429）尔若半夜来时没要捉个后门敲。(《山歌·卷一·半夜》)

（430）捉那黄安绑在将军柱上。(《水浒传》第十九回)

其他文献就很难见到处置介词"捉"的踪迹。清代以后彻底消失，如今只保留在个别南方方言里，如南通、金坛、长沙、湘潭、洞口等。

"捉"和"把"的处置义均产生于唐代前后，为什么"捉"在宋代以后趋于消亡，而"把"在宋代以后得到极大发展，几乎居于主流处置介词的地位？这与两个词的语义有关，"捉"在中古以后主要表"抓捕、捉拿"义，动词义较强，搭配对象相对有限，只能与可捉拿、可握持的具体对象搭配，故使用频率较低，发展受限制。而"把"的虚化程度更高，动作义更弱，因此"捉"在与"把"的竞争中失去优势，逐渐被淘汰。

五 "掌"的多能性

"掌"在苏皖区域方言中的主要功能有放置、支付、工具、处置等,其中处置介词用法只见于淮北、濉溪方言。其语义演变如下:

(一) 手掌 > 掌管

《说文·手部》:"掌,手中也。"本义为手掌、手心,后引申为动词,表"掌管、掌握"义,其宾语通常是行政权力。例如:

(431)宗伯掌邦礼,治神人,和上下。(《尚书正义·卷第十八·周官》)

(432)大罗氏,天子之掌鸟兽者也。(《礼记正义·卷第二十六·效特牲》)

(433)使为太师,掌国事。(《史记·楚世家》)

(434)命羲仲、羲叔、和仲、和叔掌四方。(《金楼子·兴王》)

个别方言中的"放置"用法应源于"掌握"义。一般来说,拥有掌握权力的人掌握所放用量的多少,因此"放置"义由"掌握"义转喻而来。

(二) 掌管 > 持拿

在"掌握"义的基础上,"掌"发展为持拿动词,经常用于连动结构"掌+NP+VP"中。例如:

(435)徽商忙叫小二掌火来看,只见一张卧床压得四脚多折,满床尽是砖头泥土。(《二刻拍案惊奇》卷十五)

(436)每人掌一条齐眉短棍,有一二百个在前边开路,后边是会武艺的家将,真枪真刀,摆着社火。(《隋唐演义》第十八回)

(437)太太回来了,快掌灯伺候!(《孽海花》第十二回)

(438)当下大姐吹灭油灯,掌着灯台,照送三人下楼,将一层层门反手带上,扣好钮口。(《海上花列传》第五十二回)

(三) 持拿 > 工具

当持拿物变为动作凭借的工具,句法和语义中心转移至 VP 时,"掌"就由持拿动词发展为工具介词。例如:

(439)掌此当累世为三公。(《醒世恒言》第六卷)

(440)红丝彩帛,掌灯送入洞房。(《儿女英雄传》第二十八回)

（四）持拿＞处置

随着语义的进一步演变，"掌"在"持拿"义基础上可能向处置义发展。淮北、濉溪方言中的特殊处置标记"掌"应是持拿动词进一步虚化的结果，是在方言内部发展出的新功能，因此处置标记"掌"可能源于方言自身的创新而非古汉语的承袭。除淮北、濉溪两方言点，"掌"在河南确山方言中也有了处置标记用法（刘春卉，2008），相信其他方言中的"掌"可能也会往相同的方向演化。

六 "担"的多能性

（一）"担"的多能用法

"担"可用作持拿动词、工具介词和处置标记，详见表4-11。

表4-11　　　　　　　　"担"的多能用法

功能	方言点	方言例句
持拿	安徽歙县	渠担不起。
	安徽绩溪	尔去担支笔来。
	安徽休宁	渠手里担着茶杯。
	安徽祁门	分那件衣裳担来。
	安徽屯溪	担得动吗？
	安徽黟县	畀那个物担畀我。①
工具	安徽歙县	担毛笔写字。②
	安徽绩溪	尔点钱是渠担血汗换来的。③
	安徽黟县	担牙齿咬。④
处置	安徽歙县	渠担衣衫洗格哩。⑤
	江苏启东	伊担被头晒好特。
	江苏海门	担课外书收出来。

① 伍巍：《黟县方言介词》，载《介词》，暨南大学出版社2000年版，第98页。
② 安徽省地方志编辑委员会：《安徽省志·方言志》，方志出版社1997年版，第493页。
③ 赵日新：《绩溪方言的介词》，载《介词》，暨南大学出版社2000年版，第91页。
④ 伍巍：《黟县方言介词》，载《介词》，暨南大学出版社2000年版，第99页。
⑤ 李蓝、曹茜蕾：《汉语方言中的处置式和"把"字句（上）》，《方言》2013年第1期。

(二)"担"的语义演变

1. 肩挑 > 持拿

"担"本义为用肩挑,《说文·人部》:"儋,何也。俗作'擔'。"段玉裁《说文解字注》:"儋俗作擔。古书或假檐为之。疑又擔之误耳。韦昭齐语注曰。背曰负。肩曰儋。任、抱也。何、揭也。"例如:

(441) 然而巨盗至,则负匮、揭箧、担囊而趋。(《庄子·胠箧》)

(442) 察其四时,而监其乡之货,以知其市之贾,负任担荷,服牛辂马,以周四方。(《管子·小匡第二十》)

(443) 赢滕履蹻,负书担橐,形容枯槁。(《战国策·秦策》)

魏晋以后,由肩部动作义引申为手部动作"持拿"义。例如:

(444) 其国中大家不佃作,坐食者万余口,下户远担米粮鱼盐供给之。(《三国志·魏书·高句丽传》)

(445) 闪子晨夕侍养无阙,常着鹿皮之衣,与鹿为伴,担瓶取水。(《敦煌变文集·孝子传》)

(446) 纵饶挑贩客家,独自个担来做已有。(《张协状元》第八出)

(447) 各拿棍棒,又是担杖,厮打着争那明珠。(《朴通事》)

(448) 你担帖来我看。(徐渭《翠乡梦》)

2. 持拿 > 工具

当"担"后宾语为非可持拿动词,表示凭借、使用的工具时,虚化为工具介词。例如:

(449) 一似担雪填井,再没个满的日子了。(《二刻拍案惊奇》卷八)

(450) 操拨三万军担土筑城。(《三国演义》第五十九回)

3. 持拿 > 处置

在"持拿"义基础上,进一步发展为处置标记,与其他"持拿"类处置标记的语法化路径相近。例如:

(451) 使人担垃圾堆在门前,把银子安在床上,央邻舍与我说谎。(《警世通言》第二十八卷)

七 "畀""分""提"的多能性

在所调查的方言点中,"畀"表处置只见于黟县方言,如"尔畀门关起来_{你把门关上}"，同时还用作给予动词、受益者标记和被动介词。例如：

（452）渠畀我一个桃。_{他给我一个桃。}（给予）

（453）畀我写封信好不好？_{帮我写封信好不好？}（受益者标记）

（454）帽子畀风吹掉了。_{帽子被风吹走了。}（被动）

《说文·丌部》："畀，相付与之，约在阁上也。"《广韵》："畀，与也。"本义为给予，用于引进接受者，例如：

（455）彼姝者子，何以畀之？（《诗经·干旄》）

（456）王崩，周人将畀虢公政。（《左传·周郑交质》）

徽语、粤语、赣语等方言中保留了"畀"的"给予"义。例如：

（457）安徽黟县：畀一本书畀我。_{把一本书给我。}

（458）广东广州：畀杯水我。_{给我一杯水。}

（459）广东阳江：你畀去其也。_{给他吧。}①

"畀"在文献中只有"给予"的用法，剩余的受益者标记、被动、处置等用法没有见到，应该是黟县方言自身发展的产物。

"分"也是较特殊的处置标记，主要见于祁门话，如"尔分碗洗一下_{你把碗洗一下}"，除此之外还有给予动词、使役动词、被动介词、受益介词等其他用法。例如：

（460）老师分尔一本书吧？_{老师给了你一本书吧？}（给予）

（461）尔要去南京，我分尔去。_{你要去南京，我让你去。}（使役）

（462）帽分风吹跌掉了。_{帽子被风吹走了。}（被动）

（463）尔分晓想想看，卬有几多个难处。_{你为我想想，我有多少个难处。}②（受益）

"分"本义为"分开"，《说文·八部》："分，别也。"后衍生出划分、给予等义。例如：

（464）四分天下而有之。（《墨子·非攻下第十九》）

（465）今君分之土而官之，是左之也。（《国语·晋语》）

而后在"给予"义的基础上，在现代汉语方言中派生出使役、处置、被动、受益等义。

---

① 黄伯荣：《汉语方言语法类编》，青岛出版社1996年版，第531页。
② 陈瑶：《祁门境内方言的对比研究》，硕士学位论文，贵州大学，2006年，第37页。

"分""畀"与"给"的来源相似,功能相当,应当是平行虚化[①]的结果,经历了与"给"平行的语义演变,只是虚化程度和使用地域有异。这一平行演变的事实表明,给予义经过受益者标记阶段,然后再发展为处置标记是给予动词一再出现的语义演变模式,具有普遍的理论意义。

"提"表处置只见于休宁,如"提头包出来_{把头包起来}",除此之外还有给予义、被动义。

休宁[②]:

(466)阿大提我一支笔。_{爸爸给我一支笔。}(给予)

(467)渠个钱包提别人摸去着。_{他的钱包被别人掏去了。}(被动)

《说文·手部》:"提,挈也。"其本义为垂手拿着有环、柄或绳套的东西。例如:

(468)列子提履徒跣而走,暨乎门,问曰:"先生既来,曾不废药乎?"(《列子·皇帝第二》)

(469)吾以布衣提三尺剑取天下。(《史记·高祖本纪第八》)

后引申为"持拿"义,例如:

(470)我在客店隔几家茶坊里坐地,见店小二哥提一裹熬肉。(《宋四公大闹禁魂张》)

(471)秀秀手中提着一帕子金珠富贵,从左廊下走出来。(《碾玉观音》)

(472)弟兄两个,提短棒待把贵人伤。(《刘知远诸宫调》)

(473)便撇下众将,提鞭直奔前来,吓得王世充如飞勒马退逃。(《隋唐演义》第五十七回)

(474)莲生提起笔来,仍要写信,久之不能成一字。(《海上花列传》第三十四回)

汉语史和方言中不乏持拿动词虚化为处置标记的平行例证,由此可

---

① "平行虚化"是实词虚化过程中相当常见的现象,是指不同词语(源义或相同或不同)由于出现在相同的句法语义环境中,因此会朝着相同的方向演变,可以概括为"同分布者必同发展"。

② 平田昌司:《休宁方言的动词谓语句》,载《动词谓语句》,暨南大学出版社1997年版,第90—93页。

以推导，持拿动词"提"在平行虚化规律的作用下，像"把"等其他"持拿"义动词一样，在"持拿"义的基础上，先发展出"给予"义，继而由持拿动词向处置和被动标记转化，形成"提"在休宁话里的多功能现象。

纵观上述处置标记的演变轨迹，可得到以下规律：

第一，由单一走向多元化。处置式产生初期，标记较为单一，以"将""把"为主，后来逐渐丰富起来，涌现了"拿""捉""给""代"等介词，它们也加入了竞争行列，最终有的被淘汰，有的成为竞争中的胜利者并沿用至今。

第二，多标并存。大部分历史时期，都是多个处置标记并存，但并存的同时并不是平衡发展的，在使用频率上有高低之分，有的占主导地位，有的则"备受冷落"。

第三，虚化与保持相结合。介词几乎都从动词虚化而来，处置介词也不例外，在虚化过程中会残留动词的痕迹，动介并用的情况很常见。

第四，虚化程度有高低之别。"把""给"的虚化程度较高，尤其是"把"已经完全虚化，成为处置专用标记，其他用法很难见到。其他标记如"捉""跟""叫""拿"的虚化不够彻底，兼有多种语义功能。

第五，语义范畴的转化。处置标记的语义演化伴随着范畴转化现象，以"持拿"义标记为例，从持拿动词到处置、工具介词，伴随着行为范畴标记到处置、工具范畴标记的转化过程。

第六，兼具共性与个性。处置标记的来源既有跨语言、跨方言的共性，又有自己鲜明的个性。该区域方言处置标记的来源和发展路径呈现多元化特点，这充分表现出语言演变的复杂性和多样性，但同时在来源上也具有明显规律性，可归纳为有限的若干语义类型。

那么以上诸多处置介词是如何产生的？需要哪些条件？

首先是句法位置和语法结构的改变。实词演变为虚词，必然与句法环境的改变有关，一个词会因经常出现于某个句法位置而引发语义、功能的转变，而且出现在相同位置的一组词往往会发生相似的变化。连动结构"$V_1 + NP + V_2$（NP）"是处置介词形成的句法条件，在该结构中，V_1作为连动式前项，很容易成为次要动词，表达次要语义，成为V_2得以实施的前提条件或辅助性动作。该句法位置固定下来以后,将触发 V_1 语义的泛化,导致连动结构解体,被重新分析为状中结构。

其次是语义的变化。当 V_1 在连动结构中成为不甚显著的辅助动作,那么其所表示的动作义就容易在人们的头脑中淡化直至消失,变得不受关注,就有可能由实而虚,向介词转化。需要注意的是,语义的变化和句法位置的改变是相辅相成、相互促进的。词语意义的变化往往是在特定的句法结构中实现的,某词语经常出现在特定的句法结构才会引发意义的改变,而意义的改变又会使该词语和其他成分的组配关系发生变化。

最后是语用制约。使用频率在词性的转化上发挥重要作用,只有某个词语长时期、高频率、固定地出现于 V_1 的位置才有可能促使其向介词演变。

总之,动词虚化为处置标记需要句法、语义、语用等多方条件的相互配合。

第五章　苏皖方言的特殊处置式

处置式的基本构成要素为主语、处置介词、介词宾语、谓语，若这些基本要素的顺序出现了变化，或是某一要素出现了隐省，或是语义上与处置式的原义相悖，或与被动标记共现，就会形成处置式的变异形式，可称为"特殊处置式"。对于特殊处置式，尚无明确的界定，笔者认为，和一般处置式相异的代词复指处置式、偏称宾语处置式、否定后置处置式、无定处置式、无宾处置式、"把""被"同现处置式、成分隐省处置式等均可称为特殊处置式。

关于特殊处置式，前人已做过富有启发性的归纳和探讨，也已陆续取得一些成果，但主要集中于某一类特殊处置式，且多散见于专著或期刊的一部分，缺乏系统性研究。和一般处置式相比，特殊处置式虽是边缘或非主流形式，使用频率较低且不够典型，但笔者认为，它是一般处置式逐渐发展和完善的产物，也是处置式生成能力的重要体现，使处置式朝着精密化、多样化的方向发展，有独特的研究价值。因此对特殊处置式的研究是处置式研究的一个重要方面，有利于全面、深层次地认识处置句式。调查发现，苏皖方言及其他方言广泛存在和一般处置式相异的特殊处置式，本章考察其分布、类型、功能、句法语义特征等，进而探讨其源流演变。

第一节　代词复指处置式

谓语动词后有复指宾语的处置式称为"代词复指处置式"。处置对象已在介词后、动词前出现，动词后又用第三人称单数代词"它"

"佢""渠""伊"等复指，起到对宾语的强调作用，更突出了VP对宾语的处置意味。关于这一句式，学界早有关注。易亚新（2003）讨论了常德方言中代词复指"把"字句的结构形式、语义语用特点及语法化。袁毓林（2004）考察了"把/被"字句中"他"的分布及方言差异，认为介词的语法化程度和动词保留宾语的能力是影响该句式可接受性的主要因素。石毓智等（2008）发现汉语方言中普遍存在处置式中代词回指现象，与受事名词形成同指关系，认为这是区别于普通话的一大突出特点，指出这一现象是对上古汉语回指系统的直接继承。魏兆惠等（2012）指出，代词复指是汉语普遍存在的口语现象，不仅方言中有，普通话也有，各地方言的这种句式存在共性和差异。张俊阁（2016）考察了近代汉语以及方言中的代词复指处置句，将其分为四种类型，认为该句式是说话人为了凸显受事及处置结果使用的一种手段。刘宗保（2020）发现汉语官话方言中存在"把"字代词复指处置式，通过对罗山、常德、巢湖、英山等方言点的使用情况考察，离析出与共性特征相对的演变特征，排列出代词复指功能的演变等级序列。方清明（2022）描写了浮梁鹅湖镇方言"渠"类复指处置式的六种结构类型并与其他方言进行了比较，发现"渠"类处置式基本可覆盖其他方言代词复指处置式的类型。

代词复指处置式在普通话中基本不用，但在汉语方言中并不鲜见。通过对苏皖区域方言处置式的考察，发现安徽的巢湖、潜山、枞阳、宿松、淮北、无为，江苏的苏州等地存在这种句式。例如：

(1) 安徽巢湖：这条毛巾好脏了，把它甩都它吧。这条毛巾很脏了，把它扔了吧。
(2) 安徽潜山：把渠甩离渠。把它扔了。
(3) 安徽枞阳：我把钥匙搞脱它仔。我把钥匙丢了。
(4) 安徽宿松：把王伢灌醉佢。把小王灌醉。
(5) 安徽淮北：快把桌子摆齐它。快把桌子摆整齐。
(6) 安徽无为：把衣服洗干净它。把衣服洗干净。
(7) 江苏苏州：拿哀两段课文背熟俚。把这两段课文背熟了。[①]

---

① 刘丹青：《苏州方言的动词谓语句》，载《动词谓语句》，暨南大学出版社1997年版，第3页。

由上例可见，代词复指处置式广泛分布于苏皖区域的江淮官话、赣语和吴方言中。

本书将视野拓展至整个汉语方言，发现代词复指处置式在方言中广泛分布且类型多样，是一种较为普遍的句子类型，见于中原官话、江淮官话、西南官话、赣语、吴语、闽语、湘语、粤语、客家话等方言中，用于复指宾语的代词包括"它""他""佢""渠""伊""其"等。

一　结构形式

代词复指处置式的结构形式有以下五种。

1. （NP$_{施}$）＋Prep＋NP$_{受}$＋VP＋Pro

施事作为主语对受事进行某种处置，施事在前，受事在后，代词在谓语后复指受事，这种形式是最为常见的一种类型。例如：

(8) 安徽淮北：你把脚洗净它。

(9) 安徽枞阳：这个毛巾好邋遢，把它甩掉它。○这个毛巾好脏,把它扔了吧。

(10) 湖南常德：把话讲完它。

(11) 湖北武汉：把这个先买了它。

(12) 湖北孝感：把垃圾丢了它。

(13) 广东广州：将条颈链买咗佢。○把这条项链买了。

(14) 河南确山：叫桌子擦擦它。○把桌子擦擦。

(15) 江西九江：你把伢儿送回去佢。○你把小孩送回去。

(16) 浙江金华：帮末张台桌揩揩佢。○把那张桌子擦擦。①

(17) 上海：拿书侪卖脱伊。○把书全卖了。

(18) 四川盘龙：把饭吃完佢。○把饭吃完。

(19) 江西安远：讨肉食了渠。○把肉吃了。

2. NP$_{受}$＋（NP$_{施}$）＋Prep＋Pro＋VP

与第一种格式相反，受事提至介词前充当话题，施事在其后，复指代词位于介词之后、谓语动词之前。例如：

---

① 钱双丽：《浙江南部吴语处置句研究》，硕士学位论文，浙江师范大学，2014年，第16页。

第五章　苏皖方言的特殊处置式

(20) 安徽绩溪：汤你傍热把渠喝塌。你趁热把汤喝了。[1]

(21) 江苏泗洪：衣裳给它穿上！

(22) 浙江金华：灭些书你帮佢卖掉。你把那些书卖掉。[2]

(23) 浙江黄岩：介只猪拨佢卖交。把这头猪卖掉。[3]

(24) 湖南益阳：阿衣服我把它洗咖哒。我把衣服洗了。[4]

(25) 湖南湘潭：票把它买咖哒。把票买了。

(26) 湖南汨罗：火车票把他买哒。把火车票买了。[5]

(27) 广东揭阳：撮奴囝□[kai$^{55-11}$]伊趣趣出去。把孩子们赶出去。[6]

(28) 广东澄海：只猪给伊卖卖掉。把这只猪卖掉。[7]

(29) 福建福州：玻璃共伊褪下来。把玻璃卸下来。[8]

(30) 福建厦门：矫互伊四正。把它端正好。[9]

3. NP$_{受}$ + （NP$_{施}$）+ Prep + VP + Pro

受事位于介词前充当话题，复指代词位于句尾。例如：

(31) 湖北罗田：那个梨子，你把吃它。你把那个梨子吃了。[10]

4. （NP$_{施}$）+ Prep$_1$ + NP$_{受}$ + Prep$_2$ + Pro + VP

辛永芬（2011）将该句式命名为"介词与介代短语呼应型"，即在介词提宾的基础上又使用介代短语来加强处置语义。例如：

(32) 江苏泗洪：你给书给它摆葛宁个。你把书放着吧。

---

[1] 赵日新：《绩溪方言的介词》，载《介词》，暨南大学出版社2000年版，第79页。

[2] 钱双丽：《浙江南部吴语处置句研究》，硕士学位论文，浙江师范大学，2014年，第15页。

[3] 钱双丽：《浙江南部吴语处置句研究》，硕士学位论文，浙江师范大学，2014年，第15页。

[4] 夏俐萍：《湘语益阳方言的处置式》，载于《方言语法论丛（第六辑）》，中国科学出版社2015年版，第304页。

[5] 陈山青、施其生：《湖南汨罗方言的处置句》，《方言》2011年第2期。

[6] 黄燕旋：《揭阳方言的复指型处置句》，《语言研究集刊》2015年第2期。

[7] 石毓智、刘春卉：《汉语方言处置式的代词回指现象及其历史来源》，《语文研究》2008年第3期。

[8] 陈泽平：《福州方言研究》，福建人民出版社1998年版，第197页。

[9] 石毓智、王统尚：《方言中处置式和被动式拥有共同标记的原因》，《汉语学报》2009年第2期。

[10] 徐英：《湖北罗田方言的无宾"把"字句》，《方言》2021年第2期。

(33) 浙江温州：你代妹妹代渠丐我。你把孩子给我。①

(34) 福建泉州：将大厝共伊卖嗦去，哪会无钱？把大房子卖了,哪会没有钱?

(35) 广东潮州：伊将个碗甲伊扣破喽。他把碗打破了。

5. NP受 + Prep + Pro + VP + Pro

该句式是加强处置式，多见于闽语泉州话。例如：

(36) 福建泉州：许的钱着共伊开伊。那些钱要把它花完。

(37) 福建泉州：衫裤共伊曝伊燋。把衣服晒干。

可见，代词复指处置式在汉语方言中的使用范围相当广泛，尤其是在南方方言中更为发达，这也是语言发展不平衡性在地域上的直接体现。

二 句法、语义特征及表达功能

代词复指处置式有以下句法、语义特征及表达功能。

（一）句法、语义特征

1. 一般只用于肯定句，少用于否定句，也就是说代词复指处置式几乎没有对应的否定形式。

2. 祈使语气较强，倾向于出现在表未然的祈使句和意愿句中，表达命令、要求、提醒、劝阻等，动词带有［－现实］的语义特征，具有未然性和不确定性。因此该句式多是非现实句，所描述事件往往是未实现的或将要实现的动作行为，不用于已然事态。

3. 能够还原为动宾结构，如"把这只鸡杀了它"——"杀了这只鸡"。

4. 和一般处置式相比，代词复指式的处置语意更重，语势更强，语气更强烈。

5. 复指代词和指代对象在数范畴上不具有一致关系，不管指代对象是单数还是复数，用于复指宾语的代词都是单数形式。

6. 有些方言中，代词复指具有强制性，若去掉复指代词，则句子不成立，但有些方言复指代词的使用是可选择的，不具有强制性，有它没它只是语气的差别，不影响基本语义的表达。

---

① 辛永芬：《豫北浚县方言的代词复指型处置式》，《中国语文》2011年第2期。

（二）表达功能

处置对象已在介词后出现，动词后又再一次用代词进行复指，导致处置对象重复，如此表达方式是否会显得累赘、拖沓，有违语言经济性的要求？研究发现，这种句式不仅有产生的必要，还有特殊的表达功效。

1. 表达说话人坚决行事的主观意愿。有些方言用不用代词复指皆可，但加上了代词可以更加强烈地表达出说话人的主观态度，有"非要/一定要……"之义。以湖北孝感方言为例，据被调查者所述，这种句式用于表达言者主观意愿，向听者表明自己坚决行事的意愿并暗示自己的行为可能会造成消极影响，此外还可表达放任态度、对听话人的诅咒等。复指代词对句子的语义表达起着关键作用，如果将其删去，表意愿的祈使语气就转变为叙述客观事实的陈述语气。

2. 表达说话人强烈的命令或要求。当说话人对听话人提出命令时，会采用代词复指处置式，有不容对方反驳的意味。和一般祈使句不同的是，代词复指处置式隐含一种结果，强调动作的完结或实现。

3. 表达对受事对象的双重凸显，加强对受事宾语的处置意味。处置式中受事宾语已前置于动词，后又用代词来进行复指，被处置的对象出现两次，起到了加强处置的作用，更能引起听话人的关注。

三 历时发展

在对处置对象有无代词复指的问题上，汉语方言和普通话有明显对立，普通话是不允许代词回指的，在方言中却并不鲜见，甚至还成为某些方言重要的语法特点之一。这一现象是对古代汉语的承袭。贝罗贝（1989），曹广顺、遇笑容（2000）认为代词复指处置式在中古时期就有了广泛应用。

代词复指处置式始见于南北朝时期，复指代词以"之"为常。例如：

（38）是时流离王，即时拔剑，取守门人杀之。(《增壹阿含经》卷二十六)

（39）伯奇就衣中取蜂杀之。(《后汉书·左周黄列传第五十一》)

（40）将我儿杀之，都不复念。(《三国志·魏书·后妃传》)

(41) 遂将后杀之, 完及宗族死者数百人。(《三国志·魏书·武帝纪》)

例 (38)、(39) 中, "取"是处置介词, "守门人""蜂"为处置对象, "之"为代词, 分别用于指代"守门人"和"蜂"; 例 (40)、(41) 中, "之"复指"将"的宾语"儿"和"后"。

其后沿用。例如:

(42) 就将符依法命焚之, 自此鼠踪遂绝, 不知何故。(冯翊子《桂苑丛谈》)

(43) 师便把枕子当面抛之, 乃告寂。(《祖堂集》卷四《天皇和尚》)

(44) 将旧赦书于楼上宣之。(《朱子语类》卷一百二十七)

(45) 把三斗咸盐须吃他。(《刘知远诸宫调》)

明清时期, 随着第三人称代词的发展, 复指代词"之"衰落, 逐渐被"他"替代, 同时"他"的前后产生了趋向补语、数量补语等。例如:

(46) 不如把这位先生招他进来, 有何不可?(《金瓶梅》第十七回)

(47) 等老孙把那死的叫他起来, 看是那个打死他的。(《西游记》第九十七回)

(48) 快把他们的伙计放他回去, 他们卖买是要紧的。(《官场现形记》第五十回)

(49) 把这荷花画他几枝, 也觉有趣。(《儒林外史》第一回)

(50) 把李虎也奉承他一下。(《聊斋俚曲集·磨难曲》第二十八回)

(51) 既然如此, 还求师父早早把这济公处置他一场。(《续济公传》第一百三十七回)

(52) 如此, 好极了, 你就先把这一院子死和尚给我背开他。(《儿女英雄传》第九回)

综上所述, 汉语方言的代词复指处置式是对古汉语的沿袭, 但并非是简单的直接继承, 而是有了更进一步的发展, 较古代更加丰富和复杂。

我们还注意到，代词复指不仅存在于处置式，同时还出现于被动式中，这也揭示了两句式之间的联系。例如：

（53）若被诸物犯之，用便无验。（《抱朴子·内篇》卷四）

（54）奈何缘被人识得伊？（《祖堂集》卷八《曹山和尚》）

（55）今被下江小龙欺我年老，与吾斗敌，累输与他，老拙无安身之地。（《宋四公大闹禁魂张》）

上例中的代词"之""伊""我"作为谓语动词的宾语，与被动式的主语形成同指关系，起到增强"遭受"义的功用。

第二节　偏称宾语处置式

根据多数学者的观点，处置式是通过"提宾"形成的，由于宾语前置，谓语动词后应该不带宾语，但是汉语中广泛存在着动词带宾语的处置式。吕叔湘（1948a）注意到了这一现象，提出"偏称宾语"的概念，认为处置式中的宾语可分为两部分：介词后的为全称宾语，动词后的为偏称宾语，后者是前者的一部分，两者构成全称与偏称的关系。例如"把饭吃了一半""把橘子吃了三个""把那箱苹果吃了几个"等。这类句子《现代汉语八百词》《实用现代汉语语法》都有提到：

（56）他把衣服脱了一件。（《八百词》）

（57）把眼睛闭上了一只。（《实用》）

这类处置式的结构形式可以概括为：把 + $O_{1(整体)}$ + V + $O_{2(部分)}$。介词宾语 O_1 表示整体，在语义上是定指的，又被称为"内宾语"；动词宾语 O_2 表示 O_1 的一个部分，多由数量短语充任，具有不定指性，又被称为"外宾语"。V 以"去除"义动词为主。句式表达的基本语义内容是：通过对部分施加处置行为来使整体受到影响，内宾语和外宾语都是事件中的变化者。

偏称宾语处置式在汉语方言中分布广泛。根据李思旭（2015）的研究，分布于北方方言（北京、陕西户县、陕西西安、山东郯城、河南确山、湖北襄樊、湖北竹山、安徽绩溪），吴方言（江苏苏州、上海），赣方言（江西南昌），闽方言（广东汕头）。李思旭认为这类处置式形成的动因是为了表达部分处置义，如"把橘子吃了三个"只对其中的三个橘子进行了处置。在此基础上他提出"完全处置"和"部分处置"的概念,"完全处置"是指宾语受到动作的完全影响,动词后通常会有结果补语或体标记"了";"部分处置"强调宾语的一部分受到动作的影响,动词后还会带数量宾语,与前一宾语形成"部分—整体"关系。

我们以"他把饭吃了一半就不吃了"为例,对苏皖区域方言的偏称宾语处置式进行了调查。由调查结果可知,偏称宾语处置式在苏皖区域的接受度普遍较低,而受事主语句更符合说话人的表达需求,绝大多数方言点倾向于使用受事主语句("饭他吃了一半就不吃了")来代替处置句。

一 语义类型

苏皖区域方言中,全称宾语 O_1 和偏称宾语 O_2 的语义类型主要有两种:

(一)"实体—部件"型

O_1 是整体,O_2 是 O_1 的组合成分之一,O_2 隶属于 O_1,为 O_1 所领有。例如:

(58)江苏如皋:我把凳子弄啊坏啊一只脚。我把凳子弄坏了一只脚。

(59)江苏常熟:渠拿橘子剥脱仔皮,但是鳢吃。他把橘子剥了皮,但是没吃。

(60)江苏苏州:先要拿萝卜削脱皮。先得把萝卜削了皮。

(61)江苏南通:把这个字念了半边。

(62)江苏海安:我的衣裳挨他把领子剪掉啊一块。我的衣裳被他把领子剪掉了一块。

(63)安徽宿松:把车开下门。

该类型的特点是:当 O_2 遭到破坏后,O_1 就不具有完整性;无法转化成主动宾句,O_1 不能移至 O_2 之后受 O_2 修饰。例如:

(64)我把凳子弄啊坏啊一只脚。

⇒我弄啊坏啊一只脚凳子。

(65)我把本本撕啊一半。

⇒我撕啊一半本本。

我们以"他把橘子剥了皮"为例对苏皖地区一些方言进行了调查,

发现绝大多数方言不会将全称宾语"橘子"和偏称宾语"皮"分开来说。因此我们认为,当两个宾语是"实体—部件"关系时,往往在位置上具有不可分离性。

(二)"集体—成员"型

O_1 为具体的、定指的事物名词,表整体观念,O_2 一般由"数词 + 量词"充任,表部分观念,与 O_1 构成领属关系。O_2 只是成员之一,缺失与否一般不会破坏 O_1 的整体性。例如:

(66) 安徽淮北:他把手套子弄丢了一只。

(67) 江苏泰兴:拿西瓜摘一个我。。把西瓜摘一个给我。

(68) 江苏高淳:拿衣服脱掉一件。。把衣服脱掉一件。

(69) 安徽蒙城:它叫坏人的耳朵咬掉了一个。。它把坏人的耳朵咬掉了一个。

(70) 安徽亳州:我叫碗摔了一个。。我把碗摔了一个。

(71) 江苏南通:把饭从碗里头分出一点。

(72) 安徽宿松:你把衣裳脱脱一件。。你把衣裳脱掉一件。

O_1 和 O_2 是"集体—成员"关系时,O_1 移至 O_2 后,受 O_2 修饰,合并为数量名短语,如"一只手套""一个西瓜""一件衣服",合并后的数量短语与谓语动词构成主动宾句。例如:

(73) 我把苹果吃脱了三个。

⇒我吃脱了三个苹果。

(74) 拿衣服脱了一件。

⇒脱了一件衣服。

(75) 他把手套子弄丢了一只。

⇒他弄丢了一只手套子。

(76) 它叫坏人的耳朵咬掉了一个。

⇒它咬掉了一个坏人的耳朵。

我们以"我把手套丢了一只"为例对苏皖部分方言进行了调查,发现当两宾语是"集体—成员"关系时,处置式使用的自由度不如主动宾句或受事主语句,人们往往更倾向于采用主动宾句("我丢了一只手套")或受事主语句来替代表达("手套我丢了一只")。

无论是"实体—部件"关系还是"集体—成员"关系,都可以统称为"整体—部分"关系,全称宾语是一个整体,偏称宾语是其中的一部分，若部分受到处置，必然会影响到整体。

偏称宾语处置式不仅在苏皖地区有分布，而且在山东、河南、陕西、湖北、湖南、广东、江西、上海等地也有使用范围。例如：

(77) 山东郯城：他叫家里的粮食卖了一多半。他把家里的粮食卖了一大半。①

(78) 河南确山：叫牙磕掉两个。把牙磕掉两个。

(79) 陕西户县：把个北京城走唎多一半儿。把北京城走了一大半。②

(80) 陕西西安：把杯子打唎一个。把杯子打碎了一个。

(81) 陕西榆林：他把饭吃了一口就走了。

(82) 湖北襄樊：给鱼卖了一半。

(83) 湖北孝感：他把钱花了一大半。

(84) 湖南洞口：把冬瓜削呱皮皮。把冬瓜削了皮。③

(85) 广东广州：将杯打烂咗一只。把杯子打烂了一个。

(86) 上海：侬拿凳子坐断脱一只脚。我把凳子坐断了一只脚。④

(87) 江西安远：讨茄子削正皮来。把茄子皮削好。⑤

可见偏称宾语处置式是汉语方言中较为常见的类型，北方和南方方言中均有使用。

二 历时演变

动词后带了宾语是处置式发展过程中一个重大变化，早期处置式的谓语动词后较少有带宾语的情况，后来随着处置式的发展，谓语动词变得复杂化，动词带宾语成为非常普遍的现象。

偏称宾语处置式可以追溯至宋金时期，但用例罕见。例如：

(88) 把妮子缚了两只手，掉过屋梁去。(《清平山堂话本·简帖和尚》)

(89) 吾不看长老之面，将你粉骨碎身。(《清平山堂话本·陈巡检梅岭失妻记》)

---

① 颜峰、徐丽：《山东郯城方言的叫字句及相关句式》，《语言科学》2005年第4期。
② 孙立新：《户县方言的把字句》，《语言科学》2003年第6期。
③ 胡云晚：《湘西南洞口老湘语虚词研究》，江西人民出版社2010年版，第261页。
④ 解正明、徐从英：《汉语方言处置式类型学分析》，《青海社会科学》2008年第3期。
⑤ 廖海明：《安远龙布话虚词研究》，硕士学位论文，华中科技大学，2002年，第32页。

（90）止不过将我打着皮肉。（《刘知远诸宫调》）

元代，这一句式得到发展，使用日趋普遍。例如：

（91）你把岳孔目烧毁了尸骸。（《元曲选·铁拐李》）

（92）先把这厮刖了双足。（《元曲选·马陵道》）

（93）把孩儿又剃了头，顶上炙。（《朴通事》）

（94）故将游慧元刺损双睛。（《元典章·刑部》卷一）[1]

（95）打得好，打得好，把我打下两个门牙。（《全元曲·功臣宴敬德不伏老》）

降至明清，偏称宾语处置式发展成熟。O_1 和 O_2 的语义类型也有以下两种。

第一，"实体—部件"型。O_2 作为 O_1 的一个组成部分，隶属于 O_1，如果没有 O_2，O_1 就不具有完整性，V 对 O_2 的处置也就等于对 O_1 的处置。例如：

（96）捉我出皮剔骨。（《山歌·卷八·竹夫人》）

（97）把个小道士唬走了三魂，惊回了七魂，一步一跌，撞到后方丈外。（《西游记》第四十四回）

（98）把那狐狸剥了皮，硝的熟，做了一条风领。（《醒世姻缘传》第六回）

（99）店伙欣然应诺，跑去把大门上了大闩。（《老残游记》第五回）

（100）瞿老爷瞧着底下一滩红的，方才把心安了一半。（《官场现形记》第四十回）

第二，"集体—成员"型。O_2 作为集体中的成员，多是数量词语，动作对 O_2 的处置，直接影响到 O_1 数量的变化。例如：

（101）在这门前扯出嘴来，把人唬倒了十来个。（《西游记》第六十八回）

（102）只好把捆行李的绳子解下两根，接续起来。（《老残游记》第八回）

---

[1] 李崇兴、祖生利：《〈元典章·刑部〉语法研究》，河南大学出版社2011年版，第222页。

(103) 和尚走热了，坐在天井内，把衣服脱了一件，敞着怀，腆着个肚子，走出黑津津一头一脸的肥油。(《儒林外史》第四回)

(104) 且说统领船上把各官传了几位上来，盘问土匪情形。(《官场现形记》第十三回)

(105) 四顾无人，便把这家的马牵过几匹，开开后门，跨上马背，不顾东西，舍命如飞而去。(《文明小史》第三回)

偏称宾语处置式形成的动因有二：

第一，处置可以分为两大类，一类是对宾语进行完全处置，宾语受到谓语动词所表动作的完全、全量影响；另一类是对宾语的某一部分进行处置，除此之外的其他部分不受影响，例如"我把苹果吃了几个"强调的是其中的几个苹果受到了处置而不是全部的苹果都受到处置。因此偏称宾语处置式形成的动因之一就是为了凸显宾语的一部分受到处置，而非完全受处置。

第二，是语言表达精确性的需要，为了更为精确地指出受处置的部分，表达物体受影响的部分性和不彻底性，说话人会着重突出动作直接影响的具体对象，使话语表达更精准、到位。

根据上述讨论，可得出以下结论：偏称宾语处置式在北方和南方方言中均有使用且较为常见，全称宾语 O_1 和偏称宾语 O_2 的语义关系类型主要有"实体—部件"型和"集体—成员"型两种。这种句式是古代汉语的遗迹，最早可追溯至宋金时期。语用动因是表达对处置对象的部分处置，使话语表达更精准、到位。

值得注意的是，宋代以后也产生了偏称宾语被动式，表示受事的其中某个部分遭受到了施事的某种处置。例如：

(106) 被申阳公摄了孺人去，千方无计可寻。(《清平山堂话本·陈巡检梅岭失妻记》)

(107) 今日被人死羊儿般剥了首级，全不见石亭驿。(《新校元刊杂剧三十种·关张双赴西蜀梦·第一折》)

(108) 我一时被那厮封住了手，施展不得，多蒙足下气力救了我这场便宜。(《水浒传》第四十三回)

(109) 众小妖遮架不住，被他放倒了三两个，推倒两三个。(《西游记》第九十二回)

(110) 被你按着穴道。捻着痒筋。(《浣纱记》第七出)

第三节 否定后置处置式

处置式的研究成果颇丰,否定范畴的研究也取得了瞩目成就,但否定处置式尚未受到充分重视和关注,其中一个重要的原因是否定处置较为罕见,使用频率远低于肯定处置。根据饶长溶(1984)的统计,《骆驼祥子》中"把"字句共 398 句,其中否定式仅 14 句,占比约 3.5%。关于否定后置处置式,学界已有众多讨论,如王力(1943)、吕叔湘(1948b)、饶长溶(1984)、范晓(1998)、王红旗(2003)、张蕾(2004)、傅惠钧(2014)等。然而,前人研究还存在不小的提升空间,尚未讨论一些深层次的问题,如否定词的位置对处置式的句法和语义有何影响?否定后置是如何形成的?与否定前置是否是对称关系?回答这些问题不但能加深我们对否定后置处置式的认识,对探讨处置式的衍生、与否定成分的共现规律等也有重要的参考价值。

一 否定后置处置式的共时分布与生成机制

处置式中否定词的位置有两种情况:否定词位于处置介词前,即否定前置处置式,句法形式为 S + Neg + Prep + VP;否定词位于处置介词后、VP 前,即否定后置处置式,句法形式为 S + Prep + Neg + VP。相对于前置用法,否定后置是一种变式,略带强调意味。否定词的位置会影响否定的对象和范围,否定词在前,是对整个处置句式的否定,即全句否定;否定词在后,是对谓语成分的否定,即局部否定或成分否定,否定范围小于否定前置。

对普通话来说,否定前置处置式是常规形式,否定词一般只能置于处置标记前。多数方言中否定词的位置与普通话同,以否定前置为主。苏皖区域方言处置式中的否定词有"别""莫""没""白""覅""覂""不要""不曾""勿要""奥""弗"等。例如:

(111) 安徽宿松:你别把垃圾到处乱扔。

(112) 安徽安庆:你莫把燕子许给人家哝。你别把燕子许给人家。

(113) 江苏高淳:没拿问题讲清楚。没把问题讲清楚。

（114）江苏徐州：你白把门堵着。你别把门堵着。
（115）江苏吴江：倷覅拿垃圾乱挥。你不要把垃圾乱扔。
（116）江苏靖江：你甭把自己搭进去。你别把自己搭进去。
（117）安徽无为：你不要把垃圾到处乱扔。
（118）江苏如皋：我不曾把碗里的饭吃掉啊。我没有把碗里的饭吃掉。
（119）江苏苏州：勿要拿茶杯打脱仔。不要把茶杯打破了。
（120）江苏启东：你奥拿垃圾乱丢。你不要把垃圾乱丢。
（121）江苏吴江：伊弗拿吾当人。他不把我当人。

其他方言的否定词更为丰富，除了"莫""没""别"等常用否定词外，还有"冇""无""呒""勿""未""唔曾""呒要"等。例如：

（122）湖南邵东：其冇把饭呷完。他没把饭吃完。
（123）福建宁德：我无帮书借乞别侬。我没把书借给别人。
（124）江西泰和：人家昨日呒能把渠打伤。人家昨天没能把他打伤。
（125）上海：勿拿我放在辣眼睛里。不把我放在眼里。[①]
（126）浙江温州：渠未代酒呷完就醉交。他没把酒喝完就醉了。
（127）广东河源：我上昼唔曾捉鸡食包。我上午没有把鸡吃了。[②]
（128）江西安远：呒要讨废纸乱钉。别把废纸乱扔。[③]

否定词后置的处置式在普通话较为罕见，但现代汉语方言中却不乏用例。先看苏皖区域方言的情况：

（129）安徽庐江：她从来把学习不放在心上。
（130）安徽潜山：渠把衣服冇洗干净。他没把衣服洗干净。[④]
（131）安徽宿松：今朝把猪冇关倒。今天没把猪关好。[⑤]
（132）江苏苏州、泰兴：王申拿群众的意见没搁到心上。王申没把群众的

[①] 许宝华、陶寰：《吴语的处置句》，载《汉语方言共时与历时语法研讨论文集》，暨南大学出版社1999年版，第155页。

[②] 陈峰：《广东河源（源城）本地话常见特殊句式研究》，硕士学位论文，暨南大学，2018年，第33页。

[③] 廖海明：《安远龙布话虚词研究》，硕士学位论文，华中科技大学，2002年，第31页。

[④] 储丽敏：《潜山方言"把"字句的语义和语用考察》，《桂林航天工业学院学报》2016年第2期。

[⑤] 黄晓雪：《宿松方言的"把"字句》，载《汉语方言语法研究——第二届国际汉语方言语法学术研讨会论文集》，2004年，第149页。

意见放到心上。①

（133）江苏昆山：我到不相信拿伊拉勿出来。我不相信拉不出来它。②

（134）江苏淮安：把我不当人待。

有些方言否定前置、后置均可，在不改变基本语义的情况下可互换。例如：

（135）安徽枞阳：尔怎么没把衣服全洗掉？／尔怎么把衣服没全洗掉？

（136）安徽桐城：你怎么没把碗里的饭扒干净？／你怎么把碗里的饭没扒干净？

（137）安徽庐江：他没把饭吃完。／他把饭没吃完。

否定后置不是苏皖区域方言的特有现象，其他方言也有较多用例，否定词有"莫""甭""冇""不""没""不要"等。例如：

（138）四川九寨沟：把我莫认着。没把我认出来。

（139）湖北孝感：把窗户莫关了。别关窗户。

（140）河北邢台：你把这事甭忘了。

（141）青海西宁：他把碗冇打破。他没把碗打破。

（142）湖南邵东：其饭冇呷完。他没把饭吃完。

（143）湖南常德：把话不讲它。

（144）湖北黄冈：他把鱼不吃干净。

（145）陕西户县：我把你不打一顿我心里不受活！我不把你打一顿我心里不舒服！③

（146）甘肃兰州：我把水没倒掉。

（147）陕西西安：他把作业没做完。

（148）陕西渭南：把门不要老闭着。不要把门老关着。④

（149）陕西榆林：你把这个事不要忘了。

否定后置处置式是唐代至今一直沿用的特殊句式。唐代已见端倪，但极为少见，例如：

---

① 李蓝、曹茜蕾：《汉语方言中的处置式和"把"字句（上）》，《方言》2013年第1期。
② 吴林娟：《昆山方言研究》，硕士学位论文，西北师范大学，2006年，第87页。
③ 孙立新：《户县方言的把字句》，《语言科学》2003年第6期。
④ 黄伯荣：《汉语方言语法类编》，青岛出版社1996年版，第661页。

（150）念我能书数字至，将诗不必万人传。（杜甫《公安送韦二少府匡赞》）

（151）见酒须相忆，将诗莫浪传。（杜甫《泛江送魏十八仓曹还京，因寄岑中允参、范郎中季明》）

唐代虽是处置式产生初期，以肯定式为主，否定形式使用较少，但否定前置和否定后置处置式均已出现。"将"和"把"都是当时最常见的处置介词，但"将"字句最先出现否定后置的用例，"把"字句尚未出现。

宋金之际，"把"字后置处置式始见且不乏用例：

（152）淡月帘栊黄昏后，把灯花、印约休轻触。（吴潜《贺新郎》）

（153）却把他那禄不做大事看。（《朱子语类》卷二十四）

（154）我把你不妨，便有甚的要紧？（《清平山堂话本·杨温拦路虎传》）

（155）镇日家耽酒迷花，便把文君不顾。（《董解元西厢记》卷七）

（156）陡恁地不调贴，把恩不顾。（《董解元西厢记》卷八）

值得注意的是，唐宋时期还出现了否定后置"被"字式。例如：

（157）多被有司不放入城。（《唐文拾遗》卷五）

（158）曾子只缘鲁钝，被他不肯放过，所以做得透。（《朱子语类》卷三十九）

元代，否定后置的用例大量增多，《全元曲》中就多达93例（张美兰，2001），还出现了双重否定处置式。例如：

（159）休把那山海盟言不勾思，相会何时。（《全元曲·亢文苑》）

明清之际，否定后置的使用频率达到顶峰。例如：

（160）只怕他身荣贵。把咱不厮认。（《琵琶记》第三十二出）

（161）谢伊家把初心不移。（《浣纱记》第四十五出）

（162）如今陈公将次离任，把这小孩子没送一头处。（《喻世明言》第二十二卷）

（163）列公将天罗地网不要慢了顶上，只四周紧密，待我赌斗。（《西游记》第六回）

（164）叔宝却慷慨，把蔡太守这三两银子不要算数，一总平兑十七两银子，付与小二。（《隋唐演义》第九回）

（165）却把二爷来说的话，一句未向统领说起。(《官场现形记》第十四回)

（166）他将二十两银子也不能动。(《儒林外史》第五回)

（167）把督抚不放在眼里。(《孽海花》第六回)

其句法结构类型主要有以下六种：

a. Prep + NP + Neg + V

（168）把自家马儿不骑，就骑上这个白马回城。(《西游记》第八十四回)

b. Prep + NP + Neg + V + C

（169）把他的本只不覆上来。(《金瓶梅》第四十八回)

c. Prep + NP + Neg + V + O

（170）你把我不当人。(《儒林外史》第十四回)

d. Prep + NP + adv + Neg + V

（171）于是把花虚一下儿也没打。(《金瓶梅》第十四回)

e. Prep + NP + adv + Neg + V + C

（172）当下你一句，我一句，竟把花媛媛一段故事，丝毫未曾揭穿。(《官场现形记》第三十四回)

f. Prep + NP + adv + Neg + V + 了/的

（173）刘藩台一直当他是真念交情，便把缴帖的话亦不再提了。(《官场现形记》第三十七回)

这一时期否定后置繁荣发展，在个别文献中前置与后置的使用数量和频率基本持平，处于势均力敌的状态，据朱祎祺（2019）的统计，《金瓶梅》中否定前置和否定后置的比例接近1∶1。

经历了明清短暂的繁荣之后，清代末期否定后置开始迅速衰减，呈式微之势，变成一种弱势句式，在有些文献中彻底消失，又恢复至前置式称霸的局面。否定后置处置式在现代汉语依然是一种弱势格式，属于偶见现象，只见于"当作、看作"等义处置式中，如"他把什么都不当回事""他把我不当人"。

综上，否定后置处置式产生于唐，发展于宋金，元明进入繁荣发展时期，清代以来呈衰微趋势。其演变趋势呈现出抛物线式的变化过程，先从无到有，再繁荣发展，最后日渐式微直至消失。

不仅处置式中可以否定后置，被动式中也有否定后置的情况。例如：

（174）被那女孩儿不偢不偢。（《董解元西厢记》卷一）

（175）被武松不管他，拖了过来，却请去赵四郎肩下坐了。（《水浒传》第二十六回）

任何一种句式，一定有其特有的功能和价值才能从唐代一直沿用至今。否定后置的功能特点主要表现在以下三个方面。

第一，凸显否定焦点。随着处置式的发展成熟，人们只想否定 VP，即句子的焦点，为了表达更加精确，人们会选用否定后置来突出焦点部分。试比较：

（176）你端的不把人当人！（《水浒传》第十五回）

（177）若搜出一钱银子来，你把我不当人。（《儒林外史》第十四回）

上两例的处置式，说话者都具有较强的情感倾向，语义上也相近，但否定词"不"的位置不同，否定的焦点和情感表达也有所差别。例（176）中，"不"位于"把"字前，"把人当人"形成一个紧密联系的整体，"不"强调的是对处置对象"人"的完全影响，处置语义具有完整性，凸显了说话人较为强烈的情感倾向。例（177）中，否定词后移，否定辖域仅限于谓语部分"当人"，语义完整性受阻，表现说话人主观认为处置对象受损较小的感情倾向。

第二，体现消极处置。王力（1943）提出处置式专为积极的处置而设，所以"把"后不能用否定词，但近、现代汉语却不乏否定词居"把"之后的用例。作为积极处置的对立面，可称之为"消极处置"。否定词出现在处置介词前，是对整个处置事件的否定，当然也包括了处置对象，故对于处置对象而言是积极的、常态的处置；否定词出现在后，仅对谓语进行否定，那么对处置对象而言就是一种不施为或不作为，表示消极的、异态的处置或影响。所以当否定后置时，不能说不对其加以处置，而是表示一种消极处置。

第三，使谓语复杂化。处置式产生之初，谓语动词为光杆动词，后来随着处置式的发展成熟，谓语变得复杂。当谓语为光杆形式时，增添一个否定词刚好可以满足谓语复杂化的需要。

处置式由连动式发展而来，这已成为学界共识，处置式的否定形式也应如此。在"将""把"等作为第一动词的连动结构中，否定词的位置有两种，分别位于第一动词前和第二动词前：S + Neg + 将/把 + NP$_1$ + V$_2$ +（NP$_2$）；S + 将/把 + NP$_1$ + Neg + V$_2$ +（NP$_2$）。例如：

（178）今暗如漆，何以不把火照我？（《太平广记·嗤鄙一》）

（179）把著花枝不应。（辛弃疾《西江月·题可卿影像》）

上例中的"把"作为持拿动词，位于连动结构的前项，否定副词"不"可位于"把"前，也可位于"把"后。"将/把"虚化后，在这两种格式的基础上分别产生否定前置处置式和否定后置处置式。

二 否定前置和后置的不对称性及其成因

否定词在前和否定词在后的两种语序并存，有各自的适用范围。那么否定前置和后置的比例如何？前置是否更常见？若如此，动因是什么？

（一）否定词位置与否定辖域、焦点的相关性

否定辖域和否定焦点是否定句的核心问题。袁毓林（2000）认为，否定辖域是指否定词的作用范围，在一个包含否定词的句法格式中，所有受到否定的部分构成否定的辖域，其中往往只有一个成分是真正被否定的，该成分是否定的焦点或中心。否定词语不管是前置或是后置，在语义上都有否定的功能和效果，都对命题的真值性有所否定，但否定词的位置变化会触发否定辖域宽窄和焦点位置的变化。否定前置处置句中，否定辖域宽泛，否定词后的所有成分都是辖域，而否定焦点具有不确定性，可能是动词或动词的状语、宾语、补语等成分，具体所指需根据上下文语境来判定。例如：

（180）正是为什么众妃子不把诗来进呈？（《隋唐演义》第三十一回）

（181）这四件之内，莫把那"财"字看做第三，切戒处还当看做第一！（《醒世姻缘传》第三十四回）

例（180）中，"不"否定的范围是"把诗来进呈"，否定焦点是动词"进呈"；例（181）中，"莫"否定的范围是"把那'财'字看做第三"，否定焦点是"第三"。

否定后置处置式中，否定词语与动词紧靠，其否定辖域只有其后的VP，否定焦点是谓语动词或宾语、补语等成分。例如：

（182）怎么他这个知府腰把子可是比别人硬绷些，就把我本府不放在眼里！（《官场现形记》第四十二回）

上例中的否定辖域和焦点重合，均为"不"后的动词短语"放在眼里"，两者具有一致性。该句也可转化为否定前置——"就不把我本府放在眼里"，但"不"的否定范围就会随之变化，就变为整个处置结构"把我本府放在眼里"，否定焦点不变。

（二）否定前置和后置的不对称性及成因分析

张俊阁（2016）考察了近代汉语时期否定前置和否定后置在不同方言背景的文献中的出现频率，详见下表。

表 5–1　　近代汉语时期否定前置和否定后置出现频率①

		否定前置	否定后置	否定后置所占百分比（%）
董西厢		4	5	56
二程遗书		1	0	0
朱子语类		25	4	14
元刊杂剧三十种		12	7	37
全元曲	散曲	21	2	9
	戏文	10	3	23
	杂剧	64	13	17
朴通事		0	2	100
金瓶梅		28	23	45
西游记		6	0	0
二拍		43	1	2
三言		31	2	6
红楼梦		11	9	45
儿女英雄传		21	3	13

---

① 张俊阁：《后期近代汉语方言处置式类型学考察》，山东人民出版社2016年版，第83页。

续表

	否定前置	否定后置	否定后置所占百分比（%）
醒世姻缘传	20	24	55
聊斋俚曲集	38	2	5
歧路灯	18	4	18
型世言	13	2	13
儒林外史	9	4	31
何典	1	0	0
玉如意	13	4	24
海上花列传	0	0	0
总计	389	114	23

基于表5-1中的数据，可以得出以下规律：汉语从古至今、由南到北，否定前置的比例都远超否定后置；自近代至现代，否定后置处置式在汉语方言中广泛存在，但在不同方言背景的文献中分布不一，北方方言文献中否定后置处置式的比例高于南方方言文献。

从汉语史的角度上来看，否定处置式的使用频率远低于肯定处置式，并且否定处置式中否定词以前置为主，后置一直以来都是作为特殊句式低频出现，这一特征自古而然。究其原因，还应追溯至处置式的源头—连动结构。

第一，处置由连动发展而来，"把""将"等动词所处的连动结构经常表示一种有目的、有积极意义的行为，因此较少出现于否定句中，"把""将"虚化为介词后，该特点继续保留。

第二，"把""将"等动词所处的连动结构中，前后两动作语义联系较为密切，具有整体性，前一动词常常是后一动词的方式或条件，如在"左右见者，无不把腕大笑。"（《北史·卷十五·列传第三》）一句中，"把腕"是"大笑"的伴随动作，且两动作是同时进行的，很难将其截断，否定词也多位于连动结构前用于否定整个连动结构整体，所以否定词后置的情况一直处于低频出现的状态。

第三，前置式和后置式相较，否定的范围更广，很多需要用否定后置的场合同样可以用否定前置来替代，因此否定后置就不具有不可替代性,加上否定后置不太符合人们的思维及认知模式,故逐渐走向衰微。

第四节 无宾处置式、无定处置式

无宾处置式和无定处置式也是处置式的特殊形式,因两者都和介词宾语的形式相关联,故本节将这两种形式放在一起讨论。

一 无宾处置式

介词作为一种功能性的前置词,最基本的功能就是介引、支配其后的体词性成分以构成介词短语,其后通常一定要有宾语与之共现,共同在句中充当状语等句法成分,不能悬空。然而,在某些特殊的情况下,当介词所介引的对象因某种原因转移至其他句法位置,不在介词后出现,就造成了介词宾语缺失、介词滞留。这种现象在很多语言中是不允许出现的,而汉语方言中却广泛存在,方言中的伴随介词、被动介词、处置介词、源点介词、处所介词、工具介词、受益介词等都可以悬空。关于介词悬空,已有学者做过深入探讨(董秀芳,1998;何洪峰,2008;张谊生,2009;郭锐,2009a;周振峰,2016;刘丹青,2017;肖琳、贝罗贝,2021等等)。

本书所说的介词悬空主要指处置介词"把""跟""给"等缺少宾语的现象。处置式中,介词悬空的动因与汉语"话题优先"的原则密切相关。人们为了强调被处置的对象,会将受事宾语前置,位于句首充当话题,使宾语成为人们关注的焦点,造成介词悬空,但根据上下文很容易找到介词所介引的对象。

处置式中介词宾语必须出现是很多语言的共性,但汉语诸多方言却对这一规律提出了有力挑战。一些方言中介词宾语因论元移位,已在上句出现,故不与处置介词紧密相连,造成介词后出现空位,形成"无宾处置式"。现代汉语方言中,表处置的介词"把""跟""担"等介词经常采用"承前省略"的方式悬空,直接位于谓语动词之前,构成的基本结构为"NP$_{受事}$+S+Prep+VP"。方言中的无宾处置式已有学者探讨(胡德明,2006;丁加勇,2009;宗守云,2019;徐英,2021等)。

安徽的桐城、庐江、巢湖、枞阳,江苏的淮阴、淮安、涟水、宿迁等方言存在无宾处置式。例如：

（183）安徽桐城：那个杯子他把打细着。他把那个杯子打碎了。

（184）安徽庐江：一双布鞋箇个小伢子一个月就把穿碎之。一双布鞋这个小孩一个月就把它穿碎了。

（185）安徽巢湖：箇些钱你把收之。你把这些钱收下。

（186）安徽枞阳：那个碗他把打细仔。他把那个碗打碎了。

（187）江苏淮阴：还掉下这半碗汤，你跟喝得了。还剩下这半碗汤，你把它喝了。

（188）江苏淮安：就剩那一件能见人的衣裳了，你还跟扔的了。只剩下那一件能见人的衣服了，你还把它扔了。①

（189）江苏涟水：他找不到我这块，你把带来。②

（190）江苏宿迁：俺钥匙他给送来了。

其他方言也有此类用例：

（191）湖南汨罗：钱把存哒银行。把钱存到银行。③

（192）湖南隆回：那本书，我担放到你个桌子高头。那本书,我把它放到你的桌子上。④

（193）湖南娄底：尔只片子他拿者看过几到。他把这个片子看过几次。⑤

（194）湖北罗田：洋芋他把卖了。他把土豆卖了。⑥

（195）河北张家口：那两件衣裳我把洗完了。⑦

（196）辽宁沈阳：打包了行李，明天给寄走。⑧

（197）浙江温州：灯代开起。把灯开起来。

（198）浙江龙游：鸡担杀里去。把鸡杀了。⑨

---

① 张鲁明：《淮安方言语法研究》，硕士学位论文，广西师范学院，2012年，第33页。
② 胡士云：《涟水方言研究》，中华书局2011年版，第257页。
③ 陈山青、施其生：《湖南汨罗方言的处置句》，《方言》2011年第2期。
④ 丁加勇：《湘方言动词句式的配价研究——以隆回方言为例》，湖南师范大学出版社2006年版，第220页。
⑤ 彭逢澍：《娄底方言的介词》，《湖南方言的介词》，湖南师范大学出版社1998年版，第172页。
⑥ 徐英：《湖北罗田方言的无宾"把"字句》，《方言》2021年第2期。
⑦ 宗守云：《介词悬空：张家口方言的显赫句法结构》，《中国语文》2019年第5期。
⑧ 王越：《沈阳方言语法研究》，博士学位论文，上海师范大学，2020年，第154页。
⑨ 钱双丽：《浙江南部吴语处置句研究》，硕士学位论文，浙江师范大学，2014年，第27页。

无宾处置式的基本结构为"NP +（S）+ Prep + VP",处置介词 Prep 后无处置对象,直接与 VP 紧邻。NP 主要是体词性成分,语义角色为受事。在句法位置上,NP 可出现于本小句,如例(183)的"那个杯子",也可出现于上一小句,如例(187)中的"半碗汤"。S 一般为施事,可自由隐现,出现的有例(183)(184)等,省略的有例(197)(198)等。

无宾处置式在语义上具有弱处置性和强烈的主观性,因介词宾语缺失,变为非完备处置构式,导致处置义较为隐蔽,因此有学者(胡德明,2006;徐英,2021)认为"把"应视作处置副词。

无宾处置式在唐宋时期始见,例如:

(199) 旧曾书案上,频把作囊悬。(周繇《咏萤》)

(200) 盖举口便说仁,人便自不把当事了。(《朱子语类》卷三十六)

(201) 其中又有几个散而复合的,民间把作新闻传说。(《冯玉梅团圆》)

(202) 合哥就怀里取出那刺绣香囊,教把看了,同去万员外家里。(《万秀娘仇报山亭儿》)

元明清时期沿用,例如:

(203) 这二十两碎银,把做赏人杂用。(《警世通言》第二十四卷)

(204) 你老人家女儿多,不把来当事了。(《喻世明言》第一卷)

近代汉语常常出现"把作/做/当"的形式,有学者将其看作一个词。我们认为它们不是一个词,而是"把"后省略了受事宾语,导致"把"和其后动词不得不连接在一起。主要依据如下:

第一,这些省略形式都有其对应的原始句。例如:

(205) 不把世缘作务。(《敦煌变文集·妙法莲华经讲经文》)

(206) 若不把大学做个匡壳子,卒亦未易看得。(《朱子语类》卷十九)

(207) 子路自是不把这般当事。(《朱子语类》卷三十七)

(208) 将这桩事只当做风闻言事的一个小小新闻,奏上一本,说这魏生年少不检,不宜居清要之职,降处外任。(《错斩崔宁》)

第二,"把作/做/当"句的上句均出现了"把"的宾语,因此可以断定这种简省形式出现的原因是宾语承前省略。例如：

（209）荷上露，莫把作珠穿。（《望江南》）

（210）大率圣人之言语阔，被他把做怎地说，也无碍理处。（《朱子语类》卷二十四）

（211）敬，大概是把当事，听无声，视无形。（《朱子语类》卷二十三）

"把"原先的宾语先行说出，充当话题，后文为了避免重复则不再提及。

第三，根据搜集到的语料，这种省略式主要集中于唐宋时期，处于"把"字句的萌芽期，尚处于不稳定阶段，因此会造成句式的多样化。自明代始，"把"字句逐渐发展成熟，句式结构趋于稳定，这类省略式也就趋于消亡。

综上，现代汉语方言中的无宾处置式是汉语史的延续，湘语、吴语、官话方言对这种句式有着不同程度的继承，但从整体上来看，分布并不广泛。

二 无定处置式

"无定处置式"是指介词宾语受无定形式修饰的处置式，介词后的处置对象受"个""一个"和其他数量词的修饰。这个特点与"宾语有定性"的要求相违背，构成无定处置式之特殊性。需要说明的是，这里的"无定"指形式上的无定，而不是指称对象上的无定。这类句式已引起不少学者关注（陶红印、张伯江，2000；杉村博文，2002；张谊生，2005；储泽祥，2010；俞志强，2011；洪波，2013；刘欣朋，2020 等）。

苏皖区域方言中存在无定处置式，但作为一种受限格式，用例较少。例如：

（212）安徽巢湖：我把个书看得就睡觉。

（213）江苏苏州：一个号头辰光拿个北京侪兜转来哉。一个月时间把北京都走个遍了。①

---

① 刘丹青：《苏州方言的动词谓语句》，载《动词谓语句》，暨南大学出版社1997年版，第4页。

（214）江苏盐城：把个理说把你听听。把道理说给你听听。

（215）江苏赣榆：小张昨天把个人撞伤了。

（216）安徽当涂：把一个小家伙丢在火车高头了。把一个小孩丢在火车上了。

（217）安徽芜湖：把个小家伙丢得火车高头了。把一个小孩丢在火车上了。

（218）江苏海安：他挨坏人把个包抢吖走啊。他被坏人把包抢走了。

（219）江苏苏州：倷总归要拿个人还拨我。你总要把人还给我。

无定处置式是近代汉语较为常见的一种句式，宋代就已出现，一直沿用至今。历史上的无定处置式有四种类型："把+一个"式、"把+数词+量词"式①、"把+量词"式②、"把+个"式。这里分别考察这四种类型，并重点讨论"把个"句③。

第一，"把+一个"式。"把"的宾语可受数量词"一个"的修饰。例如：

（220）若把这天理不放下相似，把一个空底物，放这边也无顿处，放那边也无顿处。（《朱子语类》卷一百一十七）

（221）把一个发慈悲的脸儿来朦着。（《西厢记》第四折）

（222）把一个地方搅得斋菜不生，鸡犬不宁，人人惧惮，个个收敛，怕生出衅端撞在他网里了。（《二刻拍案惊奇》卷四）

（223）今洪江口不知甚人，把一个读书士子打死，将尸撇在水底。（《西游记》第九回）

（224）今不意为了郑王，把一个江山弄失了，岂不可惜。（《隋唐演义》第五十九回）

（225）登时把一个手本，一封喜敬，摆在喜太尊面前。（《官场现形记》第四十二回）

（226）我把一个南京走了大半个。（《儒林外史》第三十回）

虽然中心语的修饰成分是不定形式"一个"，但通过上下文可判断出具体是哪一个，而非某群体中的任意一个。

第二，"把+数词+量词"式。"把"的宾语可受除"一个"之外的其他数量词修饰，如"一张""一匹""三件"等。例如：

---

① "把+数词+量词"式中的"数词+量词"不包括"一个"。
② 这里的"量词"是除"个"之外的"只""支""条""块"等其他量词。
③ 因"把"在数量上占绝对优势，故以"把"作为处置标记的代表。

（227）再把一张纸折叠了，写成封家书。(《清平山堂话本·简帖和尚》)

（228）没奈何把一匹与江居坐，那一匹教他两个轮流坐罢。(《拗相公》)

（229）一个官人教我把三件物事与小娘子，不教把来与你。(《清平山堂话本·简帖和尚》)

（230）沉吟了数次，骂你个负心贼堪恨，把一封寄来书都扯做纸条儿。(《全元曲·杨果》)

（231）把一条虎眼鞭直搅头直上。(《新校元刊杂剧三十种·尉迟恭三夺槊·第一折》)

（232）将绳把五个狮精又捆了，扛进城去。(《西游记》第九十回)

（233）幸亏大人不计小人之过，过了此关，才把一块石头放下。(《官场现形记》第三回)

（234）把两个碗和粉汤都打碎在地下。(《儒林外史》第十回)

（235）顷刻间，把八只大皮箱拿了出去。(《文明小史》第十二回)

第三，"把+量词"式。"把"的宾语可受单个量词如"些""件""只""条"等修饰。例如：

（236）这番多把些药倾在里面。(《宋四公大闹禁魂张》)

（237）把件事说了一遍。(《清平山堂话本·花灯轿莲女成佛记》)

（238）把些衣服首饰之类。尽皆典卖。(《琵琶记》第二十五出)

（239）就恨得个大圣钢牙咬响，火眼睁圆，把条金箍棒揝了又揝。(《西游记》第二十五回)

（240）把只手向灵鸟一招，那鸟即飞入老僧掌中，老僧便进石室去了。(《隋唐演义》第五十七回)

（241）把对烟壶收了进去。(《官场现形记》第二十六回)

（242）原来昨夜风浪太大，一个浪头冲过船面，把张铁梯子打断了，这力量也就可想而知了。(《文明小史》第五十二回)

第四，"把个"式。"把个"句式已有许多学者作过讨论。陶红印、张伯江（2000）将该句式称为"无定式把字句"，探讨了各类无定式把字式从近代到现代的特点及演变，认为"把个"是"把一个"的简化形式。杉村博文（2002）从认知角度对"把+个+N+V"句进行了探讨，认为句式中的"N"和"V"之间存在语义上的扭曲关系，表明事态的发展出乎说话人的意料之外。张谊生（2005）考察了"把个"句的结构特点、表达功用和发展趋势，指出"个"经历了由量词到助词的转变，作用是使宾语无定化、实体化、类别化、专指化。储泽祥（2010）以"事物首现"为视点探讨了这种句式的存在理据及语用价值，认为虽然在现代汉语中是受限格式，但因具有一系列多方面的语用价值，所以能够保存至今并不断发展变化。俞志强（2011）从"宾语属性明确性"的角度出发，认为宾语与语境相匹配、和谐，"把"字句就能成立。吴为善（2011）从认知角度对"把个"句式作了解读，认为是主观性决定了该句式的成立，和说话人的视角有关。刘欣朋（2020）从信息结构的角度来解释该句式的形成，指出如果在特定条件下无定形式的信息量远低于谓语，那么就具有进入"把"字句的条件，"把个"句就具有合法性。

从历史上看，"把个"句始现于宋代。例如：

(243) 相似把个利刃截断，中间都不用了，这个便是大病。（《朱子语类》卷一百十七）

(244) 看他意思，便把个仕都轻看了。（《朱子语类》卷二十八）

(245) 万秀娘离不得是把个甜言美语啜持过来。（《万秀娘仇报山亭儿》）

元代起，"把个"句式逐渐固定下来，广泛使用，成为一种常见句式。例如：

(246) 我去那堂子里把个澡洗。（《元曲选·潇湘雨》）

(247) 你看他前踊后跃，钻上去，把个魔王围绕。（《西游记》第二回）

(248) 告状的一班乡民，把个大堂跪的实实足足。（《官场现形记》第十五回）

(249) 把个殿门全遮住了。（《老残游记续集》第七回）

(250) 把个荀老爹气得有口难分。（《儒林外史》第二回）

(251) 把个达小姐看得忍俊不禁，竟浓装艳服地现了庄严宝相。（《孽海花》第六回）

(252) 所以把个箱子用绳子结结实实的捆好。（《文明小史》第十

第五章 苏皖方言的特殊处置式

五回）

还发现了无定被动式的用例：

（253）行得没一里，路上被个包袱一纠倒。（《清平山堂话本·曹伯明错勘脏记》）

（254）那国王有个公主被个妖精摄去，抛在荒野。（《西游记》第九十五回）

通过对近代汉语"把个"句的考察，发现具有以下特点。

一是主语多数是零形式，经常省略或隐含，有些主语不明，无法依据上下文语义推知；二是谓语动词可以是不及物动词和心理动词，含有［＋致使］［＋变化］的语义特征，表达一种出乎意料的、不寻常的情况并带有说话人较强的主观性；三是谓语以动补结构居多；四是只能用于陈述句，几乎不能用于祈使句，因为陈述句一般用于叙述已然发生的事件，其宾语有定无定均可，而祈使处置句是要求对方施行某动作，强调的是未然事件，因而对宾语的有定性要求更高，如果是无定成分，那么可能会影响听话者对话语的理解。

人们一般将"把个"句看作是"把一个"句的省略形式。我们认为，虽然两者的性质、用法相当，且都有处置义，但清代以后，随着"把"虚化程度的加深和"把个"句式的发展，其后经常出现不能被"一个"修饰的专有名词，特别是人名形式，这时"把个"句就不能看作是"把一个"句的省略式了。例如：

（255）把个陶子尧真正弄的走投无路，只得又打一个电话给姊夫，说明洋人不退机器，请他转圜的话。（《官场现形记》第八回）

（256）把个陈正公欢喜的要不得。（《儒林外史》第五十二回）

上例中，"个"带有特指意味，特指某一个人，前面不能被"一"修饰。如例（255）中，"陶子尧"是人名，不能说"把一个陶子尧真正弄的走投无路"，此时的"个"已无实在意义，删除与否基本不影响句子真值。"把个"句更多地强调致使义，内含因果关系，前一人物或事件是后一人物或事件的致使因素。

综上，"把一个"是基式或原式，后来产生了省略式"把个"，两者长期并存，性质相当，可相互转换。后来，伴随"把"语义的进一步虚化，导致有些"把个"句无法还原为"把一个"句。

处置式中的介词宾语一般倾向于有定,与无定成分相排斥,而"个"作为典型无定标记,为什么会和处置式长期和谐并存呢?"个"还是量词吗?它究竟有何表达功能?

我们认为,"把个……"中的"个"不再表示数量词"一个",而是具有特殊的语义和语用功能:

第一,使宾语具体化。介词后的有些宾语在意义上较为抽象、宽泛,受"个"修饰后,变成具体的实体。例如:

(257)拿个聚众罪名轻轻加在诸公身上。(《官场现形记》第五十七回)

(258)末后连我也把个小命儿送掉了,图着什么呢?(《老残游记续集》第四回)

"罪名""小命儿"均为抽象名词,"个"的修饰使其变得有形化、具体化,从抽象、宽泛的概念变得具体、实在。

第二,使宾语特指化。"把个"句中的"个"一般是无定标志,但在"把个"句中并未改变宾语的有定性质,反而在宾语之前起到了强调作用,表明该宾语在说话人心中是独一无二的已知信息,特指某一个,而非任意一个。有些介词宾语在形式上是无定名词,加上"个"之后凸显了对宾语的强调和指别,吸引听话人的注意,使无定宾语特指化、专门化,达到凸显处置对象的表达效果。例如:

(259)把个巴掌仰着再也弯不过来。(《儒林外史》第三回)

"把个巴掌"在形式上虽是无定的,但交谈双方都知道具体是哪个"巴掌",语义上依然是有定的、特指的。

第三,使宾语全称化。"个"表全量统括,表明受处置的是宾语的全部而不是某部分。例如:

(260)把个文武百官吓得只是心里叫苦,口里不敢作声。(《三宝太监西洋记》第十二回)

"文武百官"受"个"修饰后,具有整体性,"吓得只是心里叫苦"的指称对象是全体文武百官,而不是其中的某一部分。

第四,强调处置的结果。有时说话人为了强调处置结果,也会使用"把个"句式。例如:

(261)把个铃儿跌得粉碎。(《西游记》第四十四回)

说话人的目的是强调"粉碎"这一处置的结果,宾语相对来说是旧信息,已知程度高,所以说话人有意将其淡化,采用了无定形式。

第五,赋予主观性。"把个"句表达的是异乎寻常、异于常态的事件,且对于说话者而言是出乎意料的不如意事件,相比一般的处置式,该句式带有较强的主观色彩。说话人使用"把个"句往往是为了表达自己对事件的主观立场、态度、观点等,表明某种不期而至的处置行动或结果超出了主观预期。这是因为"把"的宾语一般是有定信息,是言谈双方共知的旧信息,当变成无定形式时,说话人无法将其与自己熟悉的事物对应起来,因此会感到意外。例如:

(262)把个老虎打得连跌递跌,跌上几跤,跌得半日不会翻身。(《三宝太监西洋记》第七十三回)

在说话人看来,"老虎"本是极其凶猛厉害的动物,竟然会被人打得"连跌递跌",这个不同寻常、超乎常理的情况与说话人的心理预期相反,令其感到意外。

综上,"把个"句虽然使用频率不高,但在句法构造、句式语义、语用价值等方面都具有不同于一般处置式的独特个性。

以上几类无定式处置式的共同特征是:宾语在形式上具有无定性,即介词宾语受数量短语修饰,但只是在形式上具有无定性,大多数宾语在语义上依然是定指的,听话人能够将宾语所指与事先存在于知识结构中的某事物对应起来,因此这一句法格式的出现并没有对"宾语的有定性"构成挑战。

第五节 "把""被"同现处置式

被动式是表示被动或遭受关系的句式,反映与主动相对的语义关系,常见的被动标记有"于""为""见""被""着""叫""吃""乞""给""蒙"等。处置式表示处置或致使语义,常见的处置标记有"将""把""捉""给""拿"等。苏皖区域方言存在两种句式在同一句中共现的现象,我们以"把"作为处置标记的代表,"被"作为被动标记的代表,把处置、被动标记在一个句子中共现且具有语义联系的语句称为"把""被"同现句。它是一种特殊的处置式,同时也是被动句的一种特殊形式。

一　处置式和被动式的比较

处置式和被动式是表达施受关系的两种高度相关的常用句式，也是现代汉语特色的语法现象之一，两句式之间的对应和变换关系很早就有学者关注。王力（1943）最早注意到处置和被动的相关性，并从形式、语义、结构等方面讨论了两者之间的密切联系。他指出，两者虽形式有异，但所述行为的性质是相同的，同样一件事情，站在施事者的角度是一种处置，站在受事者的角度就是一种遭受，因此多数被动式可以转化为处置式。吕叔湘（1948a）探讨了两句式中动词带宾语的情况并讨论了被动句、处置句和中性句三者之间的转换条件限制。丁声树等（1961）则持相反意见，认为处置式和被动式是完全不同的两种类型的句式，在结构上有两点区别：处置式中宾语必须出现不可省略，被动式中施事可以省略；处置式中动词必须是非光杆的，前后要有其他成分，被动式中动词不一定要有其他成分。饶长溶（1990）提出处置式不能变换为被动式的三种情况：谓语是动词重叠式，谓语动词为形式动词，主语和宾语有领属关系。梅祖麟（1990）、袁宾（1992）注意到两种句式在谓语动词的情况、介词宾语的情况、否定词的位置、语法功用等方面的类似之处。戴浩一（1994）指出，"把"字式和"被"字式有共同的语义和句法特性，都有使动义，是处于同一平面、从不同角度出发的使动式。张伯江（2001）探讨了两句式在语义和结构方面的异同，并和"主动宾"句进行比较，提出两者都具有"强影响性"和"弱施动性"。邵敬敏（2006）指出，两句式都用于提示听话人关注动作影响的方向，但处置表顺向，强调动作行为所影响的对象；被动表逆向，凸显某事物意外遭受到动作行为的影响。石毓智（2008）通过对汉语方言处置式代词回指现象的考察，发现处置式和被动式的生成机制有本质区别，处置式由主动式"V + O"变化而来，而被动式不是，两者不存在变换关系。

本书认为，处置式和被动式具有以下几点共性[1]。

第一，句法相似性。两句式都属有标记句式，且句法结构一致，都可抽象概括为"NP$_1$ + Prep + NP$_2$ + VP"，区别只在于 NP$_1$ 和 NP$_2$ 的位置；两句式都是非松散结构，句法成分联系紧密，处置介词必须与 NP$_2$ 共现于 VP 前，被动介词必须与 NP$_1$ 共现于 VP 前；主语、宾语具有已知性、定指性；谓语动词一般为非光杆形式，须附加有状语、补语、宾语、助词等前置或后置成分，以及物动词为主，前面都可加"给"以加重语义；谓语动词后可以带宾语，构成保留宾语型处置式或保留宾语型被动式，与前一宾语形成复指、同指、领属、包含等关系；否定词、能愿动词和一些副词更倾向于位于介宾短语前；代词复指、偏称宾语、否定后置、成分隐省等特殊类型不仅存在于处置式，同样也适用于被动式。

第二，语义相通性。两句式表达的都是一个致使情景或致使事件，都产生了某种致使结果，蕴含"强影响性"[2]。蒋绍愚、曹广顺（2005）指出，处置式和被动式都表示施事对受事有意识地施加处置或影响，都表达了某对象承受某处置或影响，只是在程度上有异。处置式中，主语 NP$_1$ 是致事，即致使者，通常是致使事件的引发者或施动者，宾语 NP$_2$ 是役事，即被使者，是致使事件的承受者或作用对象，NP$_1$ 作用于 NP$_2$，从而使之产生某种致使结果。被动式中则相反，NP$_1$ 是被使者，NP$_2$ 是致使者，NP$_1$ 被作用产生了某种致使结果。此外，虽然一个表处置义，一个表遭受处置义，但 NP$_1$ 和 NP$_2$ 都具有施加与承受的关系，两句式相互转换后，施受关系保持不变，如"我把他打了"——"他被我打了"。张黎（2012）提出，"把"字句、"被"字句等句式可以构成一个变化句式群，关注动作产生的结果及造成的变化，区别在于"把"字句表达责任型变化，"被"字句表达意外型变化。施春宏（2018）指出，"把"字句和"被"字句都与致使范畴相关联，都是表达致使关系的句法结构。此外从历史上来看，致使义和处置义、被动义均有演变关

---

[1] 在分析处置式和被动式之间的共性和差异时，本书所说的处置是"典型处置式"，不包括致使处置、命名型处置等其他语义类型，被动式指有明显形式标记的被动式，不包括无标被动式或意念被动式。

[2] 张伯江（2001）指出，和主动宾句相比，"把"字句和"被"字句的共同特点是具有"强影响性"和"弱施动性"，但"强影响性"是必有特征，"弱施动性"不是必有的。

系，致使义可以同时发展出处置义和被动义。

第三，语用相近性。两句式都是显示句尾焦点的常用句式，信息焦点一般都在句末的谓语部分。两句式还都具有强烈的主观性，附加说话人的主观情态：处置式凸显主观上认定的受动作行为影响的对象，默认处置者对被处置者有充分的把控作用，且具有"追究责任"的意味；被动式强调受处置者遭受到某种不如意的影响，附加说话人同情遭受者的感情色彩。

处置式和被动式具有以下差异：

1. 句法差异

（1）句类分布与句式选择。在句类分布上，祈使句是处置式最常出现的句类，被动式却与祈使语气相排斥，尤其与肯定祈使句不相容①，导致两者在时体分布上也有差别：被动式只能用于已然时态，叙述已然事实，难以进入未然语境；处置式的时体分布更为多样，以未然居多。在句式选择上，被动式多用于肯定句，鲜用于否定句；处置式则不受该限制。

（2）介词宾语 NP_2 的可隐省性。处置式中，NP_2 作为受处置的对象，一般不能缺省（无宾处置式除外）；被动式中，NP_2 作为行为动作的施动者，是背景信息，无须凸显，当 NP_2 不明或说话人不愿提及时，可以省略或隐含而不影响基本语义的表达。

（3）主语 NP_1 的可隐省性。处置式更强调受影响的对象，因而主语 NP_1 不太受关注，可以采用零形式；被动式中 NP_1 作为受动者，是遭受影响的一方，必须居于句首，不可省略或隐含。

（4）对谓语动词 V 的限制。一些不具有处置义、影响力的动词如"知道""看见""听见""发现"等不能进入处置式，却可用于被动式，如"被他知道""被我发现"；一些不能进入被动式的动词重叠式、不加"了"的动趋式、带复指代词的谓语等可以进入处置式，如"把

---

① 被动句偶尔可以进入否定式祈使句，如"别被他骗了"，但几乎不能进入肯定式祈使句。究其原因主要有两方面：首先肯定祈使句与被动句的语义色彩相冲突，祈使句多表达命令、要求、请求、期待等，往往具有正面、积极的语义色彩，而被动句多带有"消极、负面、不如意"的特点，两者语义不相容，故无法共现；其次，祈使句多表示未完成或未实现事件，而被动句中多用于陈述已然、已完成事件，两者在时体特征上亦不匹配。

杯子刷刷""把它拿进来""把门关上它"。

2. 语义差异

（1）句式义。处置式是主动语态，是主观上的处置，表达某人有意愿地对某物施加影响；被动式是被动语态，是非意愿句，表达某物受到了某人的某种处置，遭受了某种意料之外的影响而产生某种非自主的变化。

（2）直接影响与间接影响。尽管两种句式都能体现受动者的"受影响性"特点，但处置式中受动者 NP_2 受到的影响是直接影响，是 NP_1 在主观意愿的支配下对其施加的影响，是 V 直接涉及的对象。被动式中，NP_1 的位置可容纳间接受动者，它受到的影响可能是间接影响，所以处置式中受动者受到的影响更彻底。

这一差异可能与受动者和谓语动词的距离有关。根据"距离象似"原则，越靠近核心动词的部分，与动词的黏合度越高，受到的影响越强、越直接。处置式中受动者与谓语动词的距离要近于被动式，动词和受事直接相碰、接触，动作直接作用于受事，必然使其受到直接影响。然而，被动式中，受事居于句首，谓语动词居于句末，两者相距较远，关系没有那么密切，受到的影响就不及处置式彻底。

（3）NP_1 的受影响性。被动式中，作为受事的 NP_1 一定是经历了某种变化或受到了某些影响，否则无法构成被动式；处置式中，NP_1 多是处置动作的施行者，一般不会受到任何影响。

（4）NP_1 的生命度等级。被动式表遭受义，主语 NP_1 多为受事成分，生命度等级较低；处置式表处置语义，主语 NP_1 的生命度等级较高。

（5）使因因素的性质。被动式中介词宾语 NP_2 一般为直接使因，是遭受事件的直接责任者；处置式中的主语 NP_1 可能是直接使因，也可能是间接使因。

3. 语用差异

（1）强调重点和观察角度。处置式中，NP_2 受到的处置结果是被强调的对象、信息传递的焦点，也是语用重音所在，而处置动作由谁发出是次要内容；被动式是从受影响者 NP_1 的角度来叙述致使事件，NP_1 是话语中心，说话者更关注客体 NP_1 发生了怎样的非自主性变化，不太关心动作的实施者 NP_2 的具体情况。

（2）表达功能。被动式蕴含特殊的语用含义，带有"贬损、不幸、不如意、不愉快"的语用色彩，表示谓语动词所代表的动作对受事造成了负面影响，附加言者较强的主观性①，受损者的受损程度越高，移情效果越突出；而处置式的感情色彩较柔和，偏中性，多用于客观地阐述事实，较少表"不如意、不企望发生"等语用义。另外有些被动式还隐含有"预期偏离义"，带有"不期而遇、出乎意料"的意味，表示意外蒙受的突发事件超出某人的预期，令其感到意外，处置式则较少蕴含该语用义。

（3）使用频率。两种句式都很常见，但由于处置式是主动形式，因此比被动式的应用范围更广，出现频率更高。

4. 产生时代差异

在产生时代上，被动式要早于处置式。被动句式在上古汉语中就很常见，最早的被动式是"于"字式，唐钰明等（1985）认为甲骨文中就存在被动式，"于"是最早的被动标记；处置式的产生时期虽有争议，但学界较为普遍的看法是中古前后，显然晚于被动式。

二 "把""被"同现句的分布及演变

对于"把""被"同现句，学界早有讨论，但命名不一，看法各异。吕叔湘（1942）将这类句式称为"'把''被'句法的糅合"。丁声树等（1961）、邵敬敏（1983）指出，虽然"被"字句和"把"字句是完全不同的两种类型的句式，却可糅合在一起使用。李临定（1986）提出共现句是由"名_受 + 被 + 名_施 + VP"发展而来。唐钰明（1988）论述了同现句是由被动句中动词带宾语发展而来。孙锡信（1992）认为被动和处置相结合的句子在逻辑上具有啰唆性和重复性。刘继超（1999）对《儿女英雄传》中"被""把"同现句的主语进行了界定，说明了"被"在前和"把"在前同现句的差异。杨明义（2000）对《西游记》中的"被""把"合用句进行了统计分析，讨论了各类合用句的语义关系和构造层次。曾常红（2004）将这类句式称

---

① 尽管随着被动句的发展，开始突破了这种语用倾向和限制，出现不少表示中性甚至褒义色彩的被动句，如"他被提拔为处长了""被提名了""被通过了"，但总体来看，大多数被动句还是以表遭受义为主，附加有"不幸、不如意"的贬义或逆义色彩。

为"被字结构和把字结构的合用",根据是否修饰同一中心语,将其分为套用类和连用类。邢向东(2006)发现陕北晋语口语中存在"教"字句和"把"字句的套合句式并将其视作特殊的非主谓句。高月丽(2007)对"被""把"同现句进行了分类并探讨了与"把"字句的内在联系及差异。唐钰明、朱玉宾(2008)将其命名为"被动/处置共现句"并分析了这一句式的历史演变及语义结构。刘慧清(2017)梳理和分析了"NP$_1$把NP$_2$被NP$_3$+VP"句式的结构类别、下位分类、句式语义、语用功能、存在理据等。叶建军(2020)将其界定为"句式糅合",认为是由省略主语的被动式和处置式通过删略、重复等方式糅合而成,强化言者主观性和保持话题同一性是该句式的生成动因。冷玉芳、石毓智(2021)为其命名为"被动式和处置式的套叠构式",并指出从宋代开始这种现象一直存在。

经调查发现,"把""被"同现句在江苏的南京、如皋、海安、泗洪,安徽的望江、怀远、安庆、当涂等方言有分布。例如:

(263)江苏南京:他被狗把腿咬烂得了。他被狗把腿咬烂了。

(264)江苏如皋:他挨狗子把脚膀子咬叨。他被狗把腿咬了。

(265)江苏海安:他挨老师把卷子撕掉啊。他被老师把试卷撕掉了。

(266)江苏泗洪:张三挨人给包提走得了。张三被人把包提走了。

(267)安徽望江:张三被人把包偷走哆。张三被人把包偷走了。

(268)安徽怀远:他被狗把腿咬烂了。

(269)安徽安庆:渠被狗把腿咬烂了。他被狗把腿咬烂了。

(270)安徽当涂:他被狗把腿咬烂了。

其他方言情况也有此类用例:

(271)河南辉县:叫钉把脚扎烂了。被钉把脚扎烂了。

(272)湖南益阳:他捱得他俚娘捉哒阿脚打折哒。他被他妈妈把脚打折了。[1]

(273)湖南吉首:他着单车帮衣服挂烂了。他被单车把衣服挂破了。[2]

---

[1] 夏俐萍:《湘语益阳方言的处置式》,载《方言语法论丛(第六辑)》,中国科学出版社2015年版,第303页。

[2] 李启群:《吉首方言研究》,民族出版社2002年版,第326页。

（274）湖南洞口：乞其把家具一下搬回来了。被她把家具全搬回来了。[①]

（275）贵州贵阳：着他把肉选光噢。被他把肉选光了。[②]

（276）江西南城：着贼崽阿装钱个袋哩割破要。被小偷把我装钱的口袋割破了。[③]

（277）陕西神木：把那后生直教那些打死。把那小伙子生生被他们打死了。[④]

（278）江西安远：尔个哥拿交警讨摩托车短了。你哥哥被交警把摩托车截留了。[⑤]

（279）陕西榆林：他叫狗把脚片子咬烂了。他被狗把脚咬烂了。

汉语句式在历时演变的过程中，会出现句法混合现象，形成复杂结构。处置式与被动式都是汉语重要的句法结构，如果两种结构在同一句子中，就会形成两种结构的混合句式，构成汉语独特的句式格局。"把""被"同现句自宋代始现，延续至今，根据形式特征、句子成分及其语义联系，我们将"把""被"同现句分为以下三类。

1. "把""被"连用型

一个句子拥有分别表处置和被动的两个谓语结构，被动式和处置式各自作为一个分句先后出现，合成一个复句，在形式上一般用逗号等停顿符号隔开。例如：

（280）可惜被风吹散，把袖儿笼着。（吴礼之《好事近·秋日席上》）

（281）以此父亲亲去与他说，到把父亲打骂，被害无辜。（《菩萨蛮》）

（282）学士被宰相王荆公寻件风流罪过，把学士奏贬黄州安置去了。（《清平山堂话本·五戒禅师私红莲记》）

（283）急救火时，被烟一冲，不想将双目皆冲瞎了。（《清平山堂话本·董永遇仙传》）

（284）被金枷玉锁紧相拘，将心猿意马牢拴住。（《元曲选·铁拐李》）

---

① 刘平：《洞口赣方言被动标记与被动句式研究》，硕士学位论文，华中师范大学，2018年，第28页。
② 王建设：《贵阳方言中的"把"字》，《贵州师范大学学报》1995年第1期。
③ 周迪：《南城方言被动句及被动标记"着""得""畀"研究》，硕士学位论文，江西师范大学，2015年，第24页。
④ 邢向东：《陕北晋语语法比较研究》，商务印书馆2006年版，第227页。
⑤ 廖海明：《安远龙布话虚词研究》，硕士学位论文，华中科技大学，2002年，第32页。

（285）月圆苦被阴云罩，偏不把离愁照。(《全元曲·郑光祖》)

（286）被猴王劈头一棒，把个斧柄打做两截，急撤身逃生。(《西游记》第四回)

（287）高升是何等样人，上船一天，就被他看出苗头，因此就拿个主人一顶顶到天上去。(《官场现形记》第十六回)

（288）打紧又被这瞎眼的忘八在路上打个前失，把我跌了下来，跌的腰胯生疼！(《儒林外史》第二回)

（289）倘若被他们知道这个意思，他一定把环妹妹藏到乡下去。(《老残游记》第十四回)

（290）穷孩子不知世事，倘或与外人商量，被人哄诱，把东西一时花了，不枉了做娘的一片用心？(《喻世明言》第二卷)

（291）霹雳一声，把安庆宗的灵位击得粉碎，锦帐尽被雷火焚烧。(《隋唐演义》第九十二回)

（292）却被阶石绊了一跌，把右臂跌坏，卧地不能起。(《隋唐演义》第七十五回)

连用型同现句中，两分句之间可能存在并列关系、因果关系、转折关系等。

2. "把""被"套用型

处置式和被动式处于不同层级中，包孕使用，两句式是一层嵌套另一层的套叠关系。一般来说多是处置式嵌套被动式，被动结构嵌套、包孕在处置结构中，充当处置结构的句子成分。例如：

（293）过了几日，京里的那个小军机又写了一封信来，才把被参的大概情形约略通知，虽还不能详细，大略情形已得六七。(《官场现形记》第十八回)

（294）吴氏将他请来，把被屈的情形告诉了一遍，央他从中设法。(《老残游记》第五回)

（295）士信把秦老夫人被逮始末，粗粗述了一遍。(《隋唐演义》第四十四回)

这类句式多是处置标记在前，被动标记在后，处置式是被动式的上位层次，句子的主体依然是"把"字句，主要表达处置语义。

3. "把""被"合用型

在一个句子中，被动介词引出施事①，处置介词引出受事，共同置于谓语动词前作状语，修饰同一中心语。两种句式出现在同一小句中，构成有机整体，融合较紧密，中间一般不用标点隔开。根据处置结构和被动结构的语序可以进一步分为以下两种类型。

(1) "被"把"式"

"被"字式包含"把"字式，被动在前、处置在后，基本句式是被动式，侧重于表达遭受语义，基本形式为：(S) +被动介词+ NP$_1$ +处置介词+ NP$_2$ + VP。例如：

(296) 被这霜雪把你欺。(《元曲选·度柳翠》)

(297) 被藕丝嫩把柔肠厮系定，越教人惹恨牵情。(《全元曲·吕天用》)

(298) 今日被歹人将你算，畅则为你大胆上落便宜。(《新校元刊杂剧三十种·关张双赴西蜀梦·第一折》)

(299) 被这些乱军把我金银抢去分了。(《浣纱记》第四十三出)

(300) 我师父分明是个好人，必然被怪把他变做虎精，害了师父。(《西游记》第三十回)

(301) 原来夏鼎被王中打狗一句把胆输了，不敢叫门，只得说道："只是一句淡话，改日说罢。"(《歧路灯》第三十七回)

(302) 这一下子，可被我把他们弄倒了。(《官场现形记》第五十一回)

(303) 不想今日被县尊把我这服色同官职写在批上。(《儒林外史》第五十回)

(2) "把""被"式

"把"字结构居于上位层次，包含"被"字结构，处置在前，被动在后，基本句式是处置式，侧重表达处置或致使语义，基本形式为：(S) +处置介词+ NP$_2$ +被动介词+ NP$_1$ + VP。例如：

(304) 早把个劈尘儿被老龙王领兵围住。(《西游记》第九十二回)

---

① 本章对"施事""受事"采取宽泛的理解，泛指出现在施、受位置上的工具、时间、处所、致事等语义角色。

（305）把一起市曹枭示之强贼，叫愚民都看成英雄豪杰，这贻祸便大了。(《歧路灯》第九十回)

（306）后来恐怕把花被诗熏臭了，还是不做的好。(《老残游记续集》第七回)

（307）不要把名字叫领事知道方好。(《官场现形记》第五十七回)

（308）我才二十多岁，挤了来看，把帽子都被人挤掉了。(《儒林外史》第五十五回)

（309）却把孔、孟的儒教被宋儒弄的小而又小，以至于绝了！(《老残游记》第九回)

"把""被"合用句可以离析为被动式和处置式两个句法结构，如例（306）包括"花被诗熏臭了"和"诗把花熏臭了"两个结构。

从出现频率看，"被""把"式是主流形式，占绝大多数，宋元时期几乎没有出现"把""被"式，明清时期也较为少见。据杨明义（2000），《西游记》41个"被""把"合用句中，"被""把"式有38例，"把""被"式只有3例。究其原因可能是受汉语表达习惯的制约——先施事再受事。

同现句的三种类型中，第三种类型即合用型最为常见，具有较强的代表性，接下来我们重点探讨"把""被"合用型的产生与发展。

被动式产生时间较早，上古就已产生，而处置式产生时间较晚，魏晋开始萌芽，迟至唐代才正式产生。两者的合用始见于宋代，但仅见零星用例。由于"将"字式的产生早于"把"字式，因此这一时期"被"字句最先与"将"结合，形成"被……将……"句式。例如：

（310）被利欲将这个心包了。(《朱子语类》卷十八)

（311）后来多被学者将元说折开分布在他处。(《朱子语类》卷二十七)

由于宋代处置式产生时间不长，处于萌芽阶段，处置介词"把"尚未完全发展成熟，所以见例较少，形式也较为单一，人们更习惯于用被动式包裹处置式。只有两种句式都发展成熟时，人们才能够自如地将两者糅合在一起。

较之宋代，元代有了三大变化。

第一，"被……把……"式在数量上有了大幅度增长，"被……

将……"式的使用频率开始下降,这说明"把"字处置式有了进一步发展,"将"字式的统治地位开始被打破。例如:

(312) 被那先生把我浑家杀了。(《元曲选·城南柳》)

(313) 被这些穷家活把他没乱煞。(《元曲选·赵礼让肥》)

(314) 被东君把你个蜜蜂儿拦住。(《全元曲·张君瑞庆团园》)

(315) 被藕丝嫩把柔肠厮系定,越教人惹恨牵情。(《全元曲·吕天用》)

(316) 算来都不如蓝采和,被这几文钱把这小儿瞒过。(《全元曲·严忠济》)

(317) 那其间被俺爷把我横拖倒拽出招商舍,硬厮强扶上走马车。(《新校元刊杂剧三十种·闺怨佳人拜月亭》第三折)

第二,开始出现"把""被"式,处置在前、被动在后。例如:

(318) 险把我魂灵儿被他惊散却。(《元曲选·冯玉兰》)

(319) 把武吉蒙宣前去,果见渔公手执钓竿。(《武王伐纣平话》)

第三,出现了一个被动标记与两个处置标记合用的句式,即二次合用。例如:

(320) 被荆棘针都把衣袂扯,将孩儿指尖儿都挃破也。(《元曲选·墙头马上》)

经过元代的发展,明清时期这一句式得以充分发展和广泛使用,达到成熟和繁荣。和前代相比,出现以下几点变化:

第一,"被……将……"式大量减少,"被……把……"式大大超过了"被……将……"式,这充分体现了"把"在与"将"的竞争中占据主导地位,最终成为表处置的主要介词。例如:

(321) 掣棒还要打时,早被佛祖把妖精装在袋里。(《西游记》第六十六回)

(322) 雄信忙放了秦王的马,举槊来刺,被敬德把身一侧,一鞭打去,正中雄信手腕。(《隋唐演义》第五十七回)

(323) 倘若被他们把好的掉换了几样,向谁去讨回呢?(《官场现形记》第五十回)

(324) 不想今日被县尊把我这服色同官职写在批上。(《儒林外史》第五十回)

第二,"把""被"式的用例明显增多。例如:

(325)我斗他不过,将巢穴白白的被他占了。(《西游记》第四十九回)

(326)竟把咽喉被痰塞住,不出气儿。(《歧路灯》第四十六回)

(327)随凤占见问,只得把生怕节礼被人受去,私自赶回来的苦衷,细说了一遍。(《官场现形记》第四十五回)

(328)巧巧的把你送我的两样物件统统被人偷去。(《续济公传》第一百三十七回)

但总体上"被""把"式依然是主流形式,人们更习惯于将处置式嵌入被动式之中。

第三,介词使用上更加丰富,被动介词除最常使用的"被"之外,还有"吃""教""着""叫"等。例如:

(329)把好的吃他弄死了。(《金瓶梅》第七十五回)

(330)把丑却教他出尽了。(《金瓶梅》第三十五回)

(331)他这一死,把我的家叫他倾了。(《歧路灯》第三十回)

(332)把翠都着夺了去了。(《聊斋俚曲集·增补幸云曲》第二十一回)

明清同现句到达鼎盛期,但清代以后,同现句走向衰落,呈式微之势。据曾常红(2004)对老舍、钱钟书、王朔、沈从文等人部分作品的统计,只在老舍和沈从文先生的作品中发现这类句式,可见在现代文学作品中这类句式并没有得到广泛使用。

综上,关于"把""被"同现句,可以得出以下结论。

第一,宋代处于萌芽阶段,仅有个别用例,经过元代的发展,明清大量使用,达到鼎盛,清以后开始出现衰微趋势。但从总体上看,与独立的被动式或处置式相比,这种特殊句式一直处于低频使用的状态,并非常见句式。

第二,"把""被"同现句的产生与发展伴随着"把""将"的竞争和兴衰变迁。宋元时期,在与"被"的结合上,"将"占有明显优势,"被"字句最先与"将"字句结合,然后才是"把"字句。元代尤其是明清以降,随着"将"字处置式的衰落,"把"字处置式成为处置式的主流形式,"把"与"被"的结合逐渐占主导地位。唐钰明

(1988) 对"把""将"与"被"的结合情况做了统计,详见下表。

表 5-2　　　　　　"把""将"与"被"的结合情况①

频率　　类型 典籍	被+将	被+把
大唐三藏取经诗话	1	
新编五代史平话	8	
全相平话五种	1	
朱子语类	2	
清平山堂话本		1
元人杂剧选	6	1
三国演义		1
水浒	2	9
西游记	10	22
儒林外史	1	2
红楼梦	1	1
儿女英雄传		3

由表 5-2 可见,宋元时期只有"被……将……"式,几乎没有出现"被……把……"式,明清时期的作品中"被"与"把"的结合开始超过"将","被……把……"式占据优势地位。

第三,"把""被"同现句中,被动介词主要是"被",处置介词主要是"将"和"把","把""被"同现句主要是"将/把"与"被"的结合。

第四,类型发展不平衡。首先,先被动后处置的共现占压倒性优势,无论哪个时期都远远超过先处置后被动的共现;其次,"把/将"与"被"的同现远多于与"吃/叫/教/给"的同现。

第五,现代汉语中的"把""被"同现句来自古代汉语的遗存,但

---

① 唐钰明:《唐至清的"被"字句》,《中国语文》1988 年第 6 期。

与古代相比，现代汉语这种句式的使用数量锐减，活跃度降低，呈衰微态势。

第六，大部分"把""被"同现句都是无主句，句中没有明确的主语，主语经常省略或隐现，需要联系上下文推知、复原。

"把""被"同现句自宋元发展至今总体是呈衰落趋势的，分布范围有所缩小，使用频率有所降低。据发音人表示，这类句式不如"把""被"独现句说起来更自然。衰微的原因可能是由于句式太过完美、复杂，在实际语言生活中不为人们所需要。若想表达遭受义，那就采用被动式，若要表达处置或致使义，那就使用处置式，既想表达处置又想表达遭受的情况在现实生活中并没有那么常见，故久而久之这种句式就会被人们所抛弃。

三 "把""被"同现句的构句机制及语义语用分析

（一）构句机制

处置式是用介词引出受事，对宾语施加一定影响，是主动句的一种；被动式是用介词引出施事，强调遭受关系，是被动语态。二者是不同句式，表达相反的语义，为何可以在一个句子中共现以表达更复杂的语义？

1. 句法相似。处置式和被动式具有相近的句法特征：句法结构相似；都有标记词；谓语动词都需附加其他辅助性成分；否定词、能愿动词通常位于介词之前；施动者和受动者都分布在动词两侧，距离较近；谓语动词后都可带保留宾语。

2. 语义相通。两者都是汉语中表达施受关系的重要句式，语义上具有一致性，处置式表示"A 对 B 做出了某种处置"，被动式表示"A 承受了 B 的某种处置"，两者都带有强处置性和强影响性，都可分析为前后相继的两个因果事件，表达致使语义。

3. 经济简明。人类语言基本都遵循经济原则，以最精简的句法形式表现出最丰富的语义内容。由两种句式单独使用，到在两分句中连用，再到在一个句子中套用、合用，这种"二合一"的整合方式以相当少的语言单位表达出极为丰富的语义内容，使语言表达日趋简洁、凝练、精密，既凸显了处置义又强调了遭受义，使施受关系得到强化。

4. 其他因素。动补结构、动宾结构和状动结构的复杂化为同现句的发展提供了重要的条件，令其在表义上具有更大的包容性和丰富性。

因此，同现句的出现是句法、语义和语用等多重因素共同作用的结果，同时也是汉语句式多样性的体现，使汉语句式更严密化、精细化。

（二）语义分析

下面分析同现句的语义关系及句式语义。

1. 语义关系

（1）VP 与 NP 的语义关系

"把""被"同现句中，由于 VP 前有三个 NP、两个 Prep，我们暂把句式结构表示为"$NP_1 + Prep_1 + NP_2 + Prep_2 + NP_3 + VP$"。该句式看似语义关系纷繁复杂，其实表达的还是施受关系，只不过比一般的句子更加强烈。若被动标记在前，处置标记在后，那么 NP_2 是 VP 动作的发出者或施事，NP_3 是 VP 动作的承受者或受事，NP_1 因与 NP_3 有领属、复指、同一等关系，也是受 VP 影响的对象。反之，若处置标记在前，被动标记在后，那么 NP_2 是 VP 的受事，NP_3 是 VP 的施事，NP_1 也是间接受影响者。

（2）NP_1 与 O 的语义关系

"把""被"同现句中，主语 NP_1 和处置介词的宾语 O 之间的语义关系有以下四种。

第一，隶属关系：O 是 NP_1 的一部分，为隶属性宾语。例如：

（333）我才二十多岁，挤了一看，把帽子都被人挤掉了。（《儒林外史》第五十五回）

"把"的宾语"帽子"隶属于"把"的主语"我"。

第二，同一/等同关系：NP_1 和 O 等同。例如：

（334）有天为着做错了一件事，被主人将他骂了一顿。（《官场现形记》第三十回）

"把"的主语 NP_1 和"把"的宾语 O 等同，都是"他"。

第三，复指关系：O 为复指型代词，复指主语 NP_1。例如：

（335）我师父分明是个好人，必然被怪把他变做虎精，害了师父。（《西游记》第三十回）

"把"的宾语"他"为复指代词，用于指代主语"我师父"。

第四，包含关系：O 包含 NP$_1$。例如：

（336）后因嫂嫂不仁，与西门庆通奸，药死了我先兄武大，被武松把两个都杀了，自首告到本县，转申东平府。（《水浒传》第三十一回）

主语是"嫂嫂"，"把"的宾语是"两个"，包含了"嫂嫂"和"西门庆"。

2. 句式语义

（1）强化影响

无论是被动式包含处置式还是反过来处置式包含被动式，句式都有强烈的影响义。虽然两句式语义有别，前者表遭受，后者表处置，但影响义是处置式和被动式最大的共性之一，只是受影响对象所处的句法位置不同。同现句既有引出施事的被动结构，又有引出受事的处置结构，两者共同充当 VP 的状语，将两句式的语义加以整合，兼具被动式和处置式的共同特点，无疑可强化影响义。

（2）丰富语义

"把""被"同现句一般会出现三个 NP、两个 Prep 和一个 VP，每个成分都有自己特定的职责和功能，语义内涵丰富，表义内容具体。当要凸显两个受影响对象时，同现句是一个不错的选择，将其中一个置于主语位置，另一个置于介词宾语位置，在语义上兼表被动义和处置义。

（3）偏离预期

被动句主要用于表达一种不如意的遭遇，而这种遭遇往往是超常规、偏离预期的，具有"出乎意料"之义。有些处置句如"把个"句也有令人始料未及的特点，表示所述事件与说话者的心理预期发生了偏离，这点与被动句的遭受义是相通的。当两句式融为一体时，可强化"偏离预期"义。

（三）语用动因

1. 经济原则

首先是经济原则的促发。汉语语法结构具有语义兼容和形式趋简的特色，力求以最简洁的形式表达更丰富的语义内容（邢福义，1996）。同现句虽然表面看来结构复杂，同时包含两大类句式，但它融被动、处置于一体，双管齐下，以最简练的语言形式传达出更丰富的语义信息，既表达了遭受义,又表达了处置义,既强调了被动式中受影响的对象,又凸显了处置式中的被处置者及处置结果,体现了对语言经济原则的遵循,增加句子信息量的同时使句子表达更加简洁、凝练、连贯、紧凑,具有"把""被"独现句无法传达的经济价值。当我们既想要表达某人遭受了某种行为,又想表达这种行为对他造成了某种影响,那么同现句就是最合适的选择。

2. 话题同一原则

"共主语"是保持语篇衔接和连贯的常用手段,使话题得以延续,保持话题同一也是同现句的语用动因之一。试比较下面三个句子:

(337) 他今天真倒霉,被狗把腿咬破了,于是赶紧去医院。

(338) 他今天真倒霉,他的腿被狗咬破了,于是他赶紧去医院。

(339) 他今天真倒霉,狗把他的腿咬破了,于是他赶紧去医院。

例(337)只需一个主语,语义连贯,衔接自然,蕴含深刻的语义内容。若换成后两个句子,就需要变换主语,显得繁杂、啰唆、缺乏凝练性和连贯性,节奏感也有所削弱,因此在语义连贯性上同现句要优于单用的处置式或被动式。

3. 主观移情

同现句多用于消极的语用环境中,表达不幸、不如意的语用色彩,所叙事件多是说话人难以控制、不愿发生的情况,蕴含说话人的主观移情,表达说话人的同情、遗憾等情感,因此语用需要塑造了共现句的产生和演化。

4. 凸显施受关系

处置式和被动式拥有共同的语义特征:突出施事和受事之间的"影响—被影响"关系。被动式更强调施事者,处置式更强调受事者,两者共现于同一句式后,施受关系得到了双重凸显,表达功效明显强于任何一种句式的单用。

5. 均衡信息焦点

不管是单用处置式还是单用被动式,信息焦点分布都具有不均衡性。通过"被""把"的同现,句中的焦点信息分布就趋于平衡了,实现多重凸显的效果,既有对遭受者的凸显,又有对处置者的引进,还有对行为结果的强调,使信息分布较为均衡。这种功用也是单纯的处置式或被动式难以实现的。

总之，"把""被"同现句有其存在的合理性和必要性，符合语用原则和人们的认知心理，具有特殊的语用价值。

第六节　成分隐省处置式

成分隐现包括成分的出现和成分的隐省。成分的出现是指某成分有语言形式，成分的隐省又叫成分的消隐，即某成分在语形上不出现，不具有语音或文字形式，具体包括成分省略和成分隐含两种情况。成分隐省是出于语用的需要，每种语言都有隐省某种语法成分的策略。据Levioson（2000），说话人总倾向于用最少的充足信息以满足话语交际的需要，而听话人会加以解释来扩展话语信息内容。

省略和隐含概念上比较相似，往往不易区分，但两者是有根本区别的。什么是省略？吕叔湘（1979）提出省略必须满足两个条件：第一，一句话脱离语境就无法表达完整的意思；第二，省略的位置可以根据具体语境补出相应的内容，并且只有一种可能。范晓（1998）提出判断句法省略的两条标准：第一，句法上不可缺少的成分没有出现；第二，省略的成分明确，可添补且仅存在一种添补可能。可见省略是在言语交际中产生的一种语用现象，是相对于完整形式而言的，任何省略式都有对应的完整式。隐含则是一种自然的语言现象，无须依据上下文就可推断出隐含成分，但只能推知，不能添补，也就是说该成分只有语义内容而无外在语音形式。省略和隐含最重要的区别在于，隐含是虽然语义上暗含某种意义，但却不能或难以增补某成分，而省略成分可以找回并补出。

处置式中的构成要素主语、宾语、谓语、补语都可省略或隐含，形成"成分隐省处置式"。根据隐现的成分，可分为体词隐省和谓词隐省两类。

一　体词隐省处置式

体词隐省主要包括主语的隐省和宾语的隐省，可称为"隐主式"和"隐宾式"。

（一）隐主式

隐主式是最为常见的类型，处置式中主语可以隐省，构成"无主处置式"，包括主语的省略和主语的隐含。

先看主语省略。处置式中，主语 S 已在上句出现，出于语用的需要，"把"等介词前就无须重复出现，承语境而省略。我们可以根据上下文语境推理补出，但增补后语句会显得冗余、拖沓、累赘。具体包括承前省、蒙后省和对话省。例如：

1. 承前省

前面半句已有主语，后半句省略，这是最常见的省略形式。例如：

（340）江苏南京：我有个同学急着用钱，把房子卖了。

（341）安徽怀远：你别作假，就把这当自己家。_{你别客气，就把这当成自己家。}

2. 蒙后省

后半句已有主语，前半句就无须出现。较之承前省，蒙后省不符合人们的语言心理和表达习惯，故不太常见。例如：

（342）安徽安庆：把那个东西搞把我，老妈。_{把那个东西给我，老妈。}

（343）安徽亳州：叫车开走，那谁。_{把车开走，那谁。}

3. 对话省

对话的典型格式是一问一答，问语和答语中主语都有省略现象。例如：

（344）安徽蒙城：——你叫我弄啥？_{你叫我有什么事？}

——叫我的衣裳洗洗。_{把我的衣服洗洗。}

（345）安徽蚌埠：——给你咋了？_{把你怎么了？}

——她给我气死掉了！

上例中的主语由于承前、蒙后或在对话语境中被省略，造成主语缺位，可借助上下文提供的语境信息推出，属省略。

然而，还有些无主处置式是很难补出对应的主语的，但对句子的合法性及语义的自足性不产生影响，句法结构依旧是完整的，属隐含。例如：

（346）江苏宿迁：看把你标得！_{看你穿得那么少！}

（347）江苏南京：看代他高兴得！_{看把他高兴得！}

古代汉语中的主语隐省也包括省主式和隐主式：

1. 省主式

（348）徐信解开包裹，将几件衣服与妇人穿了，同他在店中吃了些饮食，借半间房子做一块儿安顿。（《冯玉梅团圆》）

（349）太公心下实焦燥，把一个皮棒槌则一下打做两半个。（《全元曲·杜仁杰》）

（350）无过要心下明，指下明，把一个意思揣摩将去。（《醒世恒言》第三十八卷）

（351）又见黄升来，当真把些碟子都撤了下去。（《老残游记》第十七回）

由于前句已经出现施事主语，后句为避免冗赘就不再重复出现，根据上下文语境可以补出对应的主语，但显得啰唆、累赘。

2. 隐主式

（352）把一对鸾凤惊散，倚栏干，无语泪透弹。（《清平山堂话本·刎颈鸳鸯会》）

（353）却说贾子献兄弟三人，因为接到姚老夫子的信，约他三人新年正月同逛上海，直把他们三个人喜的了不得。（《文明小史》第十五回）

（354）到七日上，把个白白胖胖的孩子跑掉了。（《儒林外史》第六回）

（355）一面想，一面把他恨得牙痒痒。（《官场现形记》第十三回）

隐主式多见于致使义处置式中，表示介词宾语遭受了某种不幸的、不如意的情况，致使者可以是人、物、事件或难以说清楚的原因，可意会，但往往无法补出。

（二）隐宾式

介词宾语表受处置者，一般来说是必须出现的，但若将其提到介词前面，可以形成无宾处置式。例如：

（356）江苏淮阴：围巾拿在这块，你跟戴上出去。围巾在这里，你戴上出去。

（357）江苏宿迁：作业我给做完了。

（358）安徽庐江：那个花瓶是表妹把打碎的。

（359）安徽枞阳：剩子点汤尔把喝掉它。剩点汤你把它喝掉。

无宾处置式的源头最早可追溯到唐代。例如：

(360) 清如吞雪雹，谁把比珠玑。(贯休《夜寒寄卢给事二首》)

(361) 铁牛耕地种金钱，刻石时童把贯穿。(吕岩《七言》)

宋元以后继续沿用。例如：

(362) 一个进前要做，一个不把当事。(《朱子语类》卷一百二十一)

(363) 无奈愁人把做、断肠声。(张枢《南歌子》)

(364) 其中又有几个散而复合的，民间把作新闻传说。(《警世通言》第十二卷)

(365) 这房子须不是你一个的，仔么把来弄坍了？(《型世言》第二回)

上例中"把"的宾语是可以补出的，基本可以在本句或上一句中找到，介词悬空的方式基本都是承前省略。

二 谓词隐省处置式

谓词隐省主要包括谓语的隐省和补语的隐省，我们分别称为"隐谓式"和"隐补式"。

(一) 隐谓式

传统处置式的句法形式是"Prep + NP + VP"，VP 表示主语对宾语实施的处置行为，是句子的焦点所在和必有论元，一般不可省略或隐含。但汉语中存在一种特殊的处置式——零谓语处置式，处置式中谓语缺失且不易补出准确内容，但在语义上可以意会，形成"隐谓式"。

此类句式在汉语中不是个别现象，用例较为普遍。王力（1943）认为这种句式是话只说了一半，表骂人义。吕叔湘（1980）认为这种句式表责怪或无可奈何，但未作进一步讨论。钱学烈（1986）将这种句式称为"不完全把字句"。孙占林（1991）认为是一种特殊结构，有加强语气、强调处置对象的作用。范晓（1998）指出，没有谓语中心的"把"字句出现在特定语境里，表达对听话人的责骂、怨恨等意思，仅出现于口语中的特殊场合。张美兰（1999、2000）称之为"S 把 O 句式"，主张把它看作语义自足的特殊"把"字结构，不看作"把"字句省略式。王文晖（2001）认为这类句式不是传统处置句的省略形式，因为无法补出省略成分，指出"我把"是羡余成分，删除与否不影响基本语义和语气的表达。蒋平（2003）将这类"把"字句看作是典型的行事句，"把"是动词，表"抓、打、对付"义。许光烈（2005）称之为"维纳斯句型"并归纳了该句型的句法、语义、语用特征，探讨了内部分类及产生动因，认为该句式既是残缺的又是完美的。周琼华（2009）通过对元明清文献的统计，发现近代汉语中隐谓式是具有北方方言色彩的句式，主要活跃于北方方言，南方方言较少出现。

隐谓处置式在现代汉语普通话中基本难以见到，但广泛分布于西北地区的官话区和晋语区。例如：

（366）山西临汾：把你个贼东西！

（367）山西临晋：我到你这个坏熊！[1]

（368）陕西西安：我把你个狗东西！

（369）陕西榆林：我把你个不成事的东西！

（370）陕西户县：我把你个碎崽娃子！[2]

（371）四川西充：我把你这败家子！[3]

（372）湖北孝感：我把你这个小妖精！

（373）内蒙古呼和浩特：我把你个没良心的东西！[4]

（374）青海：我把你个死娃！[5]

（375）甘肃兰州：把你们这些个败家子们！

（376）湖南洞口：慢仔我把你箇个混账东西。我把你这混账东西。[6]

由上例可见，这类隐谓处置式具有明显的贬斥义倾向，以责骂为主，兼表愤懑、威吓、讽刺等感情色彩，感叹语气强烈，表达强劲有力的感情，给人留下广阔的想象空间。相较于完整句，斥骂义更强，负面情绪更高昂。虽然隐省了谓语动词，但语句依然具有完足性，根据上下文读者依然可以准确理解句意：说话人出于愤怒、怨恨等，意欲对受话人采取咒骂、殴打等行为，但因感情强烈导致语塞或一时想不到合适的

---

[1] 杜克俭：《临晋方言的"到"字句》，《语文研究》2000年第2期。

[2] 孙立新：《户县方言的把字句》，《语言科学》2003年第6期。

[3] 王春玲：《西充方言语法研究》，中华书局2011年版，第173页。

[4] 黄伯荣：《汉语方言语法类编》，青岛出版社1996年版，第660页。

[5] 靳玉兰：《浅析青海方言"把"字句的几种特殊用法》，《青海民族学院学报》1995年第3期。

[6] 胡云晚：《湘西南洞口老湘语虚词研究》，江西人民出版社2010年版，第272页。

处置手段，导致谓语省略。虽然是谓语残缺句式，但并不影响处置式的语义表达，依然可以用于对受事的处置。

从历史上看，隐谓式始见于元代。例如：

（377）我把你个谗弟子孩儿！（《全元曲·状元堂陈母教子》）

（378）我把你这狗骨头！（《全元曲·幽闺记》）

（379）我把你两个小弟子孩儿，你老子在家骂我。（《全元曲·郑孔目风雪酷寒亭》）

（380）我把你个无分晓的老无知！（《元曲选·生金阁》）

明清小说中大量出现该句式，实现繁荣发展，出现"我把你这个……""我把你这些……""我把你那……""我把你这两个"等变式。例如：

（381）刚要说话，只见贾琏冷笑道："好大胆，我把你这个混账东西！"（《红楼梦》第九十六回）

（382）我把你这些奴才，三十板一个，还要送到汤老爷衙门里追工本饭米哩！（《儒林外史》第六回）

（383）我把你那欺心的猢狲！（《西游记》第四回）

（384）我把你这两个淫尼！（《三侠五义》第七十七回）

通过对元、明、清文献的检索，尚未发现除"把"以外的隐谓处置式，即谓语隐含现象仅见于"把"字句，不见于"将"字句、"拿"字句等。我们猜想，可能是因为元代以后，"把"逐渐取代了其他处置介词，成为处置式的主要介词，"把"字句相应成为处置式的主流形式，呈现多元发展的趋势。因而这一句式的出现也是"把"字句发展成熟的产物之一。

这一句式的产生有明确的语用动因，是语用凝固的结果。当说话人生气、愤怒的情感达到高潮，认为怎么对某事物进行处置都不为过，但一时又找不到合适的动词能够表达自己的主观愿望时，就索性不说出处置行为，让受话人自己去揣摩，目的在于警诫对方，引起注意。

综上，隐谓式具有以下特点。

1. 结构特点

（1）后段缺失，只剩前段和中段两部分。前段为主语 S，是骂詈动作的发出者，多为第一人称代词"我"。中段为"把 O"，"把"是介词，其宾语 O 为被骂詈的对象，以偏正短语为主，前项为第二人称代词单数形式"你"，后项为"（这个）＋NP"等名词性成分，用于对"你"的性状做出说明和判断，前后项构成名词性同位结构，具有同指关系。

（2）"S 把 O"可替换为"O"，"S 把"更像是冗余成分，如"我把你个不成事的东西"——"你个不成事的东西"。

（3）虽隐含谓语动词，但依然可独立成句，具备完足性，所隐含的谓语动词应是想要施行但未实现的动作行为。

（4）"把"后宾语是描述性的、具有贬义色彩的蔑称词语，对描述对象做出主观评判，且多为单数形式，复数用例罕见。

（5）没有否定形式。否定词一般都是用于否定谓词性成分，由于这种句式缺乏谓语，因此无法与否定词搭配使用。

2. 语义、语用特点

（1）语义具有自足性。谓语动词虽缺失，但处置义仍隐含于句意之中，不仅没有对语义的完整表达造成影响，反而在表述上具有简洁有力的特点，在表达效果上还优于完整的处置式。

（2）这类句式有自己特殊的语义功能，多数情况下作为责语，表达说话人"我"对责骂对象"你/你们"面对面的嗔怪、训斥、埋怨等情绪，前后小句会交代责骂的缘由，但关于对责骂对象实施什么处置并未告知，给人留下广阔的想象空间。听话人可通过说话人的语气、表情、动作等推测出处置行为。

（3）有时不表责骂，反而表达嘲讽、戏谑的语义功能，具有嬉闹、亲昵色彩。例如：

（385）口内笑骂："我把你这嚼舌根的小蹄子！"（《红楼梦》第三十八回）

上例的隐谓句既非责骂，也非惩处，而是具有亲昵色彩，表现出说听双方亲密的关系。

（4）是口语性很强的句式，带有强烈的口语色彩，多用于人物对话语境，是说、听双方面对面的谈话，因而"把"不能替换为"将"。

（5）该句式表现出说话者急切、强烈的处置愿望，用于宣泄说话人消极的主观情绪，句末多用感叹号，感叹程度强烈，具有处置和感叹的双重功能，应属感叹型处置句。

（6）"把"后宾语 O 多是表谴责、辱骂的詈语，处于句中重音位置，是信息焦点，表达说话人对听话人的贬义态度，有学者将这种句式称为"詈语性处置式"。O 是指称对象，具有"有生"性，主要包括以下两类：一类是用来喻指责骂对象的动物或非生物，如"尿精猴子""秦贼王八羔子""泥鳅""孽畜""没足厌的小蹄子"等；一类是地位、身份、阶层等级较低的人，如"贼奴才""光棍奴才""谎皮匠""老无知"等。

（7）虽隐含了表处置行为的谓语动词，说话人没有对 O 做出实质性的处置行为，但依然不能否认该句式的处置义，其表达出的责骂、谴责义也是处置义引申的结果。

该句式在高频使用中逐渐变成一种固定的特色格式，一直沿用至现代汉语方言中。

近代汉语中，谓语不仅可以隐含，还可以省略，形成"省谓式处置式"。谓语动词缺省，保留补语、宾语等成分，但依照上下文语义可以推导出恰当的动词。例如：

（386）便是我们证实他的罪名，除不得根，把仇越发深了。（《醒世姻缘传》第二十回）

（387）怎么把我钟子碎了？（《西游记》第七十三回）

（388）把行者套上脑箍，收紧了一勒，扢扑的把索子断了。（《西游记》第九十七回）

（389）又伸开了大脚，把洗澡的盆桶都翻了。（《儒林外史》第四十五回）

（390）把秀才三十大板，一霎时命染黄泉。（《聊斋俚曲集·富贵神仙》第二回）

（391）此后若有一点欺隐，我把你这些奴才，三十板一个，还要送到汤老爷衙门里，追工本饭米哩！（《儒林外史》第六回）

上例没有出现谓语动词，只保留结果补语和数量补语。虽然动词没有出现，但通过与动词有关的补语，显现出所蕴含的动作义。

原本很重要的句法成分 VP 为什么会隐省呢？因为它变成可有可无的成分了，出现与否都不影响句意的表达。该句式刚开始使用时可能会有点奇怪，不易被人接受，后来用多了之后，就成了一种固定结构，听话人只要听到前半句，后半句就不说自明了，至于 VP 是否出现、内容是什么，句子的总体意思都一样。该句式的高频使用使说听双方达成了理解上的默契，从而使这种句式凝固下来，成为独立成句、语义自足、表达主观处置的句式。

（二）隐补式

有时，在感叹句中动词补语可以隐含，形成"隐补处置式"，但谓语动词后必须有"得/的"①。主要有两种表现形式：

第一，（S）+ Prep + O +（给）+ V/A + 得。Prep 是处置介词，O 是宾语，谓语中心为单个动词或形容词，"得"是补语标记。例如：

（392）江苏南京：哎呀，今天代我累得啊！_{哎呀,今天把我累得啊！}

（393）安徽望江：把渠能得！_{把他能的！}

（394）江苏南通：把他能得！

第二，看 +（S）+ Prep + O +（给）+ V/A + 得。

（395）江苏南京：看代他高兴得！_{看把他高兴得！}

（396）安徽蒙城：看叫他鬼得！_{看把他高兴得！}

（397）江苏宿迁：看把你标得！_{看你穿得那么少！}

（398）安徽阜阳：你看叫你能得！_{你看把你能得！}

和第一种形式不同的是，介词前加了带有提醒功能的词语"看"②。王幼华（2008）将这种句式称为"半截子'把'字句"，认为该句式总的语义倾向是埋怨义。我们认为，"看 +（S）+ Prep + O +（给）+ V/A + 得"结构是一类特殊的"把"字句，同时也是一个构式，由"看"引导的祈使句与处置式糅合而成。表达的语义内容是：说话人从旁观者的角度，对 O 做出评价和判断，提醒听话人注意 O 受到某事件的影响，发生了某些变化，同时融入了说话者的个人情感，表达不满、讽刺、戏谑、宠溺等态度。

隐补式的特点如下。

---

① 关于"de"的写法，有人写作"的"，有人写作"得"。因"得"是补语标记，本书一律写作"得"。

② 这里的"看"虽仍为动词，但原有的视觉义已虚化，词汇义已弱化，其主要功能是提醒听话人注意，类似于话语标记，在一定程度上增强了构式的主观性。

1. 句法特点

（1）"把"前的主语往往可以省略，但宾语是必有构件，不可省略，多由人称代词或指人名词充当，以第二人称代词"你"多见。

（2）"把"不表处置，而是一种表致使义的语用标记，句中未出现的原因成分导致 O 达到 V/A 所表示的状态。

（3）谓语动词多为单音节的心理动词或形容词，如"能""急""美""累"等，表示心理或状态的变化。

（4）最常出现的句类是感叹句，语气较为强烈。

2. 语义特点

（1）表意完整性。虽然补语缺省了，但所隐含的程度已暗含于句法格式中，句子在表意上依然具有完整性，不影响基本语义的表达。

（2）直观性。隐补式是说话人对现场状态或情貌的一种描写，而现场就是我们直观上可以看到的，说听双方都身临其中，具有较强的直观性。

（3）状态性。隐补式中的谓语 V/A 多表示 O 呈现的状态，当说话人捕捉到这种状态时，会传达给听话人。

（4）程度性。能够传达程度义的补语虽有所隐含，全句也没有添加程度副词等任何表示程度的词语，但我们依然能够明显感觉到 V/A 的高程度。如亳州话的"这回考第一，看叫他高兴得"，我们可以明显感受到"考第一"给"他"带来的无比"高兴"的情感。

3. 语用特点

（1）口语色彩较浓，多用于口语语体尤其是对话中，罕见于书面语体。

（2）说听双方的关系上，往往适用于长辈对晚辈或同辈之间。

（3）主观性较强，看似简单的形式却可表达嘲讽、嗔怪、戏谑、不满等多种语气，体现了言者或赞或损的主观评价。

（4）具有较强的人际互动功能，说话人说出该句式的目的是引起受话人的情感共鸣，使其做出言语或行动上的反馈。

补语隐省的原因可能有以下三点：第一，该句式常用于对话语境，说听双方都在说话现场，虽然补语被隐去了，但两方都能感受到"把"字宾语具体的行为或情貌，因此补语无须出现。若用于书面语体可能就存在受话人无法理解补语所指的情况。第二，可能上文中已经出现了所述动作的情态，出于省力原则，下文则无须再次出现。第三，还有一种可能是，说话人一时想不出该用什么词语来表达自己的主观评价，于是就采取补语隐省的方式，让听话人自己去揣摩、想象。

无补处置式在清代白话小说中就已出现。例如：

（399）蒋平开门往门口那一看，把他乐的！（《三侠五义》第七十八回）

（400）把你就伶俐的！（《红楼梦》第五十二回）

（401）把个舅太太慌的，拉着他的手说道："好孩子，好外外，你别着急，别委屈！咱们去，咱们去！有舅母呢！"（《儿女英雄传》第三回）

（402）把个十三妹急得，拉着他问道："你不是吓着了？气着了？心里不舒服呀？"（《儿女英雄传》第九回）

我们认为，该句式产生之初可能具有非自足性，其后往往需要有后续成分辅助，方能传达较完整的语义信息。后来由于高频使用，后续语句变得可以预测、不言自明，听者能根据语境加以补足，久而久之该句式就成为一种构式，句式义的呈现日益自动化、程式化。

第六章　专题考察

本章主要讨论三个专题：第一，在前五章的基础上，概括苏皖方言内部处置式的一致性和差异性；第二，探讨处置式的来源、产生时代、产生动因及功能扩展；第三，挖掘处置、被动共标现象及成因。

第一节　苏皖方言处置式的一致性与差异性

基于前文，我们归纳出苏皖方言处置式的内部一致性与差异性。

一　一致性

我们将苏皖两省视为一个区域，对区域内76个方言点的处置式及其相关的语法现象进行了专题调查研究，发现了很多具有区域性特征的语法现象，如处置介词的多功能模式以及语法化过程中的平行虚化规律、句式构成成分的近似性、句式句法语义特征的相似性、处置被动同形现象的存在等。根据这些特征，我们认为该区域方言在处置式上拥有众多聚合特征，具有较强的区域共性。

（一）处置标记

1. 多数方言只使用一个处置标记，但也有不少方言存在两种或两种以上标记共存并用的情况，单个标记难以"一统天下"。可以说，多标并存共用是苏皖区域方言处置式的常态而非例外。

2. 处置标记的五种语义类型中，"持拿"义的分布范围最广，其中"把"是优势或强势标记，在使用频率上占有绝对优势，通行程度最高，势力范围最广。从地理上看，主要沿长江流域分布，大面积成片集中于长江沿岸一带，呈现出"长江型"的地理分布特征；从方言上看，以江淮官话为中心，沿长江向两边扩散、传播，往北有中原官话，往南有吴语、徽语、赣语。

3. 处置标记的跨区串片分布现象极为常见。许多标记不仅各有通行地域，与方言分区重合，同时又不局限于本区域，还出现了跨区串片分布的情况，这与强势方言的入侵以及移民等因素有关。例如官话标记"把"出现于相邻的吴方言里，可见官话的强势影响；金寨"给""帮"并用，与历史上的移民以及大别山的阻碍有密切关系。

4. 一标多用突出。处置标记的多功能现象在苏皖区域普遍存在，具有区域共性。我们调查的所有处置标记基本是兼职标记，能够"身兼数职"，同时负载多种语法意义和功能。这些功能之间并非毫无瓜葛，而是存在密切的语义关联与同源关系。

5. 各类处置标记语法化的典型句法环境是连动式，这是实义动词虚化为处置介词最重要的句法诱因。诸多研究证明，很多源于动词的介词、连词、助词都是在连动结构中发展来的，连动结构为实词虚化起到了关键的促动作用。陈昌来（2002）提出，动词虚化为介词首先必须出现在连动结构中的第一个动词位置，其次是充当连动结构第二个动词，否则无法构成虚化的前提或基础。刘丹青（2003a）认为，动词向前置词的转化大都发生于连动结构中，这是前置词的主流来源。杨红（2020）认为，连动结构与诸多句法结构紧密相关，动词在该句法环境中发生虚化，引发结构性质的变化，产生很多重要语法现象。

6. 苏皖区域方言的处置标记看似繁复多样、纷繁杂糅、来源不一，但差异中又蕴含共性，在语义来源上可被归纳为五大类型：其一，"持拿"义动词（"把""拿""捉""掌""担""提"）；其二，"给予"义动词（"给""分""畀"）；其三，"使役"义动词（"叫"）；其四，"帮助"义动词（"帮""代"）；其五，伴随义动词（"跟"）。以上五种构成动词语法化为处置标记的语义基础。其中"持拿"义动词最容易语法化为处置标记，是处置标记最主要的来源。通过跨方言的考察，我们发现"持拿＞处置"不是苏皖区域方言的特有现象，而是普遍存在于古代汉语、现代汉语方言、少数民族语言和世界其他语言中，是世界语言反复出现的语义演变模式，这种演变路径可以从类型学上得以解释。

此外，平行虚化现象在实词语法化过程中也是极其普遍的，拥有相同源义的词语往往存在平行演变关系，在语法化的方向、起点、路径和终点上都具有高度相似性，如"把""拿""担""捉""掌"等词的源义都是"持拿"，都是在连动结构中失去原有的词汇和语法义被重新分析为工具介词和处置介词。处置介词"给""分""畀"的源义都是"给予"，它们出现在相同的句法语义环境中，经历了平行的语义演变，朝着共同的语法化方向发展。根据平行虚化规律，可以追溯、预测一些词的语义来源和未来的演化方向。

7. 苏皖区域方言的处置标记虽各自经历了不同的语法化历程，虚化的起点、路径、程度不一，但在源头上具有同一性和一致性，几乎所有的处置介词都是从动词演化而来。正因为两者之间有虚化关系，语法化的过程又具有渐进性，很多介词普遍存在一词多义现象，其动词属性和用法继续保持，动词义尚未完全"漂白"，有些还很活跃，"动—介"同形现象非常普遍。比如"把"在南方一些方言中还滞留有"持拿""控制"的动词义，"拿"在共同语和大多数方言中有"持拿"义，这是语法化过程中必然出现的正常现象。

此外，介词的语法化程度与动词义强弱有关，基本呈负相关。语法化程度越高，虚化越彻底，其动词性就越弱，有的还可能完全丧失了动词的语义和功能特征，成为纯介词或准介词。反之，虚化不够彻底、虚化程度不够高的介词可能会与动词用法长期并存和竞争，有时还会出现纠缠不清的情况。刘丹青（2003a）指出，汉语的介词均来自实词，尤其以动词为主，但完全虚化的介词较少，大都处于"实—虚"进程中，未发展至纯虚词阶段。何洪峰、张文颖（2016）提出，汉语介词系统并不纯净，普遍存在"动介平行现象"，动词语法化为介词后，与介词平行发展，这类词可称为"动介词"。这种现象出现的原因主要有两点：一是动词语义较为实在，不易消失，可能长期滞留，故而动词不易发展为纯介词；二是源义更新不足，没有被其他同义动词所取代。

8. 受益者标记是动词虚化为介词的过渡阶段，处置标记"给""跟""帮""代"等不是直接从给予、伴随、帮助、替代动词虚化而来，而是先经过受益介词阶段，继而语法化为处置介词，因此处置标记和受益者标记具有直接关联性，受益是处置义产生的语义基础。

9. 在处置介词的虚化过程中，语义和句法是相互作用、相互制约的。首先句法位置和语法结构制约着词义演变，一个词会因其固定、经常地出现在某句法结构，引起语义、功能的变化，能进入相同结构的一组词，会发生相似的演变。比如"把""将""拿"等词由于经常出现在连动结构第一动词的句法位置，引发语义的虚化、抽象化，最终发展为工具介词、处所介词、处置介词等。同时，有相同或相近源义的一组词有着近似的语法化过程和发展规律，往往能发展成语法功能相同的标记，即同义成分具有相同的演化路径和发展趋势。例如源于"给予"义的一组词，先发展为受益者标记，再进一步发展为处置标记，源于"持拿"义的一组词可发展为工具和处置两种用法。

（二）构成成分

1. 主语

从句法角度上来看，主语的范围较大，可由名词、代词、联合短语、偏正短语、数量短语、指量短语、动词、动宾短语、主谓短语等充当，主语为非必有论元，可隐含或省略；从语义角度看，可以是动词的施事、受事、致事、工具、时间、范围等，同时具有［+使因性］［+意志性］［+控制性］等语义特征；从语用角度看，多数是有定的，但也存在个别无定的情况。

2. 介词宾语

除无宾处置式外，介词宾语都是必有论元，不能省略、隐含或移位。句法性质上，以体词性成分为主，包括名词、代词、偏正短语、指量短语等，同时也可以是谓词性词语。语义角色上，除受事外，还可以是施事、工具、与事、处所、目的、材料等。不管是何句法性质和语义角色，宾语都具有［+变化性］［+受动性］［+自立性］等语义特征。此外，处置式对介词宾语的有定性、长短繁简、具体性有明显的选择性限制：相对于无定宾语，有定宾语处置式是主流且占绝对压倒性优势；当宾语长度较大或层次太过复杂时，处置式的接受度较低，人们更倾向于换用受事主语句来对应处置式的表达；宾语具有具体性，其所指一般不能为抽象概念。

3. 谓语动词

谓语动词极少有光杆形式，需要有一些变化，因为"光杆动词往往表示无界行为，无变化性可言；动词后面带上表示结果意义的词语，才能表达事件所带来的状态变化"①，而变化主要有三种情况：动词前加状语；动词后加宾语、补语或体标记；动词重叠。具有动作义、心理情感义、生理反应义、关系义、给予义、言说义、比较义的动词都可进入处置式。一价、二价和三价动词都可进入处置式，但有一定的选择限制。

（三）句法语义特征

1. 除个别方言存在特殊处置式外，大多数方言处置式的结构形式基本一致，句法格式可概括为"（S）+ Prep + O + VP"。S 多是主语，可省略；Prep 起介引作用，和受事等语义成分共同置于谓语前，不能居其后；介词宾语是必有论元，不能隐省；谓语动词具有复杂性，一般不能为光杆形式。

2. 结构类型丰富，有动补式、动宾式、动体式、动叠式、状动式、连动式、兼语式、单动式等类型。句类分布广泛，陈述句、疑问句、祈使句、感叹句均可进入。

3. 两省都拥有代词复指处置式、偏称宾语处置式、否定后置处置式、无宾处置式、无定处置式、"把""被"同现处置式等特殊句式。

4. 处置式的表义功能丰富多样，可表位移义、结果义、认定义、致使义、命名义等。根据以上几项表义功能，可分为典型处置型、无意致使型、心理认同型、对待型、命名型等若干语义类型，其中典型处置型是最常见、最普遍、适用范围最广的一种。根据处置强度，可分为五个等级：最强型、较强型、普通型、温和型、最弱型，其中普通型最为常见。

苏皖区域内部，不同的方言形成了以上这些区域聚合特征，研究这些特征，对于了解方言的语法面貌、融合程度、同源关系等都具有重要的参考意义。

---

① 张伯江：《被字句和把字句的对称与不对称》，《中国语文》2001 年第 6 期。

二 差异性

经过仔细对比也可发现，苏皖方言内部还是有不少差异的，具体表现如下。

（一）处置标记差异

处置标记在专用性和多功能模式上有如下差异。

1. 专用标记

两省都拥有特色的、不见于邻省的专用标记。江苏的专用标记有"拿""捉""跟"，"拿"是苏南吴语处置标记的代表，"捉"基本只见于江苏的南通和金坛两个方言点，"跟"仅分布于江苏的泗阳、淮安、灌南、淮阴和东海。安徽的专用标记有"提""掌""分""畀""叫"，"提""掌""分""畀"分别见于安徽的休宁、淮北、祁门和黟县，"叫"集中出现在皖北中原官话商阜片的亳州、蒙城、濉溪等地。

2. 处置标记的多功能模式

苏皖区域方言普遍存在同一词语具有两种或两种以上语法功能的现象，但同一词源在不同方言中往不同的方向发展，使得不同方言的多功能模式有异。我们以"给予""处置""被动"三种用法为例，结合这三种用法的使用情况，将处置标记的多功能模式分为单义型、双义型、三义型三种。

单义型即只有一种用法——处置。单义型方言很少，大多数方言中的处置标记都同时具有其他功能。

双义型是指具有两种功能的介词，可分为三种情况：处置和给予混合型、处置和被动混合型、给予和被动混合型。

处置和给予混合型是指处置标记同时用作给予动词，表示给予某人某物。"给予"义是处置义的重要来源之一，很多处置标记由给予动词发展而来，因此两者同形的现象非常常见。详见表6-1：

表 6-1　　　苏皖区域方言处置标记和给予动词同形

方言区	方言点	给予动词	处置标记
吴语	丹阳	把	把
	南陵		
	高淳		
	靖江		
江淮官话	安庆	把	把
	庐江		
	巢湖		
	射阳		
	马鞍山		
	芜湖		
	无为		
	泰兴		
	铜陵		
	淮安		
	涟水		
	扬州		
	兴化		
	如皋		
	枞阳		
	桐城		
	海安		
	盐城		
	淮阴		
	东台		
	泰州		
	灌云		
赣语	望江		
	宿松		
	潜山		

续表

方言区	方言点	给予动词	处置标记
中原官话	五河	给	给
	蚌埠		
	徐州		
江淮官话	怀远		
	淮安		
	灌南		
	泗洪		
徽语	黟县	畀	畀
	祁门	分	分

处置和被动同形是指，同一标记一体两用，既可介引受事，充当处置标记，也可介引施事，充当被动标记。详见表6-2：

表6-2　　苏皖区域方言处置标记和被动标记同形

方言区	方言点	处置标记	被动标记
江淮官话	扬州	把	把
	安庆		
	海安		
	铜陵		
	如皋		
	合肥		
赣语	宿松		
	潜山		
	望江		
吴语	丹阳		
	高淳		
	金坛		
	靖江		

续表

方言区	方言点	处置标记	被动标记
江淮官话	灌南	给	给
	泗洪		
中原官话	金寨	给	给
	宿迁		
	徐州		
	宿州		
	亳州	叫	叫
	蒙城		
徽语	休宁	提	提
	祁门	分	分
	黟县	畀	畀

给予和被动同形是指给予动词同时充当被动标记，详见表6-3：

表6-3　苏皖区域方言给予动词和被动标记同形

方言区	方言点	给予动词	被动标记
江淮官话	扬州	把	把
	安庆		
	铜陵		
	如皋		
赣语	宿松		
	潜山		
	望江		
吴语	丹阳		
	高淳		
	靖江		

续表

方言区	方言点	给予动词	被动标记
江淮官话	南京	给	给
	合肥		
	泗洪		
	巢湖		
	天长		
	无为		
	马鞍山		
	东海		
中原官话	金寨		
	宿迁		
	徐州		
	宿州		
吴语	湾沚		
徽语	绩溪		
吴语	苏州	拨	拨
	吴江		
	常州		
	昆山		
	无锡		
徽语	休宁	提	提
	祁门	分	分
	黟县	畀	畀

三义型是指集给予、处置、被动三个功用于一身，一体三用，详见表6-4：

表 6-4　苏皖区域方言给予动词、处置标记、被动标记同形

方言区	方言点	处置标记	被动标记	给予动词
江淮官话	扬州	把	把	把
	安庆			
	海安			
	铜陵			
	如皋			
	合肥			
赣语	宿松			
	潜山			
	望江			
吴语	丹阳			
	高淳			
	靖江			
江淮官话	淮安	给	给	给
	泗洪			
中原官话	金寨			
	宿迁			
	徐州			
	宿州			
徽语	休宁	提	提	提
	祁门	分	分	分
	黟县	畀	畀	畀

3. 语法化等级

语法化可从两个视角进行研究：一是历时视角，考察语法形式及变化；二是共时视角，从语言应用角度进行研究。从共时视角上来看，各个处置标记的语法化等级或虚化程度有高低之别，可以排列出语法化程度的斜坡。有些处置标记已经完成了语法化历程，等级较高，受源义限制较小，有些尚未完成，还处于由实而虚的过程中，其源义有较多滞留

且干扰较大，处于实虚并用的状态，动词特性依然显著并经常与介词用法发生纠葛。以"持拿"义处置标记为例，根据使用频率、句法分布、语义特征等，可以排列出"持拿"义处置标记的语法化等级序列或语法化程度斜坡：把＞拿＞捉＞担＞提＞掌。"把"虚化程度最高，处于最前端，"掌"语法化程度最低，还处于最初期阶段，"拿""捉""担""提"居中排列，处于中期阶段。

（二）宾语类型等级差异

苏皖区域方言处置式中动词宾语主要有以下三种类型：零宾语、保留宾语、复指宾语。零宾语是指零形式宾语，谓语动词后不再有宾语出现，这是处置式的基式，也是现代汉语最常见、最普遍的类型。保留宾语是指除介词宾语外，动词后还有一个宾语，包括结果宾语、止事宾语、与事宾语、处所宾语、受事宾语、名称宾语、偏称宾语等。复指宾语是指动词后用第三人称代词"他""它""佢""伊""渠"等复指前面的介词宾语。

跨方言的比较显示，这三种类型在使用范围上有显著差异，第一种分布范围最广，使用频率最高，第二种次之，第三种最不常见，可以排列出三者的数量等级：零宾语处置式＞保留宾语处置式＞代词复指处置式。同时，这三种类型的处置式还具有蕴含关系，有代词复指处置式的方言同时也拥有零宾语和保留宾语型处置式，有保留宾语型处置式的方言同时也存在零宾语处置式，反之则不一定成立。

（三）处置式使用范围和频率差异

处置式虽是汉语常见句式，但在不同方言中的使用范围和频率具有不平衡性。处置式在有些方言并不发达，并非常用句型，甚至有些被调查者认为自己方言中没有处置式，也不使用处置标记，如若表达处置义更倾向于换作其他句式，如主动宾句、受事主语句等。经调查发现，在吴方言中，处置式不是显赫句式，在量和质上都不如其他方言高，相比处置句，受事主语句更加发达，"话题优先"特点更为突出，导致处置句式的相对萎缩。

第二节　汉语处置式的形成与发展

处置式的产生对汉语语法史的发展意义重大，王力（1958）将其看作汉语语法走向完善的重要标志之一。经过漫长的历史发展，出现了不同结构形式、不同表达功能、采用不同语法标记的处置式，这些不同的处置式是否有同一来源？若来源相同，那么源于何处？产生于什么时代？产生动因又是什么？在发展历程中经历了哪些功能扩展？本节将结合前人成果，尝试对上述问题做出回答，以期勾勒汉语处置式的基本面貌和发展历程，对处置式的演变链有更清晰的认识。

一　处置式的形成

（一）处置式的源头

自从王力（1943）提出"处置式"这一术语后，"把/将"字句成为汉语史以及现代汉语语法研究的热点，但时至今日对处置式的源头问题仍未达成统一认识。从已有研究来看，分歧主要有两点：一是"以"字句是否是处置式的早期形式；二是处置式遵循相同的演变历程还是沿着各自的演变路径发展。关于以上两点争议，主要有以下四种观点：

（1）"以"字结构说。Bennett（1981）、陈初生（1983）、太田辰夫（1987）、章也（1992）等认为"将"字句、"把"字句的前身是上古的"以"字式，"以"字式发展为"将/把"字式是简单的词汇替换，没有发生语法化和重新分析。

（2）连动结构说。否认"以"字式是处置式的前身，认为后来产生的"把"字处置式、"将"字处置式导源于连动结构"把/将 + NP + V$_2$"的重新分析。祝敏彻（1957）通过追溯"将"字句、"把"字句的起源，提出连动式是处置式的产生基础，"将""把"的介词用法从动词用法虚化而来。王力（1958）认为"将"和"把"在唐代以前是纯粹的动词，后来经常用于连动结构中，当句子重音转移至后一动词时，"将""把"就开始渐渐虚化了。贝罗贝（1989）认为表处置的"把"字句来自连动式"动$_1$ + 宾 + 动$_2$"，动$_1$通过语法化变为介词。

（3）多种来源说。处置式可以划分为不同的类型，不同次类有各自不同的来源。叶友文（1988）根据语义关系将隋唐处置式分为纯处置、处置"到"、处置"给"三类，认为纯处置源于伴随介词，处置"到"和处置"给"源于"以"字句和"于"字句。梅祖麟（1990）

根据结构特点将唐宋时代处置句分为甲、乙、丙三类[①]并分别追溯其不同来源。吴福祥（1996）根据处置句的语义特征，分为广义、狭义和致使处置三类，认为其产生过程不同。

（4）嬗变说。汉语处置式是线性发展的结果，遵循单一、连续的演变链。冯春田（2000）认为，汉语中不同次类的处置式来自于同一基本类型处置句式自身的嬗变，所有处置式都源于"以"字句，只是后来经历了处置介词的更替和功能扩展。吴福祥（2003b）提出处置式的发展是一以贯之的，经历了"连动式＞工具式＞广义处置＞狭义处置＞致使处置"的连续演化过程。

本书认同"连动结构"说，认为处置式的产生是句法语义环境共同作用的结果。句法环境上，连动结构"$V_1 + O + V_2$"的前项"$V_1 + O$"经常用于说明后一动作进行的方式、条件或情状，表达的是次要信息，而后项动词是动作行为的核心所在，因而前项动词相对后项动词更容易虚化。语义环境上，当 V_1 后的宾语变得多样化，由具体的、可持拿的物体扩展到抽象的、非可持拿对象时，原先的前后两个事件就会被解释为一个事件概念，这为 V_1 的语法化奠定了语义基础。"把""拿""捉"等都是由持拿动词虚化而来，连动结构是其发生语法化的句法环境。它们虚化为处置介词后，对其后宾语由动词性的支配功能转变为介词性的引介功能，语义上由拿着某物，变为将某物作为引介的对象，处置句式正式形成。因此，我们认为，处置式有自己独立的形成过程和发展路线，并非源自"以"字句的继承和简单的词汇替换。

在连动式发展为处置式的过程中，如何鉴别连动式和处置式？即如何判断处置式产生初期的"将/把"等是否完全虚化为介词？

我们认为应从两方面来考虑：第一，看"将/把"等介词后的宾语有没有发生位移，即后一行为的实施是否以宾语的位移为先决条件。若 V_2 的实施以 NP 发生位移为前提，NP 如果不发生位移 V_2 就无法实施，那么 V_1 仍是动词，所在结构仍为连动结构，反之为处置结构。第二，看"将/把"等是否丧失了具体的"持拿"义，与其后宾语是否具有

[①] 这三类分别是：双宾语结构，即处置（给）、处置（作）、处置（到）；动词前后带其他成分；单纯动词居末位。

"持拿——被持拿"的关系，若是，则为连动；若不是，则为处置。只有具备了以上两个条件，"将/把"等才是真正的处置介词，若只满足其中一个条件，那么只能看作是介于动词和介词之间的过渡阶段或中间状态。

对于有些学者（Bennett，1981；太田辰夫，1987等）提出的"以"字式是"把/将"处置式的前身，两者仅是词汇替换的关系这一观点，本书持保留意见，认为需要对该论断进行重新审视。蒋绍愚（2012）对"词汇替换"作了具体阐释：原意相同或相近的词语，经过相同的语法化路径，变成在语法功能上相同的语言单位，进入同一语法框架。然而，"以"和后来的"把/将"等有各自独立的起源和演化过程，原意不同，演变路径不同，语法功能也有很大差别，显然不是词汇替换的关系。刘子瑜（2002）指出，"以"字结构和"将/把"字句在语法意义和句法结构上都有很大差异，二者并非同一结构，"以"字结构也不是处置式。

我们认为，"以"的核心、基本功能是介引工具、手段、凭借等，如"以水救火"（《墨子·兼爱下第十六》）、"以戈逐子犯"（《国语·晋语四》），后来在工具介词的基础上有向处置介词发展的趋势，出现了和处置式交叉的现象，有些"以"字句有工具式和处置式两解。例如：

（1）尧以天下与舜，有诸？（《孟子·万章上》）
（2）故以桓母之丧告于诸侯。（《春秋公羊传·隐公元年》）
（3）太子曰："君赐我以偏衣、金玦，何也？"（《国语·晋语一》）
（4）复以弟子一人投河中。（《史记·滑稽列传》）

上例中的"以"可替换为"把"，处置意味的确很浓，但这不意味着"以"有处置的功能，我们拿"用"来对译又有何不可呢？难道说"用"字句也是处置式？较为合理的解释是：这里的"以"和工具介词"以"实际上是同一个词，只是和其后句法成分的语义关系有所不同，导致语法意义有了变化。不能简单地因为"以"可替换为"把"，就将其认定为处置介词。这里的"以"仍然是工具介词，尽管有向处置介词发展的趋势，但没有成为真正的处置介词。魏晋六朝以后，随着"将/把"虚化为真正的处置介词，加之"以"虚化的不彻底性，"以"字句逐渐衰落，被"将/把"字句取代，没有发展为真正的处置式。

关于处置式的形成，我们的结论是：处置式的产生主要依赖于语法化手段，由连动结构发展而来，并非源自简单的词汇替换或句式更替。

如前所述，处置式导源于连动结构的重新分析。另外我们认为工具式也是由连动式发展而成。持拿动词"把""拿""捉""将""持""取"等经常用于"$V_1 + NP + V_2$"结构，当 NP 由所持拿物体发展为动作所凭借的物质时，V_1发展出介引工具的用法。即：持拿动词在连动结构中同时发展出工具介词和处置介词的功能。

梅祖麟（1990）认为处置式和工具式语法关系密切，工具式很容易转变成处置式，处置（到）正是由"以"字工具式发展而来。吴福祥（2003b）认为处置式的发展历程为：连动式＞工具式＞广义处置式＞狭义处置式＞致使处置式，也就是说处置式不是由连动式直接发展而来，要经过工具式的阶段。我们认为这一说法有待商榷，理由如下：第一，研究历时语法不能忽略产生时间问题。根据蒋绍愚（2005），"将"字处置式在西晋时期就产生了，而"将"的工具介词用法直至六朝晚期才有，"把"的处置介词用法初唐时期就产生了，而工具介词用法直至中唐才出现。因此，处置式由工具式演化而来在时间上是说不通的。第二，工具式中，"将/把"介引的宾语并非后项动词的受事成分，其句法关系和处置式相差甚远。第三，倘若处置式由工具式发展而来，那么比"将/把"更典型、更常见的工具介词"以""用"等为什么没有发展为处置介词呢？所以较为合理的解释是：处置式由连动结构直接发展而来，没有经过工具式这一中间环节。工具和处置这两种用法或功能不是演变关系，而是平行关系，也就是说"连动—工具"和"连动—处置"是平行演变的两条链。持拿动词由于经常用于连动结构，句法地位降低，动作义减弱，当持拿物固定地由工具词语充当时，持拿动词就演化为工具介词；当持拿物同时也是动作的受事时，就发展为处置介词。林素娥（2015）也指出，在语义地图中处置和工具题元是有直接关联的二元对，持拿动词虚化为工具和处置介词是世界语言中常见的演变路径。

那么处置式和工具式如何区分，又有何联系？第一，工具式中，介词宾语和动词宾语一定不等同，如"莫把金笼闭鹦鹉"（苏郁《鹦鹉词》)中,"金笼"一定不等于"鹦鹉",而在处置式中两者具有很大相关性,可能是等同关系、领属关系等。例如代词复指处置式"将我儿杀之,都不复念"(《三国志·魏书·后妃传》)中,"我儿"和"之"具有同指关系,偏称宾语处置式"把妮子缚了两只手"(《清平山堂话本·简帖和尚》)中,"妮子"和"手"具有领属关系。第二,工具介词所介引的成分有定无定均可,而处置式的介词宾语一般必须有定。第三,工具式中,谓语动词 V 的受事一定不是介词宾语,但处置式中 V 的受事一定是介词宾语。当 V 的受事和工具论元同时出现时,二者界限分明,不会混淆,句子是典型的工具式,如"以戈逐子犯"(《国语·晋语四》);当 V 的受事不出现,只出现与事、处所等成分时,那么介词宾语就有了工具和受事两解,工具式可转化为处置式,例如"天子不能以天下与人"(《孟子·万章上》)中的"天下"既可以是用来给人的工具,也可以分析为动词"与"的受事。若着眼点在"天下"的工具性,就会认定为工具式;若着眼于其受事性质,就会分析为处置式。因此,当且仅当受事不出现,动词后成分是与事或处所时,才有向处置式转化的可能性。

(二) 处置式的产生时代及动因

关于处置式产生的时代,主要有以下几种观点。

第一,上古先秦说。陈初生(1983)在西周金文中发现"以"字处置式并根据句法格式分为三种类型,认为后来产生的"把"字句、"将"字句仅仅是词汇的简单更替。章也(1992)、孙锡信(1992)、冯春田(2000)等也持此说。

第二,秦代说。吉仕梅(2004)根据出土文献《睡虎地秦墓竹简》中发现的"甲把其衣钱匿臧(藏)乙室"一句,将"把"界定为表处置的介词,认为该句式是处置式的早期形式,"把"表处置的时间应迟当在秦代。

第三,汉代说。梅祖麟(1990)认为从汉代开始,"以"字提宾处置式开始出现。

第四,魏晋南北朝说。潘允中(1982)认为"将""把"字构成的初期处置式最早出现于南北朝,唐代开始流行起来。

第五,唐代说。祝敏彻(1957)、王力(1958)、贝罗贝(1989)

等认为唐代以前是没有真正的处置式的。

处置式究竟产生于何时？我们的观点是：先秦两汉没有产生处置式，但已有类似处置的观念，该观念彼时没有形成固定的句式，而是采用以下形式来表达：

a. "以 + 宾语 + VP"：

（5）以尔车来，以我贿迁。（《诗经·卫风·氓》）

b. 动宾短语：

（6）复投一弟子河中。（《史记·滑稽列传》）

c. 词类活用：

（7）先国家之急而后私仇也。（《史记·廉颇蔺相如列传》）

d. 受事主语句：

（8）父母之年，不可不知也。（《论语·里仁》）

e. 被动句：

（9）忧心悄悄，愠于群小。（《诗经·邶风·柏舟》）

先秦两汉为何没有处置式？主要原因有二：一是在语言产生之初，古人的语言要比现在简略很多，人们在表达施受关系时，倾向于采用更符合思维和表达习惯的施事主语句，加之当时的人们对处置概念的认知比较模糊，并未将其范畴化，固定为一种语法结构。后来随着思维的复杂化和表义精密化的需要，人们会根据信息焦点选择其他句式来满足自己的表义需求。二是因为每个时代有各自特殊的句式，在语言交际中可以使用其他句式来表达与处置式相近的语义，如受事主语句、被动句等。因此，先秦两汉时期并未出现专职化的处置式，学者们所说的上古的"以"字式不是真正的处置式，而是表达处置语义的一种句法结构。

直到魏晋六朝时期，在连动式的基础上，"将"开始虚化为介词，介引受事宾语表处置，初期处置式才开始萌芽，偶见"将"字句表处置的用例，"把"字句尚未产生。例如：

（10）我今可将此女与彼沙门。（《增壹阿含经》卷四十一）

（11）将长寿王及夫人身，皆取返缚，绕舍卫城，使万民见。（《增壹阿含经》卷十六）

（12）将此女人，付侨昙弥。（《贤愚经》卷三）

（13）将我儿杀之，都不复念。（《三国志·魏书·后妃传》）

(14) 遂将后杀之,完及宗族死者数百人。(《三国志·魏书·武帝纪》)

(15) 悉将降人分配诸将,众遂数十万。(《后汉书·光武帝纪上》)

唐代以降,"把"字句开始出现,"将"也发展为相对成熟的处置介词①。例如:

(16) 惜无载酒人,徒把凉泉掬。(宋之问《温泉庄卧病寄杨七炯》)

(17) 欲知求友心,先把黄金捡。(孟郊《求友》)

(18) 空将泽畔吟,寄尔江南管。(李白《流夜郎至西塞驿寄裴隐》)

(19) 将洞任回环,把云恣披拂。(皮日休《太湖诗·桃花坞》)

(20) 众中偏得君王笑,偷把金箱笔砚开。(王建《宫词一百首》)

(21) 阿郎把数都计算,计算钱物千足强。(《敦煌变文集·董永变文》)

(22) 师便把枕子当面抛之,乃告寂。(《祖堂集》卷四《天皇和尚》)

(23) 谁将生死与汝?(《祖堂集》卷四《石头和尚》)

综上,我们认为,处置式萌芽于六朝,正式产生并定型于唐代。当"把/将"发展为成熟的处置介词,构成对宾语进行处置的句法格式时,处置式才成为一种独立的句式。其产生时代虽尚有争议,但处置式在唐代得以普遍使用基本已成为学界共识(祝敏彻,1957;王力,1958;贝罗贝,1989)。

任何一种语言现象都不是孤立发展的,任何一种句式的产生也都绝非偶然,都会或多或少受到其他相关现象和结构的影响和制约。关于处置式的产生原因,众说纷纭。沈家煊(2002)认为主观处置的表达是处置式产生的动因,处置式的发展是为了适应主观表达的需要。石毓智(2006)从汉语语法系统的整体性视角出发,指出"有定受事名词的重新分布为处置式的语法化动因"②,动补结构是促发其发展壮大的重要

---

① "把""将"是最常见、主流的处置标记,此外"持""捉""取"于唐代前后也先后在连动结构中发展为处置标记,但用例较少。

② 石毓智:《处置式产生和发展的历史条件》,《语言研究》2006年第3期。

因素。龙国富（2009）从"以""将"的演变入手，从认知视角分别讨论了"以"字句和"将"字句的产生机制及动因，认为转喻是语义演变的重要动因。

我们认为，内外因的双重作用是处置式产生的制约因素，除受处置式内部因素的牵制外，还受到其他外部因素的多重影响，主要包括以下三个方面。

第一，介宾短语句法位置的变迁。介宾短语的句法位置自古至今发生了很大改变，总的趋势是由以居于动词后为主变为居于动词前为主。汉语从古至今一直都是 SVO 型语言，但同时早期汉语存在过大量的 SOV 语序。介词短语可出现于两个位置：动词前和动词后，以后置占绝对优势，例如"投我以木瓜"（《诗经·卫风·木瓜》）、"子路，人告之以有过，则喜"（《孟子·公孙丑上》）等，在先秦一些作品中后置的比例甚至还明显高于前置。汉代尤其是魏晋南北朝以后，汉语在语序上的一个大变化和大趋势是介宾短语大量前移至动词前，"S + V + PP"逐步向"S + PP + V"转变，由介词短语居后为主变成居前为主。后一格式与处置式的句法结构一致，因此介词短语的前置为处置式的形成提供了句法上的支持。倘若汉语一直维持介词短语后置的格局，那么处置句式能否产生就成疑了。反过来说，处置式的兴起和广泛使用又巩固了介宾结构的位置，使汉语不能成为十足的 SVO 型语言[1]。

第二，连动式中动词的语法化。汉语中许多语法现象的产生与连动结构密切相关，如介词的产生（贝罗贝，1989；马贝加，2000；张旺熹，2004）、助词的产生（曹广顺，1995；梁银峰，2007）、动补结构的产生（梅祖麟，1990）等。"把""将"等在连动式中处于 V_1 的句法位置上，当 V_2 变成句子的主要动词时，V_1 就有了语法化的可能，被重新分析为介词。可以说，汉语史上处置介词的语法化大多始于连动式，并在连动式中完成语法化。

为什么处置从连动发展而来？我们认为，这绝非偶然，连动式具备发展为处置式的句法、语义条件。

---

[1] 虽然汉语中存在 SOV 语言相关的一些特征，如处置句、比较句、宾语前置的否定句和疑问句等，这些背离了典型的 SVO 语言的特征，但这些特征不能代表汉语的基本语序，汉语的基本语序依然是 SVO，并没有经历 SVO→SOV 的变化。

从句法来看，连动式句法结构松散，易于发生重新分析和语法化。高增霞（2003）指出，连动式是句法化程度较低的结构，在语法化链条上处在话语组织到句法结构的中间环节，具有强烈的向单动结构发展的历史倾向，为一些语法格式的产生提供了句法基础。连动结构通常表示前后相接的两个动作或事件，中间可以有停顿或用标点符号隔开，具有相对的松散性。当两个动作或事件合并为一个时，连动式就被重新分析为状中结构。

从语义来看，连动式内部的语义关系存在不平衡、不对等性。张旺熹（2006）指出，一个句子若出现两个或以上的动词结构，语言系统中的主从关系原则就开始发挥作用，对各个结构的语义地位加以区分，使其中一部分动词结构发生语义降级。V_1作为非主要动词和修饰、辅助成分，在地位和作用上小于V_2。V_2所代表的动作行为是最终目的或达成的结果，包含了焦点信息，是人们关注的语义重心，而V_1所表动作行为是V_2所表动作行为实现的前提条件，处于背景信息的地位，是非焦点成分，在人们的认知中可能被淡化。经过重新分析，连动结构就易演变为偏正结构。"将""把""拿"等词经常固定地出现在第一动词即V_1的句法位置，处于非中心动词的地位，久而久之就会失却动词性，向介词演化。

第三，动补结构的影响。语言系统是一个和谐的统一体，内部各个要素之间有内在联系，其中一个要素的改变会引发一系列其他要素的连动变化。动补结构的产生和发展是汉语史上的一件大事，是推动处置式发展的主要动力之一。关于动补结构的形成年代，尚有争议，但可以肯定的是，动补结构的广泛应用是在唐代以后，这与处置式的产生时代也刚好吻合。动补结构来自于中古汉语的"动词+受事名词+补语"，动词和补语被中间的受事名词隔开了，尔后动词和补语由独立的单位融合成一个整体，中间的受事名词就被提到动词之前，此时处置式就是一个很合适的选择。唐代以后，随着动补结构的出现和广泛应用，处置式中动词开始带上补语，对该动作的结果、趋向、程度、状态等进行补充说明，以表达更加细微的语义，处置式的表义功能愈加复杂化，语义更加完整，这些特点都加速了处置式的定型化，为处置式的发展注入新的活力，使其表达日益精密化，成为更完善、更富有表现力的句式。

处置式产生之初谓语为简单形式，可以变换为主动宾句，随着谓语的复杂化，很多处置式就无法转换为动宾式了。刘子瑜（2009）指出，动补结构进入处置式后，加速了处置式的定型和语法化过程，推动了该句式的繁荣发展。不难发现，动补结构发展滞后或不充分的方言中，处置式也不发达，如粤语、吴语等，这种现象也为两者的渊源关系提供了活的方言证据。

由以上分析可以看到，处置式的产生是内外因共同促进的结果，受到句法、语义和语用的多重制约，与汉语语法历史发展的整体格局有着共变关系。汉语内部构成要素的相互作用制约着处置式的演变，使其形成语义关系错综、结构类型多样的复杂面貌。

二　处置式的功能扩展与认知解释

（一）从处置到致使

处置式的语义功能是什么？目前有两种主流看法："处置"说（王力，1943；宋玉柱，1981；沈家煊，2002 等）和"致使"说（郭锐，2003；叶向阳，2004；胡文泽，2005 等）[①]。"处置"说是最传统、主流的观点，由王力（1943）最早提出，他认为处置式主要表达处置语义，介词宾语是受处置的对象，在语义角色上属受事。处置义处置式是处置式家族中的典型成员，也是处置式最主要的语义类型。"致使"说是在很多句子无法用"处置"说解释的背景下提出的，致使义处置式主要表达致使语义，介词宾语不是受事，而是施事或当事，"把"可替换为"使"，也可删略不用。这两种看法各执一端，尚未达成一致意见[②]。

我们的观点是：处置式是一个多义范畴，而非单一的句法语义结构，其语义是多元的，内部是不匀质的，无法只用单一的"处置"或"致使"来概括，而且两种语义之间的界限并非截然分明，因而我们主张将其分为两部分，一部分表处置，另一部分表致使。

处置和致使作为两种语义功能，如何区分？如果整个句式表示 S 有

[①] 关于处置式的意义，学界讨论颇多且尚有分歧，但大体上可归纳为"处置"说和"致使"说，有些虽没有采用这两种术语（如"控制"说、"结果"说），但基本观点都可以归入这两个范畴，主要的争论基本都是围绕"处置"和"致使"展开。

[②] 本书中的"致使"是狭义的致使，只表致使语义，不表致使范畴。

目的、有意识地对 NP 施行了 VP 这种动作行为，VP 的施为性很强，"把"的功能在于标记受处置的对象，那这种处置式的语法意义是处置，既有处置行为，又表明处置对象的变化。虽然有些句子包含致使关系，我们仍认为其主要功能是表处置。如果整个句子表示 S 的行为使 NP 不自主地产生了 VP 这种状态，而这种状态对于说话人来说多是不如意、不可控的，"把"的作用在于凸显"影响——被影响"的致使关系，可用"使"替换，那么这类"把"字句表致使而非处置，可以变换为"使"字句。典型的致使句中，NP 是 VP 的施事或当事而非受事，与 VP 构成主谓关系。

致使应是处置功能扩展的结果。功能扩展是指某种句型本只有甲功能，在特定条件下才具有乙功能，后来乙功能逐步扩展，成为这种句型的新功能（蒋绍愚，2000）。我们将通过历史文献，考察处置式语义功能的扩展。

魏晋六朝是处置式的萌芽时期，当时的处置式只具有处置功能，致使功能尚未产生。例如：

（24）我今可将此女与彼沙门。(《增壹阿含经》卷四十一）

（25）将长寿王及夫人身，皆取返缚，绕舍卫城。(《增壹阿含经》卷十六）

（26）将我儿杀之，都不复念。(《三国志·魏书·后妃传》)

唐至唐五代，是处置式产生初期，以表处置为主，表致使的很难见到。这种现象有两方面的原因：一方面，处置式从连动式发展而来，在连动式中动词"将""把"的宾语一般都是典型的受事成分；另一方面，这一时期的谓语动词主要是光杆动词，且动作性、施行性较强，表状态义的较少，看不出介词宾语状态的变化。例如：

（27）解写除却名，楷赤将头放。(《王梵志诗校注》卷二）

（28）料理中堂，将少府安置。(《游仙窟》)

（29）悠然放吾兴，欲把青天摸。(皮日休《初夏游楞伽精舍》)

（30）大师把政上座耳拽，上座作忍痛声。(《祖堂集》卷十五《五洩和尚》)

（31）仰山便把茶树摇。(《祖堂集》卷十六《沩山和尚》)

（32）每把金襴安膝上，更将银缕挂肩头。(《敦煌变文集·妙法莲

华经讲经文》)

这一时期有些处置式开始溢出"处置"的范围,产生"致使"语义,但仅有少量用例且基本仅限于"将"字句。例如:

(33) 何必将心清浊流。(《祖堂集》卷四《丹霞和尚》)

(34) 只为将身居痛室。(《祖堂集》卷四《丹霞和尚》)

(35) 莫将此身险中行。(《祖堂集》卷七《雪峰和尚》)

(36) 将身又向王城,化作狗身受苦。(《敦煌变文集·目连缘起》)

(37) 何必将心生爱恋。(《敦煌变文集·佛说观弥勒菩萨上生兜率天经讲经文》)

(38) 无意将身入乃阿。(《敦煌歌辞总编·失调名》)

张美兰(2003)对《祖堂集》中的处置式做过统计,发现致使义处置仅有9例,且多用于偈颂中。

宋元时期,致使义处置式进入初步发展阶段,结构逐步定型。例如:

(39) 莫把鸳鸯惊飞去。(毛滂《夜行船·余英溪泛舟》)

(40) 甚捻著脉子倒把人来濡僽。(秦观《满园花》)

(41) 将那粗底物事都掉了。(《朱子语类》卷一百二十)

(42) 更何况今日将牛畜都尽失。(《刘知远诸宫调》)

(43) 把妹子三娘,徒成抛朵。(《刘知远诸宫调》)

(44) 原来是一封休书,把那小姐气死了,梅香又打了我一顿。(《元曲选·倩女离魂》)

(45) 谢君恩普国多沾降,把奸贼全家尽灭亡。(《元曲选·赵氏孤儿》)

上例中的"把"可以直接替换成"使",表达致使语义。

明清时期进入快速发展阶段,使用广泛,发展成熟,逐渐得到人们的认可和接受,成为常用句型。例如:

(46) 把玉楼羞的要不的。(《金瓶梅》第二十一回)

(47) 把一个蒋日休惊得神魂都失,喜得心花都开,悄语低声道:"请里面坐。"(《型世言》第三十八回)

(48) 步香闺怎便把全身现!(《牡丹亭》第十出)

(49) 忍将父母饥寒死。(《琵琶记》第四出)

（50）想到此处，倒把一片酸热之心，一时冰冷了。(《红楼梦》第一百十三回)

（51）尽着飞来飞去，可把我飞晕了。(《儿女英雄传》第九回)

（52）把于氏气的脸儿焦黄。(《聊斋俚曲集·姑妇曲》第一回)

（53）他知道，便把我怎么样？(《三侠五义》第十二回)

（54）睡未足，把人惊觉。(《长生殿》第四出)

根据冯春田（2012），《金瓶梅》《醒世姻缘传》《聊斋俚曲集》中的致使处置多达121例、104例、90例。

通过对致使处置的历时梳理，可以看到，致使处置在唐五代产生，宋元处于发展阶段，并不习见，明清以后发展成熟，成为常见语义类型。

根据谓语的句法性质，致使义处置式可以分为以下三种类型。

第一种是动词谓语句，由动词充当谓语中心，以不及物动词为主。例如：

（55）把晁夫人合众女眷们倒笑了一阵。(《醒世姻缘传》第二十一回)

（56）一面想，一面把他恨得牙痒痒。(《官场现形记》第十三回)

第二种是形容词谓语句，由形容词充当谓语中心，表现宾语呈现的性质或状态。例如：

（57）严贡生把脸红了一阵，又彼此劝了几杯酒。(《儒林外史》第六回)

（58）把个刘四妈惊得眼中出火，口内流涎。(《醒世恒言》第三卷)

第三种是主谓谓语句，由主谓结构充当谓语。例如：

（59）又仔细看了一看，把个晁住娘子三魂去了九魄。(《醒世姻缘传》第二十回)

（60）把人牙花都磕破了，帽子都抓落了人的。(《金瓶梅》第五十回)

按照语义功能，可以分为以下三种类型。

a. 消亡、损失义：

（61）再真把宝玉死了，那可怎么样好？(《红楼梦》第八十二回)

（62）贾老儿既把个大儿子死了，这二儿子便成了个宝贝，恐怕他劳神，书也不教他念了。（《老残游记》第十五回）

b. 情绪、心理变化义：

（63）不提防雕笼中戛然长鸣一声，倒把翠芬猛吓一跳。（《海上花列传》第四十六回）

（64）把个张老夫妻吓得往外藏躲不迭。（《儿女英雄传》第十三回）

c. 状态改变义：

（65）这也值得把脸红了，见了生人的似的。（《红楼梦》第八十七回）

（66）胡统领把脸一沉，道："你别瞎闹！"（《官场现形记》第十五回）

根据致使行为是否是致使者有意为之，可分为有意致使和无意致使两类。有意致使处置式中，NP 呈现 VP 的状态是 S 有意为之、主观控制的；无意致使处置式中，主语 S 通常不是某个人，而是某个事件或情景，NP 呈现 VP 的状态是 S 无意导致的。例如：

（67）邓九公一面听安老爷那里说着，一面自己这里点头，听到后来，渐渐儿的把个脖颈低下去，默默无言，只瞅着那杯残酒发怔。（《儿女英雄传》第十六回）

（68）只这一声，倒把个韩文氏吓了一跳，说道："你不念书，为何大惊小怪的？"（《三侠五义》第十回）

例（67）是有意致使，"低下去"的状态是"邓九公"有意造成的；例（68）是无意致使，"这一声"虽是"吓了一跳"这一结果的诱因，但并非是致使者有意为之，不受其主观控制。

无意致使应由有意致使衍生而来，当 VP 无法由致使者控制时，就演变为无意致使。

（二）功能扩展的动因

"处置＞致使"这一演变的动因是什么？致使义处置式又是如何产生的？

第一，处置和致使作为两种语义范畴，虽不能混为一谈，但也应该看到两者的相关性。正如叶向阳（2004）提到的，处置是致使的一种，是有意志力参与的致使。有些"把"字句有处置和致使两种分析，例如：

(69) 邓九公听了，轮起大巴掌来，把桌子拍得山响。(《儿女英雄传》第十六回)

动词"拍"表示施行于"桌子"的动作，施行性较强，对"桌子"具有处置性，同时补语"山响"也表示"桌子"呈现的状态，也含有致使义。

两者之间的关联性为处置发展为致使提供了语义基础，如果两者毫无关联，那么也不可能产生衍生关系。

第二，动补结构的产生和发展促进了 VP 的复杂化。致使处置式中，VP 表示状态的改变，就不能是单个的动作动词。早期"把"字句多以单 V 结尾且动作性较强，那么就只能表处置义，不能表致使义。后来随着动补结构的发展，单 V 逐渐减少，VC 的形式越来越多，既可表施行的动作，又能表呈现的状态。因此，动补结构的发展使处置式的语义复杂化，是致使处置产生的句法条件。

第三，"把""将"等语义的进一步虚化。"把""将"等最初为动作性较强的及物动词，表"持拿"义，后来由于频繁进入连动结构，其语义开始抽象化、虚化，往介词方向发展，最后演变为处置介词。处置介词产生初期，尚未摆脱原先动词义的束缚，还残存动作义。后来随着语义的进一步虚化，不再用于标记受处置的对象，处置语义逐渐漂白，发展为更抽象的致使义，可以被"使"替换。同时句中主要谓语动词与介词宾语形成"影响——被影响"的致使关系，语义漂白后的"将""把"就用来标记这种语义关系，从处置标记转变为致使标记。

第四，人类语言是不断发展的，句式语义也是不断更新的，处置式作为能产性很强的句式，随着使用频率的提高，表达的语义内容也日益呈现复杂化的趋势。类推是产生新词义或新句式的重要手段之一，当处置式的地位稳固下来成为日常交际的常用句式时，人们就在处置义的基础上自然类推出致使义。故而处置式发生功能扩展是句式义历时发展的结果。

综上所述，汉语中的处置式能够表达致使语义，致使处置是处置式的一个小类，致使义是处置义的下位义。然而，不能将处置式的语义功能简单概括为"致使"。"处置"是处置式基础的、典型的、主要的意义和用法，"致使"是后起的新兴用法，是处置式的活用和语义扩展、更新的产物，致使义的产生使处置句式朝着精细化、复杂化的方向发展，使其功能日益完备。

典型处置在发展中伴随着处置义的减弱、致使义的增强，因此致使处置可以说是典型处置功能扩展的结果。同时两者在句法结构、语义特点、语用价值等方面存在一些差异。

第一，宾语的语义角色。典型处置式中，"把"字宾语 NP 多为动作的直接承受者，即 VP 的受事，与主语之间构成传统的施受关系；致使处置式中，NP 担任的语义角色是施事或当事，而非行为动作的直接参与者，去掉"把"后，可以转化成独立的施事/当事主语句，而不能变成主动宾句。例如：

（70）只这一声，倒把个韩文氏吓了一跳。（《三侠五义》第十回）

上例中"韩文氏"不是受事，而是心理动词"吓"的主体，表现出"当事"的语义特点。去掉"把"后，可以转换成主谓结构"韩文氏吓了一跳"。

第二，"把"的虚化程度。致使处置式中，"把"的语法化程度更高，语义更虚，相当于使役动词"使、让、令"。致使处置产生的过程同时也是"把"语义继续虚化的过程，"把"在长期的历史发展中处置义逐渐减弱，致使义逐渐增强。例如：

（71）如今二子二妻，狠的狠，恶的恶，全然没个道理，把个老主人气恼成病，求医罔效，符忏不灵。（《东度计》第二十九回）

上例中"把"的处置语义基本消失殆尽，致使功能有所增强，更多的表示"导致、致使"义，这表明"把"的虚化程度更高了。

第三，谓语动词的性质。典型处置式中，谓语动词的动作义较强，对介词宾语有较强的支配作用；致使处置式中，动词的动作义、处置义不显著，多由不及物动词、形容词、动补结构等充当，是对宾语状态变化的描述，表示致使结果。例如：

（72）是我一时着了气恼，不辨青红皂白，竟把他二人委屈了。（《三侠五义》第九十回）

谓语"委屈"作为形容词，表示"他二人"从不委屈到委屈的状态变化,不具有动作义。

第四,出现语境。典型处置式用于已然、未然语境均可,祈使句是其经常出现的句类;致使处置多用于已然语境,叙述已然事件,陈述人或物状态的变化,不太能用于叙述未然事件,难以用于祈使句中。

第五,有意与无意。处置式可分为两类:有意识处置式和无意识处置式。在典型处置式中,主语多为施事,处置行为是其有意为之、主观控制的;致使处置式中,主语多为致事,是"把"字宾语发生状态变化的使因或诱导因素,施事性较弱,同时具有"非意志性",介词宾语受到的影响是其无意、无心造成的,不以其主观意愿为转移。试比较:

(73)他把毡帽一接,猴儿正掉在毡帽里面。(《三侠五义》第八十回)

(74)又见二次的人报了进去,只把他吓得面如土色。(《七剑十三侠》第一百三十九回)

例(73)中,"他"做出"接"的动作是受主观意志支配的、有意为之的行为,对"毡帽"有直接的处置义;而在例(74)中,"二次的人报了进去"虽是导致"他吓得面如土色"这一事件的动因,但并非有意吓"他",具有"非意志性",对"他"造成的"面如土色"的影响是和报信人的主观意愿相违背的。

正由于致使义处置多是主语无意造成的,那么句中的谓语动词也不能是自主动词,而是以非自主动词为主,表示无心、无意识、不受主语自由支配的动作行为。

第六,主观色彩。典型处置多表示客观的叙述,一般不会表现出言者的主观视角;致使处置附加有言者较强的主观色彩,带有"追究责任"的意味,NP产生的变化多是言者不期望看到的。这是所谓的"移情"现象,说话人将自己置身于处置事件中,移情于事件的参与者。虽然某种不如意的致使结果 VP 不是 S 有意造成的,但在说话人看来,S 是该事件的引发者和责任者,由于 S 的关系,受损者 NP 才会出现 VP 所描述的状态。例如:

(75)你们是那里来的,为着何事,把他这般难为?(《七剑十三侠》第四回)

可以明显感觉到,说话者说出该句子时,是带有责备、埋怨、质问语气的,把受影响者"他"主观看成了需要同情的对象。"你们"可能没有故意难为"他",却造成让"他"难为的结果,但无论出于什么原因,说话人都认定"你们"有难为"他"的目的和意图,应该对该事件承担责任。

(三)处置式的去范畴化

通过对处置式功能演变过程的梳理,可以发现处置式经历了去范畴化的过程,伴随原有范畴特征逐渐模糊、弱化,新范畴特征和新功能涌现。去范畴化与范畴化[1]相对,是指语言成分在某种条件下逐渐突破了原有范畴边界,失去了范畴内部的典型属性特征,获得新功能,进入新范畴。去范畴化的结果之一就是新语法意义的产生。方梅(2018)提出去范畴化三个主要特征:语义泛化或抽象化;句法形态上丧失原范畴的某些典型特征,获得新的特征;语篇功能实现扩展或转移。

处置是一个原型范畴[2],原型意义上的处置应具备如下典型特征:语义上,表达纯"处置、支配"义,凸显施动者(施事)有意识、有目的地对受动者(受事)做出某种处置、安排、处理等,该处置行为将导致受动者产生位置移动、状态变化等方面的结果;主语是具有意志性、有生性、控制性的施事成分,对介词宾语具有施动性;处置介词"把"等是表达"处置—被处置"关系的标记成分,没有致使功能,不能换成"使",其宾语为典型受事;谓语动词多数表处置义,不能表示精神行为、心理感受、意外遭受等。句法上,谓语动词多为及物动词,对介词宾语有较强的支配作用,其前后可带状语、补语、体标记等,只能是具有强作用性的行为动词,不能是缺乏处置性且动作义较弱的不及物动词、心理动词和形容词等。语用上,多表示客观的叙述,较少附加言者的主观情态。

在处置式的发展过程中,有些句子丧失处置范畴的典型特征,拥有

---

[1] 范畴化是人类基本的认知能力之一,也是认知语言学中的重要研究课题,基本功能是分类,即把不同的事物现象或动作行为归为、看作同一类,包含由个别到一般、追求共性特征的认知过程。反过来,从一般到个别、追求个性的过程体现了去范畴化的认知过程。范畴化和去范畴化构成了完整的范畴化理论(刘正光,2018)。

[2] 原型范畴理论认为,同属一个概念的各位成员典型性有异,典型性最强的为原型,处于范畴中心位置,可用来鉴别其他成员,其他成员按照与原型的相似程度处在从典型——不典型的边缘位置上(杨亦鸣,2003)。

致使范畴的某些属性特征，具备致使功能，实现去范畴化。具体体现在以下几个方面。

第一，语义内涵上发生了弱化、泛化、抽象化，失去原有语义内容，这是发生去范畴化的前提。处置义减弱，致使义得到凸显，由表示 S 有意识地对 NP 施加某种具体的处置行为，到表示 S 无意的行为致使 NP 不自主地产生某种不如意的状态。对 S 生命度等级的限制降低，S 向不具有［+有生性］［+自主性］［+控制性］的陈述主体扩展，由施事变为致事。处置介词可以替换成"使"，句子的核心语义结构可概括为"Cause……Become……（致使……变成……）"。NP 由典型的受事变成施事或当事，由处置对象变为陈述对象。VP 由表具体的动作行为扩展为表示人或事物的状态变化。试比较：

（76）西门庆把月娘一手拖进房来。（《金瓶梅》第二十一回）

（77）尽着飞来飞去，可把我飞晕了。（《儿女英雄传》第九回）

例（76）是处置义处置式，表示"西门庆"有意识地对"月娘"施加"拖"的处置行为，导致"月娘"发生"进房"的变化，"西门庆"是施事，"月娘"是受事，两者构成传统的施受关系。例（77）不表处置义，而表致使义，表示致事"飞来飞去"的行为使当事"我"产生了"晕"的状态。

第二，句法上某些典型分布特征消失，偏离了原有句法结构和搭配，呈现出不同的句法分布特点：多用于叙述已然事件，与未然语境相排斥；谓语动词丧失了动词的属性特征，由表具体的动作行为转变为表状态意义，及物性、动作性降低，多由不及物动词、形容词、动补结构等充当，与介词宾语构成描述与被描述的关系；由于谓语动词不能对 NP 产生支配作用，故有些句子不能自如地与主动宾句、被动句转换。例如：

（78）想到此处，倒把一片酸热之心，一时冰冷了。（《红楼梦》第一百十三回）

"把一片酸热之心，一时冰冷了"是已然发生的事件，谓语动词为形容词"冰冷"，表示致使结果，不对宾语"一片酸热之心"发生支配、处置作用，而是用于描述其状态的变化。该句无法转化为主动宾句"一时冰冷了一片酸热之心"，也无法转化为被动句"一片酸热之心被一时冰冷了"。

第三，语用功能发生了扩展，附加言者较强的主观评价或态度，带有"追究责任"之意味，出现了移情现象。主观化是去范畴化的重要认知机制（刘正光，2018），伴随着去范畴化的进行，句子发展成为一种表态句，谓语部分的指称性减弱，描述性增强，由报告具体的事件转变为陈述事件发生后的状态或说话人的情感态度。例如：

（79）你们是那里来的，为着何事，把他这般难为？（《七剑十三侠》第四回）

可以明显感觉到，说话者说出该句子时，是带有责备、埋怨、质问语气的，把受影响者"他"主观看成了需要同情的对象。"你们"可能没有故意难为"他"，却造成让"他"难为的结果，但无论出于什么原因，说话人都认定"你们"有难为"他"的目的和意图，应该对该事件承担责任。

第四，处置介词在语音上也发生了轻微融蚀，读音有所弱化，失去声调的某些特征，元音发生央化，开口度变小。

这些特点都证明处置式经历了去范畴化的过程。随着处置式的进一步去范畴化，致使范畴特征可能也会逐渐模糊并弱化，产生新范畴的某些特征。

纵观处置式的历时演变，我们逐渐对处置式有了较清晰的认识：处置式的来源和发展是一个层层累积的复杂变化过程，在发展过程中伴随着汉语语法体系内部各要素的相互作用和消长变化，形成处置式语义类型多样、内部结构复杂、语用功能相异的复杂面貌，这无疑给许多研究工作增加了难度，要求我们要多层面、多角度地对处置式展开探讨。

第三节　处置和被动的共标及动因

调查发现，苏皖很多方言如扬州、安庆、宿松、亳州等存在处置和被动标记同形的现象，同一标记词既可表处置，又可表被动。我们继续把视线转向汉语方言，发现这一现象不为苏皖区域所独有，而是具有跨方言的普遍性。

诸多学者对这一问题作过相关论述。朱德熙（1982）较早注意到北京话的"给"可以兼表处置和被动,同时指出若施、受事均为指人名词,则会产生歧义。陈淑梅(2001)发现鄂东(英山、罗田、浠水、黄梅、武穴、红安等)地区的"把"既可作处置标记,又可作被动标记。石毓智、王统尚(2009)对汉语方言中处置和被动共标现象作了全面描写和分析,指出这种现象的产生与汉语语法的整体特性、动词本身的特点以及处置、被动的相互关系有密切关系,反映了汉语概念化的规律①。陈瑶(2011)发现汉语方言普遍存在同一语法标记兼表被动和处置的现象,且该标记多源自给予动词,进一步揭示了给予动词的语法化路径。Xu Dan(2014)提到了"施受同辞",观察到同一个词或结构兼表主动和被动的独特现象。朱玉宾(2016)论证了同形标志词兼表被动和处置两种功能源于汉语中的"施受同辞"特点。彭婷、叶祖贵(2018)发现湘方言中源于"持拿"义动词的处置标记和被动标记同形现象,认为这种同形纯属偶然,是由双音节被动标记的成分省略造成的。郭笑(2021)论证了同形标记"叫"集中分布于以河南为代表的中原官话区是一种方言存古现象,通过语言接触以河南为中心向南、北扩散。

上述学者都对这一问题作了有益探讨,但对这一现象产生的原因尚未达成共识,所得结论有未尽之处。有鉴于此,本书将基于更大范围内的语料继续讨论,尝试对该现象的动因做出补充性解释。了解该现象的动因不仅可加深我们对共标现象的理解与认识,还对探究介词特点、理清句式关系有重要的启发和参考价值。

一 同形标记的类型

根据前人研究以及我们的调查结果,发现处置和被动同形并不罕见,而是一种很普遍的现象,同形标记主要有以下几种形式。

1. "把"

同形标记词中,"把"的使用最普遍,在官话、湘语、赣语、吴语中都有分布。例如:

---

① 石毓智(2009)认为,汉语的很多动词尤其是给予类动词具备两个完全相反的意思,动作能量的作用方向可以向左也可以向右,例如"借"既可以表示"借出"也可表示"借入",因此这类动词的语法化方向特殊,具备同时向处置标记和被动标记发展的语义基础。

（107）江苏扬州：把书弄掉得了。○把书弄掉了。｜鸭子把他吃脱了。○鸭子被他吃掉了。

（108）安徽安庆：你把窗户开开。｜鱼把猫吃掉着。○鱼被猫吃掉了。

（109）安徽合肥：把东西放下。｜老鼠把猫吃了。○老鼠被猫吃了。

（110）安徽宿松：我把橘子皮剥了，没吃。｜张明把在人家抢脱个包在。○张明被人家抢走了一个包。

（111）江苏丹阳：把碗盏洗下子。○把碗洗一下。｜他把老王霉则一顿。○他被老王骂了一顿。

（112）江苏高淳：猪把粮食糟蹋了。｜碗把他打破了。○碗被他打破了。

（113）安徽望江：你把碗洗下。｜张明的包把坏人抢去哆。○张明的包被坏人抢走了。

（114）安徽潜山：尔把碗洗下子。○你把碗洗一下。｜衣服把风吹掉着。○衣服被风吹掉了。

（115）江苏海安：我把他说了一顿。｜别把他听见。○别被他听见。

（116）江苏靖江：我把书看了几遍嘞。○我把书看了几遍。｜帽子把风吹走了个。○帽子被风吹走了。

（117）安徽铜陵：我把家里都翻高了也没找到。○我把家里都翻遍了也没找到。｜别把车碰着。○别被车碰着。

（118）江苏如皋：筒事把他难住了。○这事把他难住了。｜杯儿把我打叨啊。○杯子被我打碎了。

（119）安徽庐江：把窗眼开开。○把窗户开开。｜一出门就给石头绊倒之。○一出门就被石头绊倒了。

（120）江苏金坛：你把我吓得一跳！○你把我吓一跳！｜我把你吓得一跳！○我被你吓一跳！

（121）陕西商洛①：快把衣服换了去。｜山上树把人砍光了。○山上树被人砍光了。

（122）江西萍乡②：把门关到。○把门关上。｜把蛇咬一口。○被蛇咬一口。

（123）湖北武汉：把门关起来。｜把他看到了。○被他看到了。

---

① 商洛市地方志编纂委员会：《商洛地区志》，方志出版社2006年版，第161页。
② 李荣：《现代汉语方言大词典（综合本）》，江苏教育出版社2002年版，第1676页。

（124）湖南湘潭①：我把家伙送得刘娭毑哒。○我把东西送给刘奶奶了。│良心把狗吃咖哒。○良心被狗吃了。

（125）湖北罗田：你把碗洗下子。○你把碗洗一下。│帽子把风吹走了。○帽子被风吹走了。

（126）湖北孝感：把钱放好，莫丢了。○把钱放好，别丢了。│碗把他打破了。○碗被他打破了。

（127）贵州贵阳②：我们把作业做完噢。○我们把作业做完了。│衣服把整破噢。○衣服被整破了。

（128）湖南长沙：把门关上。│把他打了。○被他打了。

（129）湖南祁阳③：我把己打了一餐。○我把他打了一顿。│我把己打了一餐。○我被他打了一顿。

（130）湖北黄冈：他把书拿出来了。│他把人骂了。○他被人骂了。

（131）湖北阳新：你把碗洗一下。│帽子把风吹跑了。○帽子被风吹跑了。

（132）湖北大冶：莫把茶杯打破了。○不要把茶杯打破了。│所有个信都把火烧了。○所有的书信都被火烧了。

2. "给"

"给"的分布范围仅次于"把"，集中分布于中原官话和江淮官话。例如：

（133）安徽金寨：他给书拿出来了。│碗给他打破了。

（134）安徽蚌埠：给炉子火对上。○把炉子点上火。│我给狗咬了。

（135）江苏泗洪：他给手表给摔坏得了。○他把手表给摔坏了。│东西给他卷走得了。○东西被他卷走了。

（136）江苏宿迁：他给橘子皮剥了，没吃。│帽子给风吹跑了。

（137）江苏徐州：我给衣服洗干净了。│他给领导骂了一顿。

（138）江苏灌南：他们给教室都装上空调了。│碗给他跌得了。○碗被他打破了。

（139）山西交城：他给票丢啦。│票给他丢啦。

---

① 李盛子：《湖南湘潭县方言介词研究》，硕士学位论文，湖南师范大学，2019年，第43—44页。

② 王建设：《贵阳方言中的"把"字》，《贵州师范大学学报》1995年第1期。

③ 李维琦：《祁阳方言研究》，湖南教育出版社1998年版，第120页。

（140）安徽宿州：给我吓了一跳。｜钱都给小偷偷走了。

（141）湖北襄樊：他给你的书撕了。｜小弟给他爸撵走了。

3. "叫"

作为方言中特殊的处置标记，有处置用法的方言一般都有被动用法。例如：

（142）安徽亳州：叫窗帘拉上。_{把窗帘拉上。}｜老鼠叫猫咬死了。

（143）安徽蒙城：叫酱油递给我。_{把酱油递给我。}｜他叫人打了。

（144）安徽濉溪：叫门关上。_{把门关上。}｜衣裳叫小偷偷走了。

（145）山东枣庄：他叫碗摔了一个。_{他把碗摔了一个。}｜他叫狗咬得直叫唤。

（146）山东郯城①：俺一直叫你当成自家人。_{我一直把你当自家人。}｜山上的树苗子都叫人给砍光了。

（147）河南辉县：快叫袄穿上！_{快把袄穿上！}｜快叫你气死了。

（148）河南叶县：我叫钱交给他了。_{我把钱交给他了。}｜牛叫他牵走了。

（149）河南扶沟：叫他送回家。_{把他送回家。}｜一袋米能叫他吃半年。

（150）河南确山：叫他喊来。_{把他喊来。}｜自行车叫他骑坏了。

（151）河南禹州：叫衣裳收回来。_{把衣服收回来。}｜衣裳叫贼偷走了。

（152）河南沈丘：叫窗户开开。_{把窗户开开。}｜他叫狗咬了。

（153）湖北郧县②：你叫个简单的事儿搞复杂唠。_{你把简单的事弄复杂了。}｜我们都叫人给骗唠。_{我们都被人给骗了。}

（154）湖北枣阳：你叫碗洗下。_{你把碗洗下。}｜帽子叫风吹跑了。

4. "拿"

"拿"兼表处置和被动主要分布于湖南、江西等地。例如：

（155）湖南汝城：你拿碗洗一下。_{你把碗洗一下。}｜帽子拿风吹走喽。_{帽子被风吹走了。}

（156）湖南涟源③：拿滴水倒呱。_{把水倒掉。}｜我拿□[s(^{31})]其打瓜一顿。_{我被他打了一顿。}

---

① 颜峰、徐丽：《山东郯城方言的叫字句及相关句式》，《语言科学》2005年第4期。

② 苏俊波：《郧县方言研究》，华中师范大学出版社2016年版，第231—233页。

③ 吴宝安、邓葵：《涟源方言的"拿"字及其相关句式》，《湘潭师范学院学报》2006年第6期。

(157) 江西安远：渠拿我个笔舞坏哩。他把我的笔弄坏了。｜书拿别人撕了。书被别人撕了。

(158) 江西南康：拿你的书拿偃看一下。把你的书拿给我看一下。｜该碗饭拿老五食了啦。那碗饭被老五吃掉了。

5. "拨"

"拨"主要集中于吴语区。例如：

(159) 上海：我拨伊骂脱一顿。我把他骂了一顿。｜我拨伊骂脱一顿。我被他骂了一顿。

(160) 浙江杭州：你拨碗盏汏一汏。你把碗洗一下。｜学生的包拨坏人抢。学生的包被坏人抢了。

(161) 浙江宁波：我落班顺带拨小人去接过来。我下班顺便把小孩去接过来。｜侬再勿好好叫，要拨侬爸爸打嘞。你再不好好的，要被你爸爸打了。

(162) 浙江湖州：渠拨橘子皮剥掉嘞。他把橘子皮剥掉了。｜帽子拨风吹脱掉。帽子被风吹跑了。

6. 其他标记

其他标记有"提""分""畀""纳""得"等，分布范围相对较小。例如：

(163) 安徽休宁的"提"①：提碗盖出来。把碗盖起来。｜渠老是提人家欺负。他老是被人家欺负。

(164) 安徽祁门的"分"：渠分橘皮儿剥掉了，但是没吃。他把橘子皮剥掉了，但是没吃。｜帽分风吹跌掉了。帽子被风吹走了。

(165) 安徽黟县的"畀"：尔畀门开开。你把门开开。｜帽子畀风吹掉了。帽子被风吹走了。

(166) 江西宜春的"畀"：尔畀碗洗一下嘞。你把碗洗一下。｜帽子畀风吹走了。帽子被风吹走了。

(167) 福建建瓯的"纳"②：你纳老王吼来做孰事？你把老王叫来干什么？｜

---

① 平田昌司：《休宁方言的动词谓语句》，载《动词谓语句》，暨南大学出版社1997年版，第90—91页。

② 张振兴：《从汉语方言的被动式谈起》，载《著名中年语言学家自选集》，安徽教育出版社2002年版，第244页。

渠纳狗咬蜀喙。他被狗咬了一口。

（168）湖南常宁的"得"①：宝华得秋生打刮一拳。宝华把秋生打了一拳。｜宝华得秋生打刮一拳。宝华被秋生打了一拳。

（169）浙江宁波的"得"：莫得人家东西弄坏。不要把人家东西弄坏了。｜我得伊烦煞啦！我被他烦死了！

（170）临晋方言的"到"②：到院里那堆脏乏打折打折扫。把院里的垃圾打扫打扫。｜猪圈到猪给拱倒了。猪圈被猪给拱倒了。

（171）湖南临武的"阿"③：阿教室扫一下。把教室扫一下。｜书阿弟弟撕坏的。书被弟弟撕坏了。

（172）山西新绛的"招"④：招娃孩子送回去。把小孩子送回去。｜招狗咬了。被狗咬了。

（173）福建厦门的"互"⑤：矫互伊四正。把它端正好。｜鱼互猫仔食去。鱼被猫吃光了。

（174）福建莆田的"乞"⑥：乞电脑开起。把电脑打开。｜我们已经乞录取咯。我们已经被录取了。

（175）浙江大荆的"搭"⑦：尔搭大门关来。你把大门关上。｜鱼搭猫吃爻。鱼被猫吃了。

（176）江西旧城的"担"⑧：渠大家担教室都安上嘀空调。他们把教室都装上了空调。｜老王担坏人抢走嘀一只包。老王被坏人抢走了一个包。

（177）湖南邵阳的"担"：渠担柑子皮剥咖，不过冇吃。他把橘子皮剥了，不过没吃。｜风担帽子吹行呱哩。帽子被风吹走了。

---

① 占升平：《湖南省常宁市方言处置句式研究》，硕士学位论文，湖南师范大学，2005年，第20页。
② 杜克俭：《临晋方言的"到"字句》，《语文研究》2000年第2期。
③ 陈瑶：《"给予"义动词兼做处置标记和被动标记的动因》，《福建师范大学学报》2011年第5期。
④ 黄伯荣：《汉语方言语法类编》，青岛出版社1996年版，第661页。
⑤ 石毓智、王统尚：《方言中处置式和被动式拥有共同标记的原因》，《汉语学报》2009年第2期。
⑥ 刘羽琳：《莆田方言介词研究》，硕士学位论文，福建师范大学，2019年，第24、20页。
⑦ 刘丹青：《语序类型学与介词理论》，商务印书馆2003年版，第283页。
⑧ 胡松柏等：《赣东北徽语调查研究》，中国社会科学出版社2020年版，第821页。

（178）四川安岳的"跟"：跟柠檬摘下来。○把柠檬摘下来。｜伢儿跟北大录取了。○孩子被北大录取了。

（179）云南昆明的"挨"：挨你妈搬出来我也不怕。○把你妈搬出来我也不怕。｜他那日出门挨车撞着啦。○他那天出门被车撞了。

（180）湖南邵东的"等"：等你打一餐。○把你打一顿。｜等狗咬个一口。○被狗咬了一口。

（181）江西安远的"讨"：讨纸票存进银行去。○把钱存进银行去。｜车子讨姨父开走了。○车子被姨父开走了。

（182）湖南临武的"挨"①：我挨碗打烂喋。○我把碗打烂了。｜我挨狗咬喋。○我被狗咬了。

在同一方言内部，被动和处置标记同形时，特别是当施、受事都是指人词语，就会不可避免地产生歧义，造成理解上的困难。另外，同一词语若语义负荷较重，也会影响交际。为了避免歧义，减轻标记的语义负担，很多方言经常采用增加语素的方法来加以区分和补救，处置使用单标，被动使用复合标。如宿松方言用"把"表处置，"把在"表被动。例如：

（183）我前天就把这本书看完了。｜帽子把在风吹跑着在。○帽子被风吹走了。

孝感方言处置标记是"把"，被动标记是"把得"②。例如：

（184）他把书拿出来了。｜碗把得他打破了。○碗被他打破了。

长沙方言处置标记是"把"，被动标记是"把得"③。例如：

（185）你把我气饱哒。○你把我气饱了。｜我把得他打咖一顿。○我被他打了一顿。

武汉方言处置标记是"把"，被动标记是"把得"。例如：

（186）把他押起来。｜你的表把得我弄坏了。○你的表被我弄坏了。

通山方言处置标记是"把"，被动标记是"把得"。例如：

（187）渠伇把教室一下装上了空调。○他们把教室都装上了空调。｜帽把得风吹跑了。帽子被风吹跑了。

还有些方言如湖南邵东话借助语法重音来辨别处置和被动，表处置

---

① 李永明：《临武方言——土话与官话的比较研究》，湖南人民出版社 1988 年版，第 378 页。

② 据发音人表示，"把"和"把得"都可以作为被动标记，但后者是更地道的说法。

③ 彭笑芳：《湘方言处置标记研究》，硕士学位论文，西南大学，2015 年，第 15 页。

时无语法重音，表被动时施事/当事会刻意重读（李小军，2016）。

那么就有一个疑问：为什么表处置时无标记，表被动时却增加语素或重音呢？为什么不是反过来？我们认为和两者的常用度有密切关系。标记理论认为，无标记项要比有标记项的分布范围更广。处置式作为常用句式，其使用频率高于被动式，出于经济、省力的考虑，人们往往不加标记，而被动式的使用有一定局限性，故需要添加额外标记以和处置式有所区分。

通过对汉语方言处置与被动共标现象的考察，发现具有以下特点。

第一，普遍性。处置、被动标记同形不是个例，而是一种普遍现象。首先，在汉语方言中分布范围较广，官话、赣语、吴语、闽语、湘语、徽语、客家话等方言中都有分布，且同一方言区的不同方言片、点都存在这种现象；其次，在地域分布上也较广，自南至北都有分布，囊括了安徽、河南、湖南、山西、江西、浙江、山东、湖北、江苏、福建等多省。

第二，多样性。首先是标记形式的多样性，"把"的使用最为广泛，除此以外，还有"拿""拨""得""纳""给""叫""分""提"等。其次是标记来源的多样性，这些处置标记来源不一，有各自不同的发展路线。"把""拿""担""提"等源于"持拿"义动词，"给""分""界""拨"等源于"给予"义动词，"到""等""叫"等源于使役动词。

第三，多功能性。标记词身兼多职，不仅可以充当处置和被动标记，还兼用作给予动词、受益者标记、使役动词等。比如安庆方言的"把"兼表持拿、给予、许配、受益、工具、处置、被动等义。

第四，南北对立性。北方话中，被动、处置同形标记以"把""给""叫"等为主要形式，吴语、湘语、赣语等南方话以"拨""拿""挨"等为主。

二 处置和被动标记同形的成因解释

从表面来看，处置式和被动式似乎是对立的、相反的结构，采用的标记系统及来源也各不相同，常见的被动标记有"被""让""叫"等，处置标记有"将""把""拿"等。标记对象也相互对立，前者以施事为主，后者以受事为主。那么为何同一标记兼具被动和处置两种功能？真的是纯属巧合？我们将尝试对该同形异义现象的原因做出解释。

（一）处置式和被动式的相关性

处置式和被动式虽属两种不同的句式，但在句法结构和语法意义上存在较大相关性，使得两者在很多情况下可相互变换。

从句法来看，处置式和被动式在句法结构上具有一致性。处置式的句法结构为：（S）+ Prep + NP$_{受事}$ + VP，被动式的句法结构为：（S）+ Prep + NP$_{施事}$ + VP，NP$_{受事}$和NP$_{施事}$均在介词后、谓语动词前，区别仅在于施受关系不同。对于一个普通的"SVO"结构，如"他吃了苹果"，既可变换成处置式"他把苹果吃了"，也可变换成被动式"苹果被他吃了"。所以，从大的句法背景或上位结构看，两句式的抽象构式是一致的——NP$_1$ + Prep + NP$_2$ + VP。

从语义来看，处置式和被动式具有共同的语义功能——表达致使，都表示一个致使情景或致使事件，我们可以用致使将两者统一起来。叶向阳（2004）提出，处置式在语义上表达了由致使事件和被使事件构成的致使情景。我们认为，处置式是表达致使的特殊方式，是带有主观意志的致使，以致事 NP$_1$ 为观察视角，凸显致事 NP$_1$ 对役事 NP$_2$ 施加影响，从而使之产生某种致使结果。而在被动式中，方向刚好相反，役事 NP$_2$ 居于主语位置，致事 NP$_1$ 降格为次要句法位置，说话人从 NP$_2$ 的角度来观察、描述致使事件，凸显役事 NP$_2$ 遭受到致事 NP$_1$ 的致使性影响，可称之为"反方向致使"，因此被动也是致使的一种类型，和处置具有共同的语法意义和功能，区别仅在于说话人观察致使事件的视角和表述的顺序。虽然一个表处置义，一个表遭受处置义，但它们都是致使结构的一种，都包含一个致使事件，而这个致使事件由使因事件和结果事件整合而成，两子事件存在致使关系。施春宏（2010）提出"句式群"的概念，认为处置句、被动句、受事主语句等表达致使关系的句式可以构成一个致使性句式群。Xu Dan（2014）在讨论致使结构时，也提到"把"字句、"被"字句与致使结构具有极大的相关性和相似性。

经以上分析，我们认为两句式在形式、句法和语义上具有高度关联性，正是这种联系，使同一标记具有向被动标记和处置标记转化的句法和语义基础。

（二）视角框架与句式选择

语言与人的认知能力密不可分，对于这种现象，我们还可从认知的角度做出解释。"意象"作为心理学术语，指人们对事物的感知在头脑中形成的表征，"图式"是人们将经验和信息加工成相对常规的认知结构，长期储存在人们的记忆中。Lakoff&Johnson（1980）将两者结合为"意象图式"并应用到隐喻分析。意象图式是人类在认识事物基本关系的基础上形成的认知结构，是对空间物理经验中反复出现的共同特征的抽象表征（周启强、谢晓明，2009），包括容器、路径、平衡、上—下、前—后、部分—整体、中心—边缘等。

根据范畴理论，任何一种句法或语义范畴都存在核心成员和边缘成员之分，我们认为，处置式的核心成员表示"致使—位移"的意象图式，具体包括空间上的位移、时间上的位移、心理上的位移等。张旺熹（2004）认为，典型的"把"字句凸显一个物体在外力作用下发生空间位移的过程，表现出具有空间位移过程的意象图式。被动式与处置式的区别在于被使者在致使者的作用下发生了非自主性的移位，故形成"致使—非自主性位移"的意象图式。不管是"致使—位移"还是"致使—非自主性位移"，均表现为一种空间位移的意象图式，标示某物体在外力的致使作用下从起始点移动到终点，故处置式和被动式在意象图式上具有同一性。意象图式是人类认识世界的一个阶段性成果，基于同一意象图式，受人们主观因素的制约，会形成不同形式的同义句式或构式。陆俭明（2009）指出，构式源于意象图式在语言中的投射。

识解是人类对事件进行概念化的认知能力，对于说话者来说，面对同一场景，可以采取不同的识解方式，选用正反不同的格式对其进行描述，对客观世界识解方式的不同构建了人类丰富多彩的语言形式，造成了语言形式的多样性。同理，对于施受关系，受视角位置、观察方式等因素影响，说话人可以选用不同的句法结构对其进行解读。

举例来说，客观世界存在一只猫嘴里叼着一条鱼在跑，那么人的头脑中会形成表示位移的意象图式，致使者是"猫"，被使者是"鱼"，"猫"致使"鱼"发生空间位置上的移动。面对该致使事件，若说话人把"鱼"作为观察事件的视角，着眼于"鱼"遭受了某种不如意的影响，目的是获取听话人的同情、支持、理解等，那么就倾向于选用被动式,即:鱼被猫叼走了。相反,若说话者把注意力集中在致使者"猫"主观上对被使者"鱼"施加了"叼"的处置,使其受到影响,目的是为了突出"猫"对"鱼"有充分的把控作用,那么就会把"猫"放在句首,选取处置式"猫把鱼叼走了"来表达。

总之,视角或视点影响语言运用的方方面面,制约着语言形式的选择。早在1991年,邢福义就注意到"主观视点"对复句语义关系的制约,提出言者的主观视点在复句格式选择中起主导作用。姚双云(2012)进一步讨论了"主观视点"在汉语语法中的应用,认为该理论适用于各类语言现象、各个语言单位,对很多问题都具有强大的解释力。宗守云(2021)提到,视角的选择决定语言形式的多样性,面对同一场景,说话人的看待方式不同,就会形成不同的语言形式,形成"同义多形"现象。

此外,在语言使用中,需要区分事件、语义、句法、语用这四个相互联系的层面。事件是客观存在的事实,由动作、施事、受事、工具、处所、时间等若干要素组成。其中动作是事件结构的核心,不可或缺,围绕动作的其他要素在地位上应是平等的,但是若该事件进入到语言世界,由说话者通过语言来表达时,这些要素的地位就有了变化。对于同一客观事件,不同的人会有不同的表达倾向或语义取向。说话者经过大脑进行筛选,挑选出需要用到的要素,形成特定的语义网络和语义框架。语义要素确定后,再和核心动词相结合,形成特定的语义组合关系,但同时还需受句法结构的制约,符合句法规则的要求,这便形成特定的、可供选择的句法格式。语义、句法层面都确定后才能进入语用层面,句子能否进入交际还会受交际场合、交际目的、交际者等语用因素的影响,不同的说话人会根据交际需要采用不同的句式来实现自己的交际目的。

如前所述,处置和被动都表示一个致使情景或致使事件,致使事件是一个由使因事件和使果事件整合而成的复合事件,两事件之间具有致使或因果关系。事件经过概念化投射到语言中会形成语义结构,语义结构又由若干语义角色构成。一般来说,某个事件的发生一定会造成影响,不管是有意为之还是无意造成,亦不管是积极还是消极影响,致使事件亦然,那么定会涉及动作的实施者和受影响者,形成施事、动作、受事等若干语义角色。语义角色确定后，进一步投射到句法结构中，就会组合成处置式、被动式等句法形式或表达方式供说话人选择。接下来选择哪种句式取决于说话人的关注对象、表达焦点等因素，若更关注事件的受影响者，就可能说出被动式，若更想凸显动作的施行者如何处置、支配受事，使其发生某种变化，那么处置式必然是其优先选择的句式。总之，处置式的形成是句法、语义、语用等多重界面互动作用的结果。

第七章　结语

一　基本认识

处置式的研究成果颇丰，江苏、安徽方言的语法现象亦有较多论述，但前人研究多是单点的具体描写，少有人将苏皖作为一个整体，对处置式进行较系统、全面、深入的考察。本书以苏皖方言的处置式为研究对象，调查了苏皖境内涵盖官话、吴语、赣语、徽语四大方言区的约76个方言点，挖掘该区域方言处置式的基本特征和鲜明特色，展示其复杂的方言面貌。从处置标记的类型、分布与层次，处置式的句法与语义，处置标记的多能性，特殊处置式的类型及探源等方面对该区域方言的处置式进行了多维度、全方位的系统研究。旨在于前人肩膀上进一步发掘区域语言学研究的意义与价值，为日后学界的研究提供基础性的材料，促进和拓展苏皖区域方言处置式乃至汉语方言语法研究，为探寻语言演变的方式、规律和机制提供证据支撑和理论参考。所得主要结论如下：

（一）处置标记的类型、分布与层次

苏皖区域方言的处置标记纷繁复杂，有类型上的差异。根据语义来源，可归纳为五种基本类型："持拿"义（"把、拿、捉、掌、担、提"），"给予"义（"给、分、畀"），"使役"义（"叫"），"帮助"义（"帮、代"）、"伴随"义（"跟"），这五种类型具有较强的代表性，基本可以概括汉语方言处置标记的所有类型。在归类的基础上进一步考察了每种类型的表现形式及其方言、地域分布特征，发现该区域方言处置标记的分布有以下特点：复杂性、不均衡性、集中性与分散性、跨区域性、一致性、多元性。

根据处置标记在各方言区的分布情况，将其方言分布类型归纳为官话型、吴语型、徽语型三种，其中官话型是主流类型，也是方言分布最广的类型，包括"把、给、叫、跟、代、掌"。吴语型处置标记主要包括"拿""担"，集中分布于吴方言区。徽语型主要包括"提""畀""分"，分别见于休宁、黟县、祁门三个相邻的方言点，是徽语特色的处置标记。

整体来看江苏境内方言的处置标记，似乎形成南北对峙的局面，苏北官话以"把"为主，苏南吴语多用"拿"，但江苏中部地区的泰兴、如皋、南通等方言交界地带出现"把""拿"两种形式共存、叠置分布的状态，呈现出由"吴语型"向"官话型"逐渐过渡的复杂面貌，形成不同历史层次的叠置。通过分析交界地带因语言接触产生的变异特征，离析出"把""拿"的历史层次，考证"拿"是本土标记，是吴语底层的残留，历史层次较早；"把"是语言接触的结果，是受官话和普通话影响的产物，历史层次较晚。通泰方言"把""拿"的叠置竞争现象应归因于官话方言在地理上由北向南的渐进推移。此外，"吴语型＞江淮型"是苏南吴语处置标记较明显的发展趋势，江淮官话不断冲击与之毗邻的吴语，使其也出现了用"把"的情况。吴语区使用"把"作处置标记的都是紧邻江淮官话的地区，如丹阳、金坛、高淳等，这些地区刚好处于两方言交界地带，具有渐变性，呈现出错综复杂的层次叠置现象。

（二）处置标记的多能性

该区域方言的"把""给""拿""帮""叫"等都不是专职处置标记，而是跨方言普遍存在的多功能词，语义负荷较高，拥有很多不见于普通话的功能，如"把"可充当给予、许配、使令、容让、放置义动词，可介引受益者、接受者、工具、处所、方向、处置对象、被动施事等。

对于汉语多功能处置标记的来源及演变，前贤已作过相当充分的探讨，不过对有些标记多是粗线条的勾勒，缺乏全面、细致的分析，关注对象和重点多停留于单个方言点或单个多功能标记，缺乏类型学视野。跨方言、跨区域的处置标记研究寥若晨星，更未见有学者将研究对象扩大到苏皖两省，全面、系统勾勒区域内部各个处置标记的多功能用法及演变路径。本书着眼于苏皖方言处置标记的多能用法，从共时分布中构拟各类标记的历时演变，推演其语法化的路径和动因，并进一步通过跨语言比较阐释其类型学蕴含，发现其来源与演变既有鲜明的个性，又有跨语言、跨方言的普遍共性特征。

每个处置介词的具体语义来源不尽相同，有"持拿"义、"给予"义、"使役"义、"帮助"义、"伴随"义，但从词性来源上看却具有同一性：都由实义动词虚化而来，在动词阶段均是动词原型范畴内的典型成员，具备动词原型范畴的典型特征（可以带宾语、补语、状语，可重叠，经常独立充当谓语中心，可带体标记"了""着""过"等）。后来，这些动词在语法化过程中，受句法环境改变、语义泛化、隐喻和转喻等因素的共同作用，伴随旧范畴典型特征的模糊和弱化、新范畴特征和新功能的涌现，经历了"去范畴化"的过程。这一演变在语义和句法上都有体现：语义上，经历了词汇义消退和语法义凝固的过程，原有的"持拿""给予""使役"等具体语义逐渐空灵化、模糊化直至完全消失，开始表达抽象的语法意义；句法上，动词的句法特征衰减，句法功能模糊，不再独立充当句中核心谓词，而是虚化为黏附性较强的介引词语，与其后宾语一同充当核心谓词的状语，开始具有介词原型范畴的典型特征。

（三）处置式的句法及语义

处置式由主语"S（可省略）"、处置介词"Prep"、处置对象"NP"和谓词"VP"四部分构成。由于"VP"的不同，处置式的基本格式有很大差异。根据构成成分，将苏皖方言处置式的结构类型分为动补式、动宾式、动体式、动叠式、状动式、连动式、兼语式、单动式、无宾式九种。该区域方言处置式句类分布广泛，陈述句、疑问句、祈使句和感叹句均有分布，其中祈使句是最常出现的句类。处置式对主语、宾语、谓语动词等成分具有不同的选择限制，语法成分能否进入处置式取决于它们的句法性质、语义内涵、语用功能等。例如主语具有［＋使因性］［＋意志性］［＋控制性］等语义特征，介词宾语的有定性、简短性、具体性和有生性都会对处置式的构成及合法度产生不同程度的制约。

苏皖方言的处置式有位移义、结果义、认同义、致使义、命名义、替代义、情状义、比较义等多种语义功能，根据上述功能，可以进一步分为五种语义类型：典型处置型、无意致使型、心理认同型、对待型、命名型，其中典型处置型是最常见、最普遍、适用范围最广的一种。处置式表示对人或物做出某种处置，那么在语义上处置的强度就有高低之别，根据动词的动作性强弱、补语的语义类型以及"给"的出现与否，可将处置式分为五个强度等级：最强型、较强型、普通型、温和型、最弱型。

处置式在不同方言中的发展程度是不平衡的，有些方言中处置式并不发达，不是方言中的首选、优势句式，甚至有些被调查者认为自己方言中没有处置式，也不用处置标记，要表达处置义更倾向于换作其他同义句式，如受事主语句、主动宾句。尤其在吴方言中，处置式不是显赫句式，在量和质上都不如其他方言高，相比处置句，其受事主语句更加发达，"话题优先"特点更为突出，导致处置句式的相对萎缩。

说话人在说出处置句式时一般会经过三个层次或阶段。首先是受语义因素的制约，当说话者有想表达处置义或致使义的需要时，有处置式、被动式、主动宾式等多种选择，表示某人使某一对象发生某种变化，产生某种结果，这是第一个层次；其次会考虑是否符合句法规范或语法规则，这是第二个层次；最后是语用上的需要，当说话者以受动者为观察视点，想表达施动者对说听双方共知的事物进行某种处置时，就会通过介词介引的方式，将其放在前面作为旧信息，同时将具体的处置行为及结果作为新信息置于句末，这是第三个层次。

（四）特殊处置式

苏皖方言广泛存在和一般处置式相异的特殊处置式。当处置式基式中某一组成成分或构成要素发生了变化，就会形成特殊类型的处置式，比如谓语动词出现了复指宾语或偏称宾语、否定词的位置在处置介词后、介词宾语提前造成介词悬空、介词宾语是无定形式、处置介词与被动介词在同一句中共现、处置式中的句法成分出现了隐省，等等。苏皖方言中的特殊处置式可归纳为七种：代词复指处置式、偏称宾语处置式、否定后置处置式、无宾处置式、无定处置式、"把""被"同现处置式、成分隐省处置式。

谓语动词后有复指代词的处置式为"代词复指处置式"。处置对象已在介词后、动词前出现，动词后又用第三人称单数代词进行复指，起到对宾语的强调作用，更突出了 VP 对宾语的处置意味。该句式广泛分布于中原官话、江淮官话、西南官话、赣语、吴语、闽语、湘语、粤语、客家话等方言中，用于复指宾语的代词包括"它""他""佢""渠""伊""其"等。

偏称宾语处置式中，宾语可分为两部分，介词后的为全称宾语，动词后的为偏称宾语，结构形式为：把 + $O_{1(整体)}$ + V + $O_{2(部分)}$，O_1 表示整体，在语义上是定指的，又被称为"内宾语"，O_2 表示 O_1 的一个部分，多由数量短语充任，具有不定指性，又被称为"外宾语"，V 以"去除"义动词为主。句式表达的基本语义内容是：通过对部分施加处置行为来使整体受到影响。O_1 和 O_2 的语义关系主要有两种："实体—部件"关系、"集体—成员"关系。

处置式中否定词的位置有两种情况：否定词位于处置介词前，即否定前置处置式；否定词位于处置介词后、VP 前，即否定后置处置式。相对于前置用法，否定后置是一种变式，略带强调意味。否定词的位置变化会触发否定辖域宽窄和否定焦点位置的变化，否定后置的功能在于凸显否定焦点和体现消极处置。

处置式中，人们为了强调被处置的对象，会将受事宾语前置，位于句首充当话题，使宾语成为人们关注的焦点，造成介词悬空，形成"无宾处置式"。处置式中的介词宾语一般倾向于有定，与无定成分相排斥，然而苏皖区域方言却存在介词宾语受无定形式修饰的处置式，即"把个……"句式。虽然形式上具有无定性，但在语义上是定指的，未改变宾语的有定性质。"个"不再表示数量词"一个"，而是具有特殊的语义和语用功能：使宾语具体化、特指化、全称化；强调处置结果；赋予主观性。

如果处置式和被动式共现于同一句子中，就会形成两种结构的混合句式，构成汉语独特的句式格局——"把""被"同现句，它是一种特殊的处置式，也是被动句的一种特殊形式。同现句的出现是句法、语义和语用等多重因素共同作用的结果，也是汉语句式多样性的体现，使汉语句式更严密化、精细化。

处置式中的主语、宾语、谓语、补语都可省略或隐含，构成"成分隐省处置式"。根据隐现成分可分为两大类（体词隐省处置式、谓词隐省处置式），四小类（隐主式、隐宾式、隐谓式、隐补式）。这些成分的隐省不是随意的，而具有特殊的隐现条件、规律和机制。

以上这些特殊形式具有多样性、普遍性、系统性，句式复杂多样且基本都可探本溯源至古代汉语，相较于古代，有继承、有发展。此外我们还发现，这些特殊的形式不仅见于处置式，同样见于被动式，即也存在"特殊被动式"，这从一个侧面反映出两句式之间的密切关联。

在以往的研究中，学界多把目光聚焦于典型处置式，对处置式的边缘或非主流形式关注度较低，且未对其进行明确的界定，结合历史文献和方言材料对其系统研究的工作亦尚未全面展开。本书对七种形式进行了较为系统的综合性整理和考察，在进行描绘、分析和跨方言探讨的基础上，利用历史文献及近代汉语相关研究成果梳理特殊处置式自古至今的演变脉络和规律，力图对特殊处置式的源头、演变模式及生成机制做出较为合理的探索与解释，以便更透彻地理解其产生的历史动因及未来发展动向。

（五）汉语处置式的形成及发展

关于处置式的源头有很大争议，至今仍未达成一致意见，从已有研究来看，分歧主要有两点：一是"以"字句是否是处置式的早期形式，二是处置式遵循相同的演变历程还是沿着各自的演变路径发展。

本书认同"连动结构"说，"把""将""拿""持""捉"等处置介词都是由持拿动词虚化而来，连动结构是其发生语法化的句法环境。另外，"以"的核心、基本功能是介引工具、手段、凭借等，后来在工具介词的基础上有向处置介词发展的趋势，出现了和处置式交叉的现象，有些"以"字句具备提宾功能，有工具式和处置式两解，但这不意味着"以"有处置的功能，它仍然是工具介词。魏晋六朝以后，随着"将/把"虚化为真正的处置介词，加之"以"虚化的不彻底性，"以"字句逐渐衰落，被"将/把"字句取代，没有发展为真正的处置式。

此外，工具式也是由连动式发展而成。持拿动词经常用于"V_1 + NP + V_2"结构，当 NP 由所持拿物体发展为动作所凭借的物质时，V_1 发展出介引工具的用法。由此可见，持拿动词在连动结构中同时发展出工具介词和处置介词的功能,两种功能是平行演变关系,而不是蕴含关系。

我们把处置式的历时演变置于整个汉语语法演变的背景上加以考察,指出处置式的产生是内外因多重因素综合作用的结果,与汉语语法历史发展的整体格局有着共变关系。介宾短语句法位置的变迁、连动式的语法化、动补结构的产生和发展等都是处置式演变的诱因。汉语内部构成要素的相互作用制约着处置式的演变,使其形成语义关系错综、结构类型多样的复杂面貌。

处置式自形成至发展成熟的过程中,结构逐渐多元化,语义趋于多样化,发生了功能扩展,开始突破"处置"的意义范围,产生"致使"语义。致使处置产生于唐五代,宋元处于发展阶段,明清以后发展成熟,成为常见语义类型。它是典型处置式的活用,是语义扩展、更新的产物。两者在句法结构、语义特点、语用价值、表达功能等方面存在明显差异:致使处置式中,介词宾语担任 VP 的施事或当事,而非受事;"把"的虚化程度更高,语义更虚,相当于"使、让";谓语动词的动作义、处置义不显著,多由不及物动词、形容词、动补结构等充当,用于对宾语状态变化的描述;多用于已然语境,叙述已然事件,陈述人或物状态的变化,不能用于祈使句中;主语多为致事,是介词宾语发生状态变化的使因或诱导因素,施事性较弱,同时具有"非意志性";附加有言者较强的主观情态,带有强烈的"追究责任"的意味。从"处置"到"致使",处置式实质上经历了"去范畴化"的过程,失去了处置范畴内部的典型属性特征,获得致使功能,进入致使范畴。

(六)处置和被动的共标现象及动因

苏皖很多方言如扬州、安庆、宿松、亳州、丹阳等存在处置和被动标记同形的现象,同一标记词既可表处置,又可表被动,我们继续把视线转向汉语方言,发现这一现象不为苏皖所独有,具有跨方言的普遍性。本书认为共标现象受到处置式和被动式的相互关系、意象图式、主观视点等因素的多重影响:两句式在句法结构、语法意义、语义功能上高度相似,使同一标记具有向被动和处置标记转化的句法和语义基础;处置式和被动式均表现为一种空间位移的意象图式;视角框架的选择决定语言形式的多样性,造成同一场景有不同的语言表达方式。

关于处置和被动标记同形这一现象，曾有几位学者关注，也已取得可观的成果，但对这一特殊现象产生的动因尚未达成共识，解释的深度和广度与这一现象的复杂性亦不相匹配。本书把研究视野拓展至整个汉语方言，对同一介词兼表处置和被动的现象进行了较全面的列举和考察，在此基础上，从处置、被动句式之间的相互关联以及认知的视角，力图对其做出较为合理、充分的理论阐释，提出新的认识。这是一种尝试，同时也是本书的创新点之一。

二　不足之处

由于本人理论基础、能力有限，对苏皖方言处置式的讨论还很肤浅，在研究的深度、广度、准确度、科学度上难免尚存诸多不足和很大的提升空间，具体表现如下。

第一，研究视野有待拓宽。本书选择了苏皖区域作为研究地域和观察对象，对于其他区域的处置式涉及较少，故整体研究还不够全面。我们将在今后的研究中继续完善，将研究视野进一步拓展。

第二，无标处置式有待探讨。本书重点关注的对象是有标处置式，无标处置式未作具体探讨，在谈及变换句式时才顺带提及，这显然是不够全面的。诚然，有标处置式是处置式的主要类型，但汉语尤其是处置式不太发达的语言或方言中也不用处置标记来表达处置义。因此无标处置式的情况有待以后作进一步研究。

第三，理论探讨不力。本书对语言事实和现象的分析、归纳较多，理论阐释的深度欠缺，一些现象背后的规律和机制未得到深入挖掘。汉语方言处置标记为何在共时平面上会有差异？为什么有些方言点存在处置、被动标记同形的现象，有些不存在？某些特殊的语言现象及差异是如何形成的？是源自方言内部的独立创新，还是古代汉语的继承，或是语言接触的结果，抑或是导源于移民等其他因素的影响？本书对以上问题的回答还不够完善，尚需进一步寻求更多证据的支持，以做出更合理、科学的解释。

第四，未给予语音充分关注。对于同一介词或助词，在不同方言可能用不同的语音形式表示，其本字和语源有待于进一步考证。

最后，语料有失准确。一些语料引自方言著作、方言词典、方言志、学术论文等，其中有些未经亲自调查、核实，在准确度上不可避免存在偏差。

以上这些不足将成为本人今后持续努力与完善的方向。

参考文献

一 专著

鲍明炜、王均：《南通地区方言研究》，江苏教育出版社2002年版。
蔡国妹：《莆仙方言研究》，厦门大学出版社2016年版。
曹广顺：《近代汉语助词》，语文出版社1995年版。
曹广顺、梁银峰、龙国富：《〈祖堂集〉语法研究》，河南大学出版社2010年版。
曹志耘主编：《汉语方言地图集·语法卷》，商务印书馆2008年版。
陈保亚：《论语言接触与语言联盟》，语文出版社1996年版。
陈昌来：《介词与介引功能》，安徽教育出版社2002年版。
陈立中：《湘语与吴语音韵比较研究》，中国社会科学出版社2004年版。
陈淑梅：《鄂东方言语法研究》，江苏教育出版社2001年版。
丹阳市地方志编纂委员会：《丹阳县志》，江苏人民出版社1992年版。
邓思颖：《汉语方言语法的参数理论》，北京大学出版社2003年版。
丁声树等：《现代汉语语法讲话》，商务印书馆1961年版。
段玉裁：《说文解字注》，上海古籍出版社1981年版。
范晓：《汉语的句子类型》，书海出版社1998年版。
范晓：《汉语句子的多角度研究》，商务印书馆2009年版。
方梅：《浮现语法：基于汉语口语和书面语的研究》，商务印书馆2018年版。
冯春田：《近代汉语语法研究》，山东教育出版社2000年版。

侯精一主编:《现代汉语方言概论》,上海教育出版社 2002 年版。

胡附、文炼:《现代汉语语法探索》,商务印书馆 1956 年版。

胡松柏等:《赣东北徽语调查研究》,中国社会科学出版社 2020 年版。

黄伯荣等:《汉语方言语法调查手册》,广东人民出版社 2001 年版。

黄伯荣:《汉语方言语法类编》,青岛出版社 1996 年版。

黄晓雪:《宿松方言语法研究》,中国社会科学出版社 2014 年版。

吉仕梅:《秦汉简帛语言研究》,巴蜀书社 2004 年版。

江蓝生:《近代汉语探源》,商务印书馆 2000 年版。

江苏省地方志编纂委员会:《江苏省志·方言志》,南京大学出版社 1998 年版。

江苏省地方志编纂委员会:《江苏省志简编》,江苏人民出版社 2010 年版。

江苏省上海市方言调查指导组:《江苏省和上海市方言概况》,江苏人民出版社 1960 年版。

蒋礼鸿:《敦煌变文字义通释》,上海古籍出版社 1981 年版。

蒋绍愚、曹广顺:《近代汉语语法史研究综述》,商务印书馆 2005 年版。

蒋绍愚:《近代汉语研究概要》,北京大学出版社 2005 年版。

教育部语言文字信息管理司、中国语言资源保护研究中心:《中国语言资源调查手册·汉语方言》,商务印书馆 2015 年版。

金坛县地方志编纂委员会:《金坛县志》,江苏人民出版社 1993 年版。

柯西钢:《汉江上游沿江地区方言语音研究》,北京师范大学出版社 2018 年版。

黎锦熙:《新著国语文法》,商务印书馆 1924 年版。

李临定:《现代汉语句型》,商务印书馆 1986 年版。

李如龙:《汉语方言的比较研究》,商务印书馆 2001 年版。

李小军:《汉语语法化演变中的音变及音义互动关系》,中国社会科学出版社 2016 年版。

李永:《汉语动词语法化的多视角研究》,山东大学出版社 2014

年版。

梁银峰：《汉语趋向动词的语法化》，学林出版社 2007 年版。

林素娥：《一百多年来吴语句法类型演变研究——基于西儒吴方言文献的考察》，中国社会科学出版社 2015 年版。

刘丹青：《语法调查研究手册（第二版）》，上海教育出版社 2017 年版。

刘丹青：《语序类型学与介词理论》，商务印书馆 2003 年版（a）。

刘坚：《近代汉语虚词研究》，语文出版社 1992 年版。

刘培玉：《现代汉语把字句的多角度研究》，华中师范大学出版社 2009 年版。

刘月华等：《实用现代汉语语法》，外语教学与研究出版社 1983 年版。

刘泽民：《客赣方言历史层次研究》，甘肃民族出版社 2005 年版。

刘正光：《语言非范畴化——语言范畴化理论的重要组成部分》，上海外语教育出版社 2018 年版。

吕叔湘：《汉语语法分析问题》，商务印书馆 1979 年版。

吕叔湘：《现代汉语八百词》，商务印书馆 1980 年版。

吕叔湘：《语法学习》，复旦大学出版社 1961 年版。

吕叔湘：《中国文法要略》，商务印书馆 1942 年版。

吕叔湘、朱德熙：《语法修辞讲话》，中国青年出版社 1979 年版。

马贝加：《近代汉语介词》，中华书局 2002 年版。

马真：《简明实用汉语语法》，北京大学出版社 1981 年版。

莫超：《白龙江流域汉语方言语法研究》，中国社会科学出版社 2004 年版。

潘允中：《汉语语法史概要》，中州书画社 1982 年版。

桥本万太郎：《语言地理类型学》，北京大学出版社 1985 年版。

饶长溶：《把字句·被字句》，人民教育出版社 1990 年版。

沈家煊：《不对称和标记论》，商务印书馆 2015 年版。

石毓智：《语法化的动因与机制》，北京大学出版社 2006 年版。

宋玉柱：《现代汉语特殊句式》，山西教育出版社 1991 年版。

孙锡信：《汉语历史语法要略》，复旦大学出版社 1992 年版。

太田辰夫：《中国语历史文法》，北京大学出版社 1987 年版。

泰兴县志编纂委员会：《泰兴县志》，江苏人民出版社 1993 年版。

汪化云：《鄂东方言研究》，巴蜀书社 2004 年版。

汪如东：《江淮方言泰如片与吴语的语法比较研究》，中国社会科学出版社 2017 年版。

汪维辉：《东汉——隋常用词演变研究》，南京大学出版社 2000 年版。

王力：《汉语史稿》，中华书局 1958 年版。

王力：《中国现代语法》，商务印书馆 1943 年版。

王力：《中国语法理论》，商务印书馆 1944 年版。

王临惠：《汾河流域方言的语音特点及其流变》，中国社会科学出版社 2003 年版。

吴福祥：《敦煌变文语法研究》，岳麓书社 1996 年版。

吴剑锋：《现代汉语言语行为动词研究》，北京大学出版社 2016 年版。

吴为善：《认知语言学与汉语研究》，复旦大学出版社 2011 年版。

夏俐萍、唐正大：《汉语方言语法调查问卷》，上海教育出版社 2021 年版。

辛世彪：《东南方言声调比较研究》，上海教育出版社 2004 年版。

邢福义：《汉语复句研究》，商务印书馆 2001 年版。

邢福义：《汉语语法学》，东北师范大学出版社 1996 年版。

邢向东：《陕北晋语语法比较研究》，商务印书馆 2006 年版。

邢向东、张永胜：《内蒙古西部方言语法研究》，内蒙古人民出版社 1997 年版。

许宝华、宫田一郎：《汉语方言大词典》，中华书局 1999 年版。

杨海明：《生命度与汉语语法的若干问题》，暨南大学出版社 2016 年版。

杨亦鸣：《语言的神经机制与语言理论研究》，学林出版社 2003 年版。

叶建军：《近代汉语句式糅合现象研究》，商务印书馆 2020 年版。

游汝杰：《汉语方言学教程》，上海教育出版社 2004 年版。

俞光中、植田均：《近代汉语语法研究》，学林出版社 1999 年版。

袁宾等：《二十世纪的近代汉语研究》，书海出版社 2001 年版。

袁宾：《近代汉语概论》，上海教育出版社 1992 年版。

袁毓林：《汉语语法研究的认知视野》，商务印书馆 2004 年版。

翟时雨：《汉语方言学》，西南师范大学出版社 2003 年版。

张俊阁：《后期近代汉语方言处置式类型学考察》，山东人民出版社 2016 年版。

张美兰：《汉语双宾语结构句法及其语义的历时研究》，清华大学出版社 2014 年版。

张美兰：《近代汉语语言研究》，天津教育出版社 2001 年版。

张旺熹：《汉语句法的认知结构研究》，北京大学出版社 2006 年版。

张维佳：《演化与竞争：关中方言音韵结构的变迁》，陕西人民出版社 2005 年版。

张延俊：《汉语被动式历时研究》，中国社会科学出版社 2010 年版。

张志公：《汉语语法常识》，中国青年出版社 1953 年版。

赵元任：《汉语口语语法》，商务印书馆 1979 年版。

赵元任：《现代吴语的研究》，科学出版社 1928 年版。

赵志清：《基于言语行为理论的"把"字句研究》，首都经济贸易大学出版社 2018 年版。

郑伟：《吴语虚词及其语法化研究》，上海教育出版社 2017 年版。

中国社会科学院、澳大利亚人文科学院：《中国语言地图集》，香港朗文有限公司 1987 年版。

中国社会科学院语言研究所、中国社会科学院民族学与人类学研究所、香港城市大学语言资讯科学研究中心：《中国语言地图集（第 2 版）》，商务印书馆 2012 年版。

周振鹤、游汝杰：《方言与中国文化》，上海人民出版社 1986 年版。

朱德熙：《语法讲义》，商务印书馆 1982 年版。

朱玉宾：《常式与变式——近代汉语把字句研究》，中西书局 2018 年版。

Bernd Heine&Tania Kuteva 著，龙海平、谷峰、肖小平译：《语法化的世界词库》，世界图书出版公司北京公司 2012 年版。

George Lakoff&Mark Johnson：*Metaphors We Live By*，University of Chicago Press，1980.

Hopper, Paul &Elizabath C. Traugott：*Grammaticalization*，Cambridge University Press，2003.

Levioson, S, C：*Presumptive Meanings*：*The Theory of Generalized Conversational Implicature*，The MIT Press，2000.

Lord，Carol：*Historical Change in Serial Verb Constructions*，John Benjamins Publishing Company，1993.

Xu Dan：*Typological Change in Chinese Syntax*（汉语句法的类型研究），上海世界图书出版公司 2014 年版。

二　期刊论文

贝罗贝：《早期"把"字句中的几个问题》，《语文研究》1989 年第 1 期。

蔡国璐：《丹阳方言的分区》，《方言》1984 年第 2 期。

曹广顺、遇笑容：《再谈中古汉语处置式》，载《中古汉语语法史研究》，巴蜀书社 2006 年版。

曹广顺、遇笑容：《中古译经中的处置式》，《中国语文》2000 年第 6 期。

曹茜蕾：《汉语方言的处置标记的类型》，载《语言学论丛》（第三十六辑），商务印书馆 2007 年版。

晁瑞：《汉语"给"的语义演变》，《方言》2013 年第 3 期。

陈初生：《早期处置式略论》，《中国语文》1983 年第 3 期。

陈山青、施其生：《湖南汨罗方言的处置句》，《方言》2011 年第 2 期。

陈瑶：《"给予"义动词兼做处置标记和被动标记的动因》，《福建师范大学学报》2011 年第 5 期。

陈玉洁、吴越：《显赫语义和语义扩张——以吴语间接题元标记为例》，《当代语言学》2019 年第 3 期。

陈泽平：《福州方言处置介词"共"的语法化路径》，《中国语文》2006 年第 3 期。

陈忠敏：《语言演变与层次替换——以江淮官话、吴语为例看汉语方言演变模式》，《语言研究集刊》2018年第2期。

储泽祥：《事物首现与无定式把字句的存在理据》，《语言研究》2010年第4期。

崔希亮：《"把"字句的若干句法语义问题》，《世界汉语教学》1995年第3期。

戴浩一：《以认知为基础的汉语功能语法刍议》，载《功能主义与汉语语法》，北京语言学院出版社1994年版。

刁晏斌：《近代汉语"把"字句与"将"字句的区别》，《辽宁师范大学学报》1993年第1期。

丁邦新：《汉语方言史和汉语区域史的研究》，载《丁邦新语言学论文集》，商务印书馆1998年版。

丁崇明、荣晶：《云南方言"K-VP"问句来源及其相关问题探讨》，《云南民族大学学报》2009年第6期。

丁加勇：《隆回湘语的"N+担+VP"处置式》，《汉语学报》2009年第4期。

丁建川：《〈醒世姻缘传〉中的"把"字句和"将"字句》，《山东农业大学学报》2010年第4期。

丁沾沾：《豫鄂陕交界区域汉语方言的调值分韵现象》，《汉江师范学院学报》2019年第2期。

董秀芳：《古汉语中介宾位置上的零形回指及其演变》，《当代语言学》1998年第4期。

董秀英：《汉语方言处置式的标记模式》，《华中学术》2017年第2期。

范晓：《论"致使"结构》，载《语法研究与探索》（十），商务印书馆2000年版。

方清明：《江西浮梁方言代词"渠"的复指用法》，《方言》2022年第1期。

傅惠钧：《否定词后置处置式功能特点及历史发展》，《当代修辞学》2014年第6期。

高平平：《谈"把"字句中的动词叠用》，《汉语学习》1999年第

5 期。

高玉洁：《〈清平山堂话本〉中的处置式》，《安康学院学报》2009年第 2 期。

高月丽：《"被""把"同现句的分类及与"把"字句的关系》，《西北大学学报》2007 年第 5 期。

顾黔：《从丹阳方言看江淮官话与吴语的分界》，《山西大学学报》2006 年第 5 期（a）。

顾黔：《交界地带方言不同来源及层次语音成分的竞争与叠置》，《暨南学报》2006 年第 6 期（b）。

郭浩瑜：《近代汉语中的一种特殊"把"字句——遭受义"把"字句》，《语文研究》2010 年第 2 期。

郭浩瑜、杨荣祥：《从"控制度"看处置式的不同语法意义》，《古汉语研究》2012 年第 4 期。

郭浩瑜、杨荣祥：《关于汉语处置介词语法化的几个问题》，《古汉语研究》2017 年第 2 期。

郭家翔：《"教/叫"介词化及其层次性》，《语言研究》2013 年第 4 期。

郭锐：《"把"字句的语义构造和论元结构》，载《语言学论丛》（第二十八辑），商务印书馆 2003 年版。

郭锐：《现代汉语和古代汉语中的介词悬空和介词删除》，载《中国语言学》（第 2 辑），山东教育出版社 2009 年版（a）。

郭锐：《致使的语义类型和"把"字句语义差异》，17 届国际中国语言学会年会，巴黎，2009 年（b）。

郭圣林、刘顺：《基于平衡语料库的"把"字宾语语篇研究》，《汉语学习》2019 年第 2 期。

郭笑：《河南偃师方言处置兼被动标记"叫"——兼论"叫"在汉语方言中的地理分布》，《华中学术》2021 年第 4 期。

何洪峰、程明安：《黄冈方言的"把"字句》，《语言研究》1996 年第 2 期。

何洪峰：《先秦介词"以"的悬空及其词汇化》，《语言研究》2008 年第 4 期。

何洪峰、张文颖：《汉语动介并行现象》，《语言研究》2016 年第 4 期。

贺学贵、黄晓雪：《汉语方言"伴随——受益"的语义演变》，《广州大学学报》2022 年第 5 期。

洪波：《"给"字的语法化》，《南开语言学刊》2004 年第 2 期。

洪波、王丹霞：《命令标记"与我""给我"的语法化及词汇化问题分析》，载《语法化与语法研究》（三），商务印书馆 2007 年版。

洪波：《无定"把"字句的生成机制》，《历史语言学研究》2013 年。

洪波、赵茗：《汉语给予动词的使役化及使役动词的被动介词化》，载《语法化与语法研究》（二），商务印书馆 2005 年版。

侯超、吴生毅：《苏皖交界地区方言古泥来母读音的分混与演变》，《中国方言学报》2019 年。

胡德明：《安徽芜湖清水话中的"无宾把字句"》，《中国语文》2006 年第 4 期。

胡靓、石毓智：《构式"给 + VP"的语法功能》，《语言科学》2021 年第 4 期。

胡伟、甘于恩：《河南滑县方言的五类处置式》，《方言》2015 年第 4 期。

胡文泽：《也谈"把"字句的语法意义》，《语言研究》2005 年第 2 期。

胡星：《论能进入"把"字句中的光杆动词》，《安徽文学》2008 年第 8 期。

胡云晚：《洞口老湘语中性给予动词的功能、来源及语法化》，《汉语学报》2010 年第 4 期。

黄晓雪：《汉语方言受益者标记来源考察》，《方言》2019 年第 4 期。

黄晓雪、贺学贵：《从〈歧路灯〉看官话中"叫"表处置的现象》，《中国语文》2016 年第 6 期。

黄晓雪、李崇兴：《方言中"把"的给予义的来源》，《语言研究》2004 年第 4 期。

黄行：《语言接触与语言区域性特征》，《民族语文》2005年第3期。

黄燕旋：《揭阳方言的复指型处置句》，《语言研究集刊》2015年第2期。

惠红军：《〈五灯会元〉中的处置式》，《贵州民族学院学报》2009年第4期。

吉仕梅：《"把"字句究竟出现于何时》，《乐山师专学报》1995年第2期。

江蓝生：《汉语连—介词的来源及其语法化的路径和类型》，《中国语文》2012年第4期。

江亚丽：《桐城方言"把"字研究》，《安庆师范学院学报》2010年第2期。

蒋冀骋：《论明代吴方言的介词"捉"》，《古汉语研究》2003年第3期。

蒋平：《是无动把字句还是一种行事句》，《中国语文》2003年第5期。

蒋绍愚：《把字句略论——兼论功能扩展》，《中国语文》1997年第4期。

蒋绍愚：《"给"字句、"教"字句表被动的来源》，载《汉语词汇语法史论文续集》，商务印书馆2012年版。

蒋绍愚：《〈元曲选〉中的把字句——把字句再论》，《语言研究》1999年第1期。

解正明、徐从英：《汉语方言处置式类型学分析》，《青海社会科学》2008年第3期。

金立鑫：《"把"字句的句法、语义、语境特征》，《中国语文》1997年第6期。

金立鑫：《选择使用"把"字句的流程》，《汉语学习》1998年第4期。

金小栋、吴福祥：《汉语中若干双向性的语义演变路径》，《汉语学报》2019年第4期。

冷玉芳、石毓智：《被动标记在近代汉语里的功能变异》，《语言研究》2021 年第 4 期。

李蓝、曹茜蕾：《汉语方言中的处置式和"把"字句》（上），《方言》2013 年第 1 期。

李蓝、曹茜蕾：《汉语方言中的处置式和"把"字句》（下），《方言》2013 年第 2 期。

李璐笛：《从〈世说新语〉和〈洛阳伽蓝记〉看南北朝时期处置式的南北发展》，《中州大学学报》2018 年第 6 期。

李如龙：《全浊声母清化的类型与层次》，载《语言学论丛》（第五十辑），商务印书馆 2014 年版。

李思旭：《偏称宾语处置式的类型学考察》，《东方语言学》2015 年第 1 期。

李炜：《加强处置/被动语势的助词"给"》，《语言教学与研究》2004 年第 1 期（a）。

李炜、刘亚男：《从多功能词"给"的不同表现看汉语官话语法类型》，《语言研究》2018 年第 1 期。

李炜：《清中叶以来北京话的被动"给"及其相关问题——兼及"南方官话"的被动"给"》，《中山大学学报》2004 年第 3 期（b）。

李小华：《客家方言的处置标记及其句式》，《殷都学刊》2013 年第 1 期。

李小军：《试论汉语伴随格介词向工具格介词的演变》，《当代语言学》2022 年第 1 期。

林立芳：《梅县方言的"同"字句》，《方言》1997 年第 3 期。

林素娥：《北京话"给"表处置的来源之我见》，《汉语学报》2007 年第 4 期。

刘春卉：《河南确山方言两个处置标记"掌"与"叫"的语法化机制考察》，《汉语史研究集刊》2008 年第 1 期。

刘丹青：《吴语的句法类型特点》，《方言》2001 年第 4 期。

刘丹青：《语法化中的共性与个性，单向性与双向性——以北部吴语的同义多功能虚词"搭"和"帮"为例》，载《语法化与语法研究》（一），商务印书馆 2003 年版（b）。

刘慧清：《试析现代汉语"NP$_1$ 把 NP$_2$ 被 NP$_3$ + VP"句式》，载《现

代汉语句式研究》（第二辑），复旦大学出版社 2017 年版。

刘继超：《〈儿女英雄传〉中的"把""被"同现句》，《古汉语研究》1999 年第 2 期。

刘培玉：《关于"把"字句的语法意义》，《汉语学习》2009 年第 3 期。

刘小玲：《〈警世通言〉中的"把"字句研究》，《长春理工大学学报》2009 年第 4 期。

刘欣朋：《基于信息结构的无定式把字句分析》，《华北电力大学学报》2020 年第 2 期。

刘子瑜：《处置式带补语的历时发展》，《语言教学与研究》2009 第 1 期。

刘子瑜：《唐五代时期的处置式》，《语言研究》1995 年第 2 期。

刘宗保：《汉语官话方言中"把"字处置句代词复指功能演变等级分析》，《常熟理工学院学报》2020 年第 4 期。

龙国富：《从"以/将"的语义演变看汉语处置式的语法化链》，《汉语史学报》2009 年。

卢小群：《清中叶以来北京话"给"字的历史发展》，载《语法化与语法研究》（九），商务印书馆 2019 年版。

鲁国尧：《客赣通泰方言源于南朝通语说》，载《鲁国尧语言学论文集》，江苏教育出版社 2003 年版。

陆俭明：《构式与意象图式》，《北京大学学报》2009 年第 3 期。

陆俭明：《90 年代现代汉语语法研究的发展趋势》，《语文研究》1990 年第 4 期。

陆俭明：《浅议句法成分长度问题》，《语言教学与研究》2017 年第 4 期。

吕叔湘：《"把"字句、"把"字句动词带宾语》，载《汉语语法论文集》，商务印书馆 1948 年版（a）。

吕叔湘：《把字用法的研究》，载《汉语语法论文集，商务印书馆 1948 年版（b）。

吕叔湘：《丹阳方言的声调系统》，《方言》1980 年第 2 期。

吕延、杨军：《皖西南方言的反复问句》，《汉语学报》2014 年第

4 期。

罗福腾：《山东方言里的反复问句》，《方言》1996 年第 3 期。

马贝加：《对象介词"将"的产生》，《语言研究》2000 年第 4 期。

马贝加、王倩：《试论汉语介词从"所为"到"处置"的演变》，《中国语文》2013 年第 1 期。

马庆株：《动词的"价"分类》，载《语法研究和探索》，语文出版社 1991 年版。

马树杉：《金坛方言的类属与源流》，《常州工业技术学院学报》1990 年第 1 期。

麦耘：《广州话以"佢"复指受事者的句式》，载《第八届国际粤方言研讨会论文集》，中国社会科学出版社 2003 年版。

毛文静：《论汉语方言给予动词"把"的产生》，《汉语学报》2022 年第 1 期。

梅祖麟：《唐宋处置式的来源》，《中国语文》1990 年第 3 期。

木村英树：《北京话"给"字句扩展为被动句的语义动因》，《汉语学报》2005 年第 2 期。

彭婷、叶祖贵：《论湘方言中来源于持拿义动词的被动标记》，《励耘语言学刊》2018 年第 2 期。

齐沪扬：《有关介词"给"的支配成分省略的问题》，《上海师范大学学报》1995 年第 4 期。

钱学烈：《试论〈红楼梦〉中的把字句》，《深圳大学学报》1986 年第 2 期。

桥本万太郎：《汉语被动式的历史·区域发展》，《中国语文》1987 年第 1 期。

饶长溶：《"把"字句否定式》，载《语法研究和探索》（二），北京大学出版社 1984 年版。

杉村博文：《论现代汉语"把"字句"把"的宾语带量词"个"》，《世界汉语教学》2002 年第 1 期。

邵洪亮、何晓璐：《陈述性"把"字句和祈使性"把"字句的分野——从"把"后 NP 的有定性谈起》，《新疆大学学报》2021 年第 1 期。

邵敬敏:《"把字句""被字句"的认知解释》,载《汉语被动表述问题研究新拓展》,华中师范大学出版社 2006 年版。

邵敬敏:《把字句及其变换句式》,载《研究生论文选集·语言文字分册》(一),江苏古籍出版社 1985 年版。

邵敬敏:《"把"字句与"被"字句合用小议》,《汉语学习》1983 年第 2 期。

邵敬敏、赵春利:《"致使把字句"和"省隐被字句"及其语用解释》,《汉语学习》2005 年第 4 期。

沈家煊:《R. W. Langacker 的"认知语法"》,《国外语言学》1994 年第 1 期。

沈家煊:《如何处置"处置式"?——论把字句的主观性》,《中国语文》2002 年第 5 期。

盛益民:《绍兴柯桥话多功能虚词"作"的语义演变——兼论太湖片吴语受益者标记来源的三种类型》,《语言科学》2010 年第 2 期。

盛益民:《语义地图的不连续和历史演变——以绍兴柯桥话虚词"作"、"拨"为例》,载《汉语多功能语法形式的语义地图研究》,商务印书馆 2015 年版。

施春宏:《从句式群看"把"字句及相关句式的语法意义》,《世界汉语教学》2010 年第 3 期。

施春宏:《句式意义分析的观念、路径和原则——以"把"字句为例》,《汉语学报》2019 年第 1 期。

施其生:《汕头方言的介词》,载《介词》,暨南大学出版社 2000 年版。

施其生:《台中方言的处置句》,《北方语言论丛》2013 年。

石汝杰:《高淳方言的动词谓语句》,载《动词谓语句》,暨南大学出版社 1997 年版。

石汝杰:《苏州方言的介词体系》,载《介词》,暨南大学出版社 2000 年版。

石毓智:《兼表被动和处置的"给"的语法化》,《世界汉语教学》2004 年第 3 期。

石毓智、刘春卉:《汉语方言处置式的代词回指现象及其历史来源》,《语文研究》, 2008 年第 3 期。

石毓智、王统尚:《方言中处置式和被动式拥有共同标记的原因》,《汉语学报》, 2009 年第 2 期。

宋玉柱:《"处置"新解——略谈"把"字句的语法作用》,《天津师院学报》1979 年第 3 期。

宋玉柱:《关于"把"字句的两个问题》,《语文研究》1981 年第 2 期。

孙占林:《〈金瓶梅〉"把"字句研究》,《广西师院学报》1991 年第 3 期。

覃东生、覃凤余:《广西汉语"去"和壮语方言 pai¹ 的两种特殊用法——区域语言学视角下的考察》,《民族语文》2015 年第 2 期。

覃远雄:《南宁平话的介词》,载《介词》,暨南大学出版社 2000 年版。

唐浩:《处置标记"跟"源自受益者标记的方言补证》,《淮海工学院学报》2017 年第 9 期。

唐钰明:《唐至清的"被"字句》,《中国语文》1988 年第 6 期。

唐钰明、周锡䃻:《论上古汉语被动式的起源》,《学术研究》1985 年第 5 期。

唐钰明、朱玉宾:《汉语被动/处置共现句略论》,《中山大学学报》2008 年第 1 期。

唐正大:《关中方言论元配置模式中的状语和谐与把字句显赫》,《方言》2019 年第 1 期。

陶红印、张伯江:《无定式把字句在近、现代汉语中的地位问题及其理论意义》,《中国语文》2000 年第 5 期。

田春来:《汉语处置介词的来源和替换》,《浙江师范大学学报》2011 年第 1 期。

汪国胜:《谈谈方言语法研究》,《华中师范大学学报》2014 年第 5 期。

汪如东:《通泰方言的吴语底层及历史层次》,《东南大学学报》2003 年第 2 期。

王红旗:《"把"字句的意义究竟是什么》,《语文研究》2003 年第

2期。

王还：《"把"字句中"把"的宾语》，《中国语文》1985年第1期。

王健：《"给"字句表处置的来源》，《语文研究》2004年第4期。

王景荣：《新疆汉语方言的"把"字句》，《新疆大学学报》2002年第2期。

王立非：《关于标记理论》，《上海外国语学院学报》1991年第4期。

王琳、李炜：《琉球官话课本的使役标记"叫"、"给"及其相关问题》，《中国语文》2013年第2期。

王双成：《藏语"坐、住"义动词的语法化及区域类型特征》，《民族语文》2022年第1期。

王文晖：《近代汉语中的一种特殊把字句》，《中国语文》2001年第4期。

王莹莹：《蒙城方言"叫"的多功能用法及其演变》，《汉语学报》2021年第4期。

王幼华：《半截子埋怨式"把"字句的结构语义分析》，《语文研究》2008年第1期。

王芸华：《湘语——西南官话交界地带"在X"虚化的渐变及相关问题》，《湘潭大学学报》2018年第2期。

王众兴：《平江城关方言的介词》，载《湖南方言的介词》，湖南师范大学出版社1998年版。

魏兆惠、张玉翠：《汉语处置式中代词回指的普遍性、共性和差异性》，《宁夏师范学院学报》2012年第1期。

温锁林、范群：《现代汉语口语中自然焦点标记词"给"》，《中国语文》2006年第1期。

吴安其：《语言接触对语言演变的影响》，《民族语文》2004年第1期。

吴福祥：《从区域语言学到区域类型学》，《民族语文》2017年第6期。

吴福祥：《汉语伴随介词语法化的类型学研究——兼论SVO型语言

中伴随介词的两种演化模式》，《中国语文》2003 第 1 期（a）。

吴福祥：《粤语差比式"X + A + 过 + Y"的类型学地位——比较方言学和区域类型学的视角》，《中国语文》2010 年第 3 期。

吴福祥：《再论处置式的来源》，《语言研究》2003 年第 3 期（b）。

伍铁平：《词义的感染》，《语文研究》1984 年第 3 期。

伍巍：《徽州方言和现代"吴语成分"》，载《吴语论丛》，上海教育出版社 1988 年版。

夏俐萍：《益阳方言的处置式》，《湖南省政法管理干部学院学报》2002 年第 1 期。

向熹：《〈水浒〉中的"把"字句、"将"字句和"被"字句》，载《语言学论丛》（第 2 辑），上海教育出版社 1959 年版。

肖琳、贝罗贝：《普通话和方言的介词悬空——从上古到现代汉语》，《汉语史与汉藏语研究》2021 年第 2 期。

辛永芬：《豫北浚县方言的代词复指型处置式》，《中国语文》2011 年第 2 期。

邢福义：《汉语复句格式对复句语义关系的反制约》，《中国语文》1991 年第 1 期。

徐丹：《北京话中的语法标记词"给"》，《方言》1992 年第 1 期。

徐丹、贝罗贝：《中国境内甘肃青海一带的语言区域》，《汉语学报》2018 年第 3 期。

徐丹：《某些具有 [±给与] 意义动词的语法化》，载《汉语语法化研究》，商务印书馆 2005 年版。

徐建：《鄂皖交界地带方言 [ʮ] 类韵的形成及演变机制考察》，《方言》2019 年第 4 期。

徐娟娟：《语音层次与边界方言属性——以丹阳方言为例》，《语言科学》2012 年第 5 期。

徐英：《汉语方言"把"字被动标记词的地理分布特点研究》，《西藏大学学报》2016 年第 4 期。

徐英：《湖北罗田方言的无宾"把"字句》，《方言》2021 年第 2 期。

徐宇红：《〈明清民歌时调集·山歌〉中"捉"字句法特点》，《阜阳师范学院学报》2007 年第 6 期。

许宝华、陶寰：《吴语的处置句》，载《汉语方言共时与历时语法研讨论文集》，暨南大学出版社 1999 年版。

许光烈：《维纳斯句型——近代汉语中一种特殊的"把"字句》，《语言教学与研究》2005 年第 4 期。

许心传：《绩溪方言词和吴语方言词的初步比较》，载《吴语论丛》，上海教育出版社 1988 年版。

薛凤生：《试论"把"字句的语义特性》，《语言教学与研究》1987 年第 1 期。

杨红：《明清时期汉语连动式的特征》，《汉语学报》2020 年第 4 期。

杨明义：《〈西游记〉中"被""把"合用句略考》，《汉语学习》2000 年第 1 期。

杨平：《〈朱子语类〉的"将"字句和"把"字句》，载《汉语史论文集》，武汉出版社 2002 年版。

姚双云：《"主观视点"理论与汉语语法研究》，《汉语学报》2012 年第 2 期。

叶狂、潘海华：《把字句的跨语言视角》，《语言科学》2012 年第 6 期。

叶向阳：《"把"字句的致使性解释》，《世界汉语教学》2004 年第 2 期。

叶友文：《隋唐处置式内在渊源分析》，《Journal of Chinese Linguistics》1988 年第 1 期。

易亚新：《常德方言的"它"字句》，载《语言学论丛》（第二十八辑），商务印书馆 2003 年版。

于红岩：《浅析"拿"字处置式》，《语文研究》2001 年第 3 期。

于江：《近代汉语"和"类虚词的历时考察》，《中国语文》1996 年第 6 期。

俞理明、南宏宇：《事件逻辑功能与汉语"把"的语义结构》，《汉语学习》2021 年第 5 期。

俞志强：《论把字句宾语属性明确性与句子语境的匹配》，《世界汉语教学》2011 年第 1 期。

袁毓林:《论否定句的焦点、预设和辖域歧义》,《中国语文》2000 年第 2 期。

曾常红:《现代汉语中"被"字与"把"字套用的句式》,《语言研究》2004 年第 1 期。

曾冬梅、邓云华、石毓智:《汉语兼表原因和结果的语法标记》,《语言研究》2017 年第 3 期。

曾祥喜:《"把+N+vv（双音节）"构式及构式压制》,《吉林大学社会科学学报》2020 年第 5 期。

詹伯慧:《汉语方言语法研究的回顾与前瞻》,《语言教学与研究》2004 年第 2 期。

张宝胜:《〈醒世姻缘传〉中的"把"字句》,《中州学刊》1999 年第 4 期。

张伯江:《被字句和把字句的对称与不对称》,《中国语文》2001 年第 6 期。

张伯江:《关于动趋式带宾语的几种语序》,《中国语文》1991 年第 3 期。

张伯江:《论"把"字句的句式语义》,《语言研究》2000 年第 1 期。

张光宇:《东南方言关系综论》,《方言》1999 年第 1 期。

张济卿:《有关"把"字句的若干验证与探索》,《语文研究》2000 年第 1 期。

张黎:《汉语句式系统的认知类型学分类——兼论汉语语态问题》,《汉语学习》2012 年第 3 期。

张美兰:《论近代汉语"我把你个+名词性成分"句式》,《语文研究》2000 年第 3 期。

张梦翰:《从吴语古阳声韵韵尾的分布推测移民路线》,载《边界方言语音与音系演变论集》,中西书局 2016 年版。

张敏:《汉语方言双及物结构南北差异的成因:类型学研究引发的新问题》,载《中国语言学集刊》,中华书局 2011 年版。

张敏:《空间地图和语义地图上的"常"与"变":以汉语被动、

使役、处置、工具、受益者等关系标记为例》，中国社会科学院语言研究所演讲稿，2008年1月10日。

张敏：《语法化的类型学及认知语言学考量——从使役与被动标志兼用现象谈起》，中国第九届近代汉语学术研讨会论文，2000年。

张旺熹：《"把字结构"的语义及其语用分析》，《语言教学与研究》1991年第3期。

张旺熹：《"把"字句的位移图式》，《语言教学与研究》2001年第3期。

张旺熹：《汉语介词衍生的语义机制》，《汉语学习》2004年第1期。

张雪平：《河南叶县话的"叫"字句》，《方言》2005年第4期。

张延俊：《试论"给"字被动式的方言背景》，《方言》2010年第4期。

张谊生：《"把+N+Vv"祈使句的成句因素》，《汉语学习》1997年第1期。

张谊生：《介词悬空的方式与后果、动因和作用》，《语言科学》2009年第3期。

张谊生：《近代汉语"把个"句研究》，《语言研究》2005年第3期。

张谊生：《助词"给"及其相关的句式》，《汉语学报》2001年第3期。

张则顺：《和谐律管制下的"把"字句》，《汉语学习》2017年第5期。

章也：《汉语处置式探源》，《内蒙古师范大学学报》1992年第4期。

赵日新：《方言接触和徽语》载《语言接触论集》，上海教育出版社2004年版。

郑庆君：《常德方言的介词》，载《湖南方言的介词》，湖南师范大学出版社1998年版。

郑伟：《历史音变规律与方言地理分布类型》，《语言研究集刊》2013年第2期。

中国社会科学院语言研究所方言研究室：《汉语方言语法调查例句》，《方言》2021年第2期。

周启强、谢晓明：《认知词汇语义学的主要理论及其运用》，《外语学刊》2009年第3期。

周琴：《泗洪话处置式句法格式研究》，《南京晓庄学院学报》2008年第4期。

周焱：《湾碧傣语处置式研究》，《楚雄师范学院学报》2021年第2期。

周洋：《汉语口语中的置换假设标记——试论"搁"、"叫"、"换"类词语的语法化趋势》，《语言科学》2015年第2期。

朱冠明：《湖北公安方言的几个语法现象》，《方言》2005年第3期。

朱蕾：《论皖南强势方言江淮官话的形成》，载《语言学论丛》（第五十三辑），商务印书馆2016年版。

朱琳：《泰兴话的"拿"处置式》，《西南农业大学学报》2011年第9期。

朱晓农、朱瑛、章婷：《边缘吴语：通泰方言案例》，载《边界方言语音与音系演变论集》，中西书局2016年版。

朱玉宾：《汉语方言同形标志词的处置式和被动式》，《沈阳大学学报》2016年第1期。

祝敏彻：《论初期处置式》，载《语言学论丛》（第1辑），新知识出版社1957年版。

庄初生：《闽语平和方言的介词》，载《介词》，暨南大学出版社2000年版。

宗守云：《介词悬空：张家口方言的显赫句法结构》，《中国语文》2019年第5期。

宗守云：《视角框架及其对语言运用的影响》，《汉语学报》2021年第3期。

左福光：《四川宜宾方言的被动句和处置句》，《方言》2005年第4期。

佐佐木勋人：《由给予动词构成的处置句》，载《语法研究与探索》

（十一），商务印书馆2002年版。

Bennett, P. A: The Evolution of Passive and Disposal Sentences, *Journal of Chinese Linguistics*, 1981（9）: 61 – 90.

Bernd Heine: On the role of context in grammaticalization, In New Reflections on Grammaticalization, John Benjamins, 2002: 83 – 102.

Bybee, Joan L: Mechanisms of change in grammaticalization: The role of frequency, In The Handbook of Historical Linguistics, Blackwell Publishing, 2003: 602 – 623.

Chappell, Hilary M: Perspectives on areal linguistics of Mainland East and Southeast Asia: Four case studies of languages in contact in China, 中国人民大学文学院学术报告, 2019.

Lord, Carol: The Development of Object Markers in Serial Verb Languages, In Studies in Transitivity, Academic Press, 1982: 277 – 299.

Masayoshi Shibatani: Applicatives and Benefactives: a cognitive account, InGrammatical Constructions: Their Form and Meaning, Oxford University Press, 1996: 157 – 194.

三　学位论文

包金曼：《兰州方言中的"把"字句》，硕士学位论文，暨南大学，2016年。

陈峰：《广东河源（源城）本地话常见特殊句式研究》，硕士学位论文，暨南大学，2018年。

高增霞：《现代汉语连动式的语法化视角》，博士学位论文，中国社会科学院，2003年。

贺燕：《现代汉维处置范畴语言表达研究》，博士学位论文，吉林大学，2018年。

胡松柏：《赣东北汉语方言接触研究》，博士学位论文，暨南大学，2003年。

江喜昌：《江苏常州金坛吴方言研究》，硕士学位论文，广西师范大学，2021年。

刘统令：《松滋方言"把"字句研究》，硕士学位论文，华东师范大学，2017 年。

刘彦哲：《江苏境内方言"可 VP"句式比较研究》，硕士学位论文，南京大学，2016 年。

楼枫：《唐宋至明清处置式研究》，硕士学位论文，上海师范大学，2009 年。

彭泽润：《衡山南岳方言的地理研究》，博士学位论文，湖南师范大学，2003 年。

覃东生：《对广西三个区域性语法现象的考察》，博士学位论文，河北师范大学，2012 年。

汪婧：《马鞍山方言"把"字研究》，硕士学位论文，云南大学，2019 年。

王健：《苏皖区域方言语法共同特征研究》，博士学位论文，北京大学，2005 年。

王志勇：《河北中南部方言变音研究》，博士学位论文，河北大学，2019 年。

温志国：《〈儿女英雄传〉中的把字句研究》，硕士学位论文，陕西师范大学，2008 年。

吴沁茗：《金坛方言词汇专题研究》，硕士学位论文，喀什大学，2020 年。

席晶：《泰兴方言"煞"研究》，硕士学位论文，吉林大学，2009 年。

徐娟娟：《丹阳方言语音层次与历史演变》，博士学位论文，南京大学，2012 年。

薛娇：《〈朱子语类〉的处置式研究》，硕士学位论文，辽宁师范大学，2012 年。

杨正超：《〈型世言〉中的处置式研究》，硕士学位论文，福建师范大学，2009 年。

余乐：《汉语方言处置范畴比较研究》，华中师范大学博士学位论文，2018 年。

占升平：《湖南省常宁市方言处置句式研究》，硕士学位论文，湖南师范大学，2005 年。

张丹萍：《庐江黄屯方言里的两种含"把"结构》，硕士学位论文，华东师范大学，2011年。

张蕾：《现代汉语否定式"把"字句研究》，硕士学位论文，上海师范大学，2004年。

张美兰：《近代汉语"把/将"处置句式研究》，博士学位论文，南京大学，1999年。

张薇：《高淳方言语音研究》，博士学位论文，南京大学，2014年。

张蔚虹：《〈歧路灯〉"把"字句研究》，硕士学位论文，河南大学，2005年。

郑杰：《处置范畴汉日语序对应关系之类型学研究》，博士学位论文，中央民族大学，2007年。

郑婷：《皖、鄂、赣交界区域三片方言的音韵比较研究》，硕士学位论文，南京师范大学，2015年。

周琼华：《明清处置式探讨》，硕士学位论文，上海师范大学，2009年。

周振峰：《汉英介词悬空比较研究》，博士学位论文，华中师范大学，2016年。

朱祎祺：《明清山东方言背景白话文献特殊处置式研究》，硕士学位论文，山东大学，2019年。

诸萍：《高淳方言研究》，硕士学位论文，南京林业大学，2016年。

Lord, Carol Diane: *Syntactic Reanalysis in the Historical Development of Serial Verb Constructions in Languages of West Africa*, Ph. D. dissertation, University of California, 1989.

后　记

本书是在我博士论文的基础上修订而成的。

回顾博士三年时光，无论是专业知识的获取还是博士论文的撰写，我的每一点进步都凝聚了导师顾黔教授的心血。当我提出博士论文思路时，顾教授支持、鼓励我遵循内心想法，并悉心指导论文写作，小到标点符号，大到书稿框架，都闪烁着顾教授智慧的光芒。这是我首先要感谢的；还要感谢论文的匿名审稿专家以及参与我论文答辩的诸位老师，他们提出的宝贵意见使我受益良多，同时也让我深感学识欠缺，功力不够。

书稿行将付梓之际，感谢恩师汪国胜教授。7年来，不管大事小情，他无一不倾力相助，为我的人生掌舵领航。面对冲动莽撞、屡屡犯错的我，他回应我的永远是慈爱、包容、暖心的微笑，而我的心理也经历了从害怕紧张到随意放松的变化，在他面前毫不讳言，不加掩饰。于我而言，与其说他是老师，不如说是长辈、家人和朋友。他弱小的身躯，承担了太多的事务与责任，却"固执"地不愿学生分担。对于恩师，"感谢"二字实在单薄无力，更多的是心疼、感动和惭愧。

也要感谢我可亲可敬的家人和朋友。漫长的求学之路，若无他们的支持和疼爱，我不可能顺利完成学业。每次匆匆回家，又匆匆离家，家人一次次不舍的目送令我无比愧疚。他们的付出太多，而我的回馈却太少。感谢我的男友袁自坤，他给了我最长情的陪伴和等待，在我成功时提醒我戒骄戒躁，在我消沉时鼓励我勇敢前行，在繁忙的工作之余一遍遍校对书稿。

还要感谢我的发音人为我提供了宝贵的方言语料，没有他们不厌其烦的帮助和配合，书稿不可能完成；还要感谢出版社诸位编辑老师为本书的出版付出的辛劳。遇见诸君，幸甚至哉！文之有尽，谢意无穷！

拙著浅陋乃至谬误之处，恳请方家正之。

王莹莹

2023 年 6 月

《汉语方言语法研究丛书》书目

安陆方言语法研究
安阳方言语法研究
长阳方言语法研究
崇阳方言语法研究
大冶方言语法研究
丹江方言语法研究
高安方言语法研究
河洛方言语法研究
衡阳方言语法研究
辉县方言语法研究
吉安方言语法研究
浚县方言语法研究
罗田方言语法研究
宁波方言语法研究
武汉方言语法研究
宿松方言语法研究
汉语方言持续体比较研究
汉语方言完成体比较研究
汉语方言差比句比较研究
汉语方言物量词比较研究
汉语方言被动范畴比较研究
汉语方言处置范畴比较研究
汉语方言否定范畴比较研究
汉语方言可能范畴比较研究
汉语方言小称范畴比较研究
汉语方言疑问范畴比较研究

石城方言语法研究
山西方言语法研究
固始方言语法研究
海盐方言语法研究
临夏方言语法研究
祁门方言语法研究
宁都方言语法研究
上高方言语法研究
襄阳方言语法研究
苏皖方言处置式比较研究